中兽医学

胡元亮 主编

科学出版社
北京

内 容 简 介

本书分四篇系统介绍了中兽医学的理、法、方、药理论和技术。第一篇为基础理论，介绍了阴阳、五行、脏腑、气血津液、经络、病因、病机等学说的理论及临床应用；第二篇为中药与方剂，介绍了中药的采收、炮制、性能、配伍和方剂的组成、剂型、剂量、用法等理论，15 类常用中药的基原、性味、归经、功能、主治、用量，17 类常用方剂的处方、用法、功能、方解和主治；第三篇为针灸，介绍了兽医针灸工具、针灸穴位、针灸基本操作、针术、灸术、其他针灸术等理论，马、牛、猪、犬的常用针灸穴位和常见病证的针灸治疗处方；第四篇为临床诊疗，介绍了中兽医诊法（望、闻、问、切）、辨证（八纲、脏腑、气血津液、六经、卫气营血）、防治法则（预防、治则、治法）等理论，家畜脾胃、心肺、肝肾和其他常见病证的辨证论治。

本书可作为高等院校动物医学专业教材，也可供兽医和医学科技工作者参考。

图书在版编目(CIP)数据

中兽医学/胡元亮主编.—北京：科学出版社，2013

ISBN 978-7-03-037501-8

Ⅰ.①中⋯ Ⅱ.①胡⋯ Ⅲ.①中兽医学-高等学校-教材 Ⅳ.①S853

中国版本图书馆 CIP 数据核字（2013）第 103376 号

责任编辑：丛 楠／责任校对：张凤琴
责任印制：吴兆东／封面设计：迷底书装

科学出版社 出版
北京东黄城根北街 16 号
邮政编码：100717
http://www.sciencep.com

三河市骏杰印刷有限公司印刷
科学出版社发行 各地新华书店经销
*
2013 年 7 月第 一 版 开本：787×1092 1/16
2025 年 11 月第十五次印刷 印张：20 1/4
字数：507 000
定价：69.80 元
（如有印装质量问题，我社负责调换）

《中兽医学》编写人员

主　　编　胡元亮　　（南京农业大学）
副主编　　韦旭斌　　（吉林大学）
　　　　　黄一帆　　（福建农林大学）
　　　　　魏彦明　　（甘肃农业大学）
　　　　　王德云　　（南京农业大学）
编　　者　（按姓氏笔画排序）
　　　　　马　霞　　（河南牧业经济学院）
　　　　　王　鲁　　（贵州大学）
　　　　　王　新　　（青岛农业大学）
　　　　　王学兵　　（河南农业大学）
　　　　　王德海　　（华中农业大学）
　　　　　石达友　　（华南农业大学）
　　　　　史江彬　　（安徽农业大学）
　　　　　付本懂　　（吉林大学）
　　　　　白卫兵　　（云南农业大学）
　　　　　刘　娟　　（西南大学）
　　　　　许小琴　　（扬州大学）
　　　　　孙耀贵　　（山西农业大学）
　　　　　李浩棠　　（江西农业大学）
　　　　　杨　英　　（内蒙古农业大学）
　　　　　时维静　　（安徽科技学院）
　　　　　邱　妍　　（河南科技大学）
　　　　　张先福　　（浙江农林大学）
　　　　　张明军　　（湖南农业大学）
　　　　　范云鹏　　（西北农林科技大学）
　　　　　赵晓娜　　（山东农业大学）
　　　　　胡庭俊　　（广西大学）
　　　　　郭延生　　（宁夏大学）
　　　　　褚秀玲　　（聊城大学）
　　　　　赛福丁·阿不拉　（新疆农业大学）
　　　　　戴鼎震　　（金陵科技学院）
审　　稿　宋大鲁　　（南京农业大学）
　　　　　许剑琴　　（中国农业大学）

前　言

中兽医学是我国传统的兽医学,具有独特的理论体系和丰富的病证防治技术。它以先进的医学模式、安全的诊疗手段、科学的保健思想闻名于世。几千年来,在保障我国畜牧业的发展方面发挥了重要作用,并对世界兽医学作出了宝贵贡献。为了丰富本科生的中兽医学教材,我们在科学出版社的倡导下,特组织南京农业大学、吉林大学、福建农林大学、甘肃农业大学等26所院校的学科带头人或教学骨干,共同编写了这本教材。

本教材根据多数院校的教学大纲和课时,在不影响理论体系的前提下,精简了一些不常讲授的内容,文字尽量精练以节约篇幅。以方便教学为原则设立篇章,除绪论外,分为基础理论、中药与方剂、针灸和临床诊疗四篇,共16章。各章首先简要介绍了本章的主要内容和教学要求,并参考全国执业兽医资格考试大纲强调了应重点掌握的内容。全书力求较全面系统地阐述中兽医学的基本理论和操作技术,切合高等农业院校兽医专业的培养目标。

在编写过程中,首先由各篇的副主编按照初步商定的大纲主持编写和统稿,最后由主编审定。各篇的副主编分别是:基础理论篇,福建农林大学黄一帆教授;中药与方剂篇,甘肃农业大学魏彦明教授;针灸篇,南京农业大学王德云教授;临床诊疗篇,吉林大学韦旭斌教授。

笔者特别感谢科学出版社甄文全和丛楠编辑的反复动员,促成本教材的编写;感谢各篇副主编和全体编者的通力协作;同时,对书中引用文献资料的作者,也在此表示诚挚的谢意。

由于笔者的水平所限,难免存在疏漏之处,恳请广大师生和读者使用后提出宝贵意见,以便将来修正。

南京农业大学　胡元亮

2013年3月

目 录

前言
绪论 ·· 1
    一、发展源流 ···························· 1
    二、主要内容 ···························· 4
    三、基本特点 ···························· 5
    四、学科优势 ···························· 6
    五、学习方法 ···························· 7

第一篇 基础理论

第一章 阴阳五行 ······················ 10
  第一节 阴阳学说 ······················ 10
    一、阴阳的基本概念 ················ 10
    二、阴阳的相互关系 ················ 11
    三、阴阳学说在中兽医学中的应用 ···· 12
  第二节 五行学说 ······················ 14
    一、五行的基本概念 ················ 14
    二、五行的相互关系 ················ 15
    三、五行学说在中兽医学中的应用 ···· 15

第二章 脏腑 ···························· 18
  第一节 五脏 ···························· 18
    一、肝 ································ 18
    二、心 ································ 20
    三、脾 ································ 21
    四、肺 ································ 21
    五、肾 ································ 23
  第二节 六腑 ···························· 24
    一、胆 ································ 24
    二、小肠 ······························ 24
    三、胃 ································ 24
    四、大肠 ······························ 25
    五、膀胱 ······························ 25
    六、三焦 ······························ 25
  第三节 脏腑之间的关系 ················ 26
    一、脏与脏 ···························· 26
    二、腑与腑 ···························· 27
    三、脏与腑 ···························· 28

第三章 气血津液 ······················ 29
  第一节 气 ······························ 29
    一、气的概念 ·························· 29
    二、气的生成和分类 ················ 29
    三、气的运动 ·························· 30
    四、气的生理功能 ···················· 31
  第二节 血 ······························ 31
    一、血的概念 ·························· 31
    二、血的生成和循行 ················ 31
    三、血的生理功能 ···················· 32
  第三节 津液 ···························· 32
    一、津液的概念 ························ 32
    二、津液的生成、输布和排泄 ········ 33
    三、津液的生理功能 ·················· 33
  第四节 气血津液之间的关系 ············ 33
    一、气与血 ···························· 33
    二、气与津液 ·························· 34
    三、血与津液 ·························· 34

第四章 经络 ···························· 35
  第一节 经络系统的组成 ················ 35
    一、经脉 ······························ 35
    二、络脉 ······························ 36
    三、连属体系 ·························· 36
  第二节 十二经脉和奇经八脉 ············ 36
    一、十二经脉 ·························· 36
    二、奇经八脉 ·························· 37
  第三节 经络的主要作用 ················ 38
    一、生理作用 ·························· 38
    二、病理作用 ·························· 39

三、在病证防治中的作用…………39
第五章 病因病机………………40
第一节 病因…………………40
一、外感致病因素……………41
二、内伤致病因素……………45
三、其他致病因素……………47
第二节 病机…………………48
一、邪正消长…………………48
二、阴阳失调…………………49
三、升降失常…………………49

第二篇 中药与方剂

第六章 中药方剂概论…………52
第一节 药材采收及加工贮藏……52
一、药材采收…………………52
二、产地加工…………………53
三、贮藏………………………53
第二节 中药炮制……………54
一、炮制目的…………………54
二、炮制方法…………………54
第三节 中药性能……………57
一、四气五味…………………57
二、升降浮沉…………………59
三、归经………………………60
四、毒性………………………60
第四节 配伍禁忌……………61
一、配伍………………………61
二、禁忌………………………62
第五节 方剂的组成和变化……63
一、方剂的组成………………63
二、方剂的变化………………64
第六节 剂型、剂量和用法……65
一、剂型………………………65
二、剂量………………………66
三、用法………………………67
第七章 汗和温清方药…………68
第一节 解表方药……………68
一、辛温解表药………………68
    麻黄68　桂枝69　防风69
    荆芥69　紫苏叶69　细辛70
    白芷70　辛夷70　苍耳子70
    生姜70
二、辛凉解表药………………71
    薄荷71　柴胡71　升麻71
    蝉蜕71　葛根71　桑叶72
    菊花72　牛蒡子72
三、辛温解表方………………72
    麻黄汤72　桂枝汤72
    荆防败毒散73
四、辛凉解表方………………73
    银翘散73　桑菊饮73
    柴葛解肌散74　双黄连口服液74
第二节 和解方………………74
    小柴胡汤74　逍遥散74
    四逆散75　痛泻要方75
    半夏泻心汤75
第三节 温里方药……………76
一、温里药……………………76
    附子76　干姜76　肉桂76
    吴茱萸77　小茴香77　高良姜77
    艾叶77　花椒77　荜澄茄78
二、温中散寒方………………78
    理中汤78　吴茱萸汤78
    茴香散78　温脾散79
    桂心散79
三、回阳救逆方………………79
    四逆汤79　参附汤79
四、温经散寒方………………80
    丁香散80　阳和汤80
第四节 清热方药……………80
一、清热泻火药………………81
    石膏81　知母81　栀子81
    夏枯草81　淡竹叶82　芦根82
二、清热凉血药………………82
    生地黄82　牡丹皮82　白头翁82
    玄参83　水牛角83　紫草83
    白茅根83

三、清热燥湿药·················· 83
　　黄连 83　　黄芩 84　　黄柏 84
　　龙胆 84　　苦参 84　　秦皮 85
四、清热解毒药·················· 85
　　金银花 85　　连翘 85
　　紫花地丁 85　　蒲公英 85
　　板蓝根 86　　大青叶 86
　　射干 86　　山豆根 86
　　黄药子 86　　白药子 87
　　穿心莲 87
五、清热解暑药·················· 87
　　香薷 87　　荷叶 87　　白扁豆 87
六、清虚热药 ··················· 88
　　青蒿 88　　地骨皮 88　　胡黄连 88
七、清热泻火方·················· 88
　　白虎汤 88　　洗心散 88
　　清肺散 89　　清胃散 89
八、清热凉血方·················· 89
　　清营汤 89　　犀角地黄汤 89
　　清瘟败毒饮 90
九、清热解毒方·················· 90
　　黄连解毒汤 90　　郁金散 90
　　五味消毒饮 90　　三子散 90
　　消黄散 91　　公英散 91
　　苇茎汤 91
十、清热燥湿方·················· 91
　　白头翁汤 91　　龙胆泻肝汤 92
　　茵陈蒿汤 92　　通肠芍药汤 92
　　止痢散 92
十一、清热解暑方················ 93
　　香薷散 93　　清暑散 93
十二、清虚热方·················· 93
　　青蒿鳖甲汤 93

第八章　下消痰湿方药·············· 94

第一节　泻下方药·················· 94
一、攻下药 ····················· 94
　　大黄 94　　芒硝 95
　　番泻叶 95　　巴豆 95
二、润下药 ····················· 95
　　火麻仁 95　　郁李仁 96
　　蜂蜜 96　　食用油 96
三、峻下逐水药·················· 96
　　牵牛子 96　　千金子 96　　大戟 97
　　甘遂 97　　芫花 97　　商陆 97
四、攻下方 ····················· 97
　　大承气汤 97　　木槟硝黄散 98
　　无失丹 98　　马价丸 98
五、润下方 ····················· 98
　　当归苁蓉汤 98　　猪膏散 99
六、峻下逐水方·················· 99
　　大戟散 99

第二节　消导方药·················· 99
一、消导药 ····················· 99
　　神曲 99　　山楂 100　　麦芽 100
　　鸡内金 100　　莱菔子 100
二、消导方 ····················· 100
　　曲蘖散 100　　消积散 101
　　保和丸 101　　木香导滞丸 101

第三节　化痰止咳平喘方药······ 101
一、温化寒痰药·················· 102
　　半夏 102　　天南星 102
　　旋覆花 102　　白前 103
二、清化热痰药·················· 103
　　贝母 103　　瓜蒌 103　　天花粉 103
　　桔梗 104　　前胡 104
三、止咳平喘药·················· 104
　　杏仁 104　　紫菀 104　　款冬花 104
　　百部 105　　马兜铃 105　　葶苈子 105
　　枇杷叶 105　　白果 105
四、温化寒痰方·················· 106
　　二陈汤 106　　半夏散 106
五、清化热痰方·················· 106
　　百合散 105　　辛夷散 106
六、止咳平喘方·················· 107
　　止嗽散 107　　麻杏石甘汤 107
　　清燥救肺汤 107　　苏子降气汤 107

第四节　祛湿方药·················· 108
一、祛风湿药·················· 108
　　羌活 108　　独活 108　　威灵仙 108
　　木瓜 109　　桑寄生 109　　秦艽 109
　　五加皮 109　　乌梢蛇 109　　防己 110
　　藁本 110　　马钱子 110　　豨莶草 110
　　路路通 110　　丝瓜络 111　　伸筋草 111

二、利湿药 ……………………… 111
　　茯苓 111　　猪苓 111　　泽泻 111
　　车前子 112　滑石 112　　木通 112
　　通草 112　　瞿麦 113　　茵陈 113
　　薏苡仁 113　金钱草 113
　　海金沙 113　地肤子 113
　　萹蓄 114　　草薢 114
　　灯心草 114
三、化湿药 ……………………… 114
　　藿香 114　　佩兰 114　　苍术 115
　　豆蔻 115　　草豆蔻 115
四、祛风湿方 …………………… 115
　　独活散 115　防风散 115
　　独活寄生汤 116
五、利湿方 ……………………… 116
　　滑石散 116　五苓散 116
　　八正散 116　五皮饮 117
六、化湿方 ……………………… 117
　　藿香正气散 117　平胃散 117

第九章　气血补涩方药 …………… 118
第一节　理气方药 ………………… 118
一、理气药 ……………………… 118
　　陈皮 118　　青皮 119　　香附 119
　　木香 119　　厚朴 119　　砂仁 119
　　乌药 120　　枳实 120　　丁香 120
　　草果 120　　槟榔 120　　赭石 121
二、理气方 ……………………… 121
　　橘皮散 121　三香散 121
　　越鞠丸 121
第二节　理血方药 ………………… 122
一、活血祛瘀药 ………………… 122
　　川芎 122　　丹参 122　　益母草 123
　　桃仁 123　　红花 123　　牛膝 123
　　王不留行 123　赤芍 124　　乳香 124
　　没药 124　　延胡索 124　五灵脂 124
　　三棱 125　　莪术 125　　郁金 125
　　虎杖 125　　土鳖虫 125　水蛭 126
　　自然铜 126
二、止血药 ……………………… 126
　　白及 126　　仙鹤草 126　棕榈 126
　　三七 127　　蒲黄 127　　血余炭 127
　　大蓟 127　　小蓟 127　　侧柏叶 128
　　地榆 128　　槐花 128　　茜草 128

　　血竭 128
三、活血祛瘀方 ………………… 129
　　桃红四物汤 129　血府逐瘀汤 129
　　跛行镇痛散 129　红花散 129
　　生化汤 130　　通乳散 130
　　白术散 130
四、止血方 ……………………… 130
　　十黑散 130　秦艽散 131　槐花散 131
第三节　补虚方药 ………………… 131
一、补气药 ……………………… 132
　　人参 132　　党参 132　　黄芪 132
　　山药 133　　白术 133　　甘草 133
　　大枣 133
二、补血药 ……………………… 134
　　当归 134　　白芍 134　　熟地黄 134
　　何首乌 134　阿胶 134
三、滋阴药 ……………………… 135
　　沙参 135　　天冬 135　　麦冬 135
　　百合 135　　石斛 136　　女贞子 136
　　鳖甲 136　　枸杞子 136　黄精 136
　　玉竹 137　　山茱萸 137
四、助阳药 ……………………… 137
　　巴戟天 137　肉苁蓉 137
　　淫羊藿 137　益智仁 138
　　补骨脂 138　杜仲 138
　　续断 138　　菟丝子 139
　　骨碎补 139　锁阳 139
　　葫芦巴 139　蛤蚧 139
五、补气方 ……………………… 140
　　四君子汤 140　　参苓白术散 140
　　补中益气汤 140
六、补血方 ……………………… 140
　　四物汤 140　　归芪益母汤 141
　　炙甘草汤 141　透脓散 141
七、滋阴方 ……………………… 141
　　六味地黄汤 141　百合固金汤 141
　　生脉散 142
八、助阳方 ……………………… 142
　　肾气丸 142　巴戟散 142
第四节　收涩方药 ………………… 143
一、涩肠止泻药 ………………… 143
　　乌梅 143　　诃子 143　　肉豆蔻 143
　　石榴皮 144　五倍子 144

二、敛汗涩精药 …………………… 144
　　　　五味子 144　牡蛎 144
　　　　浮小麦 145　金樱子 145
　　　　桑螵蛸 145　芡实 145
　　　　麻黄根 145　莲须 145
　　　　沙苑子 146
　　三、涩肠止泻方 …………………… 146
　　　　乌梅散 146　四神丸 146
　　四、敛汗涩精方 …………………… 146
　　　　金锁固精汤 146　牡蛎散 147
　　　　玉屏风散 147

第十章　平安虫疮方药 ……………… 148
　第一节　平肝方药 ………………… 148
　　一、平肝明目药 …………………… 148
　　　　石决明 148　决明子 148　木贼 149
　　　　谷精草 149　密蒙花 149
　　　　青葙子 149　夏枯草 149
　　二、平肝熄风药 …………………… 150
　　　　天麻 150　钩藤 150
　　　　全蝎 150　蜈蚣 150
　　　　僵蚕 150　蔓荆子 151
　　　　地龙 151　天竺黄 151
　　　　白附子 151
　　三、平肝明目方 …………………… 151
　　　　决明散 151　洗肝散 152
　　四、平肝熄风方 …………………… 152
　　　　千金散 152　牵正散 152
　　　　镇痫散 152　镇肝熄风汤 153
　第二节　安神与开窍方药 ………… 153
　　一、安神药 ………………………… 153
　　　　朱砂 153　酸枣仁 153　柏子仁 154
　　　　远志 154　合欢皮 154
　　二、开窍药 ………………………… 154
　　　　石菖蒲 154　皂角 154　蟾酥 155
　　　　牛黄 155　麝香 155
　　三、安神方 ………………………… 155
　　　　朱砂散 155　镇心散 156
　　四、开窍方 ………………………… 156
　　　　通关散 156　安宫牛黄丸 156
　　　　清开灵注射液 156

　第三节　驱虫方药 ………………… 157
　　一、驱虫药 ………………………… 157
　　　　雷丸 157　使君子 157
　　　　川楝子 157　南瓜子 155
　　　　蛇床子 158　鹤虱 158
　　　　贯众 158　鹤草芽 159
　　　　常山 158　狼毒 159
　　　　榧子 159
　　二、驱虫方 ………………………… 159
　　　　万应散 159　驱虫散 159
　　　　贯众散 159
　第四节　外用方药 ………………… 160
　　一、外用药 ………………………… 160
　　　　冰片 160　硫黄 160　雄黄 160
　　　　木鳖子 161　儿茶 161　斑蝥 161
　　　　炉甘石 161　石灰 161　白矾 162
　　　　硇砂 162　硼砂 162
　　二、外用方 ………………………… 162
　　　　桃花散 162　冰硼散 163
　　　　青黛散 163　如意金黄散 163
　　　　雄黄散 163　防风汤 163
　　　　拨云散 163　擦疥方 164
　　附　饲料添加方 ………………… 164
　　　　催情散 164　健胃散 164　健猪散 164
　　　　健鸡散 165　蛋鸡宝 165
　　　　虾蟹脱壳促长散 165

第三篇　针　　灸

第十一章　针灸概论 ………………… 168
　第一节　针灸工具 ………………… 168
　　一、针具 …………………………… 168
　　二、灸具 …………………………… 171
　　三、针灸仪器 ……………………… 172
　第二节　针灸穴位 ………………… 173
　　一、穴位的命名和分类 …………… 173
　　二、穴位的归经和主治 …………… 174
　　三、穴位的定位方法 ……………… 175
　　四、穴位的选配 …………………… 176

第三节　针灸基本操作 …………… 177
　一、术前准备 ……………………… 177
　二、基本手法 ……………………… 177
　三、注意事项 ……………………… 182
第四节　针术 ………………………… 183
　一、白针术 ………………………… 183
　二、血针术 ………………………… 184
　三、火针术 ………………………… 185
　四、气针术 ………………………… 185
　五、水针术 ………………………… 186
　六、电针术 ………………………… 187
第五节　灸术 ………………………… 188
　一、艾灸 …………………………… 188
　二、温熨 …………………………… 190
　三、烧烙 …………………………… 191
第六节　其他针灸术 ………………… 192
　一、埋植术 ………………………… 192
　二、拔火罐 ………………………… 193
　三、刮痧 …………………………… 194
　四、按摩 …………………………… 194

第十二章　针灸穴位及处方 ………… 196
第一节　马的常用穴位及处方 …… 196
　一、头部穴位 ……………………… 196
　　分水 196　唇内 196　玉堂 196
　　通关 196　承浆 196　锁口 196
　　开关 196　抱腮 196　外唇阴 196
　　鼻前 196　姜牙 197　抽筋 197
　　鼻俞 197　血堂 197　三江 197
　　睛明 197　睛俞 197　开天 197
　　太阳 197　垂睛 197　上关 197
　　下关 197　大风门 198　耳尖 198
　　天门 198
　二、躯干部穴位 …………………… 198
　　风门 198　伏兔 198　九委 198
　　颈脉 198　迷交感 198
　　大椎 198　鬐甲 198
　　断血 199　关元俞 199
　　大肠俞 199　气海俞 199
　　脾俞 199　肝俞 199
　　胃俞 199　胆俞 199
　　膈俞 199　肺俞 199　命门 199

　　阳关 199　腰前 199　腰中 200
　　腰后 200　小肠俞 200　膀胱俞 200
　　肷俞 200　百会 200　肾俞 200
　　肾棚 200　肾角 200　雁翅 200
　　丹田 200　八窌 200　巴山 200
　　路股 200　穿黄 201　胸堂 201
　　带脉 201　理中 201　黄水 201
　　云门 201　阴俞 201　阴脱 201
　　肛脱 201　莲花 201　后海 201
　　尾根 201　尾本 201　尾尖 201
　三、前肢部穴位 …………………… 202
　　膊尖 202　膊栏 202　肺门 202
　　肺攀 202　弓子 202　肩井 202
　　肩髃 202　肩外髃 202　抢风 202
　　夹气 202　肘俞 202　掩肘 203
　　乘蹬 203　乘重 203　前三里 203
　　膝眼 203　膝脉 203　缠腕 203
　　蹄头 203　蹄门 203　垂泉 203
　四、后肢部穴位 …………………… 204
　　居髎 204　环跳 204　大胯 204
　　小胯 204　后伏兔 204　邪气 204
　　汗沟 204　仰瓦 204　牵肾 204
　　肾堂 204　掠草 204　阳陵 205
　　丰隆 205　后三里 205　曲池 205
　　滚蹄 205
　五、马常发病证的针灸处方 ……… 206
第二节　牛的常用穴位及处方 …… 208
　一、头部穴位 ……………………… 208
　　山根 208　鼻中 209　唇内 209
　　顺气 209　通关 209　承浆 209
　　锁口 209　开关 209　鼻俞 209
　　三江 209　睛明 209　睛俞 209
　　太阳 209　通天 209　耳尖 209
　　耳根 209　天门 209
　二、躯干部穴位 …………………… 210
　　颈脉 210　健胃 210　丹田 210
　　鬐甲 210　苏气 210　天平 210
　　关元俞 210　六脉 210　脾俞 210
　　食胀 210　通窍 210　肺俞 210
　　后丹田 210　命门 210　安肾 211
　　百会 211　肾俞 211　雁翅 211
　　肷俞 211　穿黄 211　前槽 211
　　滴明 211　云门 211　阳明 211

阴俞 211　后海 211　尾根 211
　　　尾本 211　尾尖 211
　三、前肢部穴位 ……………… 212
　　　轩堂 212　膊尖 212　膊栏 212
　　　肩井 212　抢风 212　肘俞 212
　　　夹气 212　腕后 212　膝眼 212
　　　膝脉 212　缠腕 212
　　　涌泉(滴水)212　蹄头 212
　四、后肢部穴位 ……………… 213
　　　居髎 213　环跳 213　大转 213
　　　大胯 213　小胯 213　邪气 213
　　　仰瓦 213　肾堂 213　掠草 213
　　　后三里 213　曲池 213
　五、牛常发病证的针灸处方 ……… 214
第三节　猪的常用穴位及处方 …… 217
　一、头部穴位 ………………… 217
　　　山根 217　鼻中 217　顺气 217
　　　玉堂 217　承浆 217　锁口 217
　　　开关 217　睛明 218　睛俞 218
　　　太阳 218　卡耳 218　耳尖 218
　　　天门 218
　二、躯干部穴位 ……………… 218
　　　刮喉 218　大椎 218　身柱 218
　　　苏气 218　断血 218　关元俞 218
　　　六脉 219　脾俞 219　肺俞 219
　　　肾门 219　百会 219　肾俞 219
　　　六眼 219　膻中 219　刮肋 219
　　　三脘 219　肚口 219　乳基 219
　　　阳明 219　阴俞 219　阴脱 219
　　　肛脱 220　莲花 220　后海 220
　　　尾根 220　尾本 220　尾尖 220
　三、前肢部穴位 ……………… 220
　　　膊尖 220　膊栏 220　抢风 220
　　　肘俞 220　七星 220　缠腕 221

　　　涌泉(滴水)221　蹄叉 221　蹄头 221
　四、后肢部穴位 ……………… 221
　　　大胯 221　小胯 221　汗沟 221
　　　掠草 221　后三里 221　曲池 221
　五、猪常发病证的针灸处方 ……… 223
第四节　犬的常用穴位及处方 …… 225
　一、头部穴位 ………………… 225
　　　水沟 225　山根 225　三江 225
　　　承泣 225　睛明 225　上关 225
　　　下关 225　翳风 225　耳尖 225
　　　天门 225
　二、躯干部穴位 ……………… 225
　　　大椎 225　身柱 225　灵台 225
　　　悬枢 226　胃俞 226　脾俞 226
　　　胆俞 226　肝俞 226　膈俞 226
　　　心俞 225　肺俞 226　命门 226
　　　阳关 226　关后 226　百会 226
　　　三焦俞 226　肾俞 226　大肠俞 227
　　　关元俞 227　小肠俞 227　膀胱俞 227
　　　二眼 227　胸堂 227　中脘 227
　　　天枢 227　后海 227　尾根 227
　　　尾本 227　尾尖 227
　三、前肢部穴位 ……………… 227
　　　肩井 227　肩外髃 228　抢风 228
　　　䏶上 228　肘俞 228　曲池 228
　　　前三里 228　外关 228　内关 228
　　　阳池 228　膝脉 228
　　　涌泉(滴水)228　　指间(趾间)228
　四、后肢部穴位 ……………… 228
　　　环跳 228　肾堂 229　膝上 229
　　　膝下 229　后三里 229　阳辅 229
　　　解溪 229　后跟 229
　五、犬常发病证的针灸处方 ……… 230

第四篇　临床诊疗

第十三章　诊法 ……………… 234
　第一节　望诊 ………………… 234
　　一、望全身 …………………… 234
　　二、望局部 …………………… 237
　　三、察口色 …………………… 241

　第二节　闻诊 ………………… 244
　　一、闻声音 …………………… 244
　　二、嗅气味 …………………… 245
　第三节　问诊 ………………… 245
　　一、问发病 …………………… 245

二、问病因 ………………………… 246
　　三、问病史 ………………………… 246
第四节　切诊 ………………………… 247
　　一、切脉 …………………………… 247
　　二、触诊 …………………………… 250

第十四章　辨证 ………………………… 253
第一节　八纲辨证 …………………… 253
　　一、表里辨证 ……………………… 253
　　二、寒热辨证 ……………………… 254
　　三、虚实辨证 ……………………… 256
　　四、阴阳辨证 ……………………… 257
　　五、八证论 ………………………… 258
第二节　脏腑辨证 …………………… 259
　　一、心与小肠的病证 ……………… 259
　　二、肝与胆的病证 ………………… 261
　　三、脾与胃的病证 ………………… 263
　　四、肺与大肠的病证 ……………… 265
　　五、肾与膀胱的病证 ……………… 268
　　六、脏腑相兼病证 ………………… 269
第三节　气血津液辨证 ……………… 271
　　一、气的病证 ……………………… 271
　　二、血的病证 ……………………… 272
　　三、津液的病证 …………………… 272
第四节　六经辨证 …………………… 273
　　一、太阳病证 ……………………… 274
　　二、少阳病证 ……………………… 274
　　三、阳明病证 ……………………… 275
　　四、太阴病证 ……………………… 275
　　五、少阴病证 ……………………… 275
　　六、厥阴病证 ……………………… 276
　　七、六经兼证 ……………………… 276
第五节　卫气营血辨证 ……………… 277
　　一、卫分病证 ……………………… 277
　　二、气分病证 ……………………… 277
　　三、营分病证 ……………………… 278
　　四、血分病证 ……………………… 278

第十五章　防治法则 …………………… 280
第一节　预防 ………………………… 280
　　一、未病先防 ……………………… 280
　　二、既病防变 ……………………… 281
第二节　治则 ………………………… 282
　　一、扶正与祛邪 …………………… 282
　　二、治标与治本 …………………… 283
　　三、正治与反治 …………………… 284
　　四、同治与异治 …………………… 284
　　五、治常与治变 …………………… 285
　　六、治疗与护养 …………………… 286
第三节　治法 ………………………… 286
　　一、内治法 ………………………… 286
　　二、外治法 ………………………… 289

第十六章　病证防治 …………………… 291
第一节　脾胃病证 …………………… 291
　　一、慢草与不食 …………………… 291
　　二、呕吐 …………………………… 292
　　三、腹痛 …………………………… 292
　　四、泄泻 …………………………… 294
　　五、便秘 …………………………… 295
　　六、垂脱 …………………………… 296
　　七、虫积 …………………………… 296
第二节　心肺病证 …………………… 297
　　一、汗证 …………………………… 297
　　二、流涎与吐沫 …………………… 298
　　三、咳嗽 …………………………… 299
　　四、喘证 …………………………… 299
第三节　肝肾病证 …………………… 300
　　一、黄疸 …………………………… 300
　　二、水肿 …………………………… 300
　　三、淋证 …………………………… 301
　　四、滑精 …………………………… 302
　　五、不孕 …………………………… 302
第四节　其他病证 …………………… 303
　　一、发热 …………………………… 303
　　二、虚劳 …………………………… 305
　　三、血证 …………………………… 305
　　四、痹证 …………………………… 306
　　五、跛行 …………………………… 307
　　六、疮黄疔毒 ……………………… 308

绪 论

中兽医学(traditional Chinese veterinary medicine)又称中国传统兽医学,是研究和应用中国传统兽医学的理、法、方、药及针灸技术,防治家畜病证的一门综合性学科。中兽医学具有悠久的历史,在长期的医疗实践过程中,逐步形成了独特的理论体系和丰富多彩的病证防治技术。几千年来,在保障我国畜牧业的发展方面发挥了重要作用,并对世界兽医学作出了卓越贡献。

一、发展源流

中兽医学有着悠久的历史,根据我国历史的发展阶段,中兽医学的起源和发展大致分为五个时期。

(一)起源时期

中兽医学的起源可以追溯到原始社会(远古至公元前22世纪),即人类开始驯化野生动物、并将其转变为家畜的时期。人类在饲养动物的过程中,逐步对动物疾病有所了解,并不断地寻求治疗方法,这就是兽医知识的起源。

考古学证明,我国家畜的饲养约有一万年的历史。例如,桂林甑皮岩遗址(距今11 310±180~7580±410年)出土有家猪的骨骼,浙江河姆渡遗址(距今6310±100~6065±120年)出土有猪、犬和水牛的骨骼,河南仰韶遗址(约公元前5000~公元前3000年)发掘出猪、马、牛等家畜的骨骼以及石刀、骨针和陶器等,陕西半坡遗址(约公元前4800~公元前4300年)和姜寨遗址(约公元前4600~公元前4400年)不但发掘出猪、马、牛、羊、犬、鸡的骨骼残骸及石刀、骨针、陶器等生活和医疗用具,而且有细木围成的圈栏遗迹。在内蒙古多伦县头道洼新石器遗址中出土的砭石,经鉴定具有切割脓疡和针刺两种作用。这些考古发现说明,在新石器时代的仰韶文化时期,不但家畜的饲养已经普及,而且人类为了保护所饲养的动物,已开始把火、石器、骨器等战胜自然的工具用于防治动物疾病。

对药物的认识,同样也源于人类的生产劳动和生活实践。原始人集体出猎,共同采集食物,必然发生过因食用某种植物而使所患疾病治愈,或因误食某种植物而中毒的事例。经过无数次尝试,人们对某些植物的治疗作用和毒性有了认识,获得了原始的药理学和毒理学知识。如《淮南子·修务训》记载有"神农……尝百草之滋味……一日而遇七十毒",生动地说明了药物起源的情况。

(二)知识积累时期

我国进入奴隶社会以后,兽医学知识得到了积累。夏代(公元前21世纪~公元前11世纪)已有专门从事畜牧业的奴隶,称为"牧竖";已能人工造酒。《汉书》说"酒为百药之长","醫"字从酉(酒),可见酒的发明在医学和兽医学中有着重要意义。

商代(公元前16世纪~公元前11世纪),家畜的护养有了进一步发展,甲骨文中已有对猪圈、羊栏、牛棚、马厩的记载,同时还记载有药酒及一些人畜通用的病名,如胃肠病、体内寄生虫病、齿病等。河北藁城商代遗址中,出土有郁李仁、桃仁等中药,表明当时对中药也有认识和应用。商代青铜器的出现和使用,为针灸、手术等治疗技术的发展提供了有利条件,出现了阉割术或宫刑。殷周之际出现的带有自发的朴素性质的阴阳和五行学说,后来成为中医和中兽医学的推理工具。

西周到春秋时期(公元前11世纪～公元前476年),家畜去势术已用于猪、马、牛等动物。当时的书籍还记载有猪囊虫、狂犬病、疥癣、运动障碍、外血吸虫等危害较大的疾病。《周礼·天官》载有"兽医,掌疗兽病,疗兽疡。凡疗兽病,灌而行之,以节之,以动其气,观其所发而养之。凡疗兽疡,灌而劀之,以发其恶,然后药之、养之、食之",说明当时已有专职兽医,将内科病(兽病)和外科病(兽疡)分开,采用灌药、手术、护理等医疗措施。《周礼》、《诗经》和《山海经》载有人畜通用药物100多种,并有"流赭(赭石)以涂牛马无病"等兽用药物的记载。《周礼》记载有"内饔……辨腥、臊、膻、香之不可食者",这是我国肉品检验的开始。这一时期还出现造父(约公元前10世纪)、孙阳(号伯乐,约公元前7世纪)、王良(约公元前6世纪)等畜牧兽医名人。

(三) 学术体系形成时期

到了封建社会(公元前475～公元1840年),中兽医学形成了完整的学术体系。

战国时期(公元前475～公元前221年),出现了专门诊治马病的"马医"(见《列子》)。《墨子》中有"……罢马不能治,必索良医"的记载。家畜疾病的名称还出现有"牛瘍"(见《古玺文字征》)、"羸牛"、"马肘溃"、"马折膝"(见《战国策》)、"马刃伤"(见《楚辞》)、"马暴死"(见《晏子春秋》)等。《晏子春秋》中还有"大暑而疾驰,甚者马死,薄者马伤"的记述。

约公元前3世纪出现的《黄帝内经》,是我国现存最早、最珍贵的一部医学典籍,它比较系统和全面地反映了当时中医学发展的成就,中兽医学基本理论最早导源于该书,形成了以阴阳五行为指导思想、以整体观念和辨证论治为特点的学术体系。

秦汉时期(公元前221～公元220年),中兽医学有了进一步发展。如秦代制定的"厩苑律"(见《云梦秦简》),是我国最早的畜牧兽医法规,汉代改为"厩律"。汉代出现的《神农本草经》,收载药物365种,是我国最早的一部人畜通用的药学专著,其中特别提到"牛扁杀牛虱小虫,又疗牛病"、"柳叶主马疥痂疮"、"桐花主傅猪疮"等。在汉简中已记载有兽医方剂,并开始把药制成丸剂给马内服(见《居延汉简》、《流沙坠简》和《武威汉简》)。汉代名医张仲景(150～219年)著有《伤寒杂病论》等书,充实和发展了前人辨证论治的原则,一直为兽医临证所借鉴。

在针灸方面,汉代已有了铁制的九针、金针和银针,并有针药并用治疗兽病(见《列仙传》)和用革制的马鞋进行护蹄的记载。河南方城汉墓出土有"拒龙阉牛图",说明当时已有了牛的走骟法。三国时期,华佗发明了全身麻醉剂"麻沸散",进行剖腹涤肠手术,相传他还有关于鸡、猪去势的著述。据《汉书·艺文志》记载,当时已有畜牧兽医专著《相六畜三十八卷》(马王堆汉墓发掘有《相马经》),同时还出现《马经》和《牛经》等。

魏晋南北朝时期(220～581年),晋代名医葛洪(281～341年)所著的《肘后备急方》中有治六畜"诸病方",其中有黄丹治"马脊疮"、灸熨治"马羯骨胀"和"谷道入手"治"驴马胞转"等,还指出了疥癣中有虫,提出了防治狂犬病可用"杀所咬犬,取脑敷之"的方法。梁代(502～557年)出现有兽医专著《伯乐疗马经》。北魏贾思勰著古农书《齐民要术》中有畜牧兽医专卷,记载有防治畜禽疾病的方法40多种,包括羊的群体检查别病法、羊的揲骟去势法、掏结术、削蹄法治漏蹄、疥癣病和马的五劳七伤、喉痹、黑汗、中水、中谷、脚生附骨等病证的简便治疗方法,反映出当时的兽医技术已达到了较高水平,并以马病为中心向前发展。

隋代(581～618年),兽医学的分科已趋完善,出现了有关病证诊治、方药及针灸等的专著,如《治马牛驼骡等经》、《治马经》、《治马经图》、《杂撰马经》、《伯乐治马杂病经》、《疗马方》以及《马经孔穴图》等(原书均已佚)。

唐代(618～907年),有了兽医教育的开端。《旧唐书·职官志》记载,神龙年间太仆寺中设有"兽医六百人,兽医博士四人,学生一百人"。贞元末年(约804年),日本派平仲国等到中国学习兽医。李石编著的《司牧安骥集》,为我国现存最早的较为完整的中兽医学古籍,对中兽医学的理法方药等均有较全面的论述,是我国最早的一部兽医学教科书。唐高宗显庆四年(659年)颁布的《新修本草》,被认为是世界上最早的一部人畜通用药典。当时我国少数民族地区的兽医学也有了很大发展,如新疆吐鲁番出土有唐代《医牛方》、西藏有《论马宝珠》和《医马论》等。

宋代(960～1279年),先后设有专门疗养马的机构"病马监"、"皮剥所"和"药蜜库"(见《宋史》),被认为是我国最早的兽医院、尸体剖检机构和兽医药房。当时出现的兽医专著有《明堂灸马经》、《伯乐针经》、《医驼方》、《疗驼经》、《贾𫗨医牛经》、《马经》、《医马经》、《相马病经》、《安骥集》、《安骥方》、《重集医马方》等。现存王愈著《蕃牧纂验方》,载方57个,并附有针灸疗法。据《使辽录》(1086年)记载,当时我国少数民族地区已用醇做麻醉剂,进行马的切肺手术。

元代(1271～1368年),著名兽医卞宝(卞管勾)著有《痊骥通玄论》一书,除对马的起卧症(包括掏结术)进行了总结性论述外,还提出了"胃气不和,则生百病"的脾胃发病学说。这一时期还出现有《安骥集八卷》和《治马牛驼经》等书。

明代(1368～1644年),著名兽医学家喻本元、喻本亨著《元亨疗马集》(附《牛驼经》)。该书内容丰富,是国内外流传最广的一部中兽医古典著作。在此前后有杨时乔著《马书》、《牛书》,钱能编著《类方马经》。著名科学家李时珍(1518～1593年)编著了举世闻名的《本草纲目》,收载药物1892种,方剂11 096个,其中专述兽医方面的内容有二百多条。该书刊行后不久即传播到国外,为中外医药学的发展作出了杰出贡献。

鸦片战争以前的清代(1644～1840年),中兽医学已陷入迟迟不前的状态,但也有一些兽医著作出现。1736年李玉书对《元亨疗马集》进行了改编,删除了"东溪素问四十七论"中的二十多论,又根据其他兽医古籍增加了部分内容,成为现今广为流传的版本。1758年赵学敏著《串雅外编》,其中列有"医禽门"和"医兽门"。1785年郭怀西著《新刻注释马牛驼经大全集》。此后的兽医著作有《抱犊集》、《养耕集》(傅述风,1800年)、《牛经备要医方》(沈莲舫)、《牛医金鉴》(约1815年)、《相牛心镜要览》(1822年)等。

(四)发展停滞时期

鸦片战争以后,中国沦为半殖民地半封建社会(1840～1949年),中兽医学的发展陷入了困境。这一时期的主要著作有《活兽慈舟》(李南晖,约1873年)、《牛经切要》(1886年)、《猪经大全》(约1891年)等。《活兽慈舟》收载了马、牛、羊、猪、犬、猫等动物的病证240余种,是我国较早记载犬、猫疾病的书籍。《猪经大全》是我国现存中兽医古籍中唯一的一部猪病学专著。

1904年,北洋政府在保定建立了北洋马医学堂,从此西方现代兽医学开始有系统地在中国传播,使得中国兽医学出现了两种不同的学术体系,因而有了中、西兽医学之分。当时国内的统治阶级对中医和中兽医学采取了摧残及扼杀的政策,于1929年悍然通过了"废止旧医案",立即遭到了广大人民群众的强烈反对。在此情况下,民间兽医遭受歧视和压迫,严重地阻碍了中兽医学的发展。但这一时期仍出现有《驹儿编全卷》(1909年)、《治骡马良方》(1933年)以及《兽医实验国药新手册》(1940年)等书籍。

新中国成立以前，在中国共产党领导的根据地非常重视中兽医学的发展，积极倡导中、西(兽)医结合。1928年，毛主席在《井冈山的斗争》一文中就提出"用中西两法治病"。解放区的华北大学农学院，在1947年便开始学习和研究中兽医学，并把中兽医学作为兽医专业的必修课。各根据地及军队兽医系统中都吸收有中兽医，他们在防治动物疾病，特别是在军马保健工作中发挥了重要作用。

（五）复兴时期

1949年中华人民共和国成立后，中兽医学进入了一个蓬勃发展的新阶段。

党和政府历来重视中兽医学的发展。1956年1月，国务院颁布了"加强民间兽医工作的指示"，提出了"团结、使用、教育和提高"中兽医的政策。同年9月召开了"全国民间兽医座谈会"，提出了"使中西兽医紧密结合，把我国兽医学术推向一个新的阶段"的战略目标。1958年，毛泽东指示"中国医药学是一个伟大的宝库，应当努力发掘，加以提高"。1985年，中共中央关于中医工作的决定指出："根据宪法'发展现代医药和传统医药的规定'，要把中医和西医摆在同等的地位。一方面，中医药是我国卫生事业所独具的特点和优势，中医不能丢，必须保存和发展；另一方面，中医必须积极利用先进的科学技术和现代化手段，促进中医药事业的发展。"

在科学研究方面，国家先后在农业科学院系统设立中兽医学研究所或研究室，在高等农业院校设立教研组(室)或研究室，开展科学研究工作；批准创办专业期刊或在兽医杂志中设立中兽医专栏，促进了中兽医学的普及与交流。在广大中兽医工作者的努力下，搜集整理出版了大量中兽医经验资料和古籍，编撰出版了一大批中兽医学书籍，同时在中兽医学理论、中药、方剂、针灸以及病证防治等方面的研究中，取得了丰硕的成果。

在人才培养方面，国家早在1956年就举办了中兽医师资培训班，聘请国内知名中兽医讲学，不少大、中专学校教师参加学习，解决了当时中兽医师资缺乏问题。其后在全国各中、高等农业院校设立中兽医学课程或开设中兽医学专业。近年来，在各高等农业院校增设中兽医学硕士、博士点，培养了一大批中兽医人才。

在学术活动方面，1956年中国畜牧兽医学会设立了中兽医小组，1979年成立了中西兽医结合学术研究会，后来更名为中国畜牧兽医学会中兽医学分会。这一学术组织在团结广大中兽医工作者，促进中兽医学术的发展，扩大国际交流等方面做了大量工作。尤其是改革开放以来，随着我国对外交流的不断增加，中兽医学特别是兽医针灸在国外的影响也越来越大，不少院校先后多次举办了国际兽医针灸培训班，或派出专家到国外讲学，促进了中兽医学在世界范围内的传播。

二、主 要 内 容

中兽医学的内容主要包括基础理论、中药与方剂、针灸和临床诊疗四大部分。

1. 基础理论　研究阴阳、五行、脏腑、气血津液、经络、病因、病机等学说的基本理论及其临床应用。

2. 中药与方剂　研究中药的采收、炮制、性能、配伍和方剂的组成、剂型、剂量、用法等理论，15类常用中药的基原、性味、归经、功能、主治、用量，以及17类常用方剂的处方、用法、功能、方解和主治。

3. 针灸 研究兽医针灸学基本理论(针灸工具、针灸穴位、针灸基本操作、针术、灸术、其他针灸术)、家畜的常用针灸穴位和常见病证的针灸治疗处方。

4. 临床诊疗 研究中兽医诊法(望、闻、问、切)、辨证(八纲、脏腑、气血津液、六经、卫气营血)、防治法则(预防、治则、治法)等理论,以及家畜常见病证的辨证论治。

三、基本特点

中兽医学的基本特点主要为整体观念和辨证论治。

(一)整体观念

中兽医学认为,动物体本身各组成部分之间,在结构上不可分割,在生理功能上相互协调,在病理变化上相互影响,是一个有机的整体。同时,动物生活在自然环境中,与外界环境之间紧密相关,即动物体与自然环境构成一个整体。

1. 动物体本身的整体性 在生理状态下,动物体是以心、肝、脾、肺、肾五个生理系统为中心,通过经络使各组织器官紧密相连而形成的一个完整统一的有机体。五脏与六腑互为表里,与九窍各有所属,各脏腑组织器官之间相互依赖、相互联系,以维持机体内部的平衡和正常的生命活动。在病理状态下,机体某一部分的病变,可以影响到其他部分,甚至引起整体性的病理改变,如脾气虚迁延日久,会因生化乏源而引起心气虚、肺气虚,甚至全身虚弱。另外,整体的状况又可影响局部的病理过程,如全身虚弱的动物,其创伤愈合较慢等。

诊察疾病时,一般应从整体出发,通过观察各种外在的临床表现,分析内在的全身或局部的病理变化,即见其外即知其内。无论是全身的还是局部的病变,都必然会在形体、窍液及色脉等方面有所反映。例如,通过察口色,可以分析机体内部脏腑的虚实、气血的盛衰、津液的盈亏、病邪的轻重、病势的进退等。防治疾病时,也应从整体出发,注意脏腑之间、脏腑与形体、窍液的联系。如见口舌糜烂,当知心开窍于舌,是心火亢盛的表现,应以清心泻火的方法治疗。此外,"表里同治"或"从五官治五脏"以及"见肝之病,当先实脾"等,都是从整体观念出发确定治疗原则和治疗方法的具体体现。

2. 动物体与自然环境的相关性 动物处于自然环境之中,与自然环境之间是对立统一的。自然环境的变化可以直接或间接地影响动物体的生理功能,动物可以通过调节气血运行以适应。例如,四季的正常气候变化是春夏温热、秋冬寒凉,动物则春夏阳气发泄,气血趋于表,多汗少尿;秋冬阳气收藏,气血趋于里,少汗多尿。形成"春如桃花夏似血,秋如莲花冬似雪"的口色和"春弦、夏洪、秋毛、冬石"的脉象。当自然环境急剧变化、动物不能适应或动物调节机制失调时,则使机体与外界环境之间失去平衡,引发疾病。

诊察疾病时,首先要考虑到季节性影响,如春多温病、夏多暑病、秋多燥病、冬多寒病。同时要注意到环境突然改变和情志刺激的影响,如迁移、离群、失仔、过度惊吓等都可能引起疾病。防治疾病时,就要考虑到自然环境对动物体的影响。古人在总结自然界变化对机体影响规律的基础上,提出了一些行之有效的措施,如"春夏养阳、秋冬养阴","冬暖屋、夏凉棚","春灌茵陈与木通、消黄三伏有奇功、理肺散宜秋季灌、茴香冬月莫叫空"等四时调理法,以及因时、因地、因畜制宜的治疗原则。

（二）辨证论治

辨证论治是中兽医学认识疾病、确定防治措施的基本过程。"辨证"就是把通过四诊所获取的病情资料，进行分析综合，以判断为某种性质的"证"的过程，即识别疾病证候的过程；"论治"是根据证的性质确定治则和治法的过程。辨证是确定治疗的前提和依据，论治是治疗疾病的手段和方法，也是辨证的目的。治则和治法是否恰当，取决于辨证是否正确，又有待于临床治疗效果的检验。因此，辨证和论治是疾病诊疗过程中不可分割的两个方面，也是中兽医学理法方药的临床应用。

"证"的概念，不同于"病"和"症"。"病"，是指有特定病因、病机、发病形式、发展规律和转归的一个完整的病理过程，即疾病的全过程，如感冒、痢疾、肺炎等。"症"，即症状，是疾病的具体临床表现，如发热、咳嗽、呕吐、疲乏无力等。"证"，是对疾病发展某一阶段包括病因（如风寒、风热、湿热等）、病位（如表、里、脏、腑等）、病性（如寒、热等）和邪正关系（如虚、实等）的综合概括，同时也提出了治疗方向。如"脾虚泄泻"证，即指出病位在脾，正邪力量对比属虚，临床主要表现为泄泻，致病因素推断为湿，从而也就指出了治疗方向应"健脾燥湿"。有人将三者形象地归纳为"病"为一条"线"，"证"为一个"面"，"症"为一个"点"；"病为纲，证为目"。

辨证论治，能够抓住疾病发展不同阶段的本质。鉴于同一种疾病在不同发展阶段可表现不同的证，不同的疾病在发展过程中又可出现相同的证，因而可以分别采取"同病异治"和"异病同治"的措施。如外感表证，属外感风寒者治宜辛温解表，属外感风热者治宜辛凉解表，此谓"同病异治"；而脱肛、子宫下垂、久泻久痢等证，虽属不同的疾病，但均以中气下陷为病机，均可以补中益气之剂治疗，此谓"异病同治"。

此外，有人认为，"运用阴阳五行学说"、"恒动观念"也是中兽医学的基本特点。

四、学 科 优 势

作为一门优秀的传统医学科学，中兽医学自身有着极其丰富的科学内涵和独特优势，这正是本学科历经数千年而不衰，并且日益焕发出勃勃生机的根本原因。

1. 医学模式的先进性 中兽医学的医学模式是把动物作为一个整体，放在自然界环境中进行考察，以整体的观点进行诊断，关心病畜整体的机能变化，关心时间环境、地理环境、气候环境等变化的影响。在生命观上，对生命复杂现象做直观推测、灵性感悟、整体把握。在疾病观上，从整体上认识患病是邪盛正衰及机体功能平衡失调所造成的。在治疗观上，整体调节机体平衡失调状态，辨证论治。

2. 临床诊疗的安全性 中兽医诊察疾病主要采用望、闻、问、切的方式获取临床资料，具有无创、简单、经济的特点。中兽医疗法具有安全、有效、低毒等优势。药物疗法使用的中药绝大多数来源于自然界，药性平和，不良反应少，不影响正常的生理功能；而且中药及方剂含有多种有效成分，具有多效性，有利于多靶点调节，纠正各种失衡状态；非药物疗法使用针灸或手法，发挥着综合调节整体功能和协助动物体自然康复的作用，强调因畜施用、辨证施用，注重医疗方法的实用性和有效性。中兽医疗法对畜产动物更具有特殊的意义，可以减少畜产品中的有害残留，保障食品安全和人类健康。

3. 防病保健的科学性 中兽医学重视对动物体的整体调节，强调"治未病"，保持或提高动物良好的生活（主要对宠物）、生产（主要对畜产动物，提高生产性能和畜产品质量）和生态（主要对野生动物，维持其与环境以及人类的生态和谐）质量。中兽医疗法不但安全，而且多具有双向调整作用,无病可防,有病可治。许多中药具有养生保健的作用,可以有效地调理机体功能、增强体质,尤其对"亚健康"状态具有良好的效果,比西兽医学的"对抗式"治疗更为科学。在当今世界"回归大自然"的呼声中,中兽医学以其"绿色"非损伤性措施、神奇卓越的效果逐渐为全世界所瞩目,针灸、中药等已逐步走出国门,相信随着进一步地发掘,必将对世界动物保健事业作出巨大贡献。

五、学 习 方 法

学习中兽医学,是为了继承和发扬祖国兽医学遗产,为畜牧业的发展作出新贡献。重点要掌握中兽医学理、法、方、药的基本理论和实际操作技能。学习时要注意以下三点。

1. 以唯物辩证法为指导 中兽医学是在古代朴素的唯物论和辩证法思想指导下形成和发展起来的。在解释动物的生理功能和病理变化时,借用了一些古代哲学的概念。学习中兽医学,首先要理解中兽医学中的哲学思想,掌握认识和分析事物的基本方法。同时,运用唯物辩证法的观点,批判地吸取其精华,排除其糟粕,达到继承和发扬祖国兽医学的目的。

2. 掌握中兽医学基本理论 学习中兽医学,要以"整体观念"和"辨证论治"为核心,对中兽医学的理、法、方、药及针灸逐步融会贯通。同时,注意中、西兽医学是不同的学术体系,虽然可以相互对比,但不能生搬硬套,更不能强求用西兽医学的观点来解释中兽医学的所有理论。

3. 注意理论联系实际 中兽医学的理、法、方、药理论及针灸是从临床实践中总结出来的,是一门实践性极强的科学。在理论学习的同时,要注意结合临床实践。只有这样,才能加深对基本理论的理解,掌握病证防治的实际操作技能。

第一篇　基　础　理　论

第一章 阴阳五行

本章介绍了阴阳五行学说，内容包括阴阳学说和五行学说。要求学生了解阴阳学说、五行学说的概念，阴阳、五行的含义；理解阴阳的属性，阴阳的无限可分性，五行的特性；掌握阴阳的相互关系，阴阳学说在中兽医学中的应用，事物的五行归类，五行的相互关系，五行学说在中兽医学中的应用。重点掌握阴阳的相互关系及应用，五行的相互关系及应用。

阴阳五行学说是我国古代带有朴素唯物论和自发辩证法性质的哲学思想，早在两千多年前就被引用到医药学中来作为推理的工具，从而成为中兽医学独特的理论体系中的关键内容。因而有人将"运用阴阳五行学说"作为中兽医学的基本特点之一。

第一节 阴阳学说

阴阳学说是以阴和阳的相对属性及其消长变化来认识自然、解释自然、探求自然规律的一种宇宙观和方法论，是中国古代朴素的对立统一理论。中兽医学用来说明动物体的组织结构、生理功能和病理变化，并指导疾病的诊断和防治。

一、阴阳的基本概念

（一）阴阳的含义

阴阳的最初含义是指日光的向背，向日为阳，背日为阴。在长期的生活实践中，遇到种种似此相互联系又相互对立的现象，于是就不断地引申其义，将天地、上下、日月、昼夜、水火、升降、动静、内外、雌雄等，都用阴阳加以概括，阴阳也因此发展成为相互关联又相互对立的两种事物，或同一事物内部对立双方属性的概括，成为一切事物对立而又统一的两个方面的代名词。古人正是从这一朴素的对立统一观念出发，认为阴阳两方面的相反相成，消长转化，是一切事物发生、发展、变化的根源。如《素问·阴阳应象大论》中说："阴阳者，天地之道也，万物之纲纪，变化之父母，生杀之本始。"

（二）阴阳的属性

阴阳代表了事物两种相反的属性。一般认为，识别阴阳的属性以上下、动静、有形无形等为准则。概括起来，凡是向上的、运动的、无形的、温热的、向外的、明亮的、亢进的、兴奋的及强壮的均属于阳；凡是向下的、静止的、有形的、寒凉的、向内的、晦暗的、减退的、抑制的及虚弱的均属于阴。阴和阳的相对属性引入中兽医学领域，将具有推动、温煦、兴奋等作用的物质和功能，统属于阳；具有凝聚、滋润、抑制等作用的物质和功能，统属于阴。

（三）阴阳的无限可分性

阴阳具有无限可分性，即阴阳之中复有阴阳。例如，一天之中，昼为阳，夜为阴，而上午为阳中之阳、下午为阳中之阴；动物的脏为阴，腑为阳，位于膈前的心、肺为阴中之阳，位于膈后的肝、脾、肾为阴中之阴。由此可见,宇宙中的任何事物都可以概括为阴和阳两类,任何一种事物内部又可以分为阴和阳两个方面,阴或阳还可以再分阴阳。事物这种既相互对立又相互联系的现象,在自然界是无穷无尽的。故《素问·金匮真言论》说:"阴中有阳,阳中有阴",《素问·阴阳离合论》中说:"阴阳者,数之可十,推之可百,数之可千,推之可万,万之大,不可胜数,然其要一也。"

二、阴阳的相互关系

（一）阴阳对立

阴阳对立是指阴阳双方的属性相反,存在着相互排斥、相互斗争和互相制约的关系。如寒与热、动与静、水与火等的属性相反,都是对立的两个方面。同时,这两个方面也是相互制约的。对立的双方,通过排斥、斗争以相互制约,从而取得统一,使事物达到动态平衡。以动物体的生理功能为例,亢奋为阳,抑制为阴,二者相互制约,从而维持动物体的生理状态。阴阳双方的不断排斥与斗争,推动了事物的变化或发展。故《素问·疟论》说:"阴阳上下交争,虚实更作,阴阳相移。"

（二）阴阳互根

阴阳互根是指阴阳双方具有相互依存、相互为用的关系。相互依存,是指阴阳任何一方都不能脱离另一方面而单独存在。如热为阳,寒为阴,没有热也就无所谓寒;上为阳、下为阴,没有上也无所谓下。正如《素问·阴阳应象大论》所说:"阳根于阴,阴根于阳。"相互为用,是指阴阳双方存在着不断相互资生、相互促进的关系。如机体的物质属阴,功能属阳,脏腑功能活动健全,就会不断地促进营养物质的化生,而营养物质充足才能维护脏腑正常的功能活动。

（三）阴阳消长

阴阳消长是指阴阳双方不断运动变化,此消彼长,又力求维系动态平衡的关系,即阴消阳长,阳消阴长。例如,机体各项功能活动（阳）的产生,必然要消耗一定的营养物质（阴）,这就是"阴消阳长"的过程;而各种营养物质（阴）的化生,又必须消耗一定的能量（阳）,这就是"阳消阴长"的过程。在生理情况下,这种阴阳的消长保持在一定的范围内,阴阳双方维持着一个相对的平衡状态。假若这种阴阳的消长,超过了一定范围,导致相对平衡失调,就会引发"阳气虚"或"阴液不足"的病证。

（四）阴阳转化

阴阳转化是指阴阳双方在一定条件下向其属性相反的方向转化,即阳可以转化为阴,阴可以转化为阳。例如,动物外感风寒,出现耳鼻发凉、肌肉颤抖等寒象,若治疗不及时或治疗失误,寒邪入里化热,就会出现口干、舌红、气粗等热象,此即由阴证转化为阳证。又如,患热性病的动物,由于持续高热,热甚伤津,气血两亏,呈现出体弱无力、四肢发凉等虚寒症状,便是由阳证转化为阴证。此外,临床上所见由实转虚、由虚转实、由表入里、由里出表等病证的变化,都是阴阳转化的例证。

综上所述,阴阳的对立、互根、消长、转化,是从不同的角度来说明阴阳之间的关系及其运动规律。这些关系及其运动规律又是互相联系的。阴阳的对立是最普遍的规律,阴阳双方通过对立制约而取得平衡;阴阳的互根代表着阴阳双方彼此依存,互相促进,不可分离;阴阳的消长是阴阳运动的最基本形式,阴阳消长稳定在一定范围内,则取得动态平衡;阴阳的转化是阴阳在一定条件下发生质变的过程。阴阳的运动是永恒的,而平衡只是相对的。了解这些内容,有助于理解阴阳学说在中兽医学方面的应用。

三、阴阳学说在中兽医学中的应用

阴阳学说贯穿在中兽医学的各个领域,用以说明动物体的组织结构、生理功能和病理变化,并指导疾病的诊断、治疗和预防。

(一) 说明动物体的组织结构

动物体是一个既对立又统一的有机整体,其组织结构可以用阴阳两个方面来概括。按解剖部位,上为阳,下为阴;体表属阳,体内属阴;背部属阳,腹部属阴;四肢外侧为阳,内侧为阴。按脏腑,五脏为阴,六腑为阳;各脏腑又分阴阳,如心阴、心阳,肾阴、肾阳,胃阴、胃阳等。按经络,属脏为阴,属腑为阳;因而十二经脉可分为前肢三阳经、前肢三阴经、后肢三阳经和后肢三阴经。按气血,血为阴,气为阳;气之中营气在内为阴,卫气在外为阳等。

(二) 说明动物体的生理功能

正常的生命活动是阴阳这两个方面保持对立统一的结果。如《素问·生气通天论》说:"阴者,藏精而起亟(亟,可作气解)也;阳者,卫外而为固也。"就是说"阴"代表着物质或物质的储藏,是阳气的源泉;"阳"代表着功能活动,起着卫外而固守阴精的作用;没有阴精就无以产生阳气,而通过阳气的作用又不断化生阴精,二者同样存在着相互对立、互根互用、消长转化的关系。在正常情况下,阴阳保持着相对平衡,以维持动物体的生理活动,正如《素问·生气通天论》所说:"阴平阳秘,精神乃治。"否则,阴阳不能相互为用而分离,精气就会竭绝,生命活动也将停止,就像《素问·生气通天论》中所说的"阴阳离决,精神乃绝"。

(三) 说明动物体的病理变化

1. 说明疾病的发生　　疾病的发生,关系到动物体的正气和邪气两个方面。正气,是指动物体的功能活动及其对病邪的抵抗能力、对外界环境的适应能力和对损伤组织的修复能力;邪气,泛指各种致病因素。正气包括阴精和阳气;邪气也有阴邪和阳邪之分,如六淫之中,风邪、暑邪、燥邪、火(热)邪为阳邪,寒邪、湿邪为阴邪。疾病的发生,是邪正斗争引起阴阳失去相对平衡,出现阴阳偏盛或偏衰的结果。

(1) 阴阳偏盛　　指阴邪致病使机体阴偏盛而阳伤,出现"阴盛则寒"的病证;或阳邪致病,使机体阳偏盛而阴伤,出现"阳盛则热"的病证。如寒邪、湿邪等阴邪侵入机体,致使"阴盛其阳",从而发生"冷伤之证",动物表现为口色青黄、脉象沉迟、鼻寒耳冷、身颤肠鸣、不时起卧等症状;如热邪、燥邪等阳邪侵犯机体,致使"阳盛其阴",从而出现"热伤之证",动物表现为高热、唇舌鲜红、脉象洪数、耳聋头低、行走如痴等症状。

(2) 阴阳偏衰　　指机体阴液亏虚,不能制阳,发生阴虚阳亢的虚热证;或阳气不足,不能制阴,发生阳虚阴亢的虚寒证。正如《素问·调经论》所说:"阳虚则外寒,阴虚则内热。"由于阴阳双方互根互用,任何一方虚损到一定程度,均可导致对方的不足,即所谓"阳损及阴,阴损及阳",最终可导致"阴阳俱虚"。如某些慢性消耗性疾病,在其发展过程中,会因阳气虚弱致使阴精化生不足,或因阴精不足致使阳气化生无源,最后导致阴阳两虚。

阴阳的偏盛或偏衰，均可引起寒证或热证，但二者有着本质的不同。阴阳偏盛所形成的病证是实证，如阳邪偏胜导致实热证，阴邪偏胜导致实寒证等；而阴阳偏衰所形成的病证则是虚证，如阴虚则出现虚热证，阳虚则出现虚寒证等。故《素问·通评虚实论》说："邪气盛则实，精气夺则虚。"

2. 说明疾病的发展　　在病证的发展过程中，由于病性和条件的不同，可以出现阴阳的相互转化。所谓"寒极则热，热极则寒"，即是指阴证和阳证的相互转化。临床上可以见到病证由表入里、由实转虚、由热化寒和由寒化热等的变化。如高热证，开始表现为体温升高、口舌红、脉洪数等热象，当严重者发生"暴脱"时，则转而表现为四肢厥冷、口舌淡白、脉沉细等寒象。

3. 判断疾病的转归　　疾病经过"调其阴阳"，恢复"阴平阳秘"的状态，则以痊愈而告终；若阴阳平衡恢复缓慢，则病情迁延；若继续恶化，终致"阴阳离决"，则以死亡为转归。

（四）指导疾病的诊断

中兽医诊断疾病，包括收集症状和辨别证候两个方面，均可以阴阳为纲加以分析概括。正如《素问·阴阳应象大论》说："善诊者，察色按脉，先别阴阳。"

1. 分析症状　　如口色红、黄、赤紫为阳，青、白、黑为阴；色泽鲜明属阳，晦暗属阴。呼吸有力而声音高亢、洪亮为阳，呼吸微弱而声音低微、无力为阴；身热属阳，身寒属阴；口干而渴属阳，口润不渴属阴；躁动不安属阳，蹉卧静默属阴等。

2. 辨别证候　　一切病证，均可归入"阴证"或"阳证"。辨证首先要分清阴阳，才能抓住疾病的本质。如八纲辨证就是以阴阳为总纲，统领各证，表证、热证、实证属阳证；里证、寒证、虚证属阴证。

（五）指导疾病的治疗

1. 确定治法　　由于阴阳偏胜偏衰是疾病发生的根本原因，因此，泻其有余，补其不足，调整阴阳，使其重新恢复协调平衡就成为诊疗疾病的基本原则。正如《素问·至真要大论》中说"谨察阴阳所在而调之，以平为期"。对于阴阳偏胜者，应泻其有余，用寒凉药清泄阳热，或温热药祛除阴寒，即"热者寒之，寒者热之"的治疗原则；对于阴阳偏衰者，应补其不足，阴虚有热则滋阴以清热，阳虚有寒则益阳以祛寒，即"壮水之主以制阳光，益火之源以消阴翳"的治疗原则。

2. 指导用药　　药性可用阴阳来概括，温热性的药物属阳，寒凉性的药物属阴；辛、甘、淡味的药物属阳，酸、咸、苦味的药物属阴；具有升浮、发散作用的药物属阳，而具沉降、涌泄作用的药物属阴。根据药物的阴阳属性，就可以灵活地用来调整机体的阴阳，以补偏救弊。如热盛用寒凉药以清热，寒盛用温热药以祛寒，便是"寒者热之，热者寒之"的治疗原则。

（六）指导疾病的预防

动物体的阴阳与外界环境密切相关，因此动物必须适应四时的阴阳变化，才能减少疾病的发生。正如《素问·四气调神大论》所说："春夏养阳，秋冬养阴，以从其根……逆之则灾害生，从之则苛疾不起……。"《元亨疗马集·腾驹牧养法》也提出了"凡养马者，冬暖屋，夏凉棚"，"切忌宿水、冻料、尘草、砂石……食之"的预防措施。此外，还可以通过春季放大血、灌四季调理药等方法来调和气血，协调阴阳，预防疾病。

第二节 五行学说

五行学说是以木、火、土、金、水五种物质的特性及其生克制化规律来认识世界、解释世界和探求宇宙规律的一种世界观和方法论。中兽医学用来说明动物体的组织结构、生理功能、病理影响,并指导疾病的诊断、治疗和预防。

一、五行的基本概念

（一）五行的含义

"五",是指木、火、土、金、水五种物质,"行",指这五种物质的运动和变化。五行学说认为,宇宙间的一切事物都是由这五种物质及其运动变化构成的,五行之间,具有相互资生、相互制约的关系。

（二）五行的特性

五行的特性,是古人在长期的生活和生产实践中,对木、火、土、金、水五种物质的自然现象及其性质的直观观察和抽象概括,总结为"水曰润下、火曰炎上、木曰曲直、金曰从革、土爰稼穑"。

木："木曰曲直"。曲,屈也；直,伸也。木曰曲直,指木具有生长、升发、能屈能伸的特性,引申为凡有生长、升发、条畅等性质或作用的事物或现象,均归属于"木"。

火："火曰炎上"。炎,热也；上,上升。火曰炎上,是指火具有温热、向上的特性,凡具有温热、升腾等性质或作用的事物或现象,均归属于"火"。

土："土爰稼穑"。爰,通曰；稼,种植谷物；穑,收获谷物。土爰稼穑,泛指在土地上种植和收获谷物等农事活动,引申为凡具有生化、承载、受纳等性质或作用的事物或现象,均归属于"土"。

金："金曰从革"。从,顺从；革,变革。金曰从革,是指金属可以顺从人意,变革形状,铸造成器；也有人认为,金属是顺从人意,变革矿物而成；又因金属质地沉重,且常用于杀伐,引申为凡具有肃杀、沉降、收敛等性质或作用的事物或现象,均归属于"金"。

水："水曰润下"。润,滋润；下,下行。水曰润下,是指水具有滋润下行的特点。引申为凡具有滋润、下行、寒凉、闭藏等性质或作用的事物或现象,均归属于"水"。

（三）五行归类

五行学说将自然界各种事物和现象,以及动物体的脏腑、组织、器官和生理、病理现象,按五行的特性以"取类比象"或"推演络绎"的方法,分别归属于五行,见表1-1。

表1-1 五行归类表

五行	自然界						动物体						
	五味	五色	五化	五气	五方	五季	脏	腑	五体	五窍	五液	五脉	五志
木	酸	青	生	风	东	春	肝	胆	筋	目	泪	弦	怒
火	苦	赤	长	暑	南	夏	心	小肠	脉	舌	汗	洪	喜
土	甘	黄	化	湿	中	长夏	脾	胃	肌肉	口	涎	代	思
金	辛	白	收	燥	西	秋	肺	大肠	皮毛	鼻	涕	浮	悲
水	咸	黑	藏	寒	北	冬	肾	膀胱	骨	耳	唾	沉	恐

二、五行的相互关系

(一) 正常关系

正常情况下,五行之间存在着有序的"相生"、"相克"关系(图1-1)。

1. 相生 即相互资生、相互促进。五行相生的次序是:木→火→土→金→水→木,依次资生,循环无端。任何一行都具有生我和我生的关系,生我者为"母",我生者为"子",因此相生关系又称为母子关系。以木为例,生我者为水,我生者为火,则水为木之"母",火为木之"子"。

2. 相克 即相互克制、相互制约。五行相克的次序是:木→土→水→火→金→木,依次克制,循环无端。任何一行都有克我和我克的关系。我克者为"所胜",克我者为"所不胜",因此相克关系又称为所胜、所不胜关系。以火为例,我克者为金,克我者为水,则金为火之"所胜",水为火之"所不胜"。

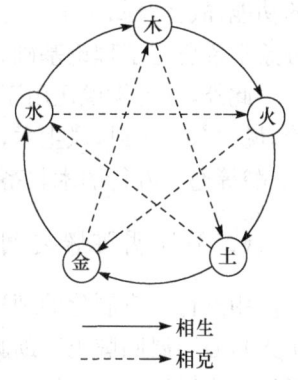

图 1-1 五行生克示意图

相生和相克是事物间的正常关系,也是事物不可分割的两个方面。没有生,就没有事物的发生和发展;没有克,就不能维持正常协调下的变化与发展。生中有克,克中有生,才能维持相对的平衡协调,这种生克的配合称为"生克制化"。

(二) 异常关系

五行的异常关系,为生克制化的反常变化,是事物间失去正常协调平衡关系的表现。包括母子相及和相乘相侮。

1. 母子相及 "及",连累的意思。母子相及,为相生关系的反常变化,包括母病及子和子病犯母两种类型,其后果是母行、子行皆异常。

(1) 母病及子 指五行中"母"行太过或不及,累及到"子"行。顺序与相生的次序相同。以木生火为例,若木不足则引起火不足,或肝火过旺引起心火上炎。

(2) 子病犯母 指五行中"子"行太过或不及,上犯"母"行。顺序与相生的次序相反。以木生火为例,若火旺耗木过多则引起木不足,或心火过旺引起肝火上炎。

2. 相乘相侮 为相克关系的反常变化,其后果是所胜、所不胜皆异常。

(1) 相乘 "乘",是乘虚侵袭。"相乘",指五行中某一行太过或不及,相克太过或被克偏过,超过了正常制约的程度。其次序与相克的次序相同。以木克土为例,如木气过于亢盛,对土克制太过;或土气不足,使木克土的力量相对偏强。

(2) 相侮 "侮",即欺侮。"相侮",指五行中某一行太过或不及,反向克制或被反克。其次序与相克的次序相反。以金克木、木克土为例,如木过于亢盛反克于金(木侮金),或木过度虚弱被土反克(土侮木)。

三、五行学说在中兽医学中的应用

五行学说主要用于说明动物体的组织结构和生理功能、脏腑之间的生理联系和病理影响,并指导疾病的诊断、治疗和预防。

（一）说明动物体的组织结构和生理功能

以五行的特性将脏腑、组织、器官分别归属于五行，并说明其生理功能。如木有升发、舒畅条达的特性，肝喜条达而恶抑郁，故将肝归于木；火有温热炎上的特性，心阳具有温煦之功，故将心归于火；土有生化万物的特性，脾运化水谷，为气血生化之源，故将脾归于土；金性清肃、收敛，肺具有清肃之性，以肃降为顺，故将肺归于金；水有滋润、下行、闭藏的特性，肾有藏精、主水的功能，故将肾归于水。再推演到五腑、五体、五官等组织，形成以五脏为中心的组织系统，为脏象学说奠定了理论基础。

此外，五行学说还用于说明脏腑的生理功能与外界环境的关系。如《素问·阴阳应象大论》说："东方生风，风生木，木生酸，酸生肝，肝主筋……肝主目。"这样把自然界的东方、春季、风、酸等通过五行的木与畜体的肝、筋、目联系起来，表达了天人（畜）相应的整体观念。

（二）说明脏腑之间的生理联系

用五行生克制化的理论说明脏腑之间相互资生、相互制约的关系。如肝藏之血以济心（木生火），心阳温煦脾土以助脾运化（火生土），脾运化水谷精微以充肺（土生金），肺气清肃下行，通调水道以助肾主水（金生水），肾藏精以滋养肝血（水生木），肾水上行制约心火过亢（水克火），心火温煦制约肺清肃太过（火克金），肺清肃下行抑制肝阳上亢（金克木），肝木条达疏泄脾土之壅滞（木克土），脾主运化水湿防肾水的泛滥（土克水）。

（三）说明脏腑之间的病理影响

以五行的异常关系说明脏腑病证的传变规律。如肾水不足，不能养肝，导致肝肾阴虚、肝阳上亢，为母病及子；心血不足，累及肝血亏虚，而致心肝血虚，为子病犯母；由于肝火过旺，影响脾胃的运化功能，为木乘土；脾虚不能制约肾水致肾病传脾，为水侮土。

（四）指导疾病的诊断

动物体的五脏、六腑与五体、五窍、五液、五色、五脉之间是存在着五行属性联系的一个有机整体，脏腑的功能活动和异常变化可反映于体表相应的组织器官，即"有诸内，必形诸外"。在临床诊断疾病时，就可根据口色、脉象、形体、窍、液等变化推断发病的脏腑，并可根据口色变化和五行关系判断病情的轻重和预后，如口色就有"桃色者平，白色者病，红者和，黄者生，黑者危，青者死"的记载。又如《安骥集·清浊五脏论》所说："肝病传于南方火，父母见子必相生；心属南方丙丁火，心病传脾祸未生"；"心家有病传于肺，金逢火化倒销形；肺家有病传于肝，金能克木病难痊。"

（五）指导疾病的治疗

1. 确定治法　脏腑的病变，不外乎"太过"和"不及"。根据相生关系，可确定"虚则补其母，实则泻其子"的原则，采取"滋水涵木"、"培土生金"等治法。根据相克关系，可确定"抑强扶弱"的原则，采用"抑木扶土"、"培土制水"等治法。

2. 指导用药　根据药物的五色、五味与五脏的关系，选择合适的药物。如青色、酸味入肝，赤色、苦味入心，黄色、甘味入脾，白色、辛味入肺，黑色、咸味入肾。可选择味酸的白芍、山茱萸柔肝、补肝，赤色的朱砂镇心安神，白色的石膏清泻肺热，苦味的黄连泻心火，黄色味甘的白术补益脾气；黑色味咸的玄参、生地滋养肾阴等。

（六）指导疾病的预防

当某一脏腑有病时，往往会波及其他脏腑。因此，可以通过调整有关脏腑，控制疾病的传变。如《难经·七十七难》说："见肝之病，则知肝当传之于脾，故先实其脾气。"即是根据肝气旺盛，易致肝木乘脾土而提出用健脾的方法，防止肝病向脾的传变。同时，考虑发病与环境的关系，如春天多发肝病，夏天多发心病，长夏多发脾病，秋天多发肺病，冬天多发肾病，针对性用药，预防疾病的发生。

第二章 脏　腑

　　本章介绍了脏腑学说,内容包括五脏、六腑、脏腑之间的关系。要求学生了解脏腑学说、五脏、六腑、奇恒之腑的概念,五脏、六腑的功能特点;理解脏腑与脏器的区别,脏腑的病理变化,脏与脏、腑与腑、脏与腑之间的关系;掌握五脏、六腑的各项生理功能及病理变化。重点掌握五脏和六腑的生理功能。

　　脏腑学说是中兽医学基本理论的重要组成部分,是研究机体各脏腑、组织、器官的生理功能、病理变化及其相互关系的学说,古称藏象。"藏",指内脏;"象",即象征和形象;"藏象",即内脏的功能活动或病理变化反映于外的征象。

　　脏腑学说的内容,主要包括五脏、六腑、奇恒之腑及其相联系组织、器官的功能活动和相互关系,同时也包括其物质基础精、气、血、津液的生理、病理及其与脏腑的关系。精、气、血、津液既是脏腑活动的物质基础,又是由脏腑生理活动而化生的产物。

　　五脏,即肝、心、脾、肺、肾,具有藏精气而不泻的特点。如《素问·五脏别论》中说:"五脏者,藏精气而不泻也,故满而不能实。"前人把心包列入而有六脏,但心包为心的外廓,有保护心脏的作用,其病变基本与心相同,故历来把它归属于心,仍称五脏。

　　六腑,即胆、小肠、胃、大肠、膀胱、三焦,具有传化浊物,泻而不藏的特点。如《素问·五脏别论》中说:"六腑者,传化物而不藏,故实而不能满也。"

　　奇恒之腑,即脑、髓、骨、脉、胆、胞宫,"奇"是异、"恒"是常之意,因其形态似腑,功能似脏,不同于一般的脏腑,故称为奇恒之腑。其中胆为六腑之一,但唯有它藏清净之液,故又归于奇恒之腑。

　　动物体各脏腑、组织、器官是密切联系的。五脏之间存在着相互滋生与制约的关系,六腑之间存在着承接合作的关系。按照五行归类,同一行的脏与腑之间存在着阴阳、表里的关系,脏属阴,腑属阳;肝与胆、心与小肠、脾与胃、肺与大肠、肾与膀胱、心包络与三焦相表里;其表里关系是由经脉来联系的,脏的经脉络于腑,腑的经脉络于脏,彼此经气相通。两者在生理上相互作用,在病理上相互影响。脏腑还与肢体组织(筋、脉、肉、皮毛、骨)、五官九窍(目、舌、口、鼻、耳及前后阴)及其分泌物(泪、汗、涕、涎、唾)存在着归属开窍的关系等,这些就构成了机体内外各部功能上相互联系的统一的整体。

　　特别要注意的是,中兽医学的"脏腑"与西兽医学的"脏器"的概念是不同的。脏腑不全是解剖学的概念,更重要的是一个生理、病理单元。例如,五脏中的"心",除了代表解剖学上的心脏之外,还包括了一部分神经系统(尤其是大脑)和循环系统的功能。因此,不能完全按照脏器来理解脏腑的生理功能和病理变化。

第一节　五　脏

一、肝

　　肝位于腹腔右侧季肋部,有胆附于其下(马属动物无胆囊)。其经脉络于胆,与胆相表里。肝的主要功能是藏血、主疏泄、主筋、开窍于目。

1. 肝藏血　　是指肝具有贮藏血液和调节血量的功能。机体各部分的血液量，常随着不同的生理状况而发生相应的改变。当动物休息或静卧时，机体对血液的需要量减少，一部分血液贮藏于肝脏；活动时机体对血液的需要量增加，肝脏便排出所藏的血液，以适应机体的需要。故有"动则血运于诸经，静则血归于肝"之说。肝血供应的充足与否，与动物的耐受疲劳有着直接联系，当动物使役或运动时，肝血供给充足，则可增加对疲劳的耐受力，否则便易于产生疲劳，所以称"肝为罢极之本"。肝藏血功能失调主要有两种情况：一是肝血不足，血不养目，发生目眩、目盲；或血不养筋，出现筋肉拘挛或屈伸不利。二是肝不藏血，可引起动物不安或出血。肝的阴血不足，可引起阴虚阳亢或肝阳上亢，而出现肝火、肝风等证。

2. 肝主疏泄　　疏，即疏通；泄，即发散。肝主疏泄，是指肝具有保持全身气机舒畅条达的功能。气机是机体脏腑功能活动基本形式的概括。气机调畅，升降正常，就能保证内脏的生理活动正常，否则，便引起内脏的病理现象。肝主疏泄的功能，具体表现在以下几个方面。

（1）协调脾胃运化　　一方面使全身气机疏通畅达，能协助脾胃之气的升降和二者的协调；另一方面，胆汁的分泌排泄有赖于肝气的疏泄，而胆汁是消化吸收功能正常的重要因素之一。因此，肝气疏泄是保证脾胃正常消化功能的重要条件。若肝气郁结，疏泄失常，影响脾胃功能，可引起黄疸，食欲减损，嗳气，肚腹胀满等消化功能紊乱的现象。

（2）调畅气血运行　　肝的疏泄功能直接影响气机的调畅，气与血关系密切，气行则血行，气滞则血瘀。因此，肝的疏泄功能是保持血液通畅的必要条件。若肝气郁结，气不行血，则血流不畅而致血瘀；若肝气太盛，血随气逆，可影响肝藏血的功能而导致呕血、衄血等症。因此，在临床治疗血证时，常常配伍疏肝理气药。

（3）调节精神活动　　精神活动，除与"心藏神"有关外，与肝的疏泄功能也有密切关系。气血是精神活动的物质基础，肝气疏泄正常，气机调畅，气血平和，精神正常。若肝气疏泄失常，气机不畅，可引起精神活动异常，出现精神沉郁或烦躁不安等。

（4）通调水液代谢　　肝气疏泄，还影响三焦疏利，水液升降通路，这也是肝主管全身气机调畅的一个方面。若肝疏泄功能失常，三焦不通利，则引起浮肿、腹水等水液代谢障碍的病变。

3. 肝主筋　　筋，即筋膜，包括肌腱、韧带，是联系关节、约束肌肉、主司运动的组织。肝主筋，是指肝具有营养筋膜、维持其正常结构与功能的作用。《素问·痿论》说："肝主身之筋膜。"因筋附着于骨及关节，筋的收缩及弛张而使关节运动自如主要依赖肝血的滋养。《素问·经脉别论》说："食气入胃，散精于肝，淫气于筋。"肝血充盈，使筋得到充分的濡养，才能维持其正常的活动。若肝血不足，则筋膜弛缓，可出现肢体麻木，四肢震颤，屈伸不利等症状（血不养筋）。若邪热劫津，津伤血耗，则筋膜强急，可引起四肢抽搐，角弓反张，牙关紧闭等症状（肝风内动）。所以《素问·至真要大论》说"诸暴强直，皆属于风"，"诸风掉眩，皆属于肝"。

"爪为筋之余"。肝血的盛衰影响筋的营养，故可引起爪甲（蹄）的荣枯变化。肝血充足，则筋强力壮，爪甲（蹄）坚韧；肝血不足，则筋弱无力，爪甲（蹄）多薄而软，甚至变形而易脆裂。《素问·五脏生成论》说："肝之合筋也，其荣爪也。"

4. 肝开窍于目，泪为肝液　　目主视觉，有经脉与肝相连，其功能的发挥有赖于五脏六腑之精气，特别是肝血的滋养。故《素问·五脏生成论》说"肝受血而能视"，《灵枢·脉度篇》也说"肝气通于目，肝和则能辨五色矣"。故肝的功能正常与否，常常从目上反映出来。肝血充足，则两目有神，视物清晰；肝血不足，视物不清甚至夜盲；肝经风热，则目赤痒痛；肝火上炎，则目赤肿痛生翳；肝风内动，则目斜上吊。

泪从目出，故泪为肝之液。《素问·宣明五气篇》说："五脏化液……肝为泪"。在正常情况下,泪有濡润和保护眼睛的功能,但不会溢出目外。如《安骥集·师皇五脏论》中说:"肝者外应于目,目即生泪,泪即润其眼。"在病理情况下,肝的病变常常引起泪的分泌异常。如肝阴不足,则泪液减少,两目干涩;肝经风热,则两目流泪生眵。《元亨疗马集·碎金五脏论》说:"肝盛目赤饶眵泪,肝热睛昏瞖膜生,肝风眼暗生碧晕,肝冷流泪水泠泠。"因此,眼病多从肝论治。

二、心

心位于胸中,有心包护于外。心是脏腑中最重要的器官,在脏腑的功能活动中起主导作用。《灵枢·邪客篇》指出:"心者,五脏六腑之大主也,精神之所舍也。"《安骥集·师皇五脏论》说:"心是脏中之君。"心的经脉下络于小肠,与小肠相表里。心的主要功能是主血脉、藏神、主汗、开窍于舌。

1. 心主血脉 指心有推动血液在脉管内循行以营养全身的功能。《素问·痿论》说:"心主全身之血脉。"由于心、血、脉三者密切相关,所以心脏的功能正常与否,可以从脉象、口色上反映出来。心气旺盛,心血充足,则脉象平和,节律均匀,口色鲜明如桃花。反之,若心气不足,心血亏虚,则脉细无力,口色淡白;心气衰弱,血行瘀滞,则脉涩不畅,脉律不整或有间歇,口色青紫;心气暴脱,则口色及脉象的变化更为明显,脉象可能不感于手或出现各种怪脉,舌如煮豆或枯骨。

2. 心藏神 神,指精神活动,即机体对外界客观事物的反映。心藏神,指心主管一切精神活动。《灵枢·本神篇》说:"所以任物者谓之心。"任,是担任、接受的意思。《安骥集·清浊五脏论》也有"心藏神"之说。正因为心藏神,才能统辖各脏腑,成为生命活动的根本。如《素问·六节脏象论》中说"心者,生之本,神之变也"。心藏神功能正常,则神志清楚,精神状态良好;藏神功能障碍,则表现兴奋或抑制。根据现代生理学的知识,精神活动实际上是大脑的功能,故《医林改错》指出"灵机记性,不在心在脑"。

心藏神的功能与心主血脉的功能是密切相关的。《灵枢·本神篇》说:"心藏脉,脉舍神",因为精血是精神活动的物质基础。心血充盈,心神得养,则反应敏捷,耳目有神,动物"皮毛光彩精神倍";心血不足常导致心神的病变,动物活动异常,恐慌不安,咬牙啃蹄,狂奔乱叫,前冲后退,神昏倒地等。同样,心神异常,也可导致心血不足,或血行不畅,脉络瘀阻。

3. 心主汗 指心有主管汗液分泌与排泄的功能。汗为津液发散于肌腠的部分,《灵枢·决气篇》说:"腠理发泄,汗出溱溱,是谓津。"津液又是血液的重要组成部分,血为心所主,血汗同源,故称心主汗,又称"汗为心之液"。因此,出汗异常,往往与心有关。心阳不足,则腠理不固而自汗;心阴虚,则阴虚盗汗。临床上,对于心阳不足或心阴血虚患者,应慎用汗法。反之,汗出过多不仅耗伤津血,而且也耗散心气,出现心悸、不安、易惊等症状;大汗淋漓可导致亡阳的病变。

4. 心开窍于舌 心经的别络上行于舌,心的气血上通于舌,故有"心开窍于舌"、"舌为心之苗"的说法。加之心主血脉,舌体血脉较为丰富,所以心的生理功能及病理变化最容易从舌上反映出来,故《元亨疗马集·碎金五脏论》说:"心有七窍通于舌,玉户金关能润经(津),心热舌干多吐沫……。"心血充足,则舌体红润,运动灵活;心血不足,则舌淡无光;心血瘀阻,则舌色青紫;心经有热,则舌质红绛,口舌生疮;痰迷心窍,则舌体歪斜或伸于口外不能收回等。

附:心包络

心包络或称心包,与六腑中的三焦互为表里。它是心的外围组织,有保护心脏的作用。当外邪侵犯心脏时,一般先侵犯心包络。《灵枢·邪客篇》说:"故诸邪之在于心者,皆在于心之包络。"心包受邪出现的病证与心一致,如热性病出现的神昏症状,称为"邪入心包",实际上是热盛伤神,治疗可采用清心泄热法。可见,心包络与心在病理及用药上基本相同。

三、脾

脾位于腹中,它的经脉络于胃,与胃相表里。脾的主要功能是主运化、统血、主肌肉四肢、开窍于口。

1. 脾主运化 运,即运输,化,即消化、吸收。脾主运化,是指脾有消化、吸收、运输营养物质和水湿的功能。机体的五脏六腑、四肢百骸、筋肉、皮毛,均有赖于脾的运化,以获取营养。故称脾为"后天之本"、"五脏之母"。

脾主运化,一指运化水谷精微。将经胃初步消化的水谷,进一步消化及吸收,并将营养物质转输到心、肺,通过经脉运送到周身,供生命活动的需要。脾的这种功能健旺,称为"健运"。脾气健运,其运化水谷的功能旺盛,全身各脏腑组织才能得到充分的营养以维持正常的生命活动。反之,脾失健运,水谷的消化、吸收、运输功能障碍,就会出现腹胀、腹泻、精神倦怠、消瘦、营养不良等症状。二指运化水湿,促进水液代谢。脾在运输水谷精微的同时,把水液也运送到周身组织以发挥其滋养濡润的作用;并在肺气的协助下,将代谢后的水液转输到肾,由膀胱排出体外。若脾运化水湿的功能失常,就会出现水湿停留、痰饮的病变,停留肠道则致泄泻,停于腹腔则致腹水,溢于肌肤则成水肿。故《素问·至真要大论》说"诸湿肿满,皆属于脾"。

脾的运化功能,主要依赖脾气的作用,其功能特点是以上升为主,即将水谷精液上输于肺,故有"脾主升清"之说。若脾气不升,甚或下陷,称为"脾气下陷"或"中气下陷",则引起久泄、脱肛或内脏垂脱诸证。脾的另一个特点是喜燥恶湿,易受湿邪影响为病,故临床治疗脾虚常配燥湿药。

2. 脾统血 统,即统摄、控制。脾统血,是指脾有统摄血液在脉中正常运行、不致溢出脉外的功能。《难经·四十二经难》说:"脾……主裹血。"裹血为统血之意。脾之所以能统血,全赖脾气的固摄作用。脾气旺盛,固摄有权,血液就能沿脉管正常运行而不致外溢。反之,脾气虚弱,统摄乏力,气不摄血,就会引起各种出血性疾患,尤以慢性出血多见,如长期便血、尿血、子宫出血等。

3. 脾主肌肉四肢 指全身肌肉的生长发育和四肢的功能活动,有赖于脾运化水谷精液的营养。《素问·痿论》说:"脾主身之肌肉。"脾气健运,营养充足,则肌肉丰满,四肢活动有力,步态轻健。脾失健运,营养不足,则机体消瘦,肌肉痿软,四肢活动无力,步行倦怠。故《元亨疗马集·定脉歌》中说"肉瘦毛长戊己(脾)虚"。《素问·太阴阳明论》说:"今脾病,不能为胃行其津液,四肢不得禀水谷气,气日以衰,脉道不利,筋骨肌肉皆无气以生,故不用焉。"

4. 脾开窍于口,外应于唇 脾主水谷运化,口是水谷摄入的门户,脾气通于口,与食欲密切相关。脾气健运,则食欲正常。故《灵枢·脉度篇》说"脾气通于口,脾和则口能知五谷矣"。若脾失健运,则食欲减损,甚至废绝,故《安骥集·碎金五脏论》说"脾不磨时马不食"。

脾有经络与唇相通,唇是脾的外应。《安骥集·师皇五脏论》说"脾者外应于唇,唇即生涎,涎即润其肉",所以口唇能反映出脾主运化功能的盛衰。脾气健运,则食欲旺盛,气血充足,肌肉营养充足,口唇鲜明光润如桃红色;脾气衰弱,则食欲不振,营养不佳,口唇淡白无光;脾有湿热,则口唇红肿;脾经热毒上攻,则口唇生疮。

四、肺

肺位于胸中,上连气道。其经脉下络大肠,与大肠相表里。肺的主要功能是主气、司呼吸,主宣降、通调水道，主一身之表、外合皮毛，开窍于鼻。

1. 肺主气、司呼吸　　指肺有主宰气的生成与代谢的功能。《素问·六节脏象论》说："肺者，气之本"，《司牧安骥集》说："肺为气海。"肺主气一是指主呼吸之气。肺是体内外气体交换的场所，通过肺的司呼吸作用，吸入自然界的清气，呼出体内浊气，吐故纳新，使体内之气与自然界之气进行交换，以维持体内新陈代谢之需要。《素问·阴阳应象大论》说："天气通于肺。"二是指主一身之气，特别与宗气的生成有密切关系。宗气是水谷之精气与肺吸入之清气在元气的作用下形成，是促进和维持机体功能活动的动力。它一方面维持肺的呼吸功能进行吐故纳新，使体内外气体得以交换；另一方面由肺入心，推动血液循环，并宣发到机体各部，以维持脏腑组织的功能活动，所以有"肺朝百脉"之说。血液虽然由心所主，但必须有肺气的推动，才能保持其正常运行。

肺主气功能正常，则气机通畅，呼吸均匀，体壮有力。若病邪伤肺，使肺气壅阻，则引起呼吸功能失调，出现咳嗽、气喘、呼吸不利等症状；若肺气不足，不仅会引起肺呼吸功能减弱，而且影响宗气的生成，从而呈现体倦无力、气短、自汗等气虚症状。

2. 肺主宣降、通调水道　　宣，宣发。肺主宣发，一是将机体内代谢后的气体呼出体外；二是将脾传输至肺的水谷精微之气布散全身，外达皮毛；三是宣发卫气，以发挥其温养肌肉和司腠理开合的作用。《灵枢·决气篇》说："上焦开发，宣五谷味，熏肤，充身，泽毛，若雾露之溉，是谓气"，就是指肺的宣发作用。若肺气不能宣发而壅滞，则可引起胸满、呼吸不畅、咳嗽、皮毛枯焦等症状。

降，即肃降，清肃下降。肺主肃降，一是通过肺的肃降作用，吸入自然界清气；二是将津液和水谷精微向下布散全身，并将代谢后的水液下输于肾和膀胱，排出体外；三是保持呼吸道的清洁。肺居上焦，其气机以清肃下降为顺，促进气和津液的运行，并使之下降，以保持肺气清宁。若肺气不能肃降而上逆，则可出现咳嗽、喘息等症状。

通调水道，指肺通过宣发和肃降调节水液的代谢。通过宣发，将水谷精液布散全身，并通过宣发卫气而司腠理开合，调节汗液的排泄；通过肃降，使津液和水谷精微向下输送，将代谢后的水液经肾的气化为尿液由膀胱排出体外。《素问·经脉别论》说："饮入于胃，游溢精气，上输于脾，脾气散精，上归于肺，通调水道，下输膀胱。"若风寒外袭，肺失宣降，则水道不通，水湿泛滥，溢于肌肤而出现水肿。

肺的宣发与肃降是相辅相成的，只有两者功能正常，才能有宣有降，能散能收，保持气道通畅，呼吸均匀，促进气体交换和水液代谢。否则，即引起病变，如外邪袭表，肺气不宣，可导致咳嗽等肺气不降的病变；若痰湿内阻，肺失肃降，同样可引起咳逆、痰鸣等肺气不宣症状。

3. 肺主一身之表、外合皮毛　　一身之表，包括汗孔、皮肤、被毛等组织，简称皮毛，是抗御外邪侵袭的屏障。肺合皮毛是指肺有维护汗孔、皮肤与被毛健康的功能。这种功能主要通过肺的宣发起作用。肺气充足，宣发作用正常，则气血津液布散正常，营养充足，皮毛润泽；肺气虚弱，宣发无力，营养布散失常，则皮毛枯焦。肺与皮毛联系密切，在病理上也互相影响。外邪侵袭，常由皮毛而犯肺，出现发热、寒战、咳嗽、气喘等肺气不宣的症状。《素问·咳论》说："皮毛者肺之合也。皮毛先受邪气，邪气以从其合也。"

4. 肺开窍于鼻　　鼻是呼吸之气出入的通道，肺主气、司呼吸，所以称鼻为肺窍。鼻的通气和嗅觉功能，有赖于肺气的作用。肺气平和，则鼻窍通利，嗅觉灵敏。《灵枢·脉度篇》说："肺气通于鼻，肺和则鼻能知香臭矣。"同时，鼻为肺的外应，如《安骥集·师皇五脏论》中说："肺者，外应于鼻。"如外邪犯肺，肺气不宣，可见鼻塞流涕，嗅觉不灵等症状；肺热壅盛，常见鼻翼煽动等。鼻为肺窍,鼻又可成为邪气犯肺的通道,如湿热之邪侵犯肺卫,多经鼻窍而入。

五、肾

肾位于腰部,左右各一,故有"腰为肾之府"之说。其经脉络于膀胱,与膀胱相表里。肾的主要功能是藏精,主命门之火,主水,主纳气,主骨、生髓、通于脑,开窍于耳、司二阴。

1. 肾藏精 "精"是一种精微物质,肾所藏之精即肾阴,是动物体生命活动的基本物质,所以又称元阴或真阴。肾精包括先天之精和后天之精。先天之精,即本脏之精,是构成生命的基本物质,它禀受于父母,与动物体的生长、发育、衰老、生殖有密切关系。胚胎的形成和发育均以肾精为基本物质。出生后,随着年龄的增长,肾气渐盛,开始有了生殖能力,公畜产生精液,母畜出现发情周期。到了老年,肾气日衰,生命活力下降,生殖能力也随之消失。后天之精,即水谷之精,由五脏六腑所化生,故又称"脏腑之精"。它是维持机体生命活动的基本物质。先天之精与后天之精是相互依存、相互促进的。先天之精有赖于后天之精的供养,后天之精需要先天之精的资助才能化生。

肾精直接关系着动物的生长、发育和生殖能力,肾精充足,则动物健壮,生长发育良好,生殖能力旺盛,后代生命力强;若肾精不足,则可导致发育迟缓,或阳痿、滑精、不育、不孕等证。

2. 肾主命门之火 命门,即生命之根本;火,指功能。命门之火,即生命的本元之火,指肾阳。因为肾阳对全身各脏腑起着温煦的作用,为机体阳气的根本,所以又称元阳、真阳。肾主命门之火,指肾主管全身的阳气,既是肾脏生理功能的动力,又是机体热能的根源。肾精需要命门之火的温养,才能发挥其滋养各组织器官及繁殖后代的作用,特别是后天脾胃之火需要先天命门之火的温煦,才能更好地发挥运化的作用。若命门之火不足,便会导致全身阳气衰弱。

肾阴与肾阳概括了肾生理功能的两个方面,两者既相互依存又相互制约,维持着相对平衡状态,否则便会出现肾阴虚或肾阳虚的病理过程。由于肾阴虚和肾阳虚的本质都是肾的精气不足,所以肾的病变以虚证为多,不是肾阴(精)虚(表现有内热),就是肾阳(火)衰(表现形寒肢冷),严重者出现阴阳两虚(阴损及阳或阳损及阴)。

3. 肾主水 肾主水,是指肾在调节机体水液代谢中起重要作用。水液代谢过程,是由肺、脾、肾三脏共同完成,而肾的作用最为重要。所以《素问·逆调论》说:"肾者,水脏,主津液也。"肾主水主要靠肾阳的气化作用,水液进入胃肠,由脾上输于肺,肺将清中之清的部分输布全身,清中之浊的部分则通过肺的肃降作用下行于肾,肾再加以分清泌浊,将浊中之清再吸收上输于肺,浊中之浊下注膀胱,排出体外。若肾阳不足,命门火衰,水液气化失常,就会引起水代谢障碍而发生水肿、胸水、腹水等证。

4. 肾主纳气 纳,受纳、摄纳之意,肾主纳气,是指肾有摄纳呼吸之气,协助肺司呼吸的功能。呼吸虽由肺所主,但吸入之气机体能否受纳,取决于肾气之盛衰。肾气充足,则摄纳正常,呼吸调匀。肺、肾在呼吸方面密切配合,故有肺主呼气、肾主纳气之说。肺司呼吸,为气之本;肾主纳气,为气之根。只有肾气充足,元气固守于下,才能纳气正常。若肾虚,根本不固,纳气失常,影响肺气肃降,就会出现动则气喘、呼多吸少的喘息之证。

5. 肾主骨、生髓、通于脑 肾藏之精能生髓,髓藏骨中能养骨,髓中脊髓上通于脑,聚合成脑,故骨、髓、脑均为肾所主。这也体现肾的精气促进生长发育功能的一个方面。故《素问·阴阳应象大论》说:"肾生骨髓。"在《素问·解精微论》中又说:"髓者骨之充也。"因此,肾精充足,则髓的生化有源,骨骼坚强有力;若肾精亏虚,则髓的化源不足,不能充养骨骼,可导致骨骼发育不良,甚者骨质疏松。临床实践也证明,补肾的药物有促进骨骼生长、发育和代谢的作用。

髓有骨髓和脊髓之分。脊髓上通于脑,聚而成脑,故《灵枢·海论》说:"脑为髓之海。"脑主精神活动,又称"元神之府",它需要靠肾精的不断生化滋养。肾精充足,则髓足、脑健,精力充沛,反应灵敏;肾精亏损,则髓少、脑损,脑转耳鸣,倦怠嗜卧。

此外,"齿为骨之余",故齿也有赖于肾精的充养。肾精充足则牙齿坚固,肾精亏虚则牙齿松动,甚至脱落。《素问·五脏生成论》说:"肾之合骨也,其荣发也。"毛发的生长,其营养来源于血,而生机则根于肾气,为肾的外候。肾精充足,则毛发光泽;肾气虚衰,则毛发枯槁无光、变色、脱落。

6. 肾开窍于耳、司二阴　耳为听觉器官,其功能的发挥有赖于肾精的充养,故称耳为肾的上窍。《灵枢·脉度篇》说:"肾气通于耳,肾和则耳能闻五音矣。"肾精充足,则听觉灵敏;若肾精不足,可引起耳鸣、听力减退等症。《安骥集·碎金五脏论》说:"肾壅耳聋难听事,肾虚耳似听蝉鸣。"

二阴即前阴(阴门或外生殖器)及后阴(肛门),前阴有排尿及生殖作用,后阴有排粪便功能。这些功能都与肾有着直接或间接的联系,故称二阴为肾之下窍。生殖为肾所主,排尿虽在膀胱,但依赖于肾阳的气化;后阴粪便的排泄也受肾阳的温煦作用。肾精充足,二便、生殖功能正常;肾气虚弱,肾阳不足,则二便异常、阳痿、滑精、早泄、不孕。

第二节　六　腑

一、胆

胆附于肝(马有胆管,无胆囊),内藏胆汁,因胆汁清而不浊,故《安骥集·天地五脏论》中称"胆为清净之腑"。胆为六腑之一,但惟其所盛者为清净之汁,与五脏藏精气的作用相似,故又列为奇恒之府。胆的主要功能是贮藏和排泄胆汁。胆汁来源于肝,贮藏于胆,故《脉经》说:"肝之余气溢于胆,聚而成精。"胆汁注入肠中,以促进脾胃对水谷的运化。肝胆本为一体,在生理上相互依存,相互制约,在病理上也相互影响,所以往往是肝胆同病。如肝胆湿热,可见动物草料迟细,发热口渴,尿色深黄,口色黄赤,舌苔黄腻,脉弦数等黄疸证候,治宜清肝胆、利湿热。

二、小　肠

小肠上接于胃,下通大肠。它的主要功能是受盛化物和泌别清浊。《安骥集·天地五脏论》也说:"小肠为受盛之腑。"《素问·灵兰秘典论》说:"小肠者,受盛之官,化物出焉。"小肠接受胃中腐熟的水谷,经进一步消化而分成清和浊两部分。清者为水谷精微,经吸收后,通过脾转输到身体各部;浊者为糟粕及多余的水液,下注大肠或肾,经二便排出体外。《医学入门》中指出:"凡胃中腐熟水谷……自胃之下口传入小肠……泌别清浊,水液入膀胱上口,滓秽入大肠上口。"因此,小肠有病,除影响消化吸收功能外,还会出现排粪、排尿的异常。

三、胃

胃位于膈后,前接食管,后通小肠。动物的胃有单胃和复胃之分,功能基本相同。胃的主要功能是受纳和腐熟水谷。受纳,是指胃有接受和容纳饮食物的作用。水谷入口,经过食管,容纳于胃,故胃有"太仓"、"水谷之海"之称。腐熟,是指饮食物在胃中经过胃的初步消化形成食糜,其中一部分营养物质转变为气血,由脾上输于肺,再经肺宣发到全身。故《灵枢·玉版篇》说："胃者,水谷气血之海也。"机体的气血充足与否,需要脾胃的配合,胃主受纳、腐熟水谷,脾主运化,共同完成水谷的消化、吸收和传输,所以合称脾胃为"后天之本"。

胃受纳和腐熟水谷的功能,称为"胃气"。胃中食糜须下输小肠,所以胃气的特点是以和降为顺。一旦胃气不降,便会发生食欲不振、水谷停滞、肚腹胀满等;若胃气不降反而上逆,则出现嗳气、呕吐等。胃气的盛衰,对于机体的强健和疾病的预后至关重要。《中藏经》说："胃气壮,五脏六腑皆壮也。"在疾病过程中,如果胃气不衰,病情虽重也易治愈;如胃气已绝,多预后不良。因此有"纳谷者昌,绝谷者亡;有胃气则生,无胃气则死"之说。

四、大　肠

大肠上接小肠,下通肛门。它的功能主要是传化糟粕,即接收小肠下注的水谷残渣或浊物,吸收其中的水分,最后燥化成粪便,由肛门排出体外。《安骥集·天地五脏论》说："大肠为传送之腑。"大肠有病时,常见传导失常的各种病变。如大肠气虚不能吸收水分,即燥化不及,可引起肠鸣、便溏;若大肠实热,消灼水液过多,可致粪便干燥、秘结难下;若大肠湿热内蕴,则见泻粪腥臭。

五、膀　胱

膀胱位于下腹部。它的功能主要是贮留和排泄尿液。《安骥集·天地五脏论》说："膀胱为津液之腑。"水液经过小肠的吸收后,下输于肾的部分,可被肾阳蒸化而成尿液,下渗膀胱,到一定量后,引起排尿动作,排出体外。膀胱的这种功能,称为膀胱的开阖或气化作用,这需要肾阳的推动。若肾阳不足,膀胱开阖失常,则不能约束尿液,就会出现尿频、尿失禁;若膀胱气化不利,可见尿少、尿秘;膀胱有热,湿热蕴结,可引起排尿困难、尿痛或血尿。

六、三　焦

三焦是上焦、中焦和下焦的总称。《安骥集·清浊五脏论》说："头至于心上焦位,中焦心下至脐论,脐下至足下焦位。"膈以上称上焦(包括心、肺),脘腹部相当于中焦(包括脾、胃),脐以下为下焦(包括肝、肾、大肠、小肠、膀胱)。三焦的功能是总司机体的气化,疏通水道,是水谷出入的通路。但上、中、下焦的功能各有不同。

上焦的主要功能是司呼吸、主血脉,二者互相配合,将水谷之精微敷布于全身,以温养肌肤、筋骨,并通调腠理,概括为"上焦如雾",即水谷精气如雾露般弥漫全身。中焦的主要功能是腐熟水谷,并将营养物质通过肺脉化生营血,概括为"中焦如沤",即水谷腐熟的状态。下焦的主要功能是泌别清浊,并将水谷糟粕以及代谢后的水谷排出体外,概括为"下焦如渎",即水液和糟粕的排泄通道。

由此可见,三焦不是一个独立的器官,包含了胸腹腔上、中、下三部的有关脏器及其部分功能。所以说三焦总司机体的气化,是水液运行的通道,关系到水谷精微特别是水液的消化、吸收、输布与排泄的全过程。若三焦水道不利,则使水液潴留,出现小便不利、水肿等症状。临床上,上焦病包括心、肺的病变,中焦病包括脾、胃的病变,下焦病主要指肝、肾的病变。

附:胞宫

胞宫,即子宫。其主要功能是主发情及孕育胎儿。生殖由肾所主,故胞宫与肾的关系密切。《灵枢·五音五味篇》说："冲脉、任脉,皆起于胞中。"故胞宫与冲、任二脉相连。肾气充盛,冲、任二脉气血充足,动物才能发情正常,胞宫才能发挥生殖及营养胞胎的作用。若肾气虚弱,冲、任二脉气血不足,则发情不正常或不孕。此外,胞宫与心、肝、脾三脏有密切关系,因为发情及孕育胎儿都有赖于血液的滋养,需要心主血、肝藏血、脾统血的功能正常,一旦三者的功能失调,便会影响胞宫的正常功能。

第三节　脏腑之间的关系

脏与腑虽然各有不同的生理功能,但它们之间既分工又合作,相互之间密切联系,共同保证有机体正常的生命活动。在病理状态下,也互相影响。

一、脏　与　脏

1. 心与肺　心与肺之间的关系,主要是气与血的关系。心主血,肺主气,二脏相互配合,保证气血的正常运行。血的运行要靠气的推动,而气又只有灌注于血脉中,靠血的运载才能到达周身。所以说"气为血帅,血为气母,气行则血行,气滞则血瘀"。在病理上,无论是肺气虚弱或是肺失宣肃,均可影响到心主血功能,导致血液运行迟滞,出现口舌青紫、脉迟涩等血瘀证候。相反,若心气不足或心阳不振,也会影响肺的宣发和肃降功能,导致呼吸异常,出现咳喘、气促等肺气上逆证候。若心火过旺,则可灼伤肺津,出现燥咳、咯血等症状。

2. 心与脾　心主血脉、藏神,脾主运化、统血,二者共同维持血液的运行和精神活动的正常。脾为气血生化之源,心血有赖于脾的水谷精微以化生,脾气充足,则心血充盈,精神正常。血液运行于脉中,靠心气的推动,也赖于脾的统摄才不致溢出脉外。脾主运化和统血的功能又赖于心血的滋养和心神的统辖。若心血不足或心神失常,就会影响脾的运化,出现食欲不振、粪便异常、四肢无力等症状;反之,脾失健运,也可导致心血不足或心神异常,而出现心悸、易惊等症状。

3. 心与肝　心与肝的关系主要反映在心主血、肝藏血及心藏神、肝主疏泄两个方面。其一,心主血、肝藏血,二者互相配合,从而推动血液流动和调节循环血量,保证生理活动的需要。因此,心、肝的阴血不足往往互相影响。心血不足,可引起肝血亏虚,导致血不养筋,出现筋骨酸痛、四肢拘挛、抽搐等症状;反之,肝血不足也可影响心的功能,出现心悸、怔忡等症状。其二,心藏神,肝主疏泄,二者相互联系,相互影响。若肝失疏泄,肝郁化火,可以扰及心神,出现心神不安,狂躁易惊等症状;若心火亢盛,可使肝血受损,出现血不养筋等症状;痰迷心窍时,常见肝风内动的痉挛、抽搐等症状。

4. 心与肾　心属阳,位居上焦,其性属火。肾属阴,位居下焦,其性属水。在生理条件下,心火不断下降于肾,以资肾阳,共同温煦肾阴,使肾水不寒;同时,肾水不断上济于心,以资心阴,使心阳不亢。这种关系称为"心肾相交"或"水火相济"。在病理情况下,若肾水不足,不能上滋心阴,就会出现心火亢盛,呈现口舌生疮的阴虚火旺证;若心火不足,不能下资肾阳,以至肾水不化,就会上凌于心,出现"水气凌心"的心悸、水肿等症状。此外,心主血、肾藏精、精血之间相互资生。故肾精亏损与心血不足常互为因果。

5. 肺与脾　肺与脾的关系主要表现在气的生成和水液代谢两个方面。在气的生成方面,肺主气、脾主运化,同为后天气血生化之源,脾与肺之间存在着益气与主气的关系。脾运化的水谷精气必须上输于肺,与肺吸收的清气结合,生成宗气,再通过肺的宣发,敷布全身,以营养各脏腑组织。因此肺气的盛衰很大程度上取决于脾气的盛衰,不论脾虚与肺虚,均能致宗气不足,所以说"脾为生气之源,肺为主气之枢"。在水液代谢方面,脾运化水湿,肺主肃降、通调水道,共同参与水液代谢。二者病理上也相互影响。如脾失健运,水湿不运,聚为痰饮,则可影响肺气的宣降,引起痰多、咳喘等证,所以有"脾为生痰之源,肺为贮痰之器"之说。同样,肺失宣降,水道不畅,湿邪困脾,可引起腹胀、便溏等症状。

6. 肺与肝 肺与肝的关系主要表现在气机的升降方面。肝的经脉上行,贯膈而联于肺。肝以升发为顺,肺以肃降为常,肝气升发,肺气肃降,二者协调,则气机的升降运行通达无阻。在病理上也相互影响,若肝气升发太过而上逆,会影响肺的肃降,引起胸满喘促等症状;或肝阳上亢、肝火过盛,灼伤肺津,则导致肺阴虚,出现燥咳等症状。若肺失肃降,可影响肝之升发,出现胁胀胸满等症状;或肺气虚弱,气虚血涩,易导致肝血不足或瘀滞,引起视力减退或肢体疼痛等症状。

7. 肺与肾 肺与肾的关系,主要反映在水液代谢及呼吸两个方面。在水液代谢方面,肺主宣降,通调水道,肾主水,司膀胱开阖,共同参与水液代谢,故有"肾主一身之水,肺为水之上源"之说。水液只有经过肺的肃降才能下达于肾,肾气化和升降水液,要在脾运化水液和肺的合作下才能完成。因此,脾、肺、肾三脏的功能失调,均可导致水液停留,引起水肿等证。在呼吸方面,肺司呼吸,为气之主;肾主纳气,为气之根,肺的呼吸功能要靠肾的纳气作用来协助。若肾气不足,肾不纳气,则出现呼多吸少、动则气喘等症状。若肾阴不足,不能滋养肺阴,导致肺阴虚,则出现虚热、盗汗、干咳等症状。若肺阴不足,亦可影响肾阴,而致肾阴虚。

8. 肝与脾 肝与脾的关系主要是疏泄和运化的关系。肝藏血而主疏泄,脾运化生血、统血,肝气的疏泄与脾胃之气的升降关系密切。肝疏泄调畅,脾胃升降就会适度,运化如常,则气血生化有源;脾气健运,气血生化有源,则肝血充足,功能正常。反之,若肝气疏泄不利而郁滞,易导致脾不健运,引起肚腹胀满、少食纳呆、腹痛、泄泻等症状。若脾失健运,水湿内停,日久蕴热,湿热郁蒸于中焦,也可导致肝疏泄不利,胆汁不循常道而外溢形成黄疸。

9. 脾与肾 脾与肾的关系主要反映在先天与后天的关系上。脾为后天之本,肾为先天之本。脾主运化,肾藏精,二者相互滋生,互相促进。肾藏之精,需脾吸收水谷精微的滋养;脾的运化,又必须有肾阳的温煦,才能发挥其作用。在病理上,脾和肾也是互相影响的。肾阳不足,不能温煦脾阳,引起腹胀、泄泻、水肿等证;脾阳不足,不能运化水谷精微以滋肾,也可引起肾阳不足或肾阳久虚,出现体质虚弱、腰胯痿软、形寒肢冷、久泻不止、完谷不化、肛门不收或四肢浮肿等脾肾阳虚的症状。

10. 肝与肾 肝与肾的关系主要表现在精和血的关系方面。肝藏血,肾藏精,肝血必须依赖于肾精的滋养,肾精需要肝血的不断补充,二者相互依存、互相补充。肝、肾二脏常常是盛则同盛,衰则同衰,所以有"肝肾同源"的说法。在病理上,精与血的病变亦常常互相影响。若肾精不足,可导致肝血亏虚;肝血不足也引起肾精亏损。肾阴不足,可引起肝阴不足而致肝阳上亢,出现痉挛、抽搐等症状;肝阴不足,亦可导致肾阴不足而致相火上亢,出现虚热、盗汗等症状。

二、腑与腑

六腑之间的关系,主要是传化物的关系。各腑的功能虽有不同,但都是化水谷、行津液的器官,它们相互配合,共同完成对水谷的消化、吸收和排泄。水谷入胃,经胃的腐熟与初步消化,下传于小肠,小肠进一步消化,泌别清浊,其中的营养物质经脾转输于周身,糟粕则下注于大肠,经大肠的消化、吸收与传导,形成粪便,从肛门排出体外;代谢废物及多余水分下注于膀胱,经膀胱的气化,形成尿液,经尿道排出体外。在此过程中,胆排泄胆汁,以协助小肠的消化;三焦是水液升降、排泄的主要通道。

六腑传化水谷,需要不断地受纳、传送,虚实更替,故六腑以通为顺。正如《灵枢·平人绝谷篇》说:"胃满则肠虚,肠满则胃虚,更虚更满,故气得上下。"一旦水谷停滞或腑气不通,就会发生各种病证。治疗时常以促使畅通为原则,故有"六腑以通为用","腑病以通为补"之说。六腑中任何一腑不通,就会影响水谷传化,导致其他腑功能失常。如胃有实热,消灼津液,可使大肠传导不利,引起大便秘结;而粪便不通,能影响胃的和降,致使胃气上逆,出现呕吐等症状。又如胃有寒邪,不能腐熟水谷,可影响小肠的泌别清浊,致使清浊不分而注入大肠,引发泄泻之证;若脾胃湿热,熏蒸肝胆,使胆汁外溢,则发生黄疸等。

三、脏 与 腑

五脏主藏精气,属阴,主里;六腑主传化物,属阳,主表。属五行中同一行的心与小肠、肺与大肠、脾与胃、肝与胆、肾与膀胱,有经脉相互络属,构成表里关系。它们在生理上相互联系,在病理上相互影响。

1. 心与小肠 心属阴脏,小肠属阳腑,二者相表里。在生理上相互联系,心气正常,小肠得到气血的补充,才能发挥泌别清浊的功能;小肠功能正常,气血有源,有助于心气的正常活动。在病理上相互影响,若小肠有热,顺经脉上熏于心,则引起口舌糜烂、肿痛等心火上炎等证候;反之,若心经有热,由经脉移热于小肠,则引起尿短赤、排尿涩痛等小肠实热证。

2. 肺与大肠 肺属阴脏,大肠属阳腑,二者相表里。在生理上相互联系,大肠的传导功能有赖于肺气的肃降,而大肠传导通畅,肺气才能和利。在病理上相互影响,若肺气壅滞,失其肃降之功,可引起传导阻滞,出现大便秘结。反之,若大肠传导阻滞,可导致肺气肃降失常,出现气短咳喘。临床上,肺有实热时,常泻大肠,使热由大肠下泄;大肠阻塞时,也可宣通肺气,以疏利大肠。

3. 脾与胃 脾属阴脏,胃属阳腑,二者相表里。在生理上相互联系,脾主运化,胃主受纳、腐熟;脾喜燥恶湿,胃喜润恶燥;脾气主升,胃气主降。二者一化一纳,一燥一润,一升一降,相反相成,共同完成水谷的受纳、消化和运输。全身各组织器官都依靠脾胃而获得营养,所以合称脾胃为"后天之本"。在病理上相互影响,若脾为湿困,运化失职,清气不升,可影响胃的受纳与和降,出现食少、呕吐、肚腹胀满等症状;反之,若饮食失节,食滞胃脘,胃失和降,亦可影响脾的升清及运化,出现腹胀、泄泻等症状。

4. 肝与胆 肝属阴脏,胆属阳腑,二者相表里。在生理上相互联系,胆贮藏和排泄胆汁,肝主疏泄,共同协助消化,且胆汁来源于肝,胆汁的分泌排泄有赖于肝气的疏泄。在精神活动方面,肝主谋略,胆主决断,固有"肝胆相济,勇敢乃成"之说。在病理上相互影响,若肝疏泄失常,则影响胆汁的正常排泄。反之,若胆汁排泄失常,也会影响到肝。临床上常常肝胆同病,如肝胆湿热。治疗上也肝胆同治。

5. 肾与膀胱 肾属阴脏,膀胱属阳腑,二者相表里。在生理上相互联系,肾主水,膀胱贮留和排泄尿液,共同参与水液代谢,而膀胱的气化功能取决于肾气的盛衰。肾气充足,固摄有权,膀胱就能开阖有度,尿液得以正常贮存和排泄。在病理上相互影响,若肾气不足,固摄无力,膀胱就开阖失常少,出现多尿或尿失禁;若肾虚气化不及,则导致尿闭或排尿不畅。

此外,心包与三焦的经脉相互络属,互为表里。心包为心之使,三焦为元气之上使,一内一外,互相配合。在病理上互相影响,如热病中湿热合邪,稽留三焦而在气分,如进一步发展入营分,可由三焦内陷心包,引起神昏、狂躁等症状。

第三章 气血津液

本章介绍了气血津液学说,内容包括气、血、津液、气血津液之间的关系。要求学生了解气血津液学说、气、血、津液的概念,气、血、津液的生成;理解气的分类,气的运动,血的循行,津和液的区别,津液的输布和排泄,气、血、津液之间的关系;掌握气的种类和生理功能,血和津液的生理功能,气与血之间的关系。重点掌握气、血的生理功能与病理变化。

气、血、津液是构成动物体的基本物质,也是脏腑功能活动的物质基础。气、血、津液的生成和代谢,依赖脏腑、经络等组织器官的正常生理活动;而脏腑、经络等组织器官的功能活动,依赖气、血、津液的滋养。气血津液学说是研究气、血、津液的生成、输布、生理功能、病理变化及其相互关系的学说,从整体角度来研究构成动物体和维持动物体生命活动的基本物质,揭示脏腑、经络等生理活动和病理变化的物质基础。

第一节 气

一、气的概念

古代哲学认为,气是构成整个宇宙的最基本物质,自然界的一切事物均由气构成。如《庄子·知北游》说:"通天下一气耳。"气的概念被引用到中兽医学中,认为气是构成动物体和维持其生命活动的最基本物质,即物质之气和功能之气。

1. 物质之气 气是体内流动着的富有营养的微细的精密物质(如营气、卫气等),是构成动物体的基本物质,也是动物体赖以生存的精微物质及代谢产物。动物的生命活动,既要从天地之气中摄取营养,又要从饮食物中获取水谷精微。从这个意义上说,实际上是指呼吸之气和水谷精气。

2. 功能之气 是指脏腑组织的功能活动,如脏腑之气、经络之气等。气既是物质,又是功能,通过生理功能和病理现象来感知生命物质的存在,体现了气的活力特性及其对动物体生命活动的极端重要性。

二、气的生成和分类

(一)气的生成

动物体内气的生成主要源于两个方面。一是禀受于父母的先天之精气,即先天之气。它藏之于肾,是构成生命的基本物质,为动物体生长发育和生殖的根本,是机体气的重要组成部分。二是肺吸入的自然界清气和脾胃运化的水谷精微之气,即后天之气。自然界的清气,由肺吸入,在肺内不断地同体内之气进行交换,实现吐故纳新,参与动物体气的生成;水谷精微之气,由脾胃所运化,输布于全身,滋养脏腑,化生气血,是维持机体生命活动的主要物质。

(二)气的分类

根据气的生成、分布和作用特点不同,可将气分为四类。

1. 元气　　包括元阴、元阳（即肾阴、肾阳）之气，又称"原气"、"真气"、"真元之气"。元气根源于肾，由先天之精所化生，并依赖后天之精以补充和滋养。如《灵枢·刺节真邪论》说："真气者，所受于天，与谷气并而充身也。"元气是动物体生命活动的原始物质及其生化的原动力，它经三焦通达周身，使脏腑组织器官得到激发与推动，以发挥其功能，维持机体的正常生长发育。五脏六腑之气的产生，都要根源于元气的资助。因此，元气充盛，则脏腑组织功能旺盛，动物健康少病。反之，如先天禀赋不足或因久病损伤元气，则脏腑气衰，抗邪无力，动物体弱多病，治疗时宜培补元气，以固根本。

2. 宗气　　宗气是由肺吸入自然界之清气与脾胃化生的水谷精微之气在肺中结合而成。它形成于肺，聚于胸中，有助肺司呼吸和贯穿心脉以行营血的作用。如《灵枢·邪客篇》说："宗气积于胸中，出于喉咙，以贯心脉，而行呼吸焉。"呼吸及声音的强弱，气血的运行，肢体的活动能力都与宗气的盛衰有关。宗气充盛，则机体有关生理活动正常；若宗气不足，则呼吸微弱、心气虚弱，甚至引起血行瘀滞等病变。故《灵枢·刺节真邪论》说："宗气不下，脉中之血凝而留止。"

3. 营气　　营气是宗气中具有营养作用的部分，由水谷精微中比较稠厚的、富有营养的物质化生。营气进入血脉，在心主血脉和肺主宣发的作用下随血液运行周身。营气除了化生血液外，还有营养全身的作用。所以说："营气者，出于脾胃，以濡筋骨、肌肉、皮肤，充满推移于血脉之中而不动者也。"由于营气行于脉中，而又能化生血液，故常并称为"营血"。营气与卫气相对而言，属于阴，故又称为"营阴"。

4. 卫气　　由水谷精微中的悍气，即清稀的有温养作用的物质化生而成。如《素问·痹论》说："卫者，水谷之悍气也。"卫气运行于脉外，散布全身，主要分布到体表，其次到内脏。具有护卫肌表，防御外邪，温养脏腑、肌肉，润泽皮毛，调节控制肌腠的开合、汗液的排泄等作用。若卫气不足，肌表不固，外邪就可乘虚而入。由于卫气行于脉外，属于阳，故有"卫阳"之称。

三、气的运动

气是不断运动的，气的运动称为气机。就物质之气而言，气的运行指精、气、血、津液在体内处于不断运行的流动状态；就功能之气而言，指脏腑组织的气机必须处于调畅状态。不同的气有不同的运动形式，但其基本形式是升、降、出、入四种。升，是指气自下而上的运动，如脾将水谷精微上输于肺；降，是指气自上而下的运动，如胃将腐熟后的食物下传小肠；出，是指气由内向外的运动，如肺呼出浊气；入，是指气由外向内的运动，如肺吸入清气。

气的升降出入，体现了脏腑的功能特点。总的来说，五脏贮藏精气，宜升；六腑传导化物，宜降。但也有升中有降、降中有升的情况，如肺主宣降有升有降；在食物的消化和排泄过程中，吸收水谷精微是降中有升。就五脏而言，心、肺在上，在上者宜降；肝、肾在下，在下者宜升；脾、胃居中而通联上下，为升降的枢纽。

气机的升降，对于动物体的生命活动至关重要。如《素问·六微旨大论》说："升降出入，无器不有"，"非出入，则无以生长壮老已；非升降，则无以生长化收藏"。只有各脏腑气机正常，才能维持正常的生理功能。如果气的运行阻滞或紊乱，或升降失调、出入不利，便影响五脏六腑、上下内外的协调统一，发生种种病变；而升降出入止息，则生命活动终止。如《素问·六微旨大论》说："出入废，则神机化灭；升降息，则气立孤危。"

四、气的生理功能

气生理功能概括起来有以下几种。

1. 推动作用　　指气有激发和推动的作用,如肝气能促进脏腑经络气机的条畅,肾气、脾气、肝气、营气能激发动物体的生长发育功能,心、肺之气能推动血液的运行和津液输布。若气的推动作用减弱,则影响动物的生长、发育,或使脏腑组织器官的生理活动减退,出现血液和津液的生成不足,运行迟缓,输布、排泄障碍等病证。

2. 温煦作用　　指阳气有温煦机体脏腑组织器官以及血、津液等的作用,但阴气可滋养器官,促进器官产生阳气,间接温煦机体。故《难经·二十二难》说:"气主煦之。"依赖气的温煦,动物的体温得以维持恒定,脏腑、经络的生理活动得以正常进行,血和津液得以环流周身而不致凝滞。若阳气不足,则会引起四肢不温、体温偏低的寒证;若阳气过盛,则会引起身热、体温偏高的热证。故有"气不足便是寒","气有余便是火"之说。

3. 防御作用　　指气有护卫机体,抗御外邪的作用。气一方面可以抵御外邪的入侵(主要是卫气的功能);另一方面通过正邪交争或调整机体功能,以驱邪外出。若气的防御作用减弱,机体就易感受外邪而发病,或发病后难以治愈。

4. 固摄作用　　指气有统摄和控制血、津液、精液等液态物质以防止无故流失的功能。主要表现为固摄血液,控制血液循环于脉内(脾气的作用);固摄舌津、汗液、尿液、胃液等,维持正常的分泌和排泄(肺气、心气、肾气、胃气等的作用);固摄精液,防止妄泄(肾气的作用)。此外,中气对脏器位置的固定,也是固摄作用。

5. 气化作用　　指通过气的运动而产生的各种变化。气的生成及其代谢,精、血、津液等的生成、输布、代谢及其相互转化等均属于气化的范畴。如水谷经过气化,生成气、血、津液;津液经过气化成尿液等。各脏腑都有气化,其内容各不相同,主要是阳气的作用。如果气化功能失常,则影响机体各种物质代谢过程。

6. 营养作用　　主要是指脾胃所运化的水谷精微之气对机体各脏腑组织器官的滋养作用。水谷精气可以化为血液、津液、营气、卫气等,为各脏腑组织器官及其功能活动提供营养物质。

第二节　血

一、血的概念

血是脉管中含有营气的红色液体,依靠气的推动循行周身,有很强的营养与滋润作用,是构成和维持动物体生命活动的重要物质。从五脏六腑到筋骨皮肉,都依赖于血的滋养才能进行正常的生理活动。

二、血的生成和循行

（一）血的生成

血的生成有以下几方面。

1. 水谷精微　　脾胃吸收的水谷精微是血液化生的最主要原料。如《灵枢·决气篇》指出:"中焦受气取汁,变化而赤是谓血。"故称脾胃为"气血生化之源"。

2. 营气　　血主要含有营气和津液,营气入心脉,通过心的生血气化作用而成血。如《读医随笔·气血精神论》说："夫生血之气，营气也。营盛即血盛，营衰即血衰，相依为命，不可分离也。"

3. 肾精　　肾藏之精是血化生的原料，且精血之间可以互相转化。《诸病源候论》说："肾藏精，精者，血之所成也。"《张氏医通》说："气不耗，归精于肾而为精，精不泄，归精于肝而化清血。"

4. 津液　　津液可以化生为血，不断补充血量。如《灵枢·邪客篇》说："营气者，泌其津液，注之于脉，化以为血。"

（二）血的循行

血的循行主要依赖心、肺、肝、脾的功能。

1. 心主血　　心是血液循行的动力，推动血液在脉管内运行。

2. 肺朝百脉　　循行于周身的血液均要汇聚于肺，通过肺的宣发作用输布全身。

3. 肝藏血、主疏泄　　肝能调节循环血量，维持循环需要；并通过调畅气机，保持血流的畅通。

4. 脾统血　　脾能统摄血液在脉中正常运行，不致溢出脉外。

三、血的生理功能

血的生理功能可以概括为以下三个方面。

1. 营养作用　　血循全身，内至五脏六腑，外达皮肉筋骨，对全身组织器官起营养和滋润作用。《难经·二十二难》说："血主濡之。"这种作用尤其表现于眼睛和四肢运动。《素问·五脏生成论》说："肝受血而能视，足受血而能步，掌受血而能握，指受血而能摄。"《灵枢·六腑生成论》说："血和则筋骨劲强，关节清利。"如血不足，可能出现视力减退、眼睛干涩、关节活动不利、四肢麻木、皮肤干燥等症状。

2. 神志活动　　血是神志活动的物质基础，故有"神为血气之性"之说。气血盈盛，才能神志清晰，精神充沛。《灵枢·平人绝谷篇》说："血脉和利，精神乃居。"因此，血虚、血热均可出现神志方面的病变，如心血虚、肝血虚常出现有惊悸、神志不安等症状。

3. 载气功能　　营养需要靠血的运载而发挥作用，故说"血为气母"。然而血的运行需要气的推动，又有"气为血帅"之说。所以气与血关系密切，"气行则血行"；病理上，气滞与血瘀、气虚与血虚常常互为因果。

第三节　津　液

一、津液的概念

津液是机体一切正常水液的总称，包括各脏腑组织器官的内在体液及其正常的分泌物，如胃液、肠液、关节液及涕、泪、唾等，是构成维持动物体生命活动的基本物质。

津液可细分为津和液，两者在性状、分布和功能方面有所不同。津的质清稀，流动性大，分布于皮肤、肌肉、孔窍、血脉，起滋润作用。液的质稠厚，流动性小，分布于脏腑、关节、脑、髓，起濡养作用。因二者可相互转化，通常合称为津液。

二、津液的生成、输布和排泄

1. 津液的生成　　津液来源于水谷,特别是饮水,由脾、胃、小肠、大肠吸收其中的水分和营养物质而生成。

2. 津液的输布　　津液的输布主要是通过脾的运化、肺的通调水道和肾的蒸腾汽化而实现。一是通过脾的运化和"散精"功能,将上输于肺,并津液布散至全身。二是肺接受脾转输来的津液后,通过宣发作用输布于全身肌表皮毛,以发挥其润泽作用;通过肃降功能,将代谢后的水液下行于肾。三是肾将肺下输的水液,通过蒸腾汽化作用再次泌别清浊,将浊中之清部分复归于肺;将浊中之浊部分化为尿液,下注膀胱,排出体外。此外,津液的输布也与肝的疏泄以及三焦的通利水道有关。

3. 津液的排泄　　一是经肺宣发至肌表皮毛的津液,通过代谢后化为汗液排出体外;二是肺主呼吸,随呼气排出大量水分;三是经肺通调水道下输至膀胱的水液,通过肾的气化作用变为尿液排出体外;四是在大肠排泄粪便时,带走部分津液。

三、津液的生理功能

1. 滋润濡养　　津液具有滋润和濡养的作用。津较清稀,滋润作用大于液;液较浓稠,濡养作用大于津。具体地说,津液分布于体表,能滋润皮肤,温养肌肉;分布于体内,能滋养脏腑,维持各脏腑的正常功能;分布于孔窍,能润泽孔窍;分布于关节,能滑利关节;分布于骨髓、脊髓及脑髓,能充养骨髓、脊髓及脑髓。

2. 化生血液　　津液经经络渗入血脉之中,成为化生血液的基本成分之一,使血液充足,并濡养和滑利血脉,使血液环流不息。

3. 排泄废物　　津液在其自身的代谢过程中,能把机体的代谢产物通过汗、尿等方式不断地排出体外,使机体各脏腑的气化活动正常。若排泄异常,就会使代谢产物潴留于体内,而产生痰、饮、水、湿等多种病理变化。

第四节　气血津液之间的关系

气、血、津液均来源于脾胃所运化的水谷精微,都是构成机体和维持机体生命活动的基本物质,三者之间存在着相互依存、相互转化和相互为用的关系。

一、气　与　血

气是血生成和运行的动力,血是气的载体和物质基础,二者的关系概括为"气为血帅","血为气母"。

1. 气能生血　　物质之气,特别是水谷精气,是化生血液的原料;功能之气,即气的运动变化,是血液生成的动力。血的主要组成部分是营气和津液,均来源于水谷精微;而水谷精微的吸收、营气和津液转化为血液,均离不开气和气的运动,所以说气能生血,气旺则血足,气虚则血虚。

2. 气能行血　　指气的推动作用是血液循环的动力。血属阴,主静;气属阳,主动。血的运行必须依赖气的推动,包括心气的推动、肺气的宣发、肝气的疏泄条达,故有"气为血帅"、"气行则血行"、"气滞则血瘀"之说。

3. 气能摄血　　血循行脉中而不溢出脉外,依赖于气的固摄,主要是脾气的统摄。如果气虚不能摄血液,往往导致出血的病变,称为"气不摄血"。故临床上治疗出血性疾病时,常在止血药中配以补气药,以达到补气摄血的目的。

4. 气赖血充　　物质之气靠血的滋养而化生,功能之气赖血的滋养而发挥,从而促进气的生成与正常运行。所以血盛则气旺,血虚则气虚。

5. 血能载气　　气无形而动,必须附着于有形之血,才能行于脉中而不致散失。故有"血为气母"之说。若血虚,则气无所依附,将流散而致气虚,所以血虚则气虚。

二、气与津液

1. 气能生津液　　气是津液生成的物质基础和动力。津液源于水谷精气,且水谷精气赖脾胃之气的运化。中焦之气旺盛,运化正常,则津液充足。

2. 气能行津液　　津液的输布和排泄均依赖于有关脏腑之气的升降出入和气化功能。若气化不利,就会使津液的输布和排泄受阻,导致水液停聚,出现痰饮、水肿等症状。

3. 气能摄津　　气有固摄津液以控制其排泄的作用。若气虚不固,则会出现多汗、多尿、遗尿等津液流失的病证。

4. 津液能载气　　津液是气的载体之一,气必须依附于津液而存在,否则将涣散不定而无所归。因此,津液的丢失,将引起气的耗损而致气虚。如暑病伤津耗液,不仅口渴喜饮,且津液虚少无以化气,而见肢倦乏力等气虚之候。若因汗、吐、下太过使津液大量丢失,将出现"气随液脱"之危候。

三、血与津液

血和津液存在着同源和相依的关系。在生成上均来源于水谷精微,故有"津血同源"之说。二者相互依存,津液是血液的组成成分之一,而血液渗出脉外则为津液。在生理上相互联系,同以营养、滋润为主要功能。在病理上相互影响,若出血过多,必然引起津伤液少;而严重的伤津耗液,必损及血液,引起津枯血燥的病变。故《灵枢·营卫生会篇》说:"夺血者无汗,夺汗者无血。"

第四章 经 络

本章介绍了经络学说,内容包括经络系统的组成,十二经脉和奇经八脉,经络的主要作用。要求学生了解经络学说、经脉、络脉的概念,经脉、络脉的组成,奇经八脉的循行路线和功能;理解经络的连属体系,经络的作用;掌握十二经脉的名称、循行规律和流注次序,经络的生理作用、病理作用和在病证防治中的作用。重点掌握经络系统的组成,十二经脉的命名及循行路线。

经络是经脉和络脉的总称。经络学说是研究机体经络系统的组成、生理功能、病理变化及其与脏腑之间相互关系的学说,对于辨证、用药以及针灸治疗都具有重要的指导意义,所以成为中兽医学基础理论的重要组成部分。《灵枢·经脉篇》说:"经脉者,所以能决死生,处百病,调虚实,不可不通。"

第一节 经络系统的组成

经络是机体运行气血、联络脏腑、沟通内外和调节功能的通路。经络系统由经脉、络脉及其连属体系组成。经脉是经络系统的主干,络脉是经脉的各级分支。经络内属脏腑,外联体表,贯穿上下,沟通内外,纵横交错,遍布全身,将脏腑、组织、器官联结成一个有机的整体(图4-1)。

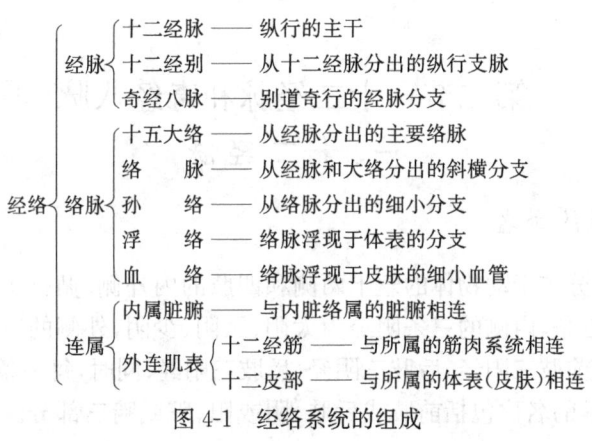

图4-1 经络系统的组成

一、经 脉

经,与"纬"相对,纵向之意。经脉,即体内纵行的主干。经脉由十二经脉、十二经别和奇经八脉构成。十二经脉,即前肢的三阴经和三阳经、后肢的三阴经和三阳经,共十二条。各条经脉与相应的脏腑有直接的络属关系,有一定的循行部位、起止点和交接顺序,将全身连贯成一个整体,又叫十二正经。十二经别,是从十二经脉分出的纵行支脉,故又称为"别行的正经",能够到达十二经脉所不到之处,加强脏腑、表里间的联系。奇经八脉,别道奇行,共八条,与脏腑没有直接的络属关系,相互之间也不存在表里关系及循环流注次序。

二、络 脉

络,网络之意。络脉是经脉分出的分支。《灵枢·脉度》说:"经脉为里,支而横者为络,络之别者为孙。"络脉多无一定的循行路线。络脉包括十五大络、络脉、孙络、浮络和血络。十五大络是主要的络脉,即十二经脉、任脉、督脉的络脉,加上脾的大络,共十五条。《难经·二十六难》说:"经有十二,络有十五,余三络者,是何等络也?然:有阳络,有阴络,有脾之大络。"实际上另有胃的大络,加起来共十六条,因脾胃相表里,故习惯上仍然称十五大络。从经脉和十五大络分出一些横斜的分支,统称为络脉。从络脉中再分出的细小分支,称为孙络。络脉浮现于体表的分支,称为浮络。络脉浮现于皮肤的细小血管,称为血络。

三、连属体系

(一) 内属脏腑

十二经脉在内脏与各脏腑相连,称为络属关系。每一条经脉与其本身的脏或腑相连,称为"属",同时也与相互表里的腑或脏相连,称为"络"。阳经皆属腑而络脏,阴经皆属脏而络腑。如后肢太阴脾经属脾络胃,后肢阳明胃经属胃络脾。通过经脉络属,将脏腑连接起来,构成经络的主体。故《灵枢·海论》说"夫十二经脉者,内属于府藏,外络于肢节"。

(二) 外连肌表

十二经脉在肢体与肌表相连,可分为十二经筋和十二皮部。十二经筋是十二经脉及其络脉所连属的筋肉系统,包括肌肉、肌腱、筋膜、韧带等,其功能主要是连缀四肢百骸,主司关节运动。十二皮部是经脉及其络脉分布于体表的部位,即皮肤的经络分区。通过内属外连,将全身连成一个整体。

第二节 十二经脉和奇经八脉
一、十二经脉

(一) 十二经脉的命名

十二经脉对称地分布于动物体的躯干两侧和四肢的内外侧,循行于前肢、后肢各六条,每一肢的内侧、外侧各三条,内侧的三条阴经为太阴、厥阴、少阴,外侧的三条阳经为阳明、少阳、太阳,即前肢三阴经、前肢三阳经、后肢三阴经、后肢三阳经;同时,每一条经脉直属一个脏或一个腑。因此,每一经脉的名称包括前肢或后肢、阴或阳、脏或腑三部分。十二经脉的具体名称和四肢循行部位见表4-1。

表4-1 十二经脉的名称及四肢循行部位

循行部位		阴经(属脏络腑)	阳经(属腑络脏)
前肢	前缘	太阴肺经	阳明大肠经
	中间	厥阴心包经	少阳三焦经
	后缘	少阴心经	太阳小肠经

循行部位		阴经（属脏络腑）	阳经（属腑络脏）
后肢	前缘	太阴脾经	阳明胃经
	中间	厥阴肝经	少阳胆经
	后缘	少阴肾经	太阳膀胱经

三阴三阳是从阴阳之气的盛衰来区分的。三阴之中，阴气最盛为太阴，其次为少阴，最弱的为厥阴；三阳之中，阳气最盛为阳明，其次为太阳，最弱的为少阳。《素问·至真要大论》说："阳明何谓也……两阳合明也"，"厥阴何也……两阴交尽也。"

（二）十二经脉的循行规律

总的来说，前肢三阴经从胸部开始，循行于前肢内侧，止于前肢末端；前肢三阳经从前肢末端开始，循行于前肢外侧，止于头部；后肢三阳经由头部开始，经腰背部，循行于后肢外侧，止于后肢末端；后肢三阴经由后肢末端开始，循行于后肢内侧，经腹部止于胸部。概括为"手之三阴胸内手，手之三阳手外头，足之三阳头外足，足之三阴足内腹"。从交接点来看，头部为前肢三阳经止点和后肢三阳经的起点，所以称"头为诸阳之会"；胸部为前肢三阴经起点和后肢三阴经的起点，所以称"胸为诸阴之会"。

（三）十二经脉的流注次序

十二经脉是气血运行的主要通路，气血在经脉中运行是循环灌注的。气血由中焦水谷精气化生，即经脉在中焦受气后，上注于肺。从前肢太阴肺经始，逐经依次相传，传至后肢厥阴肝经后，再回传入至前肢太阴肺经，复注于肺。首尾相贯，如环无端，构成十二经脉循环。其流注次序概括为肺经大肠胃，脾心小肠会，膀胱肾心包，三焦胆肝回。见表4-2。

表4-2 十二经脉的流注次序

阴 经			阳 经	
前肢太阴	→肺	→	大肠	前肢阳明
后肢太阴	脾	←	胃	后肢阳明
前肢少阴	心	→	小肠	前肢太阳
后肢少阴	肾	←	膀胱	后肢太阳
前肢厥阴	心包	→	三焦	前肢少阳
后肢厥阴	肝	←	胆	后肢少阳

营气在经脉中运行时，还有一条支路，即从前肢太阴肺经开始，传注于任脉，前行到头部，通连督脉，循脊背，绕经阴部，再连接到任脉，经胸腹回到前肢太阴肺经，构成十四经脉的循环。

二、奇经八脉

(一) 奇经八脉的概念

奇经八脉是任脉、督脉、冲脉、带脉、阴维脉、阳维脉、阴跷脉、阳跷脉的总称。其循行、分布与十二经脉有所不同,虽然大部分是纵行、左右对称的,但也有横行和分布在躯干正中线的;除与子宫和脑有直接联系外,与五脏、六腑没有直接的络属关系,相互之间也不存在表里相合、相互衔接及相互循环流注的关系,故称其为别道奇行的"奇经"。因其有八条,故称"奇经八脉"。《难经集注·二十七难》说:"此八脉,不系正经阴阳,无表里配合,别道奇行,故曰奇经也。"

(二) 奇经八脉的循行和功能

1. 任脉　　起于胞中,行于腹正中线,前行抵颏部,总任一身之阴脉,故称为"阴脉之海"。又有妊养胞胎的功能,所以又有"任主胞胎"之说。

2. 督脉　　起于胞中,行于背正中线,前行至头部,总督一身之阳脉,故称为"阳脉之海"。

3. 冲脉　　起于胞中,行于脊柱内和腹部两侧,环绕口唇,总领一身气血之要冲,故称为"十二经之海"、"血海"。任、督、冲脉皆起于胞中,同出会阴,故有"一源三歧"之说。

4. 带脉　　起于胁下,横行绕腰一周,有如束带,约束纵行诸经脉,故有"诸脉皆属于带"之说。

5. 阴维脉　　起于后肢下端内侧,沿大腿内侧上行,经腹侧至咽喉与任脉会合,维系三阴经。

6. 阳维脉　　起于后肢下端外侧,沿后肢外侧上行,经背侧前行至项后与督脉会合,维系三阳经。

7. 阴跷脉　　跷,指足跟部。起于足跟内侧,随后肢少阴经上行,至目内眦与阳跷脉会合,主一身左右之阴,使行动健捷。

8. 阳跷脉　　起于足跟外侧,随后肢太阳经上行,至目内眦与阴跷脉会合。主一身左右之阳,使行动健捷。

八脉之中,惟任、督二脉各有其所属腧穴,故与十二经脉合称为"十四经脉",构成经脉系统的主干。

奇经八脉分布于十二经脉之间,具有加强十二经脉的联系和调节十二经脉气血的功能。当十二经脉中气血满溢时,则流注于奇经八脉,蓄以备用。古人将气血比作水流,将十二经脉比作江河,将奇经八脉比作湖泊,相互间起着调节、补充的作用。《难经》说:"比于圣人图设沟渠,沟渠满溢,流于深湖,故圣人不能拘通也。而人脉隆盛,入于八脉,而不环周,故十二经亦不能拘之。"李时珍在《奇经八脉考》中说:"其流溢之气,入于奇经,转相灌溉,内温脏腑,外濡腠理。"

第三节　经络的主要作用

经络系统作为全身脏腑组织器官的联络组织,在机体的生理功能、病理变化和病证防治中发挥重要作用。

一、生理作用

(一) 运行气血,温养全身

经络是气血运行的通道,气血是机体生命活动的物质基础。动物体各脏腑组织器官均需要气血的温煦和濡养才能维持正常的生理功能。而气血必须依赖经络的传注，才能输布周身，以发挥其温养作用。如《灵枢·本脏篇》说："经脉者，所以行血气而营阴阳，濡筋骨，利关节者也。"

（二）协调脏腑，联系周身

经络既有运行气血的作用，又有联系动物体各脏腑组织器官的作用。经络内连脏腑，外络肢节，将五脏六腑、四肢百骸、五官九窍、皮肉筋骨等紧密地联系起来，起到了协调脏腑功能的枢纽作用，从而使机体的内外、上下保持着协调统一。

（三）护卫体表，抵御外邪

经络在运行气血的同时，卫气伴行于脉外，因卫气能温煦脏腑、腠理、皮毛、开合汗孔，因而具有护卫体表、抗御外邪的作用。同时，经络外络肢节、皮毛，营养体表，是调节防卫机能的要塞。

二、病理作用

（一）传导病邪

当病邪侵入机体时，动物体通过经络以调整体内卫气营血等力量来抵抗病邪。若机体正气虚弱、气血失调，病邪可通过经络由表及里传入脏腑而引发病证。如外感风寒在表不解，可通过肺经传入肺，引发咳嗽、喘促、胸闷、胸痛等肺经的病变。脏腑的病变，也可通过经络相互传变。如心移热于小肠，胃病影响到脾等。

（二）反映病变

由于经络将脏腑与五官九窍、体表密切联系起来，脏腑的病变也可通过经络反映到体表。如心火亢盛，循心经上传至舌，出现舌红肿痛、糜烂等症状；肝火亢盛，可循经上传至眼，出现目赤肿痛、睛生翳膜等症状。临床上可据此对疾病进行诊断，这也是中兽医望诊、切诊的理论依据。

三、在病证防治中的作用

（一）感受和传导针灸刺激

经络能够感受和传导针灸的刺激。针刺体表的穴位之所以能够治疗内脏的疾病，就是借助于经络的这种感受和传导作用。因此在针灸上提出了"循经选穴"的原则，即治疗某一脏腑的病证，就在所属经络上选穴，施以一定的刺激，达到调理气血和脏腑功能的目的。如胃气不足选后三里穴（后肢阳明胃经），肺热咳喘选颈脉穴（前肢太阴肺经）等。

（二）传递药物的作用

古人以经络学说为基础，创立了药物归经的理论。认为药物作用于机体，需通过经络的传递，经络能够选择性地传递某些药物到达某些脏腑而发挥作用。例如，同为泻火药，由于被不同的经络传递，则有黄连泻心火、黄芩泻肺火、知母泻肾火等的区分。临床实践中还总结出了某些引经药，如桔梗引药上行专入肺经，牛膝引药下行专入肝肾两经等。因此，临床上可按照归经选择合适的药物。

第五章 病因病机

本章介绍了病因病机学说，内容包括病因学说、病机学说。要求学生了解病因学说、病机学说的概念，外感致病因素、内伤致病因素、其他致病因素的概念和种类；理解正气、邪气在发病过程中的作用，六气和六淫的区别，疫疠的致病特征和流行条件，饥、饱、劳、逸、七情的致病作用，痰和饮的区别，瘀血的成因；掌握六淫的性质和致病特征，疫疠的预防措施，痰饮、瘀血的病证特点，邪正消长、阴阳失调和升降失常的病理机制。重点掌握六淫致病的共同特征，六淫的性质、致病特征及常见病证。

病因病机学说是中兽医学理论的重要组成部分，是研究动物疾病发生的原因和疾病的发生、发展、转归的机制，对于临床辨证和病证防治具有重要的指导意义。

第一节 病 因

病因，即疾病发生的原因。广义的病因，指发病学，研究疾病如何发生；狭义的病因，仅是指致病因素，中兽医称为"邪气"。病因学说，是研究致病因素的性质及其致病特性的学说。

祖国医学的病因学说，是在整体观念的思想指导下形成的。古代医家把自然界比作大宇宙，把机体比作小宇宙，即"天人相应"。大、小宇宙之间保持相对的平衡，则人畜健康无病。一旦大宇宙发生异常变化，小宇宙不能适应，或小宇宙内部发生异常变化，相对平衡状态被破坏，则引起疾病。

病因学说认为，疾病的发生和发展是"正邪相争"的结果，取决于正气和邪气的盛衰。正气，指脏腑组织器官的功能活动及其抗病力。包括对内部环境的平衡协调能力、对外界环境的适应能力、对各种致病因子的抵抗力及其消除影响的能力。邪气，指一切致病因素，包括相对不利的气候或环境变化、各种致病因子（生物、物理、化学性等）、某些生理因子的缺乏（如维生素、矿物质、微量元素、氧气等）、饮食不节、劳逸失常、相对恶性的精神刺激、内生五邪（内风、寒、湿、燥、火）及病理产物（痰饮、瘀血）等。

在疾病的发生与发展过程中，正气是内因，起主导作用。如《素问·刺法论》和《素问·评热病论》分别有"正气存内，邪不可干"和"邪之所凑，其气必虚"的说法。正气旺盛，即使发病，症状也较轻，康复也较快。因此在疾病治疗的过程中必须注意扶正。邪气是外因，在一定条件下起主导作用，如外伤、疫疠、中毒等。即使如此，邪气仍要通过损伤正气而致病。因此祛邪也是治病不可忽视的重要方面。

病因学说的特点表现在两个方面。一是把相对异常的气候变化和疾病直接联系起来，作为一类疾病的病因，甚至以所感受的异常气候的名称作为病名。如风寒、风热等。二是病因包含有病理的概念，是对临床症状和体征的本质概括。例如，风性主"动"，将具有躁动症状的疾病归为风证，如破伤风、心热风邪、肝风内动等。

病因学说对于临床辨证和病证防治具有重要的指导意义。在诊疗动物疾病时，可以根据动物表现出来的特定症状，推断造成发病的病因，即"随证求因"；而一旦明确了病因，就可以根据病因确定治疗原则，选择合适的治法，即"审因施治"。例如，动物表现为高热、抽搐、出血、口色红绛、脉象洪数等症状,可推断出病因为热邪,辨证为热证,就可确定用清热法、清热药治疗。同时,还可以针对病因采取预防措施,如加强饲养管理、控制厩舍环境、做好免疫预防等,防止正气受损和外邪入侵。

致病因素包括外感、内伤、其他三部分。

一、外感致病因素

外感致病因素指由体外感受的邪气,均来自自然界,多从口鼻、肌表、皮毛等部位侵入,主要包括六淫和疫疠。

(一)六淫

"淫",是太过,浸淫的意思。六淫,指自然界中风、寒、暑、湿、燥、火六种气候(六气)相对异常的变化。正常情况下,六气有一定的变化规律,动物在长期的进化过程中也逐渐适应了这些变化,因此不会造成动物机体发病。但是,当六气变化太大,或动物正气不足、阴阳失调、机体不能适应时,六气就会成为六淫而致病。可见六气的"相对异常",一是与往常相比显得异常,二是以个体的适应能力为依据。

六淫致病有以下共同特征。

外感性:六淫病邪均来源于自然界,通过口鼻、肌表、皮毛等部位侵犯机体而发病,且发病初期都在于表,故统称为外感病。

季节性:六气有季节性变化,因此六淫致病常呈一定的季节性。如春天多风病,夏天多暑病,长夏多湿病,秋季多燥病,冬天多寒病。但由于六气在四季中变化的复杂性,六淫致病的季节性也不是绝对的。如夏天虽多暑病,偶尔气温骤降也会引起寒病。

相兼性:六淫在自然界中往往不是单独存在的,因此六淫既可单独致病,也可合邪致病。如风热、风寒、风寒湿等。

转化性:指六淫所致病证在一定条件下可以发生转化。如外感风寒失治误治可以转化为里热证。但多有化热的趋势。

从现代医学的角度,六淫不仅指气候因素,还包括了生物(如细菌、病毒等病原微生物)、物理、化学等多种致病因素。此外,脏腑功能失常时,也可产生类似于风邪、寒邪、湿邪、燥邪、火邪所致的证候。它们属于脏腑内生的,故称之为内风、内寒、内湿、内燥、内火,合称为"内生五邪"。虽来源与外感六淫不同,但二者的症状相似,并且多有联系,因此在相应的病因中一并叙述。

1. 风邪

(1)风邪的概念　风是春天的主气,风邪致病常见于春季。但风在一年四季中皆有,因此风邪致病也可见于其他季节。外感的风邪,常称之为"贼风"或"邪风",所致之病称为外风证。风邪除了单独致病外,常常成为其他淫邪的依附侵袭机体,如风温、风热、风寒、风湿等。因此,风邪是六淫中首要的致病因素,所以有"风为百病之长"、"风为六淫之首"之说。

相对于外感风邪,内生风邪多与心、肝、肾三脏有关,特别与肝的功能失调有关,故称为"肝风"。《素问·至真要大论》说:"诸风掉眩,皆属于肝。"叶天士在《临证指南医案·中风》中也说:"肝为风脏,因精血衰耗,水不涵木,木少滋荣,故肝阳偏亢,内风时起。"

(2)风邪的性质与致病特征

1)风为阳邪,其性开泄。风邪善动不居,具有升发、向上、向外的特点,故为阳邪。风性轻扬,指风邪易侵犯机体的上部(如头面部)和肌表,如《素问·太阴阳明论》说:"伤于风者,上先受之。"风性开泄,指风邪致病,可使皮毛、汗孔疏泄而开张,出现汗出、恶风等症状。

2) 风邪善行数变。《素问·风论》中说:"风者,善行而数变。"善行,指风邪善动不居,所致病证的病位游走不定。如以风邪为主的风湿症,常表现出四肢交替疼痛,部位游移不定。数变,指风邪所致病证变化迅速。《素问·风论》说:"风无常方。"如荨麻疹(遍身黄)表现为皮肤瘙痒,发无定处,此起彼伏。

3) 风性主动。指风邪所致病证有摇动不定的症状。如破伤风表现肌肉颤动、痉挛抽搐、颈项强直、角弓反张、眼目直视等症状。肝阳化风、血虚生风等可出现眩晕、抽搐、筋脉强直等症状。所以《素问·至真要大论》说:"风胜则动","诸暴强直,皆属于风。"

2. 寒邪

(1) 寒邪的概念　　寒是冬季的主气,寒邪致病多在冬季,但也可见于其他季节。外感寒邪多由气温较低,保暖措施不够,淋雨涉水,汗出当风,采食冰冷草料或饮冷水等形成。外寒侵犯机体,根据病位的深浅有伤寒和中寒之别。寒伤于肌表,阻遏卫阳,称为伤寒;寒直中脏腑,伤及脏腑阳气,则称中寒。

内寒证则是动物机体功能衰退,阳气不足,寒邪内生而致的病证。内寒、外寒可相互影响。如阳虚内寒的动物,易感外寒;而外寒侵入,易伤阳气,引起内寒。

(2) 寒邪的性质与致病特征

1) 寒性阴冷,易伤阳气。寒为阴气盛的表现,其性属阴,故寒为阴邪。阴寒过盛,则易损及阳气,正所谓"阴盛则阳病"。如寒邪束表,卫阳郁遏,则现恶寒、皮紧毛乍等症状。寒邪直中,脾胃阳气受损,可见鼻寒耳冷、下利清谷、尿清便溏等症状。故《素问·至真要大论》说:"诸病水液,澄彻清冷,皆属于寒。"

2) 寒性凝滞,易致疼痛。凝滞,即凝结、阻滞,不通畅之意。机体气、血、津液的运行,有赖阳气的温煦推动。寒邪侵入机体,阳气受损,经脉失于阳气温煦,则气血凝结,涩滞不通;不通则痛,故疼痛是寒证的重要特征。若寒袭肌表,使营卫凝滞,则头身肢节疼痛;寒邪直中胃肠,胃肠气血凝滞不通,则脘腹冷痛。

3) 寒性收引。收引,即收缩牵引。寒邪侵袭机体,可使气机收敛、腠理闭塞、经络筋脉收缩而挛急。《素问·举痛论》说:"寒则气收。"若寒客经络关节,则筋脉收缩拘急,拘挛作痛、屈伸不利或冷厥不仁;若寒邪侵袭肌表,则毛窍收缩,卫阳闭郁,故发热、恶寒、无汗。

3. 暑邪

(1) 暑邪的概念　　暑是夏季的主气,为火热之气化生,独见于夏令。如《素问·热论》说:"先夏至日者为病温,后夏至日者为病暑。"暑邪致病,有伤暑和中暑之别。起病缓、病情轻者为"伤暑";发病急、病情重者为"中暑"。暑邪纯属外感,无内暑之说。

(2) 暑邪的性质与致病特征

1) 暑性炎热,易致发热。暑为盛夏火热之气化生,具有酷热之性,火热属阳,故暑为阳邪,所致病证以阳热为特征,如高热、烦躁、口渴、汗多、脉象洪大等。

2) 暑性升散,耗气伤津。升散,即上升发散。暑邪致病,易上犯头目,内扰心神;多直入气分,使腠理开泄而汗出。汗多伤津,津液亏损,出现口渴喜饮、唇干舌燥、尿赤短少等症状。在津液亏损的同时,往往气随津泄,导致气津两伤,出现精神倦怠、四肢无力、呼吸浅表等症状。严重者心神被扰,出现行如酒醉、神志昏迷的症状。

3) 暑多挟湿。暑季不仅气候炎热,且常多雨潮湿,热蒸湿动,湿热之气弥漫于厩舍内,动物在感受暑邪的同时,还可兼感湿邪。《冯氏锦囊秘录》说"暑多挟湿","暑必兼湿"。所致病证除见发热、烦渴等暑热症状外,常兼见四肢困倦、胸闷呕恶、大便溏泄、汗出不爽等湿阻症状。

4. 湿邪

(1) 湿邪的概念　　湿是长夏之主气,但在一年四季中皆有。外感湿邪多因长期阴雨、厩舍潮湿、涉水淋雨等形成;内生湿邪则多由脾失健运、水湿停滞凝聚造成的。

外湿和内湿在发病过程中常相互影响。外湿侵袭机体,使脾阳受困,脾运化水液功能失职,形成内湿;而内湿证常加剧脾阳损伤,又易招致外湿的侵袭。

(2) 湿邪的性质与致病特征

1) 湿遏气机,易损阳气。湿邪侵袭机体,留滞于脏腑经络,最易阻遏气机,使气机升降失常、经络阻滞不畅,出现脘腹痞满、小便短涩、大便不爽等症状。湿为阴邪,脾喜燥恶湿,故湿邪最易损伤脾阳,使运化失职,水湿停聚,出现泄泻、尿少、水肿、腹水等症状。

2) 湿性重浊,其性趋下。重,即沉重。浊,即污浊、秽浊。湿性重浊,指湿邪致病,常见迈步沉重,呈黏着样,或倦怠无力,如负重物;致分泌物、排泄物秽浊不清,如尿混浊,泻痢脓垢,带下污秽,目眵量多,舌苔厚腻,疮疡疔毒破溃流脓淌水等。湿性趋下,指湿邪致病,多先起于机体的下部。如《素问·太阴阳明论》说:"伤于湿者,下先受之。"

3) 湿性黏滞,缠绵难退。"黏",即黏腻,"滞",即停滞。湿性黏滞,指湿邪致病具有黏腻停滞的特点。在临床上可表现为粪便黏滞不爽、尿液涩滞不畅等症状;在治疗上可表现为病程较长,缠绵难愈,或反复发作,不易治愈,如风湿症等。

5. 燥邪

(1) 燥邪的概念　　燥是秋天的主气,故有"秋燥"之说。但一年四季皆有。外燥多因久晴不雨、环境空气中缺乏水分所致。多从口鼻而入,首先侵害肺卫。秋燥又分为温燥和凉燥。初秋季节,天气尚热,有夏季之火热余气,燥与热结合,多为温燥;而深秋季节,天气已凉,西风肃杀,燥与寒结合,多为凉燥。

内燥多因汗、下太过,或精血内夺、阴津亏虚所致。外燥与内燥常相互影响,外燥侵袭日久,伤及津液精血,可形成内燥。

(2) 燥邪的性质与致病特征

1) 燥性干涩,易伤津液。燥邪致病,最易损伤机体的津液,出现津虚液亏症状。如口鼻干燥、双目干涩、咽干口渴、干咳无痰、皮肤干枯、毛发枯焦、尿液短少、粪便干结等。故《素问·阴阳应象大论》说:"燥胜则干。"

2) 燥易伤肺。肺为娇脏,喜润恶燥;更因肺开窍于鼻,外合皮毛,易受燥邪所伤。肺阴受损,导致肺燥津亏之证,表现为鼻咽干燥,干咳无痰或痰少痰黏等。肺与大肠相表里,若燥邪自肺而影响到大肠,还可出现粪干难下的症状。

6. 火(热)邪

(1) 火邪的概念　　火、热、温均为阳盛而化生,性质相同,但同中有异。一是在程度上有差异。温是热的轻浅状态,温为热之渐;火是热的极致状态,火为热之极。故火证的热象最明显,且有炎上的特征。二是热与温多由外感受,而火既可由外感受,又可内生。

外感火(热)之邪,可由机体感受外界阳热之邪所引起,也可由其他六淫入里化热而致,多为实火。内生火(热)之邪,常是由于脏腑功能失调,阴虚津亏,阳气相对偏亢所致,多为虚火。

(2) 火邪的性质与致病特征

1) 火为热极,其性炎上。火为热的极致状态,其性燔灼,故火热侵袭,常出现高热、贪饮、骚动不安、舌红苔黄、脉洪数等热象。火热有向上燔烧的特性，故所致病证多见于机体上部，如心火上炎，口舌生疮；胃火上炎，齿龈红肿；肝火上炎，目赤肿痛等。

2）伤津耗气，扰神生风。火热邪气，最易迫津液外泄，消灼阴液，故火邪致病除见热象外，往往伴有咽干舌燥、口渴喜饮冷水、尿短少、粪便干燥，甚至眼窝塌陷等津干液少的症状。火热劫耗阴液，扰乱心神，使筋脉失养，肝风内动，出现高热、神昏、四肢抽搐、两目上视、角弓反张、颈项强直、狂暴不安等症状。

3）迫血妄行，易致疮痈。火热之邪侵犯血脉，使血管扩张，血流加快，甚者灼伤脉络，迫血妄行，引起各种出血证，如吐血、衄血、便血、尿血，或皮下出血而见瘀斑、瘀点等。火热之邪聚于局部，腐蚀血肉而发疮疡痈肿。《医学金鉴·痈疽总论歌》说："痈疽原是火毒生。"《灵枢·痈疽》也说："大热不止，热胜则肉腐，肉腐则为脓，故名曰痈。"临床上，凡疮痈局部红肿、高突、灼热者，皆由火热所致。

（二）疫疠

1. 疫疠的概念　　疫，指瘟疫，有传染的意思；疠，指天地之间的一种不正之气。疫疠是一种传染性很强的致病因素，中医文献有异气、疠气、戾气、乖戾之气、毒气等记载。它虽属外感，但不是六淫。如《温疫论·绪》说"夫温疫之为病，非风、非寒、非暑、非湿，乃天地间别有一种异气所感"。从现代医学的观点看，疫疠是一种致病性强的微生物因素，疫疠之病为恶性传染病。

2. 疫疠的致病特征

（1）发病急骤，病情危重　　疫疠致病，往往发病快速，病情严重，致死率高。《素问·六元正纪大论》说"厉大至，民善暴死"，《温疫论》说"缓者朝发夕死，重者顷刻而亡"。如高致病性禽流感、猪蓝耳病等。

（2）传染性强，症状相似　　疫疠致病，传染迅速，不论动物的年龄如何，染后症状相似。如《素问·遗篇·刺法论》说"五疫之至，皆相染易，无问大小，病状相似"，《三农记·卷八》说"人疫染人，畜疫染畜，染其形相似者，豕疫可传牛，牛疫可传豕……"

（3）从外部侵入，有一定的季节性　　疫疠主要经空气、口鼻等途径传入，也可由蚊虫叮咬或垂直传播而感染。疫疠流行有一定的季节性，称为"时疫"。如《吕氏春秋·季春纪》说"季春行夏令，则民多疾疫"，《周礼·天官·冢宰》记载"疾医掌养万民之疾病，四时皆有疠疾"。如动物的流感多发于秋末，猪乙型脑炎多发于夏季蚊虫肆虐的季节。

3. 疫疠的流行条件

（1）气候反常　　疫疠的发生与流行和自然界或气候的严重反常有关，如非时寒暑、久旱、洪水、酷热、地震、湿雾、瘴气等，均可导致疫疠的流行。如《元亨疗马集·论马划鼻》说"炎暑熏蒸，疫症大作……"。

（2）环境卫生不良　　如未能及时妥善处理因疫疠而死亡的动物尸体或其分泌物、排泄物，会导致疫疠进一步传播。这一点古人已有相当的认识，如宋代《陈敷农书·医之时宜篇》说"已死之肉，经过村里，其气尚能相染也"。

（3）社会因素　　社会因素对疫疠的发生和流行有一定的影响。如战乱和灾荒，社会动荡，人们的生活环境恶劣，卫生防疫条件落后等，使疫病易于发生和流行。社会安定，卫生防疫工作得力，就能有效控制疫疠的发生和流行。

4. 疫疬的预防措施

（1）**加强饲养管理，预防性给药保健** 平时应加强饲养管理，提高动物的抗病力。在疫疬流行之前，预防性给药，以降低发病率。如《三农记》说"倘逢天时行灾，重加利剂，宜避疫之药常熏栏中"。

（2）**搞好环境卫生，隔离病畜** 平时做好环境卫生，断绝传播途径。一旦发病，立即隔离患病动物，妥善处理患病动物的分泌物、排泄物和尸体，彻底消毒。如《陈敷农书·医之时宜篇》所说"欲病之不相染，勿令与不病者相近"。

（3）**预防接种** 预防接种是预防疫疬发生的有效措施。古代已有认识，如《肘后备急方》记载疗猘犬咬人方，"杀所咬犬，取脑付之，后不复发"。

二、内伤致病因素

内伤致病因素主要包括饥、饱、劳、逸、七情等方面，主要由于饲养管理不当引起。内伤既可直接引起发病，也可使动物的抗病能力下降，为外感病因创造条件。

（一）饥伤

饥伤指饮食不足或营养缺乏。《安骥集·八邪论》说："饥谓水草不足也，故脂伤也。"饥既指草料数量不足，采食量不足，还包含草料质量不佳，饲料品种单一或搭配不合理，营养配方不全面，不能满足动物生长发育的需要。水谷是动物气血生化的源泉。如果饮食不足，营养不全面或某些营养要素缺乏，就会造成动物气血生化无源，气血亏虚，临床表现为生长弛缓、发育不良、身体瘦弱、被毛粗乱、倦怠乏力、生产性能低下，也会使得机体抗病能力低下。

（二）饱伤

饱伤指饮喂太过或营养过剩。既包括草料过多、采食量过多，还包括草料质量过好、某些营养要素过剩。脾胃主司饮食水谷运化，如果饮喂太过或乘饥渴暴饮暴食，超出了胃肠的受纳、运化的限度，就会造成胃肠的损伤，出现肷腹臌胀、嗳气酸臭、气促气喘等症状。如大肚结（胃扩张）、肚胀（肠臌胀）、瘤胃积食、瘤胃臌胀等。《素问·痹论》说："饮食自倍，肠胃乃伤。"《安骥集·八邪论》也说："水草倍，则胃肠伤。"日粮质量过好或某些营养要素过剩，可加重代谢负担，引起中毒与营养代谢病，也会影响到某些营养物质的吸收。

（三）劳伤

劳伤即过劳，指动物过度使役或过度利用。过度使役，指役用家畜长期频繁使役或突然重役（劳力过度），可耗伤气血，引起急性运动系统功能障碍（如奔走太急，失于牵遛，可引起走伤、败血凝蹄）；或慢性全身功能障碍（积劳成疾，出现精神短少，力衰筋乏，四肢倦怠等症状）。过度利用，指种畜配种过度或生产过频（中医称为房劳过度），也会造成动物食欲不振、四肢乏力、消瘦，甚至滑精、阳痿、早泄、不育、不孕等证。正如《素问·痹论》说"劳则气耗"，《安骥集·八邪论》也说"役伤肝。役，行役也，久则伤筋，肝主筋"。

（四）逸伤

逸，即安逸，是动物过度清闲或运动不足。合理的使役与运动是保证动物健康的必要条件，尤其对于种畜、妊娠母畜和大家畜来说，更是必须保证适当的运动量。若过度清闲或久不运动,会使机体气血蓄滞不行,或影响脾胃的运化功能,出现食欲不振、腰肢软弱、抗病力降低等逸伤之证。平时过于清闲的动物,突然使役或运动,还容易引发心肺功能失调;种公畜缺乏运动,可造成过度肥胖、睾丸脂肪化、不育,或者精子活力不足;母畜运动不足,会因过于肥胖而配种困难、不孕;妊娠母畜运动不足,容易造成难产、胎衣不下等;奶牛、肉牛等大家畜缺乏运动,可引起腰膝软弱,易患蹄病,或生产性能下降。

(五) 七情

七情,指喜、怒、忧、思、悲、恐、惊七种情志变化。原指人体对外界事物的情志反映,一般不会引起发病。但在突然、强烈或长期性的情志刺激下,超过了人体的调节能力时,会使脏腑气血功能紊乱,导致多种疾病的发生。因此,七情是人的主要内伤性致病因素。

传统兽医学一直忽略七情对动物的影响,可能认为动物不如人的情志丰富。近年来,人们注意到,许多动物,尤其是犬、猫等宠物也有丰富的情志变化,如离群、失仔、打斗、过度惊吓、环境或主人变化、遭受主人打骂或呵斥时,也会出现激烈的情绪变化,从而引发疾病。因此,动物的七情应引起兽医工作者的重视。

七情致病主要表现在两个方面。

1. 损伤脏腑 按照五行归类,五志与脏腑密切相关,如《素问·阴阳应象大论》说"肝在志为怒"、"心在志为喜"、"脾在志为思"、"肺在志为忧"、"肾在志为恐"。因此,七情太过可直接损伤相关脏腑。《素问·阴阳应象大论》概括为"怒伤肝"、"喜伤心"、"思伤脾"、"忧伤肺"、"恐伤肾"。

怒伤肝:指过度愤怒,使肝气上逆,引起肝阳上亢或肝火上炎、肝血被耗的病证。

喜伤心:指过度欢喜,会使心气涣散,出现神不守舍的病证。

思伤脾:指思虑过度,会使气机郁结,导致脾失健运的病证。

忧伤肺:指过度忧伤,会耗伤肺气,出现肺气虚弱的病证。

恐伤肾:指恐惧过度,会耗伤肾的精气,出现肾虚不固的病证。

虽然情志所伤对脏腑有一定的选择性,但临床上并非绝对如此。因为机体是一个有机的整体,各脏腑之间是相互联系的。

2. 紊乱气机 七情致病,可以通过影响脏腑气机,导致气血运行紊乱而引发疾病。《素问·举痛论》概括为"喜则气缓"、"怒则气上"、"思则气结"、"悲则气消"、"恐则气下"、"惊则气乱"。

喜则气缓:指过度欢喜可使心气涣散,出现神不守舍甚至神志错乱等症状,严重者还可危及生命,称为"喜中"。

怒则气上:指过度愤怒会影响肝的疏泄功能,导致肝气上逆,血随气逆,出现目赤红肿、呕血,甚至昏厥等证。动物多发生在激烈争斗之后。

思则气结:指过度忧愁、思虑可使脾气郁结,出现食欲不振甚至废绝、腹胀、腹泻等症状。常见于动物离群、失仔、环境变迁、主人变化等情况下。

悲则气消:指过度悲伤可使肺气耗散,出现气短、精神委靡、四肢乏力等症状。

恐则气下:指过度恐惧会使肾气不固,气泄于下,出现大小便失禁、遗精滑泄,甚至昏厥等症状。

惊则气乱:指突然受惊,损伤心气,致使心气紊乱,出现心悸、惊恐不安等症状。

此外,病畜情志的过度变化,会使原有的病情加重,加速恶化,甚至导致死亡。

三、其他致病因素

其他致病因素主要包括外伤、寄生虫、中毒、痰饮和瘀血等。

(一) 外伤

常见的外伤有创伤、挫伤、烫伤、烧伤以及虫兽伤等。创伤是由锋利的刀刃切割、尖锐物体刺破、子弹或弹片损伤所致。挫伤常常是没有伤口的损伤,主要是因为踩踏、踢打、跌扑、撞击、角斗等钝性外力造成。创伤和挫伤均可引起不同程度的出血、瘀血、肿胀,甚至骨折、脱臼、筋腱损伤。严重者可伤及内脏、头部及身体的大血管,出现大失血、昏迷,甚至死亡。若继发感染,还可出现发热、局部化脓、溃烂,甚至坏死。

烫伤和烧伤可造成皮肤、肌肉的损伤或焦灼,引起疼痛、肿胀,严重者引起昏迷甚至死亡。虫兽伤指虫兽咬伤或螫伤,如狂犬咬伤,毒蛇咬伤,蜂、虻、蝎子的咬螫等。除损伤肌肤外,还可引起中毒或传染病,如蛇毒中毒、蜂毒中毒、感染狂犬病等。

(二) 寄生虫

寄生虫包括内、外寄生虫。外寄生虫包括虱、螨、蜱等,寄生于动物体表,常引起皮肤瘙痒、脱毛、结痂,甚至感染溃烂,动物骚动不安,揩树擦桩。还由于寄生虫吸食动物营养,引起动物消瘦、虚弱。内寄生虫主要有寄生在消化道内的蛔虫、绦虫、蛲虫等,寄生在血液里的血吸虫,寄生在肝胆里的肝片吸虫等。它们不仅夺取机体营养、引起动物消瘦,也可损伤组织器官,有些寄生虫排出的毒素和代谢产物可引起其他疾病。有时因大量虫体缠绕成团而导致肠梗阻或胆管阻塞。

(三) 中毒

中毒是有毒物质进入动物体内引起脏腑功能失调及组织损伤。常见毒物包括夹竹桃、毒芹、节节草、闹羊花、青杠叶、高粱或玉米幼苗等有毒植物;菜籽饼、棉籽饼、酒糟、尿素等有毒饲料;黑斑病红薯、霉稻草、霉玉米、霉花生饼等腐烂、霉败草料;杀虫、灭鼠、灭蚊等农药等。此外,饲料加工、药物或饲料添加剂用量不当,也可引起中毒。

(四) 痰饮

痰饮是机体脏腑功能失调、津液凝聚而成的水湿。其中,黏浊而稠者为痰,清稀如水者为饮。痰和饮本是体内的两种代谢产物,但往往又可成为新的致病因素。

痰饮分为有形痰饮和无形痰饮。无形之痰仅有痰饮的症状,并无可见的痰饮产物,但按痰饮论治可收到明显效果,是对临床症状和体征的本质概括,包含有病理的概念。如痰滞经络引起的肢体麻木、痰迷心窍引起的神昏不清等。

1. 痰　　指由呼吸道分泌、排出体外的痰液,还包括瘰疬、痰核以及停留在脏腑经络组织中的痰。痰的产生,主要由于脾、肺、肾的水液代谢功能失常,不能运化和输布水液所致。脾运化功能失常,水湿内停,则凝聚成痰;肺失肃降,津液不化,也可凝聚成痰,故有"脾为生痰之源"、"肺为贮痰之器"之说。肾阳不足,开阖不利,水湿上泛,亦可聚而为痰。其他如邪热内郁化火,煎熬津液成痰。此外,痰常与六淫兼夹致病,如寒痰、热痰、湿痰、风痰、燥痰等。

痰邪所致的病证非常广泛,故有"痰生百病"、"百病多由痰作祟"的说法。痰滞于肺,则咳嗽气喘；痰滞脾胃，则痰涎壅盛、痞满、便秘(痰秘)；痰迷心窍，则神志失常或昏迷倒地；痰溢筋肉，则深部肿块、窦道流脓；痰阻关节，关节肿痛畸形(流痰)；痰窜经络，可致瘰疬、瘿瘤、痰核、肢体麻木或半身不遂。

2. 饮 饮的形成，主要由于脾、肾阳虚，复加外感寒湿，水液不得布化所致。饮邪停聚于不同部位，有不同的表现。饮停于肺，则咳嗽气喘(肺水肿)；饮聚胸中，则胸水(悬饮)；饮停胃肠，则鼻回粪水(胃扩张、胃肠积水)；饮溢腹腔，则腹水(溢饮)；饮溢肌肤，则浮肿、水肿。

(五)瘀血

瘀血是指全身血液运行不畅、局部血液停滞或存在离经之血。瘀血是体内的病理性产物，形成后又可成为新的致病因素。瘀血也分有形和无形。无形瘀血，仅见瘀血的症状，并无可见病理产物，也是对临床症状和体征的本质概括。

1. 瘀血的成因 主要有与气虚、气滞、寒盛、热盛、外伤及出血等有关。气虚，则血行无力，或不能摄血，血离经脉；气滞，则血行不畅，离经之血消散缓慢；寒盛，则凝滞收引、血脉卷曲、血行缓慢；热盛，则灼伤脉络、迫血妄行、出血，或血热互结、血液黏稠、运行不畅；或血败肉腐、积于局部；外伤，则损伤血脉，引起出血；出血，由于血溢局部，压迫血脉，再致瘀血。

2. 瘀血的证候特点 瘀血因瘀阻的部位不同而有不同的证候。如瘀阻于心，可见心痛，胸闷，气短，口唇青紫；瘀阻于肺，可见胸痛，咳喘，咯血；瘀阻胃肠，可见呕血，大便色黑如漆；瘀阻于肝，可见胁痛痞块，腹胀；瘀阻于肢体肌肤，可见局部肿痛，青紫。瘀血病证的共同特点是疼痛剧烈，如锥如刺；局部肿块，固定不移；发绀，瘀斑瘀点，出血；肌肤甲错，毛发不荣；舌质紫暗，脉象沉涩等。

第二节 病 机

病机是研究疾病发生、发展与转归的机制。中兽医学认为，疾病是致病因素(邪气)与机体的抗病力(正气)相互斗争，发生邪正消长、阴阳失调和升降失常的结果。因此，虽然疾病的发生、发展错综复杂，千变万化，但就其病机过程来讲，总不外乎邪正消长、阴阳失调、升降失常三个方面。至于这些病理变化过程中出现的脏腑、气血津液、经络等方面的变化，将分别在有关章节叙述。

一、邪正消长

邪正消长，是指在疾病的发生、发展过程中，致病的邪气与机体的正气之间相互斗争而发生的盛衰变化。一般来说，病邪侵犯机体后，正气和邪气即相互发生作用。一方面，邪气对机体的正气起着破坏及损害的作用；另一方面，正气对邪气起着祛除并修复其损害的作用。因此，邪正双方的力量比较，决定着疾病的发生、发展及转归。

1. 邪正消长与疾病的发生 邪正消长首先决定着疾病是否发生。如果正气旺盛，抗邪有力，或邪气较弱，正能胜邪，一般不会发病，即使发病也较轻微。反之，如果邪气亢盛，损害了机体正气；或正气虚衰，难以抵抗外邪，就会发生疾病，且病情较重。正如《素问遗篇·刺法论》和《素问·评热病论》说"正气存内，邪不可干"，"邪之所凑，其气必虚"。

2. 邪正消长与证候的虚实 邪正消长不但决定着疾病的发生，而且决定着疾病证候的虚实。如果邪气亢盛，正气不甚虚，正邪相争有力，机体虽不能免于发病，但所发之病多实证；

如果机体体质素虚，正气衰弱，抗病无力，则易于发病，且所发之病多为虚证。正如《素问·通评虚实论》说"邪气盛则实，精气夺则虚"。

3. 邪正消长与疾病的发展和转归　　邪正消长变化也影响疾病的发展和转归。若正气旺盛、足以抗邪，或因及时治疗，正气逐渐恢复，从而抑制了病邪的发展，则为正胜邪退，疾病趋于好转或痊愈；若正邪双方势均力敌，则为正邪相持，疾病处于迁延状态；如果正气不足、抗御邪气的能力低下，或因邪气过强、机体的抗御能力不足以制止邪气的侵入和发展，或由于贻误治疗，正气尚未恢复，邪气日益滋长，则为邪胜正衰，疾病趋于恶化甚至死亡。

二、阴阳失调

动物机体内部存在着阴阳两方面，阴阳双方既相互对立制约，又互根互用，保持着不断消长变化的相对平衡状态，维系着机体的正常生命活动。因此，阴阳是否平衡决定着疾病的发生、发展和转归。如果阴阳的平衡状态遭到破坏，导致机体阴阳失调，就会引起疾病。

阴阳的变化不仅决定着疾病是否发生，而且决定着疾病证候的虚实和寒热。中兽医学认为，疾病是阴阳失调、发生偏盛或偏衰所致。

1. 阴阳偏盛　　指邪气引起阳气或阴精有余的病变，多为实证。阴偏盛时，多为寒证；阳偏盛时，多为热证。正如《素问·阴阳应象大论》说"阳胜则热，阴胜则寒"。阴偏盛时，必然耗伤阳气；而阳偏盛时，必然损伤阴液，故有"阴胜则阳病"、"阳胜则阴病"之说。

2. 阴阳偏衰　　指邪气引起阳气或阴精亏虚所致的病变，多为虚证。阴偏衰时，多为虚热证；阳偏衰时，多为虚寒证。故有"阴虚则内热，阳虚则外寒"之说。同样，也有阴阳虚损相及的情况，最后导致阴阳两虚。此外，由于阴阳之间还存在着互根作用，阴损及阳，阳损及阴，最终可导致阴阳俱损。

3. 阴阳的转化　　在疾病的发展过程中，阴阳处于不断变化之中，其病性在一定的条件下可以向相反方向转化，即出现由阴转阳或由阳转阴的变化，即由寒证转化为热证，或由热证转化为寒证。此外，若阳气极度虚弱，阳不制阴，偏盛之阴盘踞于内，逼迫衰极之阳浮越于外，可出现阴阳不相维系的阴盛格阳之证；若邪热极盛，阳气被郁，深伏于里，不能外达四肢，也可发生格阴于外的阳盛格阴之证。严重者，可以导致亡阴、亡阳的病变。

阴阳的变化决定着疾病的转归。经过治疗，若阴阳逐渐恢复到相对平衡状态，则疾病趋于好转或痊愈；否则，机体阴阳不但没有趋向平衡，反而愈加严重，则疾病趋于恶化，甚至阴阳离决而死亡。

三、升降失常

气的升降出入是动物体气化功能的基本运动形式，是脏腑功能活动的特点。正常情况下，动物机体各脏腑的气化功能都有着一定的形式。如脾主升清，胃主通降，肝主疏泄升发，肺主宣发肃降，心火下降，肾阳蒸腾，肺主吸气、肾主纳气。气的升降出入，虽是机体各脏腑组织的综合作用，但脾胃的升降对整体气机至关重要。因为在五脏之中，心肺在上，上者宜降；肝肾在下，下者宜升；脾胃位居中焦，通连上下，为升降之枢纽。脾胃的运化受纳、升降功能正常，出入有序，则能维持升清降浊、营养全身和排泄糟粕的功能，使五脏六腑的生理功能得以发挥。

升降失常，是指邪气引起脏腑、经络、营气、卫气等气机升降形式紊乱的病理过程。归纳为升降太过、不及、反作三方面。

1. 升降太过　　即功能亢进，多为实证。如肝主升发，若升发太过，肝气太盛（习惯称肝气上逆），则出现暴躁易怒、吐血、衄血（血随气逆）等症状。肾水上升以资心阴，若上升太过，则水气凌心，引起胸水。心火下降以温肾阳，若下降太过，则移热小肠，引起尿淋涩痛。

2. 升降不及　　即功能不足，多为虚证。临床上最多见。如脾主运化，若运化不及，则水湿停聚，引起痰饮、腹胀、便溏等症状。肺主宣降，若宣发不及，则胸闷、咳喘；若肃降不及，则痰阻咳喘。肾主纳气，若纳气不及，则喘息、气短。肝主疏泄，若疏泄不及，则气机不畅，引起神昏症状；若肃降不及，则三焦不利，水液升降失常，引起水肿。

3. 升降反作　　即功能紊乱。病证有虚有实。如脾气主升，若不升反降，则中气下陷，引起泄泻、垂脱之证。胃气主降，若不降反升，则胃气上逆，引起呕吐、反胃等症状。心火下降，若不降反升，则心火上炎，引起口舌生疮等症状。

第二篇 中药与方剂

第六章　中药方剂概论

　　本章介绍了中药和方剂的基本知识，内容包括药材的采收及加工贮藏，中药炮制，中药性能，配伍禁忌，方剂的组成和变化，剂型、剂量和用法。要求学生了解中药、方剂、炮制、升降浮沉、归经、配伍禁忌、毒性、剂型、剂量的概念，药材采收、产地加工和中药炮制的方法；理解药材采收的时机，贮存要求，中药炮制的原理，四气五味、升降浮沉的相互关系，确定药物剂量的原则；掌握四气五味的作用和主治，配伍七情的内容和应用，十八反、十九畏、妊娠禁忌的药物，组方原则和加减变化，不同动物用药剂量的比例，给药的注意事项。重点掌握四气五味，升降浮沉，归经，毒性，七情，十八反，十九畏，妊娠禁忌，方剂的组成原则和加减化裁。

　　兽用中药，是指在中兽医学理论指导下，用于防治动物疾病或改善动物生产性能的药物。中药主要来源于植物、动物和矿物。在临床上，中药必须制成合适的方剂才能应用。方剂，是由单味或若干味药物按一定配伍原则和调剂方法制成的药剂。中药与方剂是中兽医防治动物疾病的主要材料，因此成为中兽医学的重要组成部分。

第一节　药材采收及加工贮藏

　　中药的来源，以前主要靠采集野生植物或动物药材，随着中药材需求量的日益增加和中药现代化的发展，许多药材已开展人工种养。药材的质量与生态环境、生长阶段、加工、贮藏密切相关，如著名的品种常带有地域特点，称为道地药材。因此，了解药材的采收、加工和贮藏知识具有重要意义。

一、药材采收

　　药材采收是指对植物、动物和矿物的药用部分进行采摘、挖掘和收集。采收的基本原则是选择药效最佳、易于识别或捕捉的时机，并有利于加工、贮藏和资源保护。因此，必须了解药用动植物的形态特征、生长环境和生长规律，并采用合适的采收方法。

　　（一）植物药的采收

　　植物药的采收主要根据药用部位选择合适的采收季节，俗话说"三月茵陈五月蒿，六月以后当柴烧"，就是指采收季节对药材品质的影响。常用的有采挖、收割、采摘、捡拾、击落、剥皮等。

　　1. 根和根茎类　　多在初春叶未长出时或秋末叶落时采集。此时有效成分含量高，且易于辨认。但也有例外，如半夏宜在谷雨和立夏之间采集。采挖时尽量将根全部挖出，以保证药材外观，如山参。

　　2. 树皮和根皮类　　多在春夏之交剥皮。此时有效成分含量高，且皮易于剥离，植物代谢旺盛，伤口容易愈合。如杜仲、厚朴等。

　　3. 叶类　　多在生长茂盛时或刚开花时采收。此时有效成分含量高，且产量高。如大青叶、苏叶。但也有一些例外，如桑叶应在霜冻枯萎后收摘，故又称为霜桑叶。

4. 花类 多于含苞待放之时或刚开放时采集。过早过迟均影响品质和产量。如金银花、辛夷花在含苞待放时采集,月季花、菊花在刚开花时采集,红花在花冠由黄变红时采集。

5. 果实种子类 多于果实成熟后采集。如莲子、枸杞、柏子仁、车前子等。也有一些是用未成熟果实的,如青皮、乌梅、枳实等。

6. 全草类 多在生长茂盛时或刚开花时采收。此时有效成分含量和产量均较高。如车前草、鱼腥草。但也有一些例外,如茵陈应在嫩苗时采收。茎较粗或较高的割取地上部分,细小植物可连根拔起。

7. 菌、藻、孢粉类 采收时机不一,如麦角在寄主(黑麦等)收割前采收,生物碱含量较高;茯苓在立秋后采收质量较好;银耳在子实体长成时采收;海金沙在孢子成熟时采收。

8. 分泌物类 一般在分泌物形成后采收,如桃胶在雨后采收。

（二）动物药、矿物药的采收

1. 动物药 不同品种的动物药材,采集时间差异较大,须根据动物的发育阶段而定。如桑螵蛸以卵鞘入药,应在三月采集,过时则虫卵孵化为成虫;以成虫入药的宜在活动期捕捉;有翅昆虫在清晨露水未干时便于捕捉;鹿茸宜在清明后适时采收,过时则角化;驴皮应在冬至后剥取,此时皮厚质佳。脏器、骨角类可随时采收。

2. 矿物药 不受季节限制,可随时采收,或结合开矿进行。如石膏、朱砂、芒硝等。

二、产地加工

产地加工是指药材采收后在产地进行简单处理。采收的药材,除极少数鲜用外,均需进行产地加工。产地加工的意义在于,有利于形成规格,保存有效成分,便于贮藏、运输和炮制。产地加工的常用方法有以下几种。

1. 除杂 主要是除去非药用部分、杂质和泥沙等,如除去根类药材上的泥土、须根、残留茎基等。除杂的方法有拣、洗、刷、淘、刮、擦、剪、削、簸、筛、风扬、去心等。

2. 修切定形 主要是将药材加工成一定的规格形状。方法有切开、压制、卷曲、理直、扎捆等。

3. 干燥 主要是降低中药材中的水分含量,防止在贮藏过程中发霉、变质、生虫等。常用的方法有晒干、阴干和烘干法。

（1）晒干 将药材直接在阳光下曝晒,使中药干燥。可摊放在地上或竹筛、竹席上,或搭挂在绳索上。适用于有效成分不挥发的药材,如白术、黄芪等。

（2）阴干 将药材置于通风室内或屋檐下等阴凉处,使水分慢慢散发而干燥。适用于含挥发性有效成分的叶类、花类和全草类药材,如薄荷、藿香等。

（3）烘干 利用人工加温、促进水分蒸发的干燥方法,常用烘房和烘箱烘干。烘干的温度因其有效成分的种类而异,如含苷类和生物碱类药材$50\sim60℃$为宜,含维生素C的多汁果实宜$70\sim90℃$迅速干燥,含挥发油的不宜超过$35℃$,以酶为有效成分的不得超过$50℃$。

三、贮　藏

中药的贮藏是将经产地加工后的药材放于仓库内存放。在贮藏过程中,重点防止虫蛀、霉烂、变色、变味、泛油等现象。主要注意以下几点:第一,保持干燥。因为没有水分,许多化学变化就不易发生,微生物也不易生长。第二,保持凉爽。因为低温不仅可以防止药材有效成分变化或散失,还可以防止菌类孢子和虫卵的生长繁殖。一般来说,温度低于10℃时,真菌和虫卵就不易生长。第三,注意避光。凡易受光线作用而引起变化的药物,应贮藏在暗处或陶瓷容器或有色玻璃瓶中。第四,防止氧化变质。易氧化变质的药材,应存放在密闭的容器中。第五,剧毒药材,应贴上"剧毒药"标签,按国家规定,设置专人、专处妥善保管。

第二节 中药炮制

炮制,又称"炮炙"、"修事"、"修治",是指药物在应用前或制成各种剂型前,根据用药需要、药物的性质、调制和制剂的要求,而进行必要的加工处理过程。中药材大都是生药,其中有些具有毒性或烈性而不能直接应用,有些因易变质而不利于贮存,有些必须经过特定的方法处理,才能充分发挥药效。因此,中药炮制对保障药效、用药安全、便于制剂和调剂都有十分重要的意义。中药必须经过炮制之后才能应用,这是中兽医用药的一个特点。经炮制后的药物,习惯上称为饮片。

一、炮制目的

中药炮制的目的大致可以归纳为以下几个方面。

1. 纯净药材和分级 药材虽然经过产地加工,仍附有泥沙及非药用部分,必须经过挑拣修治,清洁处理,才能使药物纯净。如挑出石膏中的沙石,去掉防风的芦头,刮净黄柏的粗皮等。有些药物,可通过挑拣分级,如人参、三七等。

2. 便于制剂和贮藏 植物类药材,经过软化后,便于切片、切段;矿物类药物,质地坚硬,经煅、淬后,使之酥脆,易于粉碎。切片、粉碎后,既方便于制剂和贮藏,又有利于有效成分的煎出。一些药物经炮制便于贮藏,如酒制、醋制有杀菌作用,能增强药物自身的防腐作用。

3. 降低毒副作用和异味 一些毒副作用较强的药物经过加工炮制后,可以明显降低药物毒副作用,如乌头生用有剧毒,经甘草或黑豆煮制或蒸制后毒性降低,巴豆压油取霜,醋煮甘遂、大戟,酒炒常山,姜矾水制南星、半夏等,均能降低毒副作用。一些有特殊腥臭味的药物,经过炮制后,有矫味和矫臭的作用,如酒制乌梢蛇、醋炒五灵脂、麸炒白僵蚕、水漂海藻等。

4. 增强药物功能和归经 如延胡索醋制以后能增强活血止痛功效,麻黄、紫菀、款冬花蜜制增强润肺止咳作用,红花酒制后活血作用增强,淫羊藿用羊脂炒后能增强补肾助阳作用。知母、黄柏、杜仲经盐炒后,可增强入肾经的作用;柴胡、香附、青皮经醋炒后,增强入肝经的作用。

5. 改变药物性能 大黄生用泻下,炒炭后止泻;生地黄清热凉血,酒制后滋阴补血;生首乌通便、解疮毒,经黑豆汁蒸制后补肝肾、益精血;天南星经姜矾制后称制南星,功能为燥湿化痰、祛风解痉,药性辛温燥烈,而经牛胆汁制后称胆南星,变为药性凉润、清化热痰、熄风定惊之品;柴胡生用疏散退热,鳖血炒柴胡则可凉血除蒸。

二、炮制方法

炮制方法是历代逐步发展和充实起来的。参照前人的记载,根据现代实际炮制经验,炮制方法一般来讲可以分为以下五类。

（一）修制

修治包括纯净、粉碎、切制药材三道工序，为进一步的加工贮存、调剂、制剂和临床用药做好准备。

1. 净制　　通过挑、筛、簸、刷、刮、挖、撞等方法，去掉泥土、杂质及非药用部分。如拣去辛夷花的枝、叶，筛选王不留行及车前子，簸去薏苡仁的杂质，刷除枇杷叶、石韦叶背面的绒毛，刮去厚朴、肉桂的粗皮，撞去白蒺藜的硬刺等。

2. 粉碎　　通过捣、碾、研、磨、镑、锉等方法，使药材达到一定粉碎度，便于制剂和应用。如捣碎贝母、砂仁、郁李仁等便于煎煮，琥珀研末便于吞服；将犀角、羚羊角等用镑刀或木刨镑刨成薄片或挫成粉末，便于制剂或服用。

3. 切制　　通过切、铡的方法将药切成一定规格的片、段、丝、块等，便于干燥、贮藏、其他法炮制、调剂时称量、制剂，也使药物有效成分易于溶出。不同药材的切制有规格要求。如槟榔宜切薄片，白术宜切厚片，甘草宜切圆片，肉桂宜切圆盘片，黄芪宜切斜片，麻黄、紫苏、白茅根宜切段，茯苓、葛根宜切块等。

（二）水制

用水或其他辅料处理药材的方法称为水制法。其目的主要是清洁药物、除去杂质、软化药物、便于切制、降低毒性及调整药性等。常见的方法有以下五种。

1. 漂洗　　是将药物置于清水中，经常换水，反复漂洗；或置于长流水中持续冲洗，以洗去药物中的毒性、盐味及腥味。如漂去天南星、半夏的毒性，漂去海藻、昆布的盐分，漂去紫河车的腥味等。

2. 浸泡　　将质地松软或经水泡易损失有效成分的药物，置于水中浸湿立即取出，称为"浸"，又称"沾水"；而将药物置于清水或辅料药液中一定时间，使水分渗入，称为"泡"。泡法除使药材软化，便于切制外，也可用以除去药物的毒性及非药用成分。如用白矾水泡半夏、天南星。操作时要根据浸泡的目的、季节、气温，掌握浸泡时间及搅拌和换水次数，以免药材腐烂变质。

3. 闷润　　是将药材渍湿后置于容器内或堆集于润药台上，以物遮盖，使水分徐徐渗入药材内部。根据药材的质地、加工时的气温、工具的不同，而采用淋润、洗润、泡润、浸润、晾润、盖润、伏润、露润、复润、双润等多种方法。如淋润荆芥、泡润槟榔、酒洗润当归、姜汁浸润厚朴，伏润天麻，盖润大黄等。

4. 喷洒　　对一些不宜用水浸泡，但又需潮湿者，可采用喷洒湿润的方法。而在炒制药物时，按不同要求，可喷洒清水、酒、醋、蜜水、姜汁等辅料药液。

5. 水飞　　是借药物在水中的沉降性质分取药材极细粉末的方法。将不溶于水的药材粉碎后置乳钵、碾槽、球磨机等容器内，加水共研，再加入多量的水搅拌，使细粉混悬于水中，倾出混悬液，下沉的粗粉再研，如此反复操作，直至研完为止。倾出的混悬液沉淀后，将水除净，干燥后即成极细粉末。此法所制粉末既细，又减少了研磨中粉末的飞扬损失。常用于矿物类、甲壳类药物的制粉，如水飞朱砂、炉甘石、滑石、蛤粉、雄黄等。

（三）火制

火制是将药物经火加热处理的方法。根据加热的温度、时间和方法的不同，可分为炒、炙、烫、煅、煨、烘、焙等。

1. 炒 将药物置锅中加热不断翻动,炒至一定程度取出。根据"火候"可分为三种。

(1) 炒黄 将药物炒至表面微黄或能嗅到药物的气味为度。如炒牛蒡子、炒苏子。

(2) 炒焦 将药物炒至表面焦黄,内部淡黄为度。如焦山渣、焦白术、焦麦芽等。

(3) 炒炭 将药物炒至外部枯黑,内部焦黄为度,即"存性"。如艾叶炭、地榆炭、姜炭等。药材炒制后要洒水,以免复燃。

炒黄、炒焦使药材宜于粉碎加工,并缓和药性。种子类药材炒后煎煮则有效成分易于溶出。炒炭能增强药物的收敛止血、止泻作用,缓和药物的烈性或不良反应。

2. 炙 是将药物与液体辅料共置锅中加热拌炒,使辅料渗入药物组织内部或附着于药物表面,以改变药性、增强疗效或降低毒副作用的方法。常用的液体辅料有蜜、酒、醋、姜汁、盐水等。如蜜炙百部可增强润肺止咳作用;酒炙川芎可增强活血之功;醋炙芫花、甘遂、大戟可降低毒性;姜炙半夏可增强止呕作用;盐炙杜仲可引药入肾和增强补肾作用;酒炙常山可减弱催吐作用。

3. 烫 先在锅内加热辅料(如砂、滑石粉、蛤粉等)达150~300℃,然后投入药物共同拌炒,使药物受热均匀,膨胀松脆,不能焦枯,烫毕筛去中间物体。如滑石粉烫刺猬皮,砂烫穿山甲,蛤粉烫阿胶等。

4. 煅 将药物用猛火直接或间接煅烧,使质地松脆、易于粉碎,便于有效成分的煎出。坚硬的矿物药或贝壳类药多直接煅烧,至透红为度,如紫石英、龙骨、牡蛎。间接煅是将药物置于耐火容器中密闭煅烧,至容器底部红透为度,如棕榈炭、血余炭等。

5. 煨 是将药物用面糊或湿纸包裹,置于热火灰中加热,或用吸油纸将药物隔层分开进行加热的方法。煨后可除去药物中的部分挥发性及刺激性成分,以缓和药性,降低不良反应。如煨肉豆蔻、煨木香、煨生姜等。

6. 烘焙 将药物用文火间接或直接加热,使之充分干燥,以便于粉碎和贮存的方法。烘,是将药物置于近火处或利用烘箱、干燥室等设备使所含水分徐徐蒸发。焙,是将药物置于金属容器内或瓦片上,用文火较短时间加热,不断翻动,焙至药物颜色加深、质地酥脆为度。如焙地龙、水蛭、土鳖虫、蜈蚣等。烘焙法不同于清炒法,一定要用文火,并要勤加翻动,以免药物焦化。

(四) 水火共制

水火共制是将药物用水和火共同加热的方法,有些药物还必须加入其他辅料进行炮制。包括蒸、煮、炖、焯、淬等方法。

1. 煮 是将药物与水或辅料(固体辅料需先捣碎)置锅中同煮的方法。此法可降低药物的毒性、烈性,增强药物的疗效。煮法又分为不留残液煮法,如醋煮芫花至醋液吸尽为度;弃残液煮法,即将药物与辅料溶液共煮一定时间后捞出药物,弃除剩余液体,如姜矾煮半夏。

2. 蒸 是以水蒸气或附加成分将药物蒸熟的方法。分为清蒸与加辅料蒸两种方法。前者如清蒸玄参、桑螵蛸,后者如酒蒸山茱萸、大黄等。蒸制能改变或增强药物的功能,降低毒性。如黄精经蒸制后可增强其补脾益气、滋阴润肺之功,藤黄经蒸制后可降低毒性。

3. 炖 是蒸法的演变和发展,是将药物与液体辅料密闭于搪瓷或铜制容器中,置于水锅中炖一定时间。其优点是不使药效走失和辅料挥发,如酒炖地黄、黄精等。

4. 焯 是将药物快速放入沸水中短暂燎过,立即取出的方法。常用于种子类药物的去皮及肉质多汁类药物的干燥前处理。如焯杏仁、桃仁以去皮,焯马齿苋、天门冬以便于晒干。

5. 淬 将药物煅烧至红透,趁热迅速投入冷水、醋或其他液体辅料中,骤然冷却,使之松脆的方法。多用于质地坚硬、经过高温仍不能酥脆的矿物类、介壳类药物,如龟板、自然铜、代赭石等。淬法除使药物酥脆、易于粉碎、利于有效成分煎出外,还可改变药物的理化性质,增强疗效,减少不良反应,除去不纯成分等。

（五）其他制法

1. 制霜 包括去油制霜法（将药物经过去油后制成松散粉末,如巴豆霜、千金子霜）、渗出制霜法（多种成分药液渗出的结晶,如将皮硝纳入西瓜中渗出的结晶,即西瓜霜）、煎煮后成粉渣而成霜法（药物经煮提后剩下的残渣研细,如鹿角霜）。

2. 发酵 在一定条件（如温度、湿度等）下使药物发酵,从而改变原来药物的性质,可增强和胃消食的作用,如神曲、建曲、半夏曲等。

3. 精制 多为水溶性天然结晶药物,先经过水溶除去杂质,再经浓缩、静置后析出结晶即成。如由朴硝精制成芒硝、元明粉。

4. 药拌 药物中加入其他辅料拌染而成,如朱砂拌茯神、砂仁拌熟地。

第三节　中药性能

中药性能,是指药物与疗效有关的性味和效能。研究中药性能及其运用规律的理论,称为药性理论。中药防治疾病的基本作用不外是祛除病邪,消除病因,扶正固本,恢复或重建脏腑经络功能的协调,纠正阴阳偏盛偏衰的病理现象,使机体在最大程度上恢复到阴平阳秘的正常状态。中药之所以能够针对病情发挥上述基本作用,是由于不同中药各自所具有的若干特性和作用,前人称之为药物的偏性。以药治病,即是以药物的偏性纠正疾病所表现的阴阳盛衰。把中药治病的不同性质和作用加以概括,称为中药的性能,简称药性。主要有四气五味、升降浮沉、归经、毒性等。

一、四气五味

《神农本草经·序例》说:"药有酸、咸、甘、苦、辛五味,又有寒、热、温、凉四气。"即指出药有四气和五味,表示中药的药性和药味两方面。它对认识各种中药的共性和个性,以及临床用药,都有实际意义。

（一）四气

寒、凉、温、热四种不同的药性,称为四气,也称四性。其中寒凉与温热属于两类不同的性质；而寒与凉,温与热则性质相同,仅在程度上有所差异,凉次于寒,温次于热。此外,尚有一些药物的药性不甚显著,作用比较平缓,称为平性。实际上,它们或多或少偏于温性,或偏于凉性,属微温或微凉,并未越出四气范围,习惯上仍称四气。

药性的寒、凉、温、热,是古人根据药物作用于机体所发生的反应和对于疾病所产生的治疗效果而作出的概括性归纳,是与所治疾病的寒、热性质相对而言的。凡是能够治疗热性证候的药物,便认为是寒性或凉性；能够治疗寒性证候的药物,便认为是温性或热性。一般说来,寒性和凉性的中药属阴,具有清热、泻火、凉血、解毒、攻下等作用,如石膏、薄荷等；温性和热性的中药属阳,具有温里、祛寒、通络、助阳、补气、补血等作用,如干姜、肉桂等。

热证用寒凉药,寒证用温热药,这是中兽医治病用药的基本法则。如《素问·至真要大论》

说"寒者热之、热者寒之",《神农本草经·序例》说"疗寒以热药,疗热以寒药"。至于寒热夹杂的病证,则可将与病情相适应的热性药与寒性药适当配伍应用。

（二）五味

酸、苦、甘、辛、咸五种不同的药味,称为五味。有些中药具有淡味或涩味,所以实际上不止五种,但是习惯上仍然称为五味。前人在长期的临床用药实践中发现,药物的味和它的功用之间有一定联系,即不同味道的药物对疾病有不同的治疗作用,从而总结出了五味的用药理论。《素问·至真要大论》将五味的作用简要地归纳为"辛散、酸收、甘缓、苦坚、咸软"。后世医家又进一步发展为"辛能散行、甘能缓补、酸能收涩、苦能燥泻、咸能软下"。

1. 酸 有收敛、固涩等作用,多用于治疗虚汗、泄泻等证,如山茱萸、五味子涩精敛汗,五倍子涩肠止泻。

2. 苦 有泄降、燥湿、坚阴的作用。如大黄通泄,适用于热结便秘;杏仁降泄,适用于肺气上逆的喘咳;栀子清泄,适用于三焦热盛。燥湿则多用于湿证。湿证有寒湿、湿热之分。温性苦味药适用于寒湿,如苍术;寒性苦味药适用于湿热,如黄连。黄柏、知母坚阴,多用于肾阴虚亏、相火亢盛,具有泻火存阴的作用。

3. 甘 有补益、和中、缓急等作用。用于治疗虚证的滋补强壮药,如补气的党参、补血的熟地,缓和拘急疼痛或调和药性的甘草和大枣等,皆有甘味。

4. 辛 有发散、行气、行血等作用。如用于治疗表证的麻黄、薄荷,治疗气血阻滞的木香、红花等,都有辛味。

5. 咸 有软坚、散结、泻下等作用,多用于热结便秘、痰核、瘰疬、痞块等证。如泻下通便的芒硝,软坚散结的昆布、海藻等都有咸味。

6. 淡 有渗湿、利尿的作用,多用于治疗水肿、小便不利等证,如猪苓、茯苓等。

7. 涩 与酸味药作用相似,多用于治疗虚汗、泄泻、尿频、滑精、出血等证。如龙骨、牡蛎涩精,赤石脂涩肠止泻。

酸味药的作用与涩味药相似但不尽相同。如酸能生津,酸、甘化阴等皆是涩味药所不具备的作用。

药味的确定,最初是依据药物的真实滋味,由口尝而知。如黄连、黄柏之苦,甘草、枸杞之甘,桂枝、川芎之辛,乌梅、木瓜之酸,芒硝、食盐之咸等。后来由于将中药的滋味与作用相联系,并以药味来解释和归纳中药的作用,便逐渐地根据药物的作用确定其味。如凡有发表作用的中药,便认为有辛味;有补益作用的中药,便认为有甘味等。由此就出现了《本草纲目》所载中药的味,与实际味道不符合的情况。例如,葛根味辛、石膏味甘、玄参味咸等,均与口尝不符。所以药物的味,不能完全以舌感辨别,它也包括了药物作用的含义。

五味也可归属于阴和阳两大类,即辛、甘、淡味属阳,酸（涩）、苦、咸味属阴,具体见表6-1。

表6-1 五味属性和作用

属性	五味	作用	药物举例
阴	酸（涩）	收敛、固涩	乌梅、诃子等
	苦	清热、燥湿、泄降	黄连、黄柏等
	咸	泻下、软坚	芒硝、海藻等

续表

属性	五味	作用	药物举例
阳	辛	发散、行气、行血	防风、桂枝等
	甘	缓和、滋补	党参、甘草等
	淡	渗湿、利尿	茯苓、猪苓等

（三）四气和五味的相互关系

四气、五味是中药性能的主要标志，也是论述药性的主要依据。由于每一种药物都具有性和味，因此必须将二者综合起来。一般说来，药物的气、味相同，则常具有类似的作用；气、味完全不同，或气同味不同、味同气不同，则作用不同。如同为温性的药物，麻黄辛温发汗，大枣甘温补脾；杏仁苦温降气，乌梅酸温收敛，蛤蚧咸温补肾；同为辛味的药物，薄荷辛凉解表，石膏辛寒除热，砂仁辛温行气，附子辛热助阳。也有一药数味者，其作用范围相对较广，如当归辛甘温，可以补血活血，行气散寒；天冬甘苦大寒，既能补阴，又能清火。所以，不能把性和味孤立起来看。性与味显示了药物的部分性能，也显示出某些药物的共性。只有认识和掌握每一药物的全部性能，以及性味相同药物之间同中有异的特性，才能全面而准确地了解和使用药物。

二、升降浮沉

升降浮沉是指药物进入机体后的作用趋向，是与疾病表现的趋向相对而言的。升是上升，降是下降，浮是上行发散，沉是下行泄利的意思。升与浮、降与沉的趋向类似，只是程度上有所差别，故通常以"升浮"、"沉降"合称。

因为各种疾病在病机和证候上，常有向上（如呕吐、喘咳）、向下（如泻痢、脱肛）或向外（如自汗、盗汗）、向内（如表证未解）等病势趋向的不同，以及在上、在下、在表、在里等病位的差异。所以，能够针对病情，改善或消除这些病证的药物，相对说来也就分别具有升降浮沉的不同作用趋向。药物的这种性能，有助于调整紊乱的脏腑气机，使之归于平顺；或因势利导，祛邪外出。

升浮药主上行而向外，属阳，有升阳、发表、祛风、散寒、催吐、开窍等作用；沉降药主下行而向内，属阴，有潜阳、熄风、降逆、止吐、清热、渗湿、利尿、泻下、止咳、平喘等功效。此外，个别药物还存在着双向性，如麻黄既能发汗，又可平喘利水。凡病变部位在上、在表者，用药宜升浮不宜沉降，如外感风寒表证，当用麻黄、桂枝等升浮药来解表散寒；在下在里者，用药宜沉降不宜升浮，如肠燥便秘之里实证，当用大黄、芒硝等沉降药来泻下攻里。病势上逆者，宜降不宜升，如肝火上炎引起的两目红肿，羞明流泪，应选用石决明、龙胆等沉降药以清热泻火、平肝潜阳；病势下陷者，宜升不宜降，如久泻脱肛或子宫脱垂，当用黄芪、升麻等升浮药来益气升阳。一般说来，治病用药不得违反这一规律。

中药的升降浮沉与其性味、质地、炮制和配伍有密切关系。在性味方面，凡性属温、热、味属辛、甘的药物，多为升浮药；性属寒、凉，味属酸、涩、苦、咸的药物，多为沉降药。正如李时珍说"酸咸无升，辛甘无降，寒无浮，热无沉"。在质地方面，一般说来，花、叶及质地轻松的药物，大多升浮，如菊花、薄荷、升麻等；子、实、矿石及质地重坠的药物，大多沉降，如苏子、枳实、磁石等。不过也有例外的，如"诸花皆升，旋覆花独降"，"诸子皆降，牛蒡子独升"。

在炮制方面，生用主升，熟用主降，酒制能升，姜汁炒则散，醋炒则收敛，盐水炒则下行。如李时珍云"升者引之以咸寒,则沉而直达下焦,沉者引之以酒,则浮而上至巅顶"。在配伍方面,如少量升浮药物在大队的沉降药物中,便随之下降;少量沉降药物在大队的升浮药物中也能随之上升。还有少数药物可以引导其他药物上升或下降,如张元素说"桔梗为舟楫之剂,能载药上浮";朱丹溪说"牛膝能引诸药下行"。所以,药物的升降浮沉不是一成不变的,故李时珍曰"升降在物,亦可在人"。

三、归　经

归经,指中药对机体某部分的选择作用,即主要对某一或某几经(络和脏腑)有相对较好的治疗作用,而对其他经的作用较小或没有作用。如同属寒性的药物,都具有清热作用,然黄连偏于清心热,黄芩偏于清肺热,龙胆偏于清肝热。再如,同是补养药,党参补脾,蛤蚧补肺,杜仲补肾。因此,将药物对机体各部分的治疗作用进行系统归纳,便形成了归经理论。

中药归经,是以脏腑、经络理论为基础,以所治具体病证为根据的。由于经络能够沟通畜体的内外表里,所以经络不仅能够反映病变,而且能够传递药物的作用。将药物的疗效与脏腑病证、经络联系起来,就可以说明药物的归经。如桔梗、杏仁能治咳嗽、气喘,则归肺经,朱砂能安神,则归心经,麦芽能消食,则归脾、胃经等。由此可见,药物的归经理论,具体指出了药物的作用部位,它是从客观疗效观察中总结出来的规律。至于一药有归数经者,即是其对数经的病证都有治疗作用。如杏仁归肺与大肠经,它既能平喘止咳,又能润肠通便;石膏归肺与胃经,能清肺火和胃火。

中药归经理论的应用,必须与四气五味、升降浮沉等理论联系起来。因为同一脏腑经络的病变,有寒、热、虚、实以及上逆、下陷等不同;同归一经的药物,其作用也有温、清、补、泻以及上升、下降的区别。因此,不可只考虑归经,而忽略四气五味、升降浮沉。譬如,同归肺经的中药,黄芩清肺热,干姜温肺寒,百合补肺虚,葶苈子泻肺实。在其他脏腑经络方面,亦是如此。

中药归经理论对于中药的临床应用具有重要的指导意义。一是根据发病的脏腑经络"按经选药",如肺热咳喘,应选用入肺经的黄芩、桑白皮;胃热,宜选用入胃经的石膏、黄连;肝热或肝火,当选用入肝经的龙胆、夏枯草;心火亢盛,应选用入心经的黄连、连翘。二是根据脏腑经络病变的相互影响和传变规律选择辅佐药,即选用归其他经的药物配合治疗。如肺气虚而见脾虚者,在选择入肺经的药物同时,配伍入脾经的补脾药物以补脾益肺(培土生金),使肺有所养而逐渐恢复;又如肝阳上亢而见肾水不足者,在选用入肝经药物的同时,配伍入肾经的滋补肾阴的药物以滋肾养肝(滋水涵木),使肝有所涵而虚阳自潜。

四、毒　性

中药的毒性,是指中药对畜体产生的毒害作用。中药的毒性与不良反应不同,前者对动物体的危害性较大,甚至可危及生命;后者是指在常用剂量时出现的与治疗需要无关的不适反应,一般比较轻微,对机体危害不大,停药后能消失。为了确保用药安全,必须认识中药的毒性,了解产生毒性的原因,掌握中药中毒的解救方法和预防措施。

毒的含义,古人有三种不同的观点。第一种观点认为,毒为一切药物的总称。如《周礼·天官》说"医师掌医之政令,聚毒药以供医事",《景岳全书》说"凡可辟邪安正者,皆可称为毒药"。意思是药即毒,毒即药。第二种观点认为,毒指药物的偏性。药物治病是利用其偏性来祛除病邪,协调脏腑功能,纠正阴阳盛衰。如《类经》说"药以治病,因毒为能,所谓毒者,以气味之有偏也……气味之偏者,药饵之属是也,所以去人之邪气","欲救其偏,则惟气味偏者能之,正者不及也"。第三种观点认为,毒指药物作用的强弱。分别用大毒、常毒、小毒、无毒来区分。如《素问·五常政大论》说:"大毒治病,十去其六;常毒治病,十去其七;小毒治病,十去其八;无毒治病,十去其九。谷肉果菜,食养尽之,无使过之,伤其正也。"除上述三方面含义外,毒还指中药的毒副作用。

现代中药学中所说的毒,一般仅指中药的毒副作用。在本草书籍中,常标明药物"小毒"、"有毒"、"大毒"、"剧毒"或"无毒",其含义如下。

无毒:指所标示的药物服用后一般无不良反应,使用安全。

小毒:指所标示的药物使用较安全,虽可出现一些不良反应,但一般不会导致严重后果。

有毒、大毒:指所标示药物容易使人畜中毒,用时必须谨慎。

剧毒:指所标示的药物毒性强烈,临床上多供外用,或极小量入丸散内服,并要严格掌握炮制、剂量、服法、宜忌等。

毒性反应是临床用药时应当尽量避免的。因为毒性反应的产生与中药贮存、加工炮制、配伍、剂型、给药途径、用量、使用时间的长短以及动物的体质、年龄、证候性质等都有密切关系,所以使用有毒药物时,应从上述各个环节进行控制,避免中毒发生。

有毒中药的偏性强,根据以偏纠偏、以毒攻毒的原则,可以进行利用。自古以来,人们在利用某些有毒中药治疗恶疮肿毒、疥癣、瘰疬、瘿瘤、癌肿、症瘕等方面,积累了大量经验,获得了肯定疗效。

值得注意的是,虽然古代文献中有关中药毒性的记载大多是正确的,但由于历史条件和个人经验与认识的局限性,其中也有一些错误之处。如《本经》认为丹砂无毒,且列于上品药之首;《本草纲目》认为马钱子无毒等。我们既要借鉴古代的用药经验,亦应借鉴现代药理学的研究成果,更应重视临床报道,以便更好地认识中药的毒性。

中药的四气五味、升降浮沉、归经理论、毒性等,虽然在指导临床用药时有一定的实际意义,但也有它的局限性,因此,在发掘祖国医学遗产时,既要重视前人的经验,又要结合现代科学进行研究,加以总结和提高。

第四节 配伍禁忌

由于动物疾病复杂多变,同一疾病又有主证和兼证之分,有时甚至数病相兼,所以治疗时往往用一味中药不能奏效,必须选用多味中药配合应用,以取得理想的疗效。根据病情的需要和药物的性能,按照一定的规则,把两种或两种以上的药物配合起来使用,称为配伍。配伍是中兽医用药的主要形式。然而,在配伍的时候,还要考虑哪些药物可以合用,哪些药物不能合用,禁用或忌用的配伍关系,称为禁忌。

一、配 伍

药物配伍后,可发生药理作用中的协同、抑制、对抗甚至产生毒性等变化,称为配伍效应,这种效应,有的对动物有益,有的则有害。传统中兽医学理论把这些效应概括为七种,称为配伍"七情"。具体内容如下。

1. 单行 就是单独使用一味中药来治疗疾病。适用于病情比较单纯的病证,如独参汤,单用一味人参治疗单纯的气虚证;清金散,单用一味黄芩治疗肺热咳嗽。

2. 相须 就是将性能功效相似的同类中药配合应用,以发挥协同作用,增强疗效。如麻黄与桂枝合用,能增强发汗解表的作用;天冬配麦冬,能增强滋阴作用;大黄配芒硝,能增强泻下通便之力。

3. 相使 就是将性能功效有某些共性的不同类中药配合应用,一味药为主,另一味药为辅,以提高主药的功效。如黄芪补气利水,茯苓利水健脾,配伍后茯苓能提高黄芪的补气利水作用。

4. 相畏 指一种药物的毒性或其他不良反应能被另一种药物所降低或消除。如生半夏、生南星的毒性能被生姜降低或消除,称为生半夏、生南星畏生姜。

5. 相杀 指一种药物能降低或消除另一种药物的毒性或不良反应。如绿豆能减轻巴豆的毒性,防风能解砒霜之毒,称为绿豆杀巴豆,防风杀砒霜。实际上,相畏和相杀是同一配伍效应的两种提法,即主动和被动的区别。

6. 相恶 指一种药物的功效能被另一种药物降低或消除。如黄芩能降低生姜的温散之力,莱菔子能削弱人参的补气作用,称为生姜恶黄芩,人参恶莱菔子。

7. 相反 指两种药物配合使用后,能产生毒性或其他不良反应。甘遂反甘草、乌头反半夏。

由上可见,七情变化,除单行外,无外乎协同和拮抗两个方面,各又包括疗效和毒性。其中,相须、相使是协同增效,要充分利用;相畏、相杀是拮抗减毒,在应用毒性较大药时必须考虑;相恶是拮抗减效,用药时应加以注意;相反是协同增毒作用,属于配伍禁忌,原则上应避免。正如李时珍在《本草纲目》中所说"独行者,单方不用辅也;相须者,同类不可离也;相使者,我之佐使也;相畏者,受彼之制也;相杀者,制彼之毒也;相恶者,夺我之能也;相反者,两不相合也。凡此七情,合而视之,当用相须相使者良,勿用相恶相反者;若有毒制宜,可用相畏相杀者,不尔不合用也"。

二、禁　　忌

禁忌是指在临证处方用药时,某些药物应当慎用或禁止使用,以保证安全。古人在长期的医疗实践中积累了许多有关配伍禁忌的经验,主要有"十八反"、"十九畏"和妊娠禁忌。

1. 十八反 根据文献记载,配伍后可能对动物产生毒害作用的药物有十八种,故称为"十八反",即乌头反白及、白蔹、半夏、瓜蒌、贝母,甘草反大戟、芫花、甘遂、海藻,藜芦反人参、沙参、丹参、玄参、细辛、芍药。

《元亨疗马集》中有十八反歌诀:"本草明言十八反,逐目从头说与君。人参芍药与沙参,细辛玄参及紫参,苦参丹参并前药,一见藜芦便杀人;白及白蔹并半夏,瓜蒌贝母五般真,莫见乌头怕乌喙,逢之一反疾如神;大戟芫花并海藻,甘遂以上反甘草,若还吐逆及翻肠,寻常犯之都不好。蜜蜡莫与葱相睹,石决明休见云母,藜芦莫使酒来浸,人若犯之都是死。"还有一个比较简单的歌诀:"本草言明十八反,半蒌贝蔹芨攻乌,藻戟遂芫俱战草,诸参辛芍叛藜芦。"

后来又发现,还有一些药物也不宜配伍,如太子参、西洋参、高丽参、白酒等均不宜与藜芦配伍,葱与蜂蜜、黄蜡不能配伍,云母与石决明不宜合用。

2. 十九畏 历来认为,有十九种药物配合使用时能使疗效降低或毒性增强,称为"十九畏"。即硫黄畏朴硝,水银畏砒霜,狼毒畏密陀僧,巴豆畏二丑,丁香畏郁金,牙硝畏荆三棱,人参畏五灵脂,官桂畏赤石脂,川乌、草乌畏犀角。

《元亨疗马集》中有十九畏歌诀:"硫黄原是火之精,朴硝一见便相争,水银莫与砒霜见,狼毒最怕密陀僧,巴豆性烈最为上,偏与牵牛不顺情,丁香莫与郁金见,牙硝难合荆三棱,川乌草乌不合犀,人参又忌五灵脂,官桂善能调冷气,石脂相见便跷蹊,大凡修合看逆顺,炮爁炙煨要精微。"

十八反及十九畏,一般均作为处方用药的配伍禁忌。后来研究发现,有些是符合的,如细辛和藜芦配伍,可导致实验动物中毒死亡;有些与配伍比例有关,如甘草与甘遂合用时,甘草的用量与甘遂相等或大于甘遂,则毒性较大;有些是不符合的,如贝母、半夏分别与乌头配伍,未见明显毒性增强。在古今方剂中,也有一些应用十八反或十九畏的例子。但是,如果没有充分的依据,还是应该在方剂中避免配伍相反及相畏的药物,以免导致不良后果。

3. 妊娠禁忌 指母畜怀孕期间,为了保护胎儿和母畜的健康,防治流产和死胎,应当禁止或谨慎使用某些药物。

属于禁止使用的药物,主要是毒性强或药性峻烈的药物,如大热的肉桂、附子,大寒的黄连、黄芩,峻下的芒硝、大黄,毒性强大的水银、斑蝥、虻虫、蜈蚣、水蛭,峻下有毒的大戟、芫花、商陆;以及行气活血、有较大走窜性的药物,如麝香、三棱等。

属于慎用药物,主要是一些祛瘀通经、行气破滞、辛热滑利,以及有一定毒性的药物,如桃仁、红花、牛膝、瞿麦、川乌、天南星等。

《元亨疗马集》记载有妊娠禁忌歌诀:"蚖斑水蛭及虻虫,乌头附子配天雄,野葛水银并巴豆,牛膝薏苡与蜈蚣,三棱代赭芫花麝,大戟蛇蜕黄雌雄,牙硝芒硝牡丹桂,槐花牵牛皂角同,半夏南星与通草,瞿麦干姜桃仁通,硇砂干漆蟹甲爪,地胆茅根都不中。"

第五节 方剂的组成和变化

方指医方,剂指调剂。方剂是由单味或若干味药物按一定配伍原则和调剂方法制成的药剂,是临床用药的基本形式。方剂是在辨证立法的基础上确定的,即通过辨证确定治法,根据治法选择和调整处方,制成合适的剂型。这就是所谓的"方从法立,以法统方"。理想的方剂,药味之间能互相协调,加强疗效,更好地适应复杂病情的需要,并能减少或缓和某些药物的毒性和烈性,消除其不利作用。也就是说,药有个性之特长,方有合群之妙用。因此,方剂学理论对于临床用药具有重要的指导意义。

一、方剂的组成

除单方外,方剂一般是由若干味药物组成的。组成一个方剂,不是把药物进行简单的堆砌,也不是单纯地将药效相加,而是根据病情需要,在辨证立法的基础上,按照一定的原则,选择适当的药物组合而成的。构成方剂的组分药一般包括主、辅、佐、使四部分,即古人所归纳的君、臣、佐、使。如《黄帝内经·素问》说:"主病之谓君,佐君之谓臣,应臣之谓使。"概括了方剂的结构和药物配伍的主从关系。

1. 主药 又称君药,针对病因或主证起主要作用的药物。
2. 辅药 又称臣药,辅助主药,以加强治疗作用的药物。
3. 佐药 有三方面的作用。一是治疗兼证或次要证候;二是制约主药的毒性或烈性,即"因主药之偏而为监制之用";三是反佐,因病势拒药须加以从治者,即"因病气之甚而为从治之用",如在温热剂中加入少量寒凉药,或于寒凉剂中加入少许温热药,以消除病势拒药("格拒不纳")的现象。
4. 使药 引经药或调和药,用于引导药物直达病所,或协调、缓和药性。

以主治风寒表实证的麻黄汤为例,方中的麻黄辛温发汗,解表散寒,为主药;桂枝辛温通阳以助麻黄发汗散寒,为辅药;杏仁降泄肺气以助麻黄平喘,为佐药;甘草调和诸药,为使药。

一般来说,主药用量多、药力大,其他药的用量和药力则相对较小。甚至有人强调,药量的多寡是区分君、臣、佐、使的主要依据。如李东垣在《脾胃论》中说:"君药分量最多,臣药次之,佐药又次之,不可令臣过于君。君臣有序,相互宣摄,则可以御邪除病矣。"

一个方剂中,君、臣、佐、使各药的药味数如《黄帝内经·素问》中说:"君一臣二,制之小也;君一臣三佐五,制之中也;君一臣三佐九,制之大也。"但并非定数,应根据辨证立法需要而灵活配伍。

方剂中君臣佐使的药味划分,是为了使处方者在组方时注意药物的配伍和主次关系,并非死板格式。有些方剂,药味很少,其中的主药或辅药本身就兼有佐使作用,则不再另配伍佐使药。有些方剂,根据病情需要,只需区分药味的主次即可,不必都按君臣佐使的结构排列。如二妙散(苍术、黄柏)只有两味药;独参汤只有一味药。

二、方剂的变化

方剂的组成虽然有一定的原则,但在临床应用时不是一成不变的,还应根据病情的轻重缓急以及病畜的种类、体质、年龄等灵活化裁。只有这样,才能做到"师其法而不泥其方",获得预期的治疗效果。方剂的组成变化大致有以下几种形式。

1. 药味增减 若病畜的主证和兼证与方剂的主治完全相同,则可原方照搬。但一般情况下,兼证是多种多样的。在主证未变、兼证不同的情况下,可不改变主药,适当增添或减去一些次要药味。如郁金散是治疗马肠黄的基础方,热甚时,宜减去诃子以免湿热滞留,添加金银花、连翘增强清热解毒;腹痛重时,宜加乳香、没药、延胡索以活血止痛;水泻不止时,宜减去大黄,加猪苓、茯苓、泽泻、乌梅增强利水止泻功能。

2. 配伍变化 指主药不变,改变与之相配伍的药物。变化后的方剂,其功能和主治也会发生相应的变化。以麻黄为例,配桂枝,组成麻黄汤,能发汗解表,主治风寒表实证;配石膏,组成麻杏石甘汤,则解表清里,主治表邪未解、里热已炽之证。

3. 药味替代 指性味功效相似的药物可以相互代替。这对于解决药物来源稀少、药价昂贵,或一时紧缺的问题有实际意义。如以水牛角代犀角,山羊角代羚羊角,人工牛黄代天然牛黄,党参代人参,草红花代藏红花,乳香、没药代血竭等。代用药的用量应根据药力适当改变,力薄者用量应加大,力厚者用量应减少。在替代某些药效广泛的药物时,可选择几种药物。如补肝益肾、敛汗涩精的山萸肉,可换用女贞子、枸杞子或菟丝子以补肝益肾、用金樱子或五味子以敛汗涩精。

4. 药量增减 药物不变,只增减药物的用量,可以改变方剂的药力或治疗范围,甚至也可改变方剂功能和主治。如治疗肺热咳喘的麻杏石甘汤,若麻黄用量小而石膏用量大时,方剂的功能重在清泄肺中郁热,宜在身热有汗时使用;若麻黄用量增加而石膏用量减少时,则方剂的功能重在发汗解表,宜在身热无汗时使用。又如小承气汤和厚朴三物汤,同是由大黄、枳实、厚朴三味药物组成,但方剂中药物之间的比例不同,功能和主治也有差异。小承气汤重用大黄,功能泻热通便,主治阳明腑实证;厚朴三物汤重用厚朴,功能行气除满,主治气滞腹胀。

5. 合方加减 在病情复杂的情况下,主、兼各证均有各自的代表性方剂时,可将两个或两个以上的方剂合并,并加减应用。如四君子汤补气,四物汤补血,两方合并再加肉桂、附子,则成十全大补汤,气血双补兼能温阳散寒。再如卫气营血病证,卫、气同病可用银翘散合白虎汤加减;营、卫合邪可用银翘散合清营汤加减;气、营同病可用白虎汤合清营汤加减;热毒内盛、气血两燔可用黄连解毒汤、白虎汤、清营汤和犀角地黄汤等加减组合成的清瘟败毒饮。

6. 剂型变化　　同一方剂,由于剂型不同,功能也有变化。一般注射剂、汤剂和散剂作用较快,药力较峻,适用于病情较重或较急者;丸剂作用较慢,药力较缓,适用于病情较轻或较缓者。

以上变化可以分别运用,也可以合并运用。遣药组方既有严格的原则性,又有极大的灵活性。只有掌握了这些特点,才能制裁随心,用利除弊,以适应病证的无穷变化,达到预期目的。

第六节　剂型、剂量和用法

一、剂　　型

将方药制成适宜的形式叫剂型。剂型是根据方药的性质、病情的需要、用药的方法和动物的采食特性等确定的。《神农本草经》中说:"药性有宜丸者,宜散者,宜水煮者,宜酒渍者,宜膏煎者,亦有一物兼宜者,亦有不可入汤酒者,并随药性,不得违越。"病情不同,所需的剂型也不同,如病急者宜汤,病缓者宜丸;疮疡湿者宜贴,干枯者宜涂膏等。在使用方法上,灌服宜用散剂或汤剂,直肠给药宜用汤剂或栓剂等。不同的动物,采食特性不同,所用剂型也不同,如禽类可用药砂,鱼类多用药饵等。目前常用剂型有以下各种。

1. 散剂　　是将处方药物粉碎、混合均匀而制成的粉末状制剂。散剂具有配制方便、吸收较易、药效较快的特点,是临床上最常用的剂型之一。散剂有内服散剂和外用散剂两种。内服散剂常用开水调成糊状,或加水稍煎,候温灌服;也可混在饲料中喂服。外用散剂一般研成细末或极细末,用于疮面或患部的掺撒、敷贴,或用于点眼、吹鼻等。

2. 汤剂　　又称煎剂、汤液,是将处方药物加水煎煮后,去渣而得的液体制剂,包括内服汤剂和外用汤剂。内服汤剂易于吸收,发挥药效快,适用于急病或重病。当灌服困难时,某些内服汤剂也可采用保留灌肠的方法给药。外用汤剂可用于洗治疮疡、洗敷肿痛等。

3. 丸剂　　是将处方药物粉末或提取物,加适宜赋形剂制成的球形固体制剂,有蜜丸、水丸、糊丸、浓缩丸等多种。蜜丸是以炼蜜为黏合剂制成的丸剂;水丸的辅料为水或黄酒、醋、稀药汁、糖液等;糊丸的辅料为米糊或面糊;浓缩丸是由中药提取物加适当辅料制成。很多内服方剂都可做成丸剂。丸剂易于保存,但大多吸收缓慢,作用持久,常用于治疗慢性疾病。在兽医临床上,因动物多不能主动吞咽丸药,故给药时需用投丸器,或用水化开灌服。

4. 丹剂　　古代丹剂多指含有水银、硫黄等的中药,经过加热升炼而成剂量小、作用强的一类制剂,如升丹、降丹、樟丹等。丹剂大多都有剧毒,一般只作外用。现代丹剂有时也指某些贵重或功效特殊的方剂,如紫雪丹、无失丹、活络丹等。因此,丹剂没有固定的制剂形态,大多为细粉末状散剂,但也有制成丸剂或锭剂形式的。

5. 流浸膏　　是将中药用适当溶剂提取后,除去部分溶剂而制成的液体制剂,如大黄流浸膏、远志流浸膏、马钱子流浸膏等。除特别规定外,每1ml流浸膏相当于原药材1g。

6. 浸膏　　是将中药材用适当溶剂提取后,除去大部分溶剂而制成的半固体或固体制剂,如甘草浸膏。除特别规定外,每1g浸膏相当于原药材2~5g。由于浸膏的浓度高,体积小,可用于制成片剂、丸剂或胶囊剂。

7. 软膏　　是将药物细粉或提取物与适当的基质混合而制成的一种半固体制剂,如白及膏、紫草膏等。常用的基质有油脂性、水溶性和乳剂型基质,其中用乳剂型基质的也称乳膏。

8. 锭剂　　是将中药粉末或提取物加赋形剂制成的一种固体制剂,如保健锭、砒枣锭等。可供外用或内服。

9. 酊剂 是将中药用规定浓度的乙醇提取加工而成的澄清液体制剂,也可由流浸膏稀释制成。酊剂具有有效成分含量高、用量小、作用快、能防腐的特点。常用的有马钱子酊、复方龙胆酊等。

10. 片剂 是将处方中一味或多味中药细粉、其他药物经加工提炼后,与适宜的辅料混合压制而成的一种圆片状制剂。片剂具有容易控制给药剂量、便于运输、贮藏和应用等优点。许多内服方剂均可制成片剂,如大黄碳酸氢钠片、板蓝根片和黄连解毒片等。

11. 冲剂 是将中药煎液或浸提液,经浓缩干燥或与适当辅料混合而制成的颗粒状制剂(又称颗粒剂)。因其使用时多以水冲服,故称冲剂。冲剂是在汤剂的基础上发展起来的一种新剂型,具有体积小、作用迅速、使用方便、容易贮存等特点。

12. 合剂 是将药材用水或溶剂提取、纯化、浓缩而制成的内服液体制剂,又称口服液,如双黄连口服液、杨树花口服液等。

13. 注射剂 是将中药经提取、配制、灌封、灭菌等步骤制成的供注射用的液体或粉末状制剂。注射剂具有剂量准确、作用迅速、给药方便、药物不受消化液和食物的影响,直接进入动物体组织等优点。如穿心莲注射液、柴胡注射液等。

此外,还有胶剂、曲剂、霜剂、茶剂、糖浆剂、露剂、油剂、灸剂、气雾剂、熏烟剂、膜剂、栓剂、海绵剂、胶囊剂、灌注剂,以及用于禽类的药砂、用于鱼类的药饵等多种剂型。

二、剂 量

剂量,是指药物的常用治疗量。药用量的大小,直接关系到治疗的效果和药物对畜体的毒性反应。一般中药的用量安全度比较大,但个别有毒的药物仍须注意。此外,如果药物用量的变化超越一定的范围,还会引起功效的改变,如大黄量小能健胃,量大则泻下。所以,对待中药的剂量必须持严谨的态度。确定药物剂量的一般原则如下。

1. 根据药物的性能 凡有毒的、峻烈的药物用量宜小,且应从小量开始使用,逐渐增加,中病即停,谨防中毒发生事故。对质地较轻或容易煎出的药物,可用较小的量,对质地较重或不容易煎出的药物,可用较大的量。此外,新鲜的药物,用量可大些。

2. 根据配伍与剂型 一般情况下,同一药物在复方中比单方中应用的剂量要小些。汤剂、酒剂等易于吸收的,其用量较不易吸收的散剂、丸剂等要小些。

3. 根据病情的轻重 一般病情轻浅的,用量宜小;病情较重的,用量可适当增加。

4. 根据动物种类和体型大小 动物种类和体形大小不同,剂量大小差异悬殊。各种动物用药剂量的相对比例列于表6-2,仅供参考。

表6-2 不同种类动物用药剂量比例

动物种类	用药剂量比例	动物种类	用药剂量比例
马(体重300kg左右)	1	猫(体重4kg左右)	1/32~1/20
黄牛(体重300kg左右)	1~5/4	鸡(体重1.5kg左右)	1/40~1/20
水牛(体重500kg左右)	1~3/2	鱼(每1kg体重)	1/30~1/10
驴(体重150kg左右)	1/3~1/2	虾蟹(每1kg体重)	1/300~1/200
羊(体重40kg左右)	1/6~1/5	蚕(5%熟蚕时,10 000只)	1/20~1/10
猪(体重60kg左右)	1/8~1/5	蜂(每1标准群)	1/100~1/50
犬(体重15kg左右)	1/16~1/10		

此外，还要根据动物的年龄、性别以及地区、季节等不同来确定用量。总之，中药的用量并不是一成不变的，应根据临床治疗的具体情况，在全面考虑的基础上进行增减。

三、用　　法

根据用药的目的、病患的性质和部位，以及制剂的作用特点等不同，方药的用法和给药途径多种多样，大体上可分为经口给药和非经口给药两大类。

（一）经口给药

经口给药又称内服、口服、灌服（流体状制剂）或投服（丸剂、片剂等）以及舐服等。药物作用于胃肠道或经胃肠吸收后发挥治疗作用。用导管经口或鼻插入食管或胃投灌药也属于经口给药。在兽医临床上，经口给药仍以灌服为主。灌服应注意的问题如下。

1. 灌药的时间　　它与药物的疗效有一定关系。除急病、重病需尽快用药外，一般来说，空腹或草前灌服则药物吸收较快，而且可以直接作用于胃肠，对于急病、脾胃病或虫积比较适宜；而在饱腹或草后灌药，则药的吸收较慢，所以对于慢性病或灌服刺激性较大的药物以及补养药比较合适。

2. 灌服的次数　　一般是每天灌服1～2次，但在急症时可灌多次。

3. 药液的温度　　一般治热性病的清热药宜凉服，而治寒性病的热性药宜温服。此外，在冬季可稍温，夏季宜稍凉。

灌服的药物，从市场购买的中成药，可以直接投服。购买处方药煎药时，传统器具宜用砂锅或瓦罐，现代器具可用搪瓷器皿或不锈钢锅。

（二）非经口给药

非经口给药是指除经口给药之外的各种给药方式，如注射和注入、敷撒、喷涂、吸入、包埋纳置（如卡耳、肛门或阴道纳栓）、药浴、点眼、吹鼻、灌肠、笼舍熏蒸、鱼虾类水体用药等。

随着我国规模化和集约化畜牧业的发展，群体用药的方式越来越多。所谓群体用药，就是为了防治群发性疫病，或为提高动物的生产性能，采用的批量、大群同时给药。特别是有些动物（如鸡、鱼、蜂、蚕），群体数量很大或个体很小，难以逐个给药，也只好采用群体用药法。中药群体用药的方式，目前较普遍的是饲料添加或饮水给药，即将药物拌入饲料或混于饮水中自由服用。也有的通过环境施药，如畜禽厩舍喷雾，水产养殖的水体泼洒等。

第七章　汗和温清方药

本章介绍了常用的解表药、解表方、和解方、温里药、温里方、清热药和清热方。要求学生了解各类药和方的概念，各味药的基原、性味和剂量，各方剂的用法；理解各类方药的应用注意事项，某些药的配伍禁忌，各方剂的方解；掌握各味药的名称、功能、主治和应用，各方剂的名称、处方、功能和主治。重点掌握麻黄、桂枝、防风、荆芥、紫苏叶、细辛、薄荷、柴胡、升麻、葛根、桑叶、附子、干姜、肉桂、小茴香、吴茱萸、艾叶、石膏、知母、栀子、芦根、生地黄、牡丹皮、白头翁、玄参、黄连、黄芩、黄柏、秦皮、苦参、金银花、连翘、紫花地丁、蒲公英、板蓝根、地骨皮的功能和主治，麻黄汤、理中汤、四逆汤、白虎汤、犀角地黄汤、白头翁汤、茵陈蒿汤、郁金散、黄连解毒汤的处方、功能和主治，桂枝汤、荆防败毒散、银翘散、小柴胡汤、茴香散、桂心散的功能和主治。

第一节　解表方药

凡具有发散表邪、解除表证作用的药物，称为解表药。组成以解表药为主，用于治疗表证的方剂，称解表方。

因表证有表寒与表热的不同，根据解表方药的性能和作用，一般分为辛温解表和辛凉解表两类。

1. 辛温解表类　药物性味多为辛温，具有发散风寒的功能，发汗作用较强。方药适用于风寒表证。证见恶寒战栗，发热无汗，耳鼻发凉，口润不欲饮水，舌苔薄白，脉浮紧等。

2. 辛凉解表类　药物性味多为辛凉，具有发散风热的功能，发汗作用较为缓和。方药适用于风热表证。证见发热有汗，恶寒较轻，耳鼻发热，目赤多眵，口干贪饮，舌苔黄厚，脉浮数等。

使用解表方药应注意以下几点：①先辨明表证的寒热虚实，选择合适的方药，对于兼患虚证的病畜要慎用或配合补养药以扶正祛邪。②用量不宜过大或使用太久，以免耗损津液。炎热季节，畜体腠理疏松，容易出汗，用量宜轻；寒冷季节，用量可稍大。③一般不宜久煎，以免气味挥发，损耗药力。服药后，应避风寒。

一、辛温解表药

麻黄

为麻黄科植物草麻黄、中麻黄或木贼麻黄的干燥草质茎。切段入药，生用或蜜炙用。主产于山西、内蒙古、河北等地。

【性味归经】　辛、微苦，温。归肺、膀胱经。

【功能主治】　解表散寒，宣肺平喘，利水消肿。主治外感风寒，咳嗽，气喘，水肿。

【应用】　①外感风寒引起的恶寒、发热、无汗等，常与桂枝相须为用，如麻黄汤。②肺热咳喘，常与石膏、杏仁、甘草同用，如麻杏石甘汤。③水肿实证而兼有表证者，常与生姜、白术、甘草等同用。表虚多汗、肺虚咳嗽及脾虚水肿者忌用。

【用量】 马、犬 30～5g①。

桂枝
为樟科植物肉桂的干燥嫩枝。切片入药。主产于广西、广东、云南等地,尤以广西为多。

【性味归经】 辛、甘,温。归心、肺、膀胱经。

【功能主治】 解肌发汗,温经通阳。主治风寒表证,关节痹痛,水湿停滞。

【应用】 ①风寒表证,发热无汗,常与麻黄等同用,如麻黄汤;表虚自汗,多与芍药、生姜、大枣等配伍,如桂枝汤。②风寒湿痹,肢体疼痛,关节不利等,常与附子、羌活、防风等同用,如桂枝附子汤。③脾阳不振,水湿内停,水肿,尿不利等,常配茯苓、白术等;膀胱失司者,常与猪苓、泽泻等配伍,如五苓散。

【用量】 马、禽 45～0.5g②。

防风
为伞形科植物防风的干燥根。切片生用或炒用。主产于黑龙江、吉林、内蒙古等地。

【性味归经】 辛、甘,温。归膀胱、肝、脾经。

【功能主治】 解表祛风,胜湿,解痉。主治表证、风湿症和破伤风。

【应用】 ①外感风寒所致的鼻流清涕、肌肉紧硬等,常与荆芥、羌活、前胡等配伍,如荆防败毒散。②风湿痹痛,常与羌活、独活、附子、升麻等配伍,如防风散。③破伤风,常配天南星、白附子、天麻等。

【用量】 马、羊 60～5g③。

荆芥
为唇形科植物荆芥的干燥地上部分。切段生用、炒黄或炒炭用。主产于江苏、浙江、江西等地。

【性味归经】 辛,微温。归肺、肝经。

【功能主治】 解表散风,透疹,消疮。主治风热、风寒表证、多种出血。

【应用】 ①风寒、风热感冒。本品轻扬、芳香而散,既有发汗解表之力,又能祛风,其作用较为缓和。常配防风、羌活等,治风寒感冒;配薄荷、连翘等,治风热感冒。②衄血、便血、尿血、子宫出血。常炒炭配伍其他止血药。

【用量】 马、羊 60～6g。

紫苏叶
为唇形科植物紫苏的干燥叶(或带嫩枝)。切细生用。茎单用名苏梗,种子亦入药,名苏子。全国各地均产。

【性味归经】 辛,温。归肺、脾经。

【功能主治】 解表散寒,行气和胃,止血。主治风寒感冒、咳嗽、肚腹胀满。

【应用】 ①外感风寒表证,恶寒发热,无汗兼咳嗽等,常与杏仁、前胡、桔梗等同用,如杏苏散。②脾胃气滞,食欲不振,肚腹胀满,反胃呕吐等,常与藿香、大腹皮、草果、陈皮、生姜等同用。

【用量】 马、禽 60～1.5g。

---

① 马、犬,指马、牛、猪、羊、犬;30～5g,指马的最高剂量为30g,犬的最低剂量为5g。以下同。
② 马、禽,指马、牛、猪、羊、兔、禽;45～0.5g,指马的最高剂量为45g,禽的最低剂量为0.5g。以下同。
③ 马、羊,指马、牛、驼、猪、羊;60～5g,指马的最高剂量为60g,羊的最低剂量为5g。以下同。

细辛

为马兜铃科植物北细辛、汉城细辛或华细辛的干燥根及根茎。前两种习称"辽细辛"。切段生用或蜜炙用。主产于辽宁、吉林、陕西等地。

【性味归经】 辛,温。归心、肺、肾经。

【功能主治】 解表散寒,通窍止痛,温肺化痰。主治外感风寒、肺寒咳嗽、风湿痹痛。

【应用】 ①外感风寒,发热恶寒等,常与羌活、防风、白芷、川芎等同用。②风寒束肺所致的咳喘、痰多清稀等,常与干姜、五味子、桂枝、麻黄、半夏等同用,如小青龙汤。③风湿痹痛,常与羌活、桂枝、川乌、草乌等配伍。不宜与藜芦同用。

【用量】 马、羊 15～1.5g。

白芷

为伞形科植物白芷或杭白芷的干燥根。切片入药。主产于四川、东北、浙江等地。

【性味归经】 辛,温。归胃、大肠、肺经。

【功能主治】 散风祛湿,消肿排脓,通窍止痛。主治风寒感冒、风湿症、疮黄肿痛、脑颡鼻脓。

【应用】 ①外感风寒,常与荆芥、防风、细辛等同用;风湿痹痛,常与独活、桑枝、秦艽等同用。②疮痈成脓难破溃,常与金银花、天花粉、穿山甲、皂角刺同用;乳痈初起,常与瓜蒌、贝母、蒲公英等同用。③鼻窍不通,常与辛夷、苍耳子、薄荷等同用。

【用量】 马、羊 30～3g。

辛夷

为木兰科植物望春花、玉兰或武当玉兰的干燥花蕾。捣碎生用或炒炭用。主产于河南、安徽、四川等地。

【性味归经】 辛、温。归肺、胃经。

【功能主治】 散风寒,通鼻窍。主治脑颡鼻脓。

【应用】 ①外感风寒,鼻流清涕,常与防风、白芷、川芎等同用。②脑颡鼻脓,常与知母、黄柏、沙参、木香、郁金等同用,如辛夷散。

【用量】 马、羊 60～3g。

苍耳子

为菊科植物苍耳的干燥成熟带总苞的果实。生用或炙用。主产于山东、安徽、江苏等地。

【性味归经】 辛、苦,温;有毒。归肺经。

【功能主治】 散风湿,通鼻窍,解疮毒。主治风寒感冒、脑颡鼻脓。

【应用】 ①风寒感冒,鼻窍不通,浊涕下流,脑颡流鼻等,多与辛夷、白芷、薄荷等同用。②风湿痹痛,常与威灵仙、苍术、羌活等配伍。

【用量】 马、禽 45～1g。

生姜

本品为姜科植物姜的新鲜根茎。切片生用或煨熟用。我国各地均产。

【性味归经】 辛,微温。归肺、脾、胃经。

【功能主治】 解表散寒,温中止呕。主治外感风寒、胃寒呕吐。

【应用】 ①外感风寒,常加入辛温解表剂中,可增强发汗驱寒效果,如桂枝汤。②胃寒呕吐,单用或与半夏、陈皮等同用。

【用量】 马、禽 60～1g。

二、辛凉解表药

薄荷

为唇形科植物薄荷的干燥地上部分。切段生用。主产于江苏、江西、浙江等地。

【性味归经】 辛,凉。归肺、肝经。

【功能主治】 疏风散热,清利头目,利咽,透疹。主治外感风热、目赤肿痛、咽喉肿痛。

【应用】 ①风热感冒或温病初起,常与荆芥、牛蒡子、银花等同用,如银翘散。②风热上犯所致的目赤、咽喉肿痛等,常与桔梗、牛蒡子、玄参等同用。

【用量】 马、禽 45～0.5g。

柴胡

为伞形科植物柴胡或狭叶柴胡的干燥根。按形状不同,分别习称"北柴胡"和"南柴胡"。切片生用或醋炒用。北柴胡主产于辽宁、甘肃、河北、河南等地,南柴胡主产于湖北、江苏、四川等地。

【性味归经】 辛、苦,微寒。归肝、胆、肺经。

【功能主治】 发表和里,升举阳气,舒肝解郁。主治寒热往来、肝脾不和、久泻脱肛、子宫脱垂。

【应用】 ①少阳经证,寒热往来,常与黄芩、半夏、甘草等同用,如小柴胡汤。②肝气郁结,胸胁疼痛,单用或与当归、白芍、枳实等同用,如逍遥丸。③气虚下陷所致的久泻脱肛、子宫脱垂等,常与黄芪、党参、升麻等,如补中益气汤。

【用量】 马、禽 45～1g。

升麻

为毛茛科植物大三叶升麻、兴安升麻或升麻的干燥根茎。切片生用或炙用。主产于辽宁、黑龙江、湖南等地。

【性味归经】 辛、微甘,微寒。归肺、脾、胃、大肠经。

【功能主治】 发表透疹,清热解毒,升举阳气。主治痘疹、疮疡肿毒、久泻脱肛。

【应用】 ①痘疹透发不畅,常与葛根、金银花、连翘等同用。②胃火亢盛所致的口舌生疮、咽喉肿痛等,多与石膏、黄连等同用。③气虚下陷所致的久泻脱肛、子宫脱垂等,常与黄芪、党参、柴胡等同用,如补中益气汤。

【用量】 马、禽 45～1g。

蝉蜕

为蝉科昆虫黑蚱的若虫羽化时脱落的皮壳。全国各地均产。

【性味归经】 甘,寒。归肺、肝经。

【功能主治】 散风热,利咽喉,退云翳,解痉。主治外感风热、目赤肿痛、破伤风。

【应用】 ①风热感冒,咽喉肿痛,皮肤瘙痒等,常与薄荷、连翘等同用。②肝经风热所致的目赤、翳障,常与菊花、谷精草、白蒺藜等同用。③破伤风出现四肢抽搐,常与全蝎、天南星、防风等同用。

【用量】 马、羊 30～3g。

葛根

为豆科植物野葛的干燥根。习称野葛。生用或煨用。主产于浙江、广东、江苏等地。

【性味归经】 甘、辛,凉。归脾、胃经。

【功能主治】 解肌退热,生津止渴,透疹,升阳止泻。主治风热表证、热病伤津、脾虚泄泻。

【应用】 ①风热表证,常与柴胡、黄芩、石膏同用;风表寒证,常与麻黄、桂枝、白芍等配伍。②热病伤津,单用或与天花粉、麦冬等同用。③脾虚泄泻,常与党参、白术、藿香等同用。

【用量】 马、羊 60～5g。

桑叶

为桑科植物桑的干燥叶。生用或蜜炙用。全国各地均产。

【性味归经】 甘、苦,寒。归肺、肝经。

【功能主治】 疏散风热,清肺润燥,清肝明目。主治风热感冒、肺热燥咳、目赤肿痛。

【应用】 ①外感风热,肺热咳嗽,咽喉肿痛等,常与菊花、银花、薄荷、桔梗等同用,如桑菊饮。②肝经风热或肝火上炎引起的目赤肿痛,多与菊花、决明子、车前子等同用。

【用量】 马、禽 30～1.5g。

菊花

为菊科植物的干燥头状花序。主产于浙江、安徽、河南、四川等地。

【性味归经】 甘、苦,微寒。归肺、肝经。

【功能主治】 散风清热,平肝明目。主治风热感冒、目赤肿痛、疮黄肿毒。

【应用】 ①风热感冒,多配桑叶、薄荷等,如桑菊饮。②目赤肿痛,常与桑叶、夏枯草等同用。③疮黄肿毒,既可内服,又可外敷,常与金银花、甘草等配合应用。

【用量】 马、禽 45～1.5g。

牛蒡子

为菊科植物牛蒡的干燥成熟果实。主产于河北、东北、浙江、四川等地。

【性味归经】 辛、苦,寒。归肺、胃经。

【功能主治】 疏散风热,宣肺透疹,解毒利咽。主治外感风热、疮黄肿毒、咽喉肿痛。

【应用】 ①外感风热,咽喉肿痛,常与薄荷、荆芥、甘草等同用,如银翘散。②疮黄肿毒尚未破溃者,常与大黄、连翘、黄芩、当归等同用。

【用量】 马、猫 45～2g[①]。

三、辛温解表方

麻黄汤——《伤寒论》

【处方】 麻黄(去节)45g 桂枝 45g 杏仁 60g 炙甘草 20g

【用法】 水煎服,或为细末,稍煎灌服。

【功能】 发汗解表,宣肺平喘。

【方解】 麻黄辛温,发汗解表以散风寒,又能宣利肺气以平喘止咳,为主药;桂枝发汗解肌,温通经脉,增强麻黄发表之力,并能解除肢体疼痛,为辅药;杏仁宣降肺气,助麻黄止咳平喘,为佐药;甘草协调诸药,为使药。

【主治】 外感风寒表实证。证见恶寒,发热,无汗,咳喘,苔薄白,脉浮紧。见于感冒、流感和急性气管炎等病程中。

桂枝汤——《伤寒论》

【处方】 桂枝 45g 白芍 45g 炙甘草 45g 生姜 60g 大枣 60g

---

① 马、猫,指马、牛、猪、羊、犬、猫;45～2g,指马的最高剂量为 45g,猫的最低剂量为 2g。以下同。

【用法】 水煎,候温灌服,或细末,稍煎,候温灌服。
【功能】 解肌发表,调和营卫。
【方解】 方中桂枝解肌发表,为主药;白芍敛阴和营,使桂枝辛散风寒又不致伤阴,桂、芍二药配伍,一散一收,使营卫调和,表邪得解,为辅药;生姜助桂枝散风寒,大枣助白芍和营卫,共为佐药;甘草调和诸药,为使药。
【主治】 外感风寒表虚证。证见恶风发热,汗出,鼻流清涕,舌苔薄白,脉浮缓。

荆防败毒散——《中国兽药典》
【处方】 荆芥45g 防风30g 羌活25g 独活25g 柴胡30g 前胡25g 枳壳30g 茯苓45g 桔梗30g 川芎25g 甘草15g 薄荷15g
【用法】 为末,开水冲调,候温灌服,或煎汤灌服。
【功能】 辛温解表,疏风祛湿。
【方解】 方中荆芥、防风发散肌表风寒,羌活、独活祛除全身风湿,四药共用以解表祛邪,为主药;川芎散风止痛,柴胡助荆芥、防风疏解表邪,茯苓渗湿健脾,均为辅药;枳壳理气宽胸,前胡、桔梗宣肺止咳,为佐药;薄荷发散表邪,助主药透热外出,甘草益气和中、调和诸药,共为使药。
【主治】 外感挟湿的表寒证。证见发热无汗,恶寒战抖,皮紧肉硬,无汗,咳嗽,舌苔白腻,脉浮。

四、辛凉解表方

银翘散——《温病条辩》
【处方】 金银花60g 连翘45g 薄荷30g 荆芥30g 淡豆豉30g 牛蒡子45g 桔梗25g 淡竹叶20g 甘草20g 芦根30g
【用法】 为末,开水冲调,候温灌服,或煎汤服。
【功能】 辛凉解表,清热解毒。
【方解】 方中金银花、连翘清热解毒,辛凉透表,为主药;薄荷、荆芥、淡豆豉发散表邪,助主药透热外出,为辅药;牛蒡子、桔梗、甘草合用能宣肺祛痰、利咽止咳,芦根、竹叶清热生津止渴,治疗兼证,为佐使药。
【主治】 外感风热或温病初起。证见发热无汗或微汗,微恶风寒,口渴咽痛,咳嗽,舌苔薄白或薄黄,脉浮数。

桑菊饮——《温病条辩》
【处方】 桑叶45g 菊花45g 连翘45g 薄荷30g 苦杏仁20g 桔梗30g 甘草15g 芦根30g
【用法】 煎汤灌服。现常制成散剂,开水冲调,候温灌服。
【功能】 疏风清热,宣肺止咳。
【方解】 本方用桑叶清透肺络之热,菊花清散上焦风热,共为主药;薄荷辛凉,助桑、菊散上焦风热,桔梗、杏仁,一升一降,解肌肃肺以止咳,为辅药;连翘清透膈上之热,芦根清热生津止渴,为佐药;甘草调和诸药,为使药。
【主治】 外感风热,咳嗽。主要应用于风温或风热犯肺的轻证,证见咳嗽身热不甚,口不渴或微渴,舌尖红,苔薄白,脉浮数。见于上呼吸道感染病程中。

柴葛解肌散——《中国兽药典》

【处方】 柴胡 30g 葛根 30g 甘草 15g 黄芩 25g 羌活 30g 白芷 15g 白芍 30g 桔梗 20g 石膏 60g

【用法】 为末,开水冲调,候温灌服,或煎汤服。

【功能】 解肌清热。

【方解】 方中葛根辛凉,外透肌热,内清郁热,柴胡辛寒,既能解肌,又能疏畅气机,助葛根外透郁热,共为主药;羌活、白芷助君药发表止痛;黄芩、石膏清泄里热,共为辅药;白芷、石膏助葛根清透阳明邪热,黄芩助柴胡透解少阳邪热,羌活发散太阳之风寒,桔梗宣畅肺气以利解表,白芍敛阴养血防疏散太过,生姜发散风寒,均为佐药;甘草调和诸药,为使药。

【主治】 外感风寒,郁而化热证。证见恶寒渐轻,舌苔薄黄,脉浮微洪。

双黄连口服液——《中国兽药典》

【处方】 金银花 375g 黄芩 375g 连翘 750g

【用法】 按照一定方法制成口服液,按黄芩苷计,每 1ml 不少于 8mg。

【功能】 辛凉解表,清热解毒。

【方解】 方中金银花甘寒,芳香疏散,善清肺经热邪,清热解毒、疏散风热,为主药;黄芩苦寒,清肺火及上焦之实热,连翘苦微寒,散上焦风热,并能解毒,为辅药。

【主治】 风热犯肺。证见发热、咳嗽、痰黏、咽喉肿痛,口干舌红,苔黄,脉数。

第二节 和 解 方

具有和解表里、调畅气机作用,用于治疗少阳病或肝脾、肠胃不和病证的方剂,称为和解方。属"八法"中的"和法"。

和解方原为治疗少阳胆经病证而设,然而由于肝胆关系密切,肝疏泄失职往往累及脾胃,故肝脾不和、胃肠不和等病证也常常用和解法治疗。

使用和解方应辨明主证为半表半里证。若邪在肌表,或表邪已入里者,则不宜使用和解剂,以免引邪入里或延误治疗;脏腑极虚、气血不足之寒热证,不宜使用和解剂。

小柴胡汤——《伤寒论》

【处方】 柴胡 45g 黄芩 45g 党参 30g 制半夏 25g 炙甘草 15g 生姜 20g 大枣 60g

【用法】 水煎服或为末,开水冲调,候温灌服。

【功能】 和解少阳,扶正祛邪,解热。

【方解】 本方为治伤寒之邪传入少阳的代表方。方中柴胡透达少阳之邪,疏解气机的壅滞,为主药;黄芩清泄少阳之郁热,为辅药;若寒重于热,可加大柴胡用量,热重于寒,则加大黄芩用量,二药合用,能解除寒热往来;党参、甘草、大枣扶正和中,防止邪气内侵,半夏、生姜和胃止呕,且生姜还能助柴胡散表邪,同时姜枣配合能调和营卫、输布津液,助半夏和胃止呕,共为佐使药。

【主治】 少阳病。证见寒热往来,精神不振,饥不饮食,口干色淡红,脉弦。亦可用于体虚及母畜产后外感。本方去党参、甘草,加大黄、枳实、白芍、倍生姜,名大柴胡汤,能和解少阳,内泻热结,主治少阳阳明合病。

逍遥散——《和剂局方》

【处方】 柴胡 30g 当归 30g 白芍 30g 白术 30g 茯苓 30g 炙甘草 20g 煨生姜

20g 薄荷15g

【用法】 水煎服或为末,开水冲调,候温灌服。

【功能】 疏肝解郁,健脾养血。

【方解】 本方是疏肝理脾的常用方剂。方中柴胡疏肝解郁,开通郁遏之气,为主药;当归、白芍补血和营以养肝,为辅药;茯苓、白术、炙甘草、煨姜健脾补中,为佐药;薄荷疏肝消风,为使药。

【主治】 肝郁血虚,肝脾不和。证见口干食少,神疲力乏,或寒热往来,舌淡红,脉弦虚。见于肝脏疾患、胃炎、母畜性周期不调以及乳房胀痛等病程中。若肝郁血虚发热,加栀子、丹皮,名丹栀逍遥散;若血虚较甚,加生地或熟地,名黑逍遥散;若脾虚较甚,加党参、大枣。

四逆散——《伤寒论》

【处方】 柴胡40g 炒枳实40g 芍药40g 炙甘草30g

【用法】 共为末,开水冲调或煎汤,候温灌服。

【功能】 透解郁热,调和肝脾。

【方解】 本方证因热邪传里,阳气内郁,不能外达四肢,治宜透解郁热,舒畅气机。方中柴胡疏肝解郁,使阳气透达肌表,兼调寒热,为主药;枳实行气消滞,助柴胡升清降浊,芍药益阴和营,柔肝止痛,助枳实疏畅气滞,共为辅药;炙甘草和中益气,助芍药调和肝脾,和中止痛,为佐使药。

【主治】 肝郁乘脾引起的热厥证。证见四肢厥逆,身热,腹痛,泄泻,脉弦。凡消化道疾病属肝脾不和者均可选用。本方加川芎、香附,枳实改枳壳,名为柴胡舒肝散,用于慢性胃炎。食滞不消者,加麦芽、山楂等;黏膜黄染,加郁金、茵陈;气滞较甚,加香附、木香、陈皮。

痛泻要方——《景岳全书》

【处方】 白术(土炒)60g 白芍(炒)45g 防风45g 陈皮30g

【用法】 共为末,开水冲调或煎汤,候温灌服。

【功能】 疏肝补脾。

【方解】 本方证因肝旺脾虚所致。《医方考》云:"泻责之脾,痛责之肝,肝责之实,脾责之虚,脾虚肝实,故令痛泻。"方中白术健脾补中,为主药;白芍平肝缓急止痛,为辅药;陈皮理气醒脾,为佐药;防风散肝舒脾,为使药。四药相合泻肝补脾,调和气机。

【主治】 肝旺脾虚所致的痛泻。证见肠鸣腹痛,泄泻,腹痛,舌苔薄白,脉弦而缓。泄泻如水,加炒升麻、车前子、茯苓;便带脓血,加白头翁、黄芩;腹痛甚,倍白芍,加青皮、香附;发热,加黄连、黄芩。

半夏泻心汤——《伤寒论》

【处方】 半夏30g 黄芩30g 干姜20g 党参30g 炙甘草15g 黄连15g 大枣10枚

【用法】 共为末,开水冲调或煎汤,候温灌服。

【功能】 和胃降逆,开结除痞。

【方解】 本方主治邪在少阳而误用攻下,中气被伤,致寒热互结,阻于心下,而成心下痞硬之证。以呕逆不止、肠鸣下利为证候特点。治宜辛开苦降,消痞补中,调和寒热。方用辛苦之半夏入胃为主,辛开散结,苦降止呕,以除痞满呕逆,为主药;干姜辛温祛寒,黄芩、黄连苦寒泄热,为辅药;党参、大枣补益中气,为佐药;炙甘草补脾胃而调诸药,为使药。诸药相配,共成泻心消痞、补中扶正、调和寒热之功。

【主治】 胃气不和。证见痞满不痛,或干呕,或呕吐、肠鸣下利、舌苔薄黄而腻、脉弦数。

见于急性胃肠炎和脾胃虚弱等过程中。湿热内蕴中焦，去干姜、党参、大枣、甘草，加枳壳、生姜。

第三节 温里方药

凡是药性温热，能够祛除寒邪的一类药物，称为温里药或祛寒药。组成以温热药为主，具有温中散寒、回阳救逆、温经通脉等作用，治疗里寒证的方剂，称为温里方或祛寒方。属于"八法"中的"温法"。

温里药具有温中散寒，回阳救逆的功能。方药适用于因寒邪而引起的肠鸣泄泻、肚腹冷痛、大汗、口鼻俱凉、四肢厥冷、脉微欲绝等阴证。

温里方根据寒邪所侵脏腑经络以及病情轻重缓急的差异可分为温中散寒、回阳救逆、温经散寒三类。但脾肾两脏最易为寒邪所侵，所以温里方多用于脾肾虚寒、阴寒内盛、阳气衰微之证。

使用本类方药应注意：①首先应辨清寒热之真假，对真热假寒的热厥证禁用。②根据病情选药和配伍。一些药物还有行气止痛、健运脾胃的作用，对于寒凝气滞、肚腹胀满疼痛、脾胃虚寒、呕吐下痢者应针对性选用。如里寒而兼表证者，应配伍解表药。③方药多温热燥烈，易伤阴液，故阴虚患畜应忌用或少用。

一、温里药

附子

为毛茛科植物乌头的子根加工品。主产于广西、广东、云南等地。

【性味归经】 大辛，大热。有毒。归心、脾、肾经。

【功能主治】 温中散寒，回阳救逆，除湿止痛。主治大汗亡阳、四肢厥冷、伤水冷痛、风寒湿痹。

【应用】 ①寒伤脾胃所致的草料减少，或腹痛起卧、冷肠泄泻等，常与干姜、党参、白术、甘草等同用，如附子理中汤。②大汗、大吐或大泻所致的四肢厥冷、脉微欲绝、大汗不止等，常与干姜、甘草等同用，如四逆汤。③风寒湿痹所致的腰胯冷痛、束步难行、卧地不起等，常与桂枝、生姜、大枣、甘草等同用，如桂附汤。孕畜禁用。

【用量】 马、禽 30～0.5g。

干姜

为姜科植物姜的干燥根状茎。切片生用。炒黑后称炮姜。主产于四川、陕西、河南等地。

【性味归经】 辛，温。归心、脾、胃、肾、肺、大肠经。

【功能主治】 温中散寒，回阳通脉。主治脾胃虚寒、冷痛泄泻、四肢厥冷。

【应用】 ①脾胃虚寒所致的食少、泄泻、冷痛等，常与党参、白术、甘草同用，如理中汤；胃冷吐涎，常与桂心、青皮、益智仁、白术、厚朴、砂仁等同用，如桂心散。②四肢厥冷等，常与附子、甘草等同用，如四逆汤。孕畜忌用。

【用量】 马、禽 30～0.3g。

肉桂

为樟科植物肉桂的干燥树皮。生用。主产于广东、广西、云南等地。

【性味归经】 辛、甘，大热。归脾、肾、肝经。

【功能主治】 补火助阳,温中除寒,行血止痛。主治肾阳不足、脾胃虚寒、风湿痹痛、产后寒痛。

【应用】 ①肾阳不足或命门火衰所致的四肢厥冷、口色淡、脉沉细等,常与熟地、山茱萸等同用,如肾气丸。②脾胃虚寒所致的鼻寒耳冷、草少、口流清涎,或伤水冷痛、冷肠泄泻等,常与青皮、茯苓、白术、干姜、厚朴、当归、砂仁等同用,如桂心散。③风湿痹痛、产后寒痛等,常与当归、高良姜等同用。孕畜禁用。

【用量】 马、禽 30～1g。

吴茱萸

为芸香科植物吴茱萸、疏毛吴茱萸或石斛的干燥未成熟的果实。生用或炙用。主产于广东、湖南、贵州等地。

【性味归经】 辛、苦,温。有小毒。归肝、肾、脾、胃经。

【功能主治】 温中止痛,理气止呕。主治脾胃虚寒、阳虚久泻、胃冷吐涎。

【应用】 ①脾胃虚寒所致的食少、肚腹冷痛等,常与党参、生姜、大枣等同用。②阳虚久泻,常与五味子、肉豆蔻、补骨脂等同用,如四神丸。③胃冷吐涎,常与生姜、半夏等同用。孕畜慎用。

【用量】 马、犬 30～2g。

小茴香

为伞形花科植物小茴香的干燥成熟果实。生用或盐水炒用。主产于山西、陕西、江苏等地。

【性味归经】 辛,温。归肺、肾、脾、胃经。

【功能主治】 祛寒止痛,理气和胃。主治脾胃虚寒、寒伤腰胯。

【应用】 ①脾胃虚寒所致的食少、冷痛、吐涎、寒泻等,常与干姜、木香等同用。②寒伤腰胯所致的腰脊紧硬、冷拖后脚等,常与肉桂、槟榔、白术、巴戟天、当归、牵牛子、藁本等同用,如茴香散。

【用量】 马、禽 60～0.5g。

高良姜

为姜科植物高良姜的干燥根茎。切片生用。主产于广东、广西、浙江等地。

【性味归经】 辛,温。归脾、胃经。

【功能主治】 温中散寒,消食止痛。主治胃寒草少、冷肠泄泻、反胃呕吐。

【应用】 胃寒食少,冷肠泄泻,反胃呕吐等,常与香附、半夏、厚朴、生姜等同用。阴虚火旺病畜禁用。

【用量】 马、禽 30～0.3g。

艾叶

为菊科植物艾的干燥叶。生用或炒炭用。各地均产,但以苏州产者为好。

【性味归经】 苦、辛,温。归脾、肝、肾经。

【功能主治】 散寒止痛,温经止血,安胎。主治肚腹冷痛、宫寒不孕、胎动不安。

【应用】 ①肚腹冷痛,子宫出血等,常与小茴香、熟地、阿胶等同用。②宫寒不孕,胎动不安等,常与香附、当归、肉桂等同用。

【用量】 马、禽 45～1g。

花椒

为芸香科植物花椒或青椒的果实。生用或炒用。主产于四川、陕西、江苏等地。

【性味归经】 辛,温。归肺、脾、肾经。

【功能主治】 温中散寒,杀虫止痛。主治冷肠泄泻、虫积、湿疹、疥癣。

【应用】 ①冷肠泄泻等,常与厚朴、陈皮、苍术等同用;脾胃虚寒等,常与干姜、党参等同用。②绦虫病和蛔虫病等,常与乌梅等同用。③皮肤湿疹,疥癣等,常与黄柏、苦参等同用,煎汤外洗。

【用量】 马、羊 20～6g。

荜澄茄

为樟科植物山鸡椒的干燥成熟果实。生用。主产广西、浙江、江苏等地。

【性味归经】 辛,温。归脾、肾、胃、膀胱经。

【功能主治】 温中止痛,行气消食。主治寒伤腰胯、尿浊。

【应用】 ①寒伤腰胯,常与五加皮、牛膝、巴戟天、小茴香等同用。②淋浊,常与茯苓、白术、小茴香、牡蛎、木通等同用。

【用量】 马、禽 30～0.3g。

二、温中散寒方

理中汤——《伤寒论》

【处方】 党参60g 干姜60g 炙甘草60g 白术60g

【用法】 水煎服,或共为末,开水冲调,候温灌服。

【功能】 温中散寒,补气健脾。

【方解】 本方为温中散寒的代表方。方中干姜辛热温中焦脾胃而祛里寒,为主药;党参益气健脾,助干姜振脾胃之升降,为辅药;脾虚则生湿,以白术燥湿健脾,为佐药;炙甘草益气和中而调诸药,为使药。

【主治】 脾胃虚寒证。证见草料减少、口色淡白、体瘦毛焦、完谷不化。见于慢性胃肠炎、胃及十二指肠溃疡等而见上述证候者。寒甚者,重用干姜;虚甚者,重用党参。

吴茱萸汤——《伤寒论》

【处方】 吴茱萸45g 党参30g 生姜30g 大枣10枚

【用法】 共为末,开水冲服,或水煎服。

【功能】 温肝暖胃,降逆止呕。

【方解】 方中吴茱萸暖肝温胃,下气降逆,止痛,为主药;生姜温胃止呕,为辅药;党参益气健脾扶正,兼顾过吐伤津,为佐药;大枣甘缓和中,既制吴茱萸生姜之辛辣,又助党参补虚扶中,为使药。

【主治】 肝胃虚寒呕逆等证。证见肚腹疼痛,呕吐嗳气,口吐涎沫,舌淡苔白滑,脉细迟。见于慢性胃炎、妊娠呕吐及原因不明的呕吐等属于脾胃虚寒者。

茴香散——《元亨疗马集》

【处方】 茴香30g 肉桂20g 槟榔10g 白术25g 巴戟天25g 当归30g 牵牛子10g 藁本25g 白附子15g 川楝子25g 肉豆蔻15g 荜澄茄20g 木通20g

【用法】 共为末,开水冲调,候温加炒盐30g、醋60ml,同调灌服。

【功能】 温肾散寒,祛湿止痛。

【方解】 方中茴香散寒理气,善入腰肾祛风寒邪气,为主药;肉桂、肉豆蔻、荜澄茄温肾除寒,暖脾和中,行气止痛,巴戟天补肾壮阳,强筋骨,祛风湿,白术健脾燥湿,藁本、牵牛子、槟榔、木通祛风利湿,均为辅药;白附子、川楝子祛风止痛,当归活血止痛,同为佐药,盐、醋为引,入肾经而活络,为使药。

【主治】 风寒湿邪引起的腰胯疼痛。证见形寒肢冷,耳鼻发凉,腰背僵硬,运步困难,口色青,舌苔白滑,脉沉弦。

温脾散——《元亨疗马集》

【处方】 当归 25g　厚朴 25g　陈皮 25g　青皮 25g　苍术 25g　益智仁 30g　牵牛子 15g　细辛 10g　甘草 20g

【用法】 共为末,开水冲服,候温加葱一把、醋 120ml,同调灌服,或水煎服。

【功能】 温中散寒,理气活血。

【方解】 方中益智仁、细辛温中祛寒,为主药;青皮、陈皮、厚朴理气宽中,当归活血,气血调和则腹痛可止,共为辅药;苍术燥湿健脾,牵牛子逐水,二药配合温肠逐水,为佐药;甘草缓中,调和诸药,葱温中通阳,醋活血止痛,共为使药。

【主治】 脾胃寒冷、冷痛等。证见腹痛剧烈,不时起卧,频频摆尾,前蹄刨地,肠鸣如雷,泻粪如水,鼻寒耳冷,口色青黄,口津滑利,脉象沉迟。

桂心散——《元亨疗马集》

【处方】 桂心 20g　干姜 25g　砂仁 15g　益智仁 20g　肉豆蔻 15g　白术 30g　厚朴 20g　五味子 15g　青皮 15g　陈皮 30g　当归 20g　炙甘草 15g

【用法】 共为末,开水冲,候温加炒盐 15g、青葱 3 根、酒 60ml 同调灌服。

【功能】 温脾暖胃,和血顺气。

【方解】 本方为治马脾胃阴寒的方剂。方中桂心温脾暖胃,为主药;干姜、砂仁、益智仁、肉豆蔻温中散寒,增强温脾暖胃之力,为辅药;白术、厚朴、五味子健脾燥湿,青皮、陈皮、当归理气和血,共为佐药;炙甘草健脾和中,协调诸药,为使药。

【主治】 脾胃虚寒所致的吐涎不食、腹痛、泄泻等证。证见鼻寒耳冷,甚或寒战,阵发性起卧不安,或卧地滚转,肠鸣如雷,粪便稀软带水,食欲废绝,口内湿滑,口温较低,口色青白,脉象沉迟。见于冷肠泄泻,胃寒草少,伤水腹痛等病程中。

三、回阳救逆方

四逆汤——《伤寒论》

【处方】 熟附子 45g　干姜 45g　炙甘草 30g

【用法】 水煎服,或共为末,开水冲调,候温灌服。

【功能】 回阳救逆。

【方解】 本方为回阳救逆的代表方剂。方中附子大辛大热,祛散寒邪,救命门火衰,为主药;干姜温脾散寒,助附子回阳救逆,为辅药;炙甘草和中益气,并缓和姜、附燥烈之性,为使药。

【主治】 少阴病或太阳病误汗亡阳。证见四肢厥逆,恶寒倦卧,神疲力乏,呕吐不渴,腹痛泄泻,舌淡苔白,脉沉微细。心衰、急慢性胃肠炎吐泻过多、急性病大汗出现休克等均可加减应用。

参附汤——《妇人良方》

【处方】 人参 30g　制附子 45g

【用法】 水煎服,或研末,开水冲调,候温灌服。

【功能】 回阳,益气,救脱。

【方解】 方中人参甘温,大补后天之元气,附子辛热、温壮先天之元阳,二药相须为用,上救心阳,下温命门,共收挽垂危于顷刻,扶阳气于将亡之捷效,为挽救垂危之良方。

【主治】 元气大亏、阳气暴脱。证见汗出肢冷,呼吸微弱,脉微等。凡大病虚极欲脱、产后或痈肿疮疡溃久、手术失血等血脱亡阳者,均可应用。目前临床多用于休克及心力衰竭、心律失常而致四肢厥冷,脉微欲绝,大汗不止等阳衰气脱之证。

四、温经散寒方

丁香散——《元亨疗马集》

【处方】 丁香30g 汉防己45g 当归30g 茴香60g 官桂20g 麻黄20g 川乌20g 元胡20g 羌活30g

【用法】 共为末,开水冲调,候温加葱一把、温酒120ml,同调灌服,亦可水煎服。

【功能】 温肾壮阳,祛风除湿。

【方解】 方中丁香、官桂、川乌温肾壮阳,为主药;防己祛风除湿,麻黄解表散寒,为辅药;茴香、羌活暖肾祛风湿,元胡活血通经,行气止痛,共为佐药;葱、酒通阳活血,为使药。

【主治】 寒伤腰胯疼痛。凡因受风寒湿邪所致的腰胯疼痛诸证,均可加减应用。

阳和汤——《外科证治全生集》

【处方】 熟地90g 鹿角胶25g 肉桂15g 炮姜10g 麻黄10g 白芥子15g 生甘草20g

【用法】 水煎服,或共为末,开水冲调,候温灌服。

【功能】 温阳补血,通脉散寒。

【方解】 本方为治疗外科阴疽的著名方剂。方中熟地、鹿角胶大补精血,为主药;炮姜、肉桂散寒复阳兼通血脉,为辅药;麻黄达卫散寒,协同姜、桂宣通气血,使胶、地补而不滞,白芥子祛肌肤之痰结,协同姜、桂散化痰滞,共为佐药;甘草解毒化痰,协调诸药,为使药。各药合用,寒凝去而阳气和,故名阳和汤。

【主治】 阴证疮疽。证见局部漫肿无头,皮色不变,不热,舌淡苔白,不渴,脉沉细或迟细。现代临床常用于治疗骨结核、腹膜结核、慢性骨髓炎、肌肉深部脓肿、慢性淋巴结炎、风湿性关节炎等属血虚寒凝者。

第四节 清热方药

凡具有清解里热作用的药物,称为清热药。组成以清热药为主,用于治疗里热证的方剂,称为清热方。

根据药物的主要性能和方剂的作用,可将其分为以下六类。

1. 清热泻火类 具有泻火泄热的作用,主要用于高热汗出、口渴贪饮、舌红苔黄、尿液短赤、脉象洪数等气分实热证。

2. 清热凉血类 具有清热凉血的作用,主要用于温热病邪入营血,血热妄行所致的斑疹,热性出血,舌绛、狂躁,甚至神昏等血分实热证。

3. 清热燥湿类 具有清热燥湿的作用,主要用于肠胃湿热所致的泄泻、痢疾,肝胆湿热所致的黄疸,下焦湿热所致的尿淋漓等湿热证。

4. 清热解毒类 具有清热解毒的作用,主要用于瘟疫、毒痢、疮黄肿毒等热毒证。

5. 清热解暑类 具有清热解暑的作用,主要用于暑热、暑湿等暑证。

6. 清虚热类 具有清虚热的作用,主要用于热邪伤阴,阴虚发热等虚热证。

使用清热方药应注意以下几点:①先辨明里热的真假,真寒假热证不可误用。对于热邪偏盛于某一脏腑的病证,选用不同的清脏腑热方剂。还应根据病情轻重和患畜体质强弱来选药定量。②清热方药多寒凉,易伤脾胃,多服久服易伤阳气,故对阳气不足、脾胃虚寒、食少、泄泻的患畜要慎用或适当辅以健胃药。③热病易伤津液,清热燥湿方药性多燥,易伤津液,对阴虚的患畜,宜辅以养阴药。

一、清热泻火药

石膏

为硫酸盐类矿物硬石膏族石膏,主含含水硫酸钙($CaSO_4 \cdot 2H_2O$)。生用或煅用。主产于湖北、甘肃、四川等地。

【性味归经】 辛、甘,大寒。归肺、胃经。

【功能主治】 清热泻火,外用敛疮生肌。主治气分实热、肺热咳喘、湿疮和疮疡。

【应用】 ①气分实热,高热不退等,常与知母相须为用,如白虎汤。②肺热咳嗽、气喘等实热证,常与麻黄、杏仁同用,如麻杏甘石汤。③煅石膏外用于溃疡不敛,湿疹瘙痒,水火烫伤,外伤流血等,常与黄柏、青黛等同用。胃无实热及体质素虚者忌用。

【用量】 马、禽 120~1g。

知母

为百合科植物知母的干燥根茎。切片生用,盐炙或酒炒用。主产于河北、山西、山东等地。

【性味归经】 苦,寒。归肺、胃、肾经。

【功能主治】 清热泻火,生津润燥。主治胃热、肺热咳嗽、阴虚内热、肠燥便秘。

【应用】 ①外感热病,高热烦渴等,常与石膏同用,如白虎汤。②肺热燥咳,常与贝母等同用。③阴虚潮热、肺虚燥咳、热病贪饮等,常与黄柏等同用,如知柏地黄汤。④润肺燥,常与沙参、麦冬、川贝等同用。⑤热病贪饮,常与天花粉、麦冬、葛根等同用。脾虚泄泻者慎用。

【用量】 马、禽 60~1g。

栀子

为茜草科植物栀子的干燥成熟果实。炒黄、炒焦、炒炭用。产于长江以南各地。

【性味归经】 苦,寒。归心、肝、肺、胃经。

【功能主治】 清热泻火,凉血解毒。主治目赤肿痛、湿热黄疸、热淋、尿血、衄血。

【应用】 ①目赤肿痛,常与黄连等同用。②湿热黄疸,常与茵陈、大黄同用,如茵陈蒿汤。③血热妄行,衄血及尿血,多与黄芩、生地等配伍。脾胃虚寒,食少便溏者慎用。

【用量】 马、禽 60~1g。

夏枯草

为唇形科植物夏枯草的干燥果穗。全国各地均产,主产于江苏、浙江、安徽等地。

【性味归经】 苦、辛,寒。归肝、胆经。

【功能主治】 清热泻火,散结消肿。主治目赤肿痛、疮肿瘰疬、乳痈。

【应用】 ①肝火上炎,目赤肿痛等,常与菊花、决明子、黄芩等同用。②疮肿瘰疬,常与玄参、贝母、牡蛎、昆布等同用。③乳痈肿痛,常与蒲公英同用。

【用量】 马、禽 60~1g。

淡竹叶

为禾本科植物淡竹叶的干燥茎叶。生用。主产于浙江、江苏、湖南、湖北等地。

【性味归经】 甘、淡,寒。归心、胃、小肠经。

【功能主治】 清热泻火,除烦利尿。主治心热舌疮、尿短赤、尿血。

【应用】 ①心经实热所致的口舌生疮、尿短赤等,常与木通、生地等同用,如导赤散。②尿血,常与车前子、槐花、侧柏叶、艾叶等同用。

【用量】 马、禽 45～1g。

芦根

为禾本科植物芦苇的新鲜或干燥根茎。切段生用。全国各地均产。

【性味归经】 甘,寒。归肺、胃经。

【功能主治】 清热泻火,生津止渴。主治咳嗽、肺痈、胃热呕吐、内热贪饮。

【应用】 ①肺热咳嗽,常与黄芩、浙贝母、瓜蒌等同用;肺痈,常与冬瓜仁、薏苡仁、桃仁等同用,如苇茎汤。②胃热呕逆,常与竹茹等同用。③热病伤津,烦热口渴,常与天花粉、麦冬等同用。

【用量】 马、犬 60～5g。

二、清热凉血药

生地黄

为玄参科植物地黄的新鲜或干燥块根。鲜用或干燥生用。主产于河南、河北、内蒙古及东北。全国大部分地区有栽培。

【性味归经】 甘、苦,寒。归心、肝、肾经。

【功能主治】 清热凉血,养阴生津。主治阴虚内热、鼻衄、尿血、津亏便秘。

【应用】 ①热入营血,壮热烦渴,神昏舌绛等,常与玄参、连翘、丹参等同用,如清营汤;热甚伤阴,津亏便秘,多与玄参、麦冬等同用,如增液汤;阴虚内热,多与青蒿、鳖甲、地骨皮等同用。②血热便血,尿血等,常与地榆、侧柏叶、茜草等同用;热病伤津,口干舌红,口渴贪饮等,常与麦冬、沙参、玉竹等同用。脾胃虚弱、便溏者不宜用。

鲜生地作用与干生地相似,前者凉血、生津效果更好。适用于热病伤阴,血热妄行之鼻衄、尿血等。

【用量】 马、禽 60～1g。

牡丹皮

为毛茛科植物牡丹的干燥根皮。生用或炒炭用。主产于安徽、山东、湖南等地。

【性味归经】 苦、辛,微寒。归心、肝、肾经。

【功能主治】 清热凉血,活血散瘀。主治血热出血、瘀血肿痛。

【应用】 ①热入血分所致的衄血、便血、斑疹等,常与生地、玄参等同用。②瘀血阻滞,跌打损伤等,常与桃仁、川芎、桂枝、乳香、没药等同用。脾虚胃弱及孕畜忌用。

【用量】 马、禽 45～1g。

白头翁

为毛茛科植物白头翁的干燥根。切片生用。主产于东北、华北地区及内蒙古自治区等地。

【性味归经】 苦,寒。归大肠、胃经。

【功能主治】 清热解毒,凉血止痢。主治湿热泄泻、热毒血痢。

【应用】 ①热痢腹痛,里急后重,下痢脓血等,常与黄连、黄柏、秦皮等同用,如白头翁汤。②疮痈肿毒,常与蒲公英、连翘等同用。虚寒下痢者忌用。

【用量】 马、禽60～1.5g。

玄参

为玄参科植物玄参的干燥根。切片生用。主产于我国长江流域及陕西、福建等地。

【性味归经】 甘、苦、咸,寒。入肺、胃、肾经。

【功能主治】 清热凉血,泻火解毒。主治阴虚内热、咽喉肿痛、阴虚便秘。

【应用】 ①热病伤阴,口渴舌绛等,常与生地、麦冬、黄连、金银花、连翘等同用,如清营汤。②咽喉肿痛,常与生地、桔梗、栀子、葛根、黄芩等同用。③肠燥便秘,常与生地、麦冬配伍,如增液汤。脾虚泄泻者忌用。

【用量】 马、禽45～1g。

水牛角

为牛科动物水牛的角。镑片或锉成粗粉生用。主产于华南、华东地区。

【性味归经】 苦,寒。归心、肝经。

【功能主治】 清热凉血,清心安神,泻火解毒。主治血热出血、惊风和惊厥。

【应用】 ①血热妄行所致的出血证,常代犀角,与生地、白芍、丹皮等同用,如犀角地黄汤。②热扰心神所致的惊风、惊厥等,可代犀角,与生地、玄参、丹参等配伍,如清营汤。③疮痈肿毒,斑疹等,常与黄连、黄芩、连翘等同用。孕畜慎用。

【用量】 马、猫150～3g。

紫草

为紫草科植物紫草、新疆紫草或内蒙古紫草的干燥根。切片生用。主产于辽宁、湖南、新疆等地。

【性味归经】 甘,寒。归心、肝经。

【功能主治】 清热凉血,活血,解毒透疹。主治热毒发斑、痈肿溃疡、烫火伤。

【应用】 ①温病发斑,血热毒盛,斑疹紫黑等,常与赤芍、蝉蜕、甘草等同用。②麻疹不透,疹色紫暗等,常与牛蒡子、连翘等同用。③疮疡,湿疹,水火烫伤等,常与金银花、连翘、蒲公英等同用。脾胃虚弱,粪便滑泻者忌用。

【用量】 马、禽45～0.5g。

白茅根

为禾本科植物白茅的干燥根茎。切段生用。各地均产。

【性味归经】 甘,寒。归肺、胃经。

【功能主治】 清热凉血,止血,利尿。主治血热出血、热淋、水肿、黄疸。

【应用】 ①衄血,尿血等,常与仙鹤草、蒲黄、小蓟等同用。②热淋,水肿,黄疸,尿不利等,常与车前草、木通、金钱草等同用。③热病贪饮,肺胃有热等,多与芦根等同用。

【用量】 马、犬60～3g。

三、清热燥湿药

黄连

为毛茛科植物黄连、三角叶黄连或云连的干燥根茎。生用,酒炙、姜汁炙或吴茱萸炙用。主产于四川、云南、湖北。

【性味归经】 苦,寒。归心、脾、胃、胆、大肠经。

【功能主治】 清热燥湿,泻火解毒。主治湿热泻痢、心火亢盛、火毒疮痈、目赤肿痛。

【应用】 ①湿热泻痢,里急后重,单用或与郁金、诃子、黄芩、黄柏、木香等同用,如郁金散。②心火亢盛,高热神昏,热盛伤阴,三焦热盛等,常与黄芩、黄柏、栀子、天花粉、牛蒡子、桔梗、木通等同用,如洗心散。③火热炽盛,疮黄肿毒,目赤肿痛等,常配黄芩、黄柏、栀子,如黄连解毒汤。脾胃虚寒,非实火湿热者忌用。

【用量】 马、禽 30~0.5g。

黄芩

为唇形科植物黄芩的干燥根。切片生用或酒炙用。主产于河北、山西、内蒙古、河南等地。

【性味归经】 苦,寒。归肺、胆、大肠经。

【功能主治】 清热燥湿,泻火解毒,安胎。主治湿热泻痢、咳嗽、疮黄、黄疸和胎动不安。

【应用】 ①湿热泻痢,常与大枣、白芍等同用。②肺热咳嗽,常与知母、桑白皮等同用;风热犯肺,常与栀子、杏仁、桔梗、连翘、薄荷等同用。③湿热黄疸,常与栀子、茵陈等同用。④湿热淋证,常与木通、生地等同用。⑤泻上焦实热,常与黄连、栀子、石膏等同用。⑥疮痈肿毒,常与金银花、连翘等同用。⑦胎动不安,常与白术同用。脾胃虚寒,无湿热实火者忌用。

【用量】 马、禽 60~1.5g。

黄柏

为芸香科植物黄檗或黄皮树的干燥树皮。前者习称关黄柏,后者习称川黄柏。切丝生用或盐炙用。主产于东北、华北、内蒙古、四川、云南等地。

【性味归经】 苦,寒。归肾、膀胱、大肠经。

【功能主治】 清热燥湿,泻火解毒,退虚热。主治湿热泻痢、黄疸、阴虚盗汗、疮疡肿毒。

【应用】 ①湿热泻痢,常与白头翁、黄连同用,如白头翁汤。②湿热黄疸,常与茵陈、栀子同用。③膀胱湿热所致的尿淋涩疼痛,常与木通、淡竹叶、车前子、栀子等同用。④阴虚发热,潮热盗汗,常与知母、地黄等同用,如知柏地黄汤。⑤疮黄肿毒,常与黄连、黄芩、栀子等同用。脾胃虚寒、胃弱者忌用。

【用量】 马、禽 45~0.5g。

龙胆

为龙胆科植物龙胆、条叶龙胆或三花龙胆的干燥根及根茎。切段生用。我国各地均产。

【性味归经】 苦,寒。归肝、胆经。

【功能主治】 清热燥湿,泻肝胆火。主治肝胆湿热、湿疹、目赤肿痛。

【应用】 ①湿热黄疸,常与茵陈、栀子等同用。②湿疹瘙痒,常与黄柏、苦参、茯苓等同用。③肝经风热,目赤肿痛,常与栀子、黄芩、柴胡、木通等同用,如龙胆泻肝肠。④肝经热盛、热极生风所致的抽搐痉挛等,多与钩藤、牛黄、黄连等同用。脾胃虚寒和虚热者慎用。

【用量】 马、禽 45~1.5g。

苦参

为豆科植物苦参的干燥根。切片生用。主产于山西、河南、河北等地。

【性味归经】 苦,寒。归心、肝、胃、大肠、膀胱经。

【功能主治】 清热燥湿,祛风杀虫,利尿。主治湿热黄疸、泻痢、疥癣。

【应用】 ①湿热黄疸、泻痢等,治黄疸,常与栀子、龙胆等同用。②泻痢,常与木香、甘草等同用。③疥癣,常与雄黄、枯矾等同用;湿疹湿疮,常与黄柏、蛇床子等同用;皮肤瘙痒,常与荆芥、防风、蝉蜕等同用。④湿热内蕴所致尿不利、灼热涩痛等，常与车前子、栀子等同用。脾胃虚寒，食少便溏者忌用。

【用量】 马、禽 60～0.3g。

秦皮

为木樨科植物白蜡树、苦枥白蜡树、宿柱白蜡树或尖叶白蜡树的干燥树皮。切丝生用。主产于河北、河南、辽宁、吉林等地。

【性味归经】 苦、涩，寒。归肝、胆、大肠经。

【功能主治】 清热燥湿，清肝明目。主治湿热泻痢、目赤肿痛。

【应用】 ①湿热泻痢，里急后重等，常与白头翁、黄连等同用，如白头翁汤。②肝热上炎所致的目赤肿痛、目生翳障等，常与栀子、黄连、淡竹叶等同用。

【用量】 马、禽 60～1g。

四、清热解毒药

金银花

为忍冬科植物忍冬、红腺忍冬、山银花或毛花柱忍冬的干燥花蕾。生用。全国各地均产，主产于河南、山东等地。

【性味归经】 甘，寒。归肺、心、胃经。

【功能主治】 清热解毒，疏散风热。主治风热感冒、热毒血痢、热毒痈肿。

【应用】 ①外感风热，温病初起，常与连翘、荆芥、薄荷等同用，如银翘散。②热毒泻痢，常与黄芩、白芍等同用。③热毒痈肿，有红、肿、热、痛症状属阳证者，常与当归、陈皮、防风、白芷、贝母、天花粉、乳香、穿山甲等配伍，如真人活命饮。虚寒作泻、无热毒者忌用。

【用量】 马、禽 60～1g。

附：忍冬藤

清热解毒效力不及金银花，但祛风活络作用较强。除用于外感风热外，还可用治风湿热痹。

连翘

为木樨科植物连翘的干燥成熟果实。生用。主产于我国东北、华北、长江流域等。

【性味归经】 苦，微寒。归心、肺、小肠经。

【功能主治】 清热解毒，消肿散结。主治外感风热、疮黄肿毒。

【应用】 ①外感风热或温病初起，常与金银花、蒲公英、黄芩、栀子等同用，如银翘散。②疮痈肿毒，常与金银花、蒲公英、野菊花等同用。体虚发热、脾胃虚寒、阴疮经久不愈者忌用。

【用量】 马、禽 30～1g。

紫花地丁

为堇菜科植物紫花地丁的干燥或新鲜全草。干用或鲜用。主产于江苏及长江以南各省。

【性味归经】 苦、辛，寒。归心、肝经。

【功能主治】 清热解毒，凉血消肿。主治乳痈、痈肿疮毒。

【应用】 ①疮黄肿毒、丹毒、肠痈等，常与蒲公英、金银花、野菊花等同用，如五味消毒饮；乳痈，鲜品捣烂外敷，或与蒲公英、金银花、王不留行等同用。②毒蛇咬伤，鲜品捣烂外敷咬伤处。

【用量】 马、羊 80～15g。

蒲公英

为菊科植物蒲公英、碱地蒲公英或同属数种植物的干燥全草。生用。全国各地均产。

【性味归经】 苦、甘,寒。归肝、胃经。

【功能主治】 清热解毒,散结消肿。

【应用】 ①乳痈,常与金银花、连翘、通草、穿山甲等同用,如公英散。②肺痈,常与鱼腥草、芦根等同用。③肠痈,常与大黄、丹皮、桃仁等同用。④咽喉肿痛,常与板蓝根等同用。⑤热淋涩痛,常与白茅根、金钱草、车前子等同用。⑥湿热黄疸,常与茵陈、栀子、大黄等同用。非热毒实证不宜用。

【用量】 马、禽 90～1.5g。

板蓝根

为十字花科植物菘蓝的干燥根。切片生用。主产于江苏、河北、安徽、河南等地。

【性味归经】 苦,寒。归心、胃经。

【功能主治】 清热解毒,凉血,利咽。主治外感风温时疫、热毒血斑、血痢、咽喉肿痛。

【应用】 ①外感风热或温病初起,单用或与黄芩、连翘、牛蒡子等同用,如普济消毒饮。②热毒斑疹,丹毒,血痢肠黄等,常与黄连、黄芩、玄参、连翘等同用。③咽喉肿痛,口舌生疮等,常与金银花、桔梗、甘草等同用。脾胃虚寒者慎用。

【用量】 马、禽 100～1g。

大青叶

为十字花科植物菘蓝的干燥叶片。切碎,鲜用或晒干生用。主产于江苏、河北、安徽等地。

【性味归经】 苦,寒。归心、胃经。

【功能主治】 清热解毒,凉血消斑。外感风温时疫、热毒发斑、咽喉肿痛。

【应用】 ①外感风温时疫,常代替板蓝根与黄芩、连翘、牛蒡子等同用。②热毒发斑,常与水牛角、栀子、淡豆豉等同用。③咽喉肿痛,常与石膏、贝母等同用。

【用量】 马、禽 100～1g。

射干

为鸢尾科植物射干的干燥根茎。切片生用。主产于浙江、湖北、河南等地。

【性味归经】 苦,寒。归肺经。

【功能主治】 清热解毒,祛痰利咽。主治肺热咳喘、咽喉肿痛。

【应用】 ①肺热咳嗽痰多者,常与前胡、贝母、瓜蒌等同用。②热毒痰火郁结,咽喉肿痛,常与升麻、甘草等同用。脾胃虚寒者慎用。

【用量】 马、羊 45～5g。

山豆根

为豆科植物越南槐的干燥根及根茎。切片生用。主产于广西、广东、湖南、贵州等地。

【性味归经】 苦,寒。归肺、胃经。

【功能主治】 清热解毒,利咽消肿。主治咽喉肿痛。

【应用】 ①热毒肺火所致之咽喉肿痛,常与桔梗、栀子、连翘等同用。②胃火上炎引起的牙龈肿痛、口舌生疮等,常与石膏、黄连、升麻、牡丹皮等同用。肺有风寒或脾虚溏泻者忌用。

【用量】 马、禽 45～1g。

黄药子

为薯蓣科植物黄独的干燥块茎。切片生用。主产于湖北、湖南、江苏等地。

【性味归经】 苦,平。有小毒。归心、肺、脾经。

【功能主治】 清热凉血,解毒消肿。主治肺热咳喘、咽喉肿痛、疮黄肿毒、衄血、毒蛇咬伤。

【应用】 ①疮黄肿毒,常与栀子、黄芩、黄连、白药子等同用,如消黄散。②咽喉肿痛,常与山豆根、射干、牛蒡子等同用。③衄血,常与栀子、生地等同用。④毒蛇咬伤,常与半边莲等同用。

【用量】 马、禽 60～1g。

白药子

为防己科植物头花千金藤的干燥块根。切片生用。主产于江西、湖南、湖北等地。

【性味归经】 苦,寒。归肺、心、脾经。

【功能主治】 清热解毒,凉血止血,散瘀消肿。主治肺热咳喘、咽喉肿痛、疮黄肿毒。

【应用】 ①肺热咳喘,咽喉肿痛等,常与桑白皮、贝母、当归、芍药、天花粉、桔梗、白芷等同用。②疮黄肿毒,常与黄药子同用。

【用量】 马、禽 60～1g。

穿心莲

为爵床科植物穿心莲的干燥地上部分。切段,晒干生用或鲜用。华南、西南、华东等地均有栽培。

【性味归经】 苦,寒。归肺、胃、大肠、小肠经。

【功能主治】 清热解毒,燥湿止泻。主治肺热咳喘、肠黄作泻、泻痢。

【应用】 ①肺热咳喘,常与桑白皮、黄芩等同用。②咽喉肿痛,常与玄参、板蓝根、牛蒡子等同用。③肠黄作泻,泻痢等,可与秦皮、白头翁等同用。

【用量】 马、禽 120～1g。

五、清热解暑药

香薷

为唇形科植物石香薷的干燥全草。切段生用。主产于江西、安徽、河南等地。

【性味归经】 辛,微温。归肺、胃经。

【功能主治】 祛暑解表,利湿行水。主治外感风邪暑湿、水肿、尿不利。

【应用】 ①外感伤暑,常与黄芩、黄连、天花粉等同用,如香薷散。②暑湿,常与扁豆、厚朴等同用。③水肿,尿不利等,常与白术、茯苓等同用。

【用量】 马、禽 45～1g。

荷叶

为睡莲科植物莲的干燥叶。晒干生用。主产于浙江、江西、湖南等地。

【性味归经】 苦,平。入肝、脾、胃经。

【功能主治】 解暑清热,升发清阳。主治暑热作泻。

【应用】 ①暑热,尿短赤等,常与藿香、佩兰等同用。②暑热泄泻,脾虚气陷等,常与白术、扁豆等同用。③鼻衄,便血等,单用或与止血药同用。

【用量】 马、犬 90～6g。

白扁豆

为豆科植物扁豆的干燥成熟种子。生用或炒用。主产于浙江、江苏、陕西等地。

【性味归经】 甘,微温。入脾、胃经。

【功能主治】 补脾除湿,消暑。主治脾胃虚弱、暑湿泄泻。

【应用】 ①脾虚作泻,可与白术、木香、茯苓等同用。②伤暑泄泻,常与荷叶、藿香等同用。

【用量】 马、禽 45～1.5g。

六、清虚热药

青蒿

为菊科植物青蒿和黄花蒿的干燥茎叶。切段生用。全国各地均产。

【性味归经】 苦,寒。归肝、胆经。

【功能主治】 清热解暑,退虚热。主治外感暑热、阴虚发热、寄生虫病。

【应用】 ①外感暑热,常与藿香、佩兰、滑石等同用;温热病,常与黄芩、竹茹等同用。②阴虚发热,潮热盗汗,常与生地、鳖甲、知母、丹皮同用,如青蒿鳖甲汤。③疟原虫、血吸虫、球虫和焦虫病等,单用或与其他杀虫药同用。

【用量】 马、犬 45～3g。

地骨皮

为茄科植物枸杞或宁夏枸杞的干燥根皮。切段生用。主产于宁夏、甘肃、河北等地。

【性味归经】 甘,寒。归肺、肾、肝经。

【功能主治】 清热凉血,退虚热。主治血热妄行、阴虚发热、肺热咳嗽。

【应用】 ①血热妄行所致的各种出血证,常与白茅根、侧柏叶等同用。②阴虚发热,常与青蒿、银柴胡等同用。③肺热咳喘,常与桑白皮、甘草等同用。脾胃虚寒者忌用。

【用量】 马、禽 60～1g。

胡黄连

为玄参科植物胡黄连的干燥根茎。切片生用。主产于西藏、云南等地。

【性味归经】 苦,寒。归肝、胃、大肠经。

【功能主治】 清热燥湿,退虚热,杀虫。主治湿热泻痢、阴虚发热。

【应用】 ①湿热泻痢,常与黄芩、黄柏、白头翁等同用。②阴虚发热,常与银柴胡、地骨皮等同用。③杀虫,常与使君子等同用。

【用量】 马、禽 30～0.5g。

七、清热泻火方

白虎汤——《伤寒论》

【处方】 石膏(打碎先煎)250g 知母 45g 甘草 25g 粳米 45g

【用法】 水煎至米熟汤成,去渣灌服。

【功能】 清热生津。

【方解】 石膏辛甘大寒,清阳明气分实热而除烦,为主药;知母苦寒质润,清热润燥,为辅药;甘草、粳米益胃养阴,又缓和石膏、知母寒凉伤胃之弊,共为佐使药。

【主治】 阳明经证或气分实热证。证见高热大汗,口干舌燥,大渴贪饮,脉洪大有力。见于乙型脑炎、中暑、肺炎等热性病而有上述证候者。

洗心散——《元亨疗马集》

【处方】 黄连 30g 黄芩 45g 黄柏 30g 栀子 30g 连翘 30g 牛蒡子 45g 白芷 15g 茯神 20g 天花粉 25g 木通 20g 桔梗 25g

【用法】 为末,开水冲调,候温加鸡蛋清 4 个,同调灌服。

【功能】 清热泻火,解毒。

【方解】 黄连、黄芩、黄柏、栀子通泻三焦火,导热下行,为主药;连翘,泻火解毒,增强主药的泻火作用,为辅药;牛蒡子、白芷消肿止痛,茯神安心神,天花粉清热生津,木通清心火、利尿,皆为佐药;桔梗排脓消肿,并载药上达病所,为使药。

【主治】 心经积热,口舌生疮。证见舌红,舌体肿胀溃烂,口内垂涎,草料难咽。见于心经积热所致舌体肿胀或溃破成疮的病证。

清肺散——《元亨疗马集》

【处方】 板蓝根 90g 葶苈子 50g 甘草 25g 浙贝母 50g 桔梗 30g

【用法】 为末,开水冲调,加蜂蜜 120g,候温灌服。

【功能】 清肺平喘,化痰止咳。

【方解】 贝母、葶苈子清热定喘,为主药;桔梗开宣肺气而祛痰,使升降调和而喘咳自消,为辅药;板蓝根、甘草清热解毒,蜂蜜清肺止咳,润燥解毒,为佐使药。

【主治】 肺热咳喘,咽喉肿痛。证见气促喘粗,咳嗽,口干,舌红等。见于支气管炎、肺炎等而见上述证候者。

清胃散——《脾胃论》

【处方】 黄连 30g 生地 30g 牡丹皮 45g 当归 30g 升麻 45g

【用法】 共为末,开水冲调,候凉灌服。

【功能】 清胃凉血。

【方解】 黄连清胃中积热,为主药;升麻清热解毒,升散透发、宣达郁遏之伏火,生地、牡丹皮滋阴清热凉血,共为辅药;当归补血活血,为佐药;升麻兼以引经,为使药。

【主治】 胃火牙痛。证见口气热臭,口干舌燥,舌红苔黄,牙疼,耳鼻发热,其齿喜冷恶热,牙龈红肿溃烂,脉滑数。见于口腔炎、牙周炎等而见上述证候者。

八、清热凉血方

清营汤——《温病条辨》

【处方】 犀角 10g(锉细末冲服,可用 10 倍量水牛角代) 生地 60g 玄参 45g 麦冬 45g 黄连 25g 银花 45g 连翘 30g 竹叶心 15g 丹参 30g

【用法】 水煎服或为末,开水冲调,候凉灌服。

【功能】 清营解毒,透热养阴。

【方解】 犀角清解营分热毒,为主药;生地、玄参、麦冬养阴清热,为辅药;黄连、银花、连翘、竹叶心清解气分热毒,为佐药;丹参清热凉血,活血散瘀,助犀角清热凉血,又能引导诸药入心经以清热,为使药。

【主治】 热邪初入营分。证见高热,口渴或不渴,烦躁或时有神昏,舌红口干,或见斑疹隐现,脉细数。见于脑炎、败血证等而见上述证候者。

犀角地黄汤——《千金方》

【处方】 犀角 10g(或用 10 倍量水牛角代) 生地 150g 白芍 60g 丹皮 45g

【用法】 水煎服或为末,开水冲调,候凉灌服。

【功能】 清热解毒,凉血散瘀。

【方解】 犀角清营凉血,清热解毒,为主药;生地养阴清热,凉血止血,助犀角解血分热毒,为辅药;白芍、丹皮清热凉血,活血散瘀,共为佐使药。

【主治】 温热病之血分证或热入血分,证见衄血、尿血、便血、血斑等。见于热入血分之各种出血证等而见上述证候者。

清瘟败毒饮——《疫疹一得》

【处方】 石膏(先煎)120g 知母30g 犀角6g(锉细末冲服,可用10倍量水牛角代) 生地30g 丹皮20g 玄参25g 赤芍25g 黄连20g 栀子30g 黄芩25g 连翘30g 桔梗25g 竹叶25g 甘草15g

【用法】 水煎服或为末,开水冲调,候温灌服。

【功能】 清气凉血,泻下解毒。

【方解】 石膏、知母大清气分热,为主药;犀角、生地、丹皮、玄参、赤芍清营凉血解毒,黄连、栀子、黄芩、连翘通泻三焦火热,为辅药;竹叶清心利尿,导热下行,桔梗载药上行,共为佐药;甘草清热解毒,调和诸药,为使药。

【主治】 热毒炽盛,气血两燔。证见大热躁动,渴饮,昏狂,发斑,舌绛,脉数。见于丹毒、脑炎、败血证等而见上述证候者。

九、清热解毒方

黄连解毒汤——《外台秘要》

【处方】 黄连30g 黄芩60g 黄柏60g 栀子45g

【用法】 水煎服,或为末,开水冲调,候温灌服。

【功能】 泻火解毒。

【方解】 黄连泻心火,兼泻中焦之火,为主药;黄芩泻上焦之火,黄柏泻下焦之火,栀子通泻三焦之火,且导热下行从膀胱而出,共为辅佐药。

【主治】 三焦热盛或疮疡肿毒。证见大热烦躁,甚则发狂,或见发斑以及外科疮疡肿毒等。见于败血证、脓毒血证、痢疾、肺炎及各种急性炎症等而见上述证候者。

郁金散——《元亨疗马集》

【处方】 郁金30g 黄连30g 黄芩30g 黄柏30g 栀子30g 大黄60g 白芍15g 诃子15g

【用法】 为末,开水冲调,候温灌服。

【功能】 清热解毒,涩肠止泻。

【方解】 郁金清热凉血,行气散瘀,为主药;黄连、黄芩、黄柏、栀子清三焦郁火兼化湿热,为辅药;白芍、诃子敛阴涩肠而止泻,更以大黄清血热、下积滞,共为佐药。

【主治】 肠黄。证见泄泻腹痛,荡泻如水,泻粪腥臭,舌红苔黄,渴欲饮水,脉数。见于急性肠炎等而见上述证候者。

五味消毒饮——《医宗金鉴》

【处方】 金银花60g 紫花地丁60g 紫背天葵30g 蒲公英60g 野菊花60g

【用法】 水煎服或为末,开水冲调,候温灌服。

【功能】 清热解毒,消疮散痈。

【方解】 金银花清热解毒,消散痈肿,为主药;紫花地丁、紫背天葵、蒲公英、野菊花清热解毒,消散疮痈肿毒,均为辅佐药。

【主治】 各种疮痈肿毒。证见局部红肿热痛,身热,口色红,脉数。见于疮痈肿毒病证。

三子散——《中国兽药典》

【处方】 栀子200g 诃子200g 川楝子200g

【用法】 水煎服或为末,开水冲调,候温灌服。

【功能】 清热解毒。

【方解】 栀子性寒凉,清泻三焦实热,凉血解毒,为主药;诃子味涩清热,为辅药;川楝子味苦清热,为佐使药。

【主治】 三焦热盛,疮黄肿毒,脏腑实热。证见食欲不振,粪便干燥,热泻,肺热咳嗽等。见于红痢、白痢、羊痘等而见上述证候者。

消黄散——《元亨疗马集》

【处方】 知母30g 浙贝25g 黄芩25g 连翘25g 黄连30g 大黄30g 栀子30g 芒硝60～150g 黄药子30g 白药子30g 郁金30g 甘草15g

【用法】 煎汤或为末,开水冲调,候温加蜂蜜120g、鸡蛋清4个,同调灌服。

【功能】 清热泻火,凉血解毒。

【方解】 知母、浙贝、黄芩、连翘清心肺之火于上焦,黄连、大黄清胃肠之热于中焦,栀子通泻三焦之火,导热下行入于小肠,共为主药;芒硝泻火热走大肠,为辅药;黄药子、白药子、郁金清热凉血,为佐药;甘草调和诸药而解毒,为使药。

【主治】 三焦热盛、热毒、黄肿。证见肺热咳嗽,泻痢腥臭,尿黄,脓肿等。见于火热内实、疮黄肿毒、肺热气喘等病证。

公英散——《中兽医治疗学》

【处方】 蒲公英60g 银花60g 连翘60g 丝瓜络30g 通草25g 芙蓉叶25g 浙贝母30g

【用法】 拌料喂服或为末,开水冲调,候温灌服。

【功能】 清热解毒,消肿散痈。

【方解】 蒲公英清热解毒,消痈散结为主药;金银花、连翘、芙蓉叶清热解毒,丝瓜络、通草通络消肿,浙贝母消肿散痈,均为辅佐药。

【主治】 乳痈初起。证见乳房肿胀,局部红肿热痛。见于急性乳房炎等而见上述证候者。

苇茎汤——《千金方》

【处方】 苇茎150g 冬瓜仁120g 桃仁45g 薏苡仁150g

【用法】 水煎去渣,候温灌服;或苇茎煎汤,药研末冲服。

【功能】 清肺化痰,祛瘀排脓。

【方解】 苇茎(芦根)清肺泄热,为主药;冬瓜仁祛瘀排脓,为辅药;桃仁活血化瘀,薏苡仁利湿排脓,共为佐使药。

【主治】 肺痈。证见发热咳嗽,痰黄臭或带脓血,口干舌红,苔黄腻,脉滑数。见于肺脓疡、大叶性肺炎等而见上述证候者。

十、清热燥湿方

白头翁汤——《伤寒论》

【处方】 白头翁60g 黄柏30g 黄连45g 秦皮60g

【用法】 为末,开水冲调,候温灌服。

【功能】 清热解毒,凉血止痢。

【方解】 白头翁清热解毒,凉血,清大肠血热而治热毒血痢,为主药;黄连、黄柏、秦皮增强白头翁清热解毒、燥湿止痢之力,共为辅佐药。

【主治】 热毒血痢。证见里急后重，泻痢频繁，大便脓血，发热，渴欲饮水，舌红苔黄，脉弦数。见于细菌性痢疾和阿米巴痢疾等而见上述证候者。

龙胆泻肝汤——《医宗金鉴》

【处方】 龙胆草(酒炒)45g 黄芩(炒)30g 栀子(酒炒)30g 泽泻 30g 木通 30g 车前子 20g 当归(酒炒)25g 柴胡 30g 甘草 15g 生地(酒洗)45g

【用法】 水煎服或为末，开水冲调，候温灌服。

【功能】 泻肝胆实火，清三焦湿热。

【方解】 龙胆草泻肝经实火，除下焦湿热，为主药；栀子、黄芩泻火清热，增强龙胆草清肝胆实火之力，泽泻、木通、车前子利尿，引湿热从尿而出，增强龙胆清利肝胆湿热之力，为辅药；当归活血，生地养血，柴胡疏肝，均为佐药；甘草调和诸药，为使药。

【主治】 肝火上炎或湿热下注。证见目赤肿痛，尿淋浊、涩痛，阴肿等。见于急性结膜炎、胆囊炎、急性湿疹、尿路感染、睾丸炎等而见上述证候者。

茵陈蒿汤——《伤寒论》

【处方】 茵陈 250g 栀子 60g 大黄 45g

【用法】 水煎服。

【功能】 清热利湿，退黄。

【方解】 茵陈清热利湿、退黄，为主药；栀子清利三焦湿热，使湿热由小便而出，为辅药；大黄通泄郁热，使湿热由粪便而下，为佐药。

【主治】 湿热黄疸。证见结膜、口色皆黄，鲜明如橘色，尿短赤，苔黄腻，脉滑数等。见黄疸肝炎等而见上述证候者。

通肠芍药汤——《牛经备要医方》

【处方】 黄连 10g 黄芩 45g 大黄 60g 玄明粉 150g 芍药 30g 木香 25g 槟榔 30g 枳实 30g 山楂 60g

【用法】 水煎服或为末，开水冲调，候温灌服。

【功能】 清热燥湿，行气导滞。

【方解】 黄连、黄芩清热燥湿解毒，为主药；大黄、玄明粉泄热通肠，清除胃肠湿热积滞，为辅药；芍药散瘀行血，木香、槟榔、枳实、山楂均能调气，共为佐药。

【主治】 湿热积滞，肠黄泻痢。证见欲泻不泻，点滴难出，日泻多次，粪色赤白或粉红如水，不食水草，肚腹胀满。见于痢疾等病程中。

止痢散——《中兽医方剂》

【处方】 雄黄 40g 滑石 150g 藿香 110g

【用法】 为末，开水冲服。仔猪每服 2~4g。

【功能】 清热解毒，化湿止痢。

【方解】 雄黄燥湿解毒，为主药；滑石清热渗湿止泻，为辅药；藿香化湿行气，和胃止泻，为佐药。

【主治】 湿热泻痢。证见里急后重，粪稀量少，味腥臭、其色灰暗或灰黄并混有胶冻样物等。见于仔猪白痢、黄痢，猪胃肠炎，雏鸡白痢等而见上述证候者。

十一、清热解暑方

香薷散——《元亨疗马集》

【处方】 香薷 60g　黄连 30g　黄芩 45g　栀子 30g　连翘 30g　柴胡 25g　当归 30g　天花粉 60g　甘草 15g

【用法】 为末,开水冲调,候温加蜂蜜 60g,同调灌服。

【功能】 清热解暑,养血生津。

【方解】 香薷解表祛暑化湿,为主药;黄连、黄芩、栀子、连翘、柴胡通泻诸经之火,为辅药;当归、天花粉养血生津,为佐药;甘草和中解毒,蜂蜜清心肺而润肠,皆为使药。

【主治】 伤暑。证见发热气促,精神倦怠,眼闭不睁,四肢无力,口干,舌红,粪干,尿短赤,脉数。见于慢性中暑等而见上述证候者。

清暑散——《抱犊集》

【处方】 香薷 30g　扁豆 30g　茯苓 30g　茵陈 30g　木通 30g　藿香 30g　银花 30g　菊花 30g　薄荷 30g　石菖蒲 30g　牙皂 30g　麦冬 30g　甘草 30g

【用法】 共为末,开水冲调,候温灌服。

【功能】 清热祛暑。

【方解】 香薷、扁豆清热解暑,为主药;茯苓、茵陈、木通、藿香清热利湿,银花清热解毒,菊花、薄荷发散风热协助香薷、扁豆清热解暑,为辅药;石菖蒲、牙皂豁痰开窍,麦冬清心润肺,养胃生津,共为佐药;甘草调和药性,为使药。

【主治】 伤热,中暑。证见精神沉郁,眼闭不睁,步态不稳,气促喘粗,口干舌燥,神昏,脉数等。见于热应激、慢性中暑等而见上述证候者。

十二、清虚热方

青蒿鳖甲汤——《温病条辨》

【处方】 鳖甲 90g　青蒿 45g　生地 60g　知母 45g　丹皮 60g

【用法】 水煎服。

【功能】 养阴透热。

【方解】 鳖甲直入阴分,滋阴退虚热,青蒿透热邪外出,皆为主药;生地、知母养阴,助鳖甲退虚热,丹皮助青蒿以透泄阴分之伏热,共为辅佐药。

【主治】 虚热证。证见低热不退,夜热早凉,口干舌红少苔,脉细数。见于结核病等而见上述证候者。

第八章　下消痰湿方药

　　本章介绍了常用的泻下药、泻下方、消导药、消导方、化痰止咳平喘药、化痰止咳平喘方、祛湿药和祛湿方。要求学生了解各类药和方的概念，各味药的基原、性味和大体剂量，各方剂的用法；理解各类方药的应用注意事项，某些药的配伍禁忌，各方剂的方解；掌握各味药的名称、功能、主治和应用，各方剂的名称、处方、功能和主治。重点掌握大黄、芒硝、番泻叶、火麻仁、郁李仁、食用油、蜂蜜、神曲、山楂、麦芽、鸡内金、莱菔子、半夏、天南星、旋覆花、白前、贝母、瓜蒌、天花粉、桔梗、前胡、杏仁、款冬花、百部、枇杷叶、紫菀、白果、羌活、独活、秦艽、威灵仙、木瓜、五加皮、防己、茯苓、猪苓、茵陈、泽泻、车前子、金钱草、藿香、苍术、佩兰、豆蔻、白豆蔻的功能和主治，大承气汤、二陈汤、麻杏石甘汤、五苓散、平胃散的处方、功能和主治，当归苁蓉汤、曲蘖散、保和丸、止嗽散、苏子降气汤、独活散、独活寄生汤、八正散、藿香正气散的功能和主治。

第一节　泻下方药

　　凡能刺激或润滑大肠促进粪便排出，或攻逐水邪消退蓄水的药物，统称泻下药。以泻下药为主要组成，具有通导粪便、消积导滞、荡涤实热、攻逐水饮作用，以治疗里实证的方剂，称为泻下方。

　　根据泻下作用的强弱和应用范围，一般分为攻下、润下、峻下逐水三类。

　　1. 攻下类　　泻下作用较强，用于宿食停积、粪便燥结引起的里实证。又有清热泻火作用，通过泻粪以泄热，使实热瘀滞通过泻粪而解，尤以实热壅滞、燥粪坚积者为宜。常辅以行气药以加强泻下力，消除腹满证候。

　　2. 润下类　　药物多为种子或果仁，富含油脂，具有润燥滑肠的作用，故能缓下通便。方药适用于肠燥律枯、产后血亏、病后津液未复及亡血的大便秘结，或老畜、弱畜或产后母畜的习惯性秘结等。

　　3. 峻下逐水类　　泻下作用峻烈，能引起剧烈腹泻，而使大量水分从粪便排出兼有利尿作用。方药适用于水肿、胸、腹水及痰饮结聚、喘满壅实等。

　　使用泻下药应注意以下几点：①泻下方药的使用，以表邪已解、里实已成为原则，如表证未解而里实已成，则应表里双解，以防表邪陷里。②攻下、峻下方药攻逐力较猛，易伤正气，凡虚证、老弱、孕畜、产后以及伤津亡血者，均应慎用，必要时考虑攻补兼施、或先攻后补。此外，这类药物多具有毒性，注意剂量防止中毒。③泻下方药易伤胃气，应得效即止，并根据病情掌握用量与配伍。

一、攻　下　药

大黄

　　为蓼科植物掌叶大黄、唐古特大黄或药用大黄的干燥根茎。生用，或酒制、蒸熟、炒黑用。主产于四川、甘肃、青海等地。

　　【性味归经】　苦，寒。归脾、胃、大肠、肝、心包经。

【功能主治】 泻热通肠,凉血解毒,破积行瘀。主治热结便秘、热毒疮肿、瘀血阻滞、烧伤烫伤。

【应用】 ①热结便秘所致的腹痛起卧等,多与芒硝、枳实、厚朴同用,如大承气汤。②血热妄行所致的出血以及热毒内盛所致的目赤肿痛、热毒疮肿等,常与黄芩、黄连、丹皮等同用。③瘀血阻滞诸证,常与黄芩、黄连、丹皮等同用;产后瘀血腹痛,胎衣滞留,或恶露不尽等,常用酒大黄,配川芎、红花、桃仁、当归、益母草、牛膝等;跌打损伤,瘀血肿痛,用酒大黄,配没药、木香、赤芍、郁金等;亦可配乳香共研末,加酒调外敷。④湿热黄疸,常与茵陈、栀子同用,如茵陈蒿汤。⑤烧伤烫伤,常与地榆、黄柏、生石膏等同用,如烫火散。孕畜及哺乳期慎用。

【用量】 马、禽120～1.5g。

芒硝

为硫酸盐类矿物芒硝族芒硝,经加工精制而成的结晶体。主要是含水硫酸钠($Na_2SO_4 \cdot 10H_2O$)。煎炼后结于盆底凝结成块者,称为朴硝;结于上面的细芒如针者,称为芒硝。芒硝与萝卜同煮后去萝卜,倾于盆中,冷后所形成的结晶称为元明粉或玄明粉。主产于河北、河南、山东、江西等地。

【性味归经】 咸、苦,寒。归胃、大肠经。

【功能主治】 泻热通便,润燥软坚,清火消肿。主治实热便秘、粪便燥结、热毒疮肿。

【应用】 ①胃肠实热,粪便燥结,便秘腹痛等,常用与大黄相须为用,配枳实与厚朴,如大承气汤。②热毒所致的痈肿疮毒、目赤肿痛、口舌生疮等,用元明粉,配硼砂、冰片、朱砂等,如冰硼散。孕畜及哺乳期慎用。

【用量】 马、禽500～2g。外用适量。

番泻叶

为豆科植物狭叶番泻叶或尖叶番泻叶的干燥小叶。生用。狭叶番泻叶主产于印度、埃及、苏丹,尖叶番泻叶主产于埃及。

【性味归经】 甘、苦,寒。归大肠经。

【功能主治】 泻热导滞,通便,利水。主治热结便秘、腹痛起卧、水肿。

【应用】 ①热结便秘,腹痛起卧等,单用或与大黄、枳实、厚朴同用。②腹水,常与牵牛子、大腹皮等同用。孕畜慎用。

【用量】 马、禽40～1g。

巴豆

为大戟科植物巴豆的干燥成熟果实。生用、炒焦用或制霜用。主产于四川、广东、福建等地。

【性味归经】 辛,热;有大毒。归胃、大肠经。

【功能主治】 峻下积滞,逐水消肿,外用蚀疮。主治寒食积滞、粪便秘结、水肿、疮痈。

【应用】 ①里寒冷积所致的便秘、腹痛起卧等,常与干姜、大黄、杏仁等同用。②水肿胀满,尿不利等,常与甘遂、杏仁同用。③疮疡成脓而未溃破者,常与乳香、没药、木鳖子等炼成膏药,外贴患处。孕畜及哺乳期忌用。不宜与牵牛子同用。

【用量】 马、犬9～0.2g,内服一般制成霜,外用适量。

二、润 下 药

火麻仁

为桑科植物大麻的成熟种仁。打碎生用。主产于东北、华北、西南等地。

【性味归经】 甘,平。归脾、胃、大肠经。

【功能主治】 润肠通便,滋阴补虚。主治肠燥便秘、血虚便秘。

【应用】 ①邪热伤阴,津枯肠燥而致粪便燥结,常与大黄、杏仁、白芍等同用。②病后津亏及产后血虚所致肠燥便秘,常与当归、地黄等同用。

【用量】 马、猫 180～2g。

郁李仁

为蔷薇科植物欧李、郁李或长柄扁桃的干燥成熟种子。前两者习称小李仁,后一种习称大李仁。去皮捣碎用。主产于河北、辽宁、内蒙古等地。

【性味归经】 辛、苦、甘,平。归脾、大肠、小肠经。

【功能主治】 润燥滑肠,下气,利水。主治肠燥便秘、水肿。

【应用】 ①老弱病畜或因久病津亏所致的肠燥便秘,常与杏仁、桃仁、柏子仁等同用;大肠燥结,常与大黄、滑石等同用。②小便不利的水肿胀满,常与白术、茯苓、槟榔等同用。孕畜忌用。

【用量】 马、禽 60～1g。

蜂蜜

为蜜蜂科昆虫中华蜜蜂或意大利蜂所酿的蜜。各地均产。

【性味归经】 甘,平。归肺、脾、大肠经。

【功能主治】 补中,润燥,解毒,止痛。主治肠燥便秘、肺燥咳嗽。

【应用】 ①肠燥便秘,常与食用油、姜汁、葱白等同用。②肺燥干咳、肺虚久咳等,单用或与芝麻、香油、明矾等同用。③缓和某些药物的毒性和烈性,如缓解乌头、附子等的毒性。

【用量】 马、禽 240～3g。

食用油

为植物油和动物油,如菜籽油、芝麻油、花生油、豆油及猪脂等。各地均产。

【性味归经】 甘,寒。归大肠经。

【功能主治】 润燥滑肠。主治肠津枯燥、粪便秘结。

【应用】 肠津枯燥,粪便秘结,单用或与其他泻下药同用。

【用量】 马、犬 500～45ml。

三、峻下逐水药

牵牛子

为旋花科植物裂叶牵牛或圆叶牵牛的干燥成熟种子。生用。各地均产。

【性味归经】 苦,寒;有毒。归肺、肾、大肠经。

【功能主治】 泻下逐水,攻积杀虫。主治水肿、粪便秘结、虫积腹痛。

【应用】 ①大肠实热壅滞,粪便秘结,肚腹胀满等,常与大黄、厚朴、枳实、芒硝等同用。②水肿胀满,常与甘遂、大戟、芫花等同用。③虫积腹痛,如蛔虫、绦虫等肠道寄生虫,常与槟榔等同用。孕畜忌用,不宜与巴豆同用。

【用量】 马、禽 60～0.5g。

千金子

为大戟科植物续随子的干燥成熟种子。打碎生用或制霜用。主产于浙江、河北、河南等地。

【性味归经】 辛,温;有毒。归肝、肾、大肠经。

【功能主治】 逐水消肿,破血散结。主治粪便秘结、水肿、血瘀证。

【应用】 ①大肠燥热便秘实证,常与木通、牵牛子、滑石等同用。②二便不利的水肿实证,常与大黄、大戟、牵牛子等同用。③血瘀证,常与桃仁、红花等同用。孕畜忌用。

【用量】 马、犬 30～1g。

大戟

为茜草科多年生草本植物红芽大戟和大戟科多年生草本植物大戟的干燥根。切片生用、醋炒或与豆腐同煮后用。主产于广西、云南、广东等地。

【性味归经】 苦,寒;有毒。归肺、脾、肾经。

【功能主治】 峻下逐水,消肿散结。主治水肿胀满、痰饮积聚、疮黄肿毒。

【应用】 ①水草肚胀或宿草不转,常与甘遂、牵牛子、滑石、大黄等合用,如大戟散。②水肿喘满,胸腹积水,红大戟与甘遂、芫花、牵牛子等同用。③热毒壅滞所致的疮黄肿毒等,常与慈姑、雄黄等同用,内服或外敷。孕畜忌用。不宜与甘草同用。

【用量】 马、犬 15～1g。

甘遂

为大戟科植物甘遂的干燥块根。切片生用、醋炒用、甘草汤炒用或煨用。主产于陕西、山西、河南等地。

【性味归经】 苦,寒;有毒。归肺、肾、大肠经。

【功能主治】 泻水逐痰,通利二便。主治胸腹积水、痈肿疮毒。

【应用】 ①水湿壅盛所致的胸腹积水、宿水停脐、水肿胀满、二便不利等,常与大戟、芫花等同用。②痈肿疮毒,常用单味药适量外敷。孕畜忌用。不宜与甘草同用。

【用量】 马、犬 15～0.1g。

芫花

为瑞香科植物芫花的干燥花蕾。生用或醋炒、醋煮用。主产于陕西、安徽、江苏等地。

【性味归经】 苦、辛,温;有毒。归肺、脾、肾经。

【功能主治】 泻水逐饮,通利二便,解毒杀虫。主治胸腹积水、水草肚胀、疥癣。

【应用】 ①痰饮停滞所致的喘咳、胀满、胸腹积水、水草肚胀等,常与大戟、甘遂、大枣等同用。②疥癣,常单味药适量外用。孕畜忌用。不宜与甘草同用。

【用量】 马、羊 15～1.5g。外用适量。

商陆

为商陆科植物商陆或垂序商陆的干燥根。生用或醋炒用。主产于河南、安徽、湖北等地。

【性味归经】 苦,寒;有毒。归脾、肾、大肠经。

【功能主治】 逐水消肿,通利二便,解毒散结。主治水肿、宿水停脐、疮痈肿毒。

【应用】 ①水肿胀满,粪便秘结,小便不利等实证,常与甘遂、大戟等同用。②疮痈肿毒,常以鲜商陆捣烂外敷。孕畜忌用。

【用量】 马、羊 30～2g。外用适量。

四、攻下方

大承气汤——《伤寒论》

【处方】 大黄 60g 厚朴 30g 枳实 30g 芒硝 180g

【用法】 水煎服或为末开水冲调,候温灌服。

【功能】 攻下热结,破结通肠。

【方解】 本方为攻下的基础方,能峻下热结,承顺胃气下行,故名"承气"。方中大黄苦寒泄热通便,为主药;芒硝咸寒软坚润燥,加速积滞排泄,为辅药;厚朴、枳实宽中破气,消积导滞,行气散结,共为佐使药。

【主治】 结症。证见粪便闭结,腹部胀满,二便不通,口干舌燥,苔厚,脉沉实。

木槟硝黄散——《中国兽药典》

【处方】 槟榔30g 大黄90g 玄明粉110g 木香30g

【用法】 共为末,开水冲调,候温灌服。

【功能】 行气导滞,泻热通便。

【方解】 方中大黄、玄明粉攻积导滞,泻下泄热,共为主药;槟榔理气消积,木香行气止痛,共为辅药。

【主治】 实热便秘。证见腹痛起卧,排粪停止,肚腹胀满,肠鸣音弱或无,口色多偏红而干,脉沉涩。见于牛、马等动物便秘。

无失丹——《痊骥通玄论》

【处方】 木香25g 槟榔20g 青皮30g 大黄75g 玄明粉200g 牵牛子45g 三棱25g 木通20g 郁李仁60g

【用法】 水煎或共为末内服。

【功能】 泻下通肠。

【方解】 方中大黄、玄明粉泄热,攻逐结粪,为主药;牵牛子、槟榔助主药攻逐泻下,为辅药;木香、青皮、三棱理气消滞,郁李仁润下滑肠,为佐药;木通利尿降火,引药下行,为使药。

【主治】 结症,便秘。见于马属动物结肠或小肠结肠便秘。

马价丸——《痊骥通玄论》

【处方】 大黄60g 五灵脂60g 牵牛子60g 木通60g 千金子60g 甘遂60g 滑石60g 大戟60g 瞿麦60g 香附子100个 巴豆200粒(制霜)

【用法】 共为末,醋和为30丸,每次1丸,温开水化服;或作散剂,适量冲服。

【功能】 峻泻通肠,理气止痛。

【方解】 方中巴豆峻泻通肠,为主药;大黄、牵牛、千金子、甘遂、大戟助巴豆攻逐泻下,滑石滑肠通便,皆为辅药;五灵脂、香附子理气止痛,木通、瞿麦导热下行,为佐使药。诸药相合,峻泻通肠,理气止痛。

【主治】 马中结。证见粪结不通,肚腹胀满,疼痛起卧等。见于马属动物大结肠或小结肠便秘。

五、润 下 方

当归苁蓉汤——《中兽医治疗学》

【处方】 当归(麻油炒)180g 肉苁蓉90g 番泻叶45g 瞿麦15g 六神曲60g 木香12g 厚朴45g 枳壳30g 香附(醋制)45g 通草12g

【用法】 水煎取汁,候温加麻油250～500g同调灌服。

【功能】 润燥滑肠,理气通便。

【方解】 方中当归补血润肠,肉苁蓉补肾润肠,为主药;番泻叶泻热通便,麻油润肠通下,六神曲消食化滞,木香、香附、厚朴、枳壳通行滞气,助主药理气通便,共为辅药;瞿麦、通草利尿以清燥粪所化之热,为佐药。

【主治】 老弱、久病、体虚、孕畜的便秘。证见不时拱腰努责,但气虚无力,排粪困难,精神短少,肢体无力,舌色淡白,脉弱。

猪膏散——《元亨疗马集》

【处方】 滑石60g 牵牛子30g 大黄60g 官桂15g 甘遂25g 大戟25g 千金子30g 白芷10g 地榆皮60g 甘草25g

【用法】 共为末,开水冲调或稍煎,热调猪油250g、蜂蜜100g,灌服。

【功能】 润燥滑肠,消积导滞。

【方解】 方中大黄涤荡胃肠,为主药;大戟、甘遂、千金子、牵牛子、滑石破坚消积、通利二便,蜂蜜润燥滑肠,皆为辅药;白芷、官桂理气,地榆皮止痛,且官桂尚能温阳补土,以防攻逐太过,为佐药;甘草协调药性,为使药。

【主治】 牛百叶干,为本虚标实证。证见患畜体瘦毛枯,食欲、反刍停止,腹缩粪紧,鼻镜无汗,口色淡红,脉象沉涩等。见于牛的瓣胃阻塞,反刍兽的瘤胃积食、便秘。

六、峻下逐水方

大戟散——《中国兽药典》

【处方】 大戟30g 滑石90g 甘遂30g 牵牛子60g 黄芪45g 玄明粉200g 大黄60g

【用法】 为末,热调猪油250g,灌服。

【功能】 逐水,泻下。

【方解】 方中大戟、甘遂、牵牛子为峻下逐水之品,力专效宏,为主药;大黄、玄明粉软坚破结,滑石滑肠利窍,均助主药泻下,为辅药;黄芪扶正补中,使众攻逐之药不致伤正,为佐药;再加上猪油润滑肠道而通便,为使药。

【主治】 脾虚肚胀,水饮停聚实证。证见浮肿,反刍停止,腹部膨大而下垂,排粪减少或停止,常有腹痛起卧。见于慢性消化不良、慢性肝脏疾病等病程中。

第二节 消导方药

凡能健运脾胃、促进消化、具有消积导滞作用的药物,称为消导药,也称消食药。以消导药为主组成,用于治疗食积痞块、癥瘕积聚的方剂,称消导方。

消导方药与泻下方药均有消除有形实邪的作用,但二者有所区别。泻下一般是猛攻急下,用于急性有形实邪和病势较急的实证;消导一般是渐消缓散,用于慢性的积滞胀满。

消导方药适用于消化不良、草料停滞、肚腹胀满、腹痛腹泻等。在临床应用时,常根据不同病情而配伍或加味其他药物。如食滞多与气滞有关,故常与理气药同用;兼有便秘,常与泻下药同用;脾胃虚弱,可配健胃补脾药;脾胃有寒,可配温中散寒药;湿浊内阻,可配芳香化湿药;食积化热,可配合苦寒清热药。

一、消 导 药

神曲

为辣蓼、青蒿、杏仁等药加入面粉或麸皮混合后,经发酵而成的加工品。又称六神曲、六曲,原主产于福建,故又称建曲。现各地均能产。生用或炒到略具有焦香气味入药。

【性味归经】 辛、甘,温。入脾、胃经。

【功能主治】 消食化积,健脾和胃。

【应用】 ①草料积滞,消化不良,肚腹胀满,食欲不振,脾虚泄泻等,常与山楂、麦芽等同用,如曲麦散。②外感而有食滞者,配苏叶、生姜、苍术、藿香等。

【用量】 马、犬 60～5g。

山楂

为蔷薇科植物山里红或山楂的干燥成熟果实。生用或炒用。主产于河北、江苏、浙江等地。

【性味归经】 酸、甘,微温。归脾、胃、肝经。

【功能主治】 消食化积,行气散瘀。主治伤食腹胀、消化不良、产后恶露不尽。

【应用】 ①食积,肚腹胀满等,常与麦芽、神曲、莱菔子、木香、青皮、枳实等同用,如曲蘖散。②伤食泄泻,单用或与神曲、莱菔子、茯苓、半夏、陈皮、连翘等同用,如保和丸。③产后瘀阻腹痛,恶露不尽等,常与当归、川芎、益母草等同用。

【用量】 马、禽 60～1g。

麦芽

为禾本科植物大麦的成熟果实经发芽干燥而得。生用或炒用。各地均产。

【性味归经】 甘、平。归脾、胃经。

【功能主治】 生用行气消食、健脾开胃,主治食积不消、肚胀、乳房胀痛;炒用回乳消胀,用于断乳。

【应用】 ①草料停滞,肚腹胀满等,常与炒山楂、神曲、莱菔子、大黄、芒硝等同用,如消滞汤。②脾胃虚弱,食欲不振等,常与白术、党参、砂仁、甘草等同用。③乳汁郁积引起的乳房肿胀,单用或与其他消胀止痛药同用。④断乳,炒用。

【用量】 马、禽 60～1.5g。

鸡内金

为雉科动物家鸡的干燥沙囊内壁。杀鸡后取出鸡肫,立即剥下内壁,洗净,干燥。

【性味归经】 甘,平。归脾、胃、小肠、膀胱经。

【功能主治】 健胃消食,化石通淋。主治草料停滞、脾虚泄泻、砂石淋。

【应用】 ①草料停滞,肚腹胀满等,常与山楂、麦芽等同用。②脾虚腹泻,食欲不振等,常与白术、干姜、茯苓等同用。③膀胱湿热砂淋、石淋等,常与金钱草、海金沙、牛膝等同用。

【用量】 马、禽 30～1g。

莱菔子

为十字花科植物萝卜的干燥成熟种子。生用或炒用。各地均产。

【性味归经】 辛、甘,平。归肺、脾、胃经。

【功能主治】 消食导滞,降气化痰。主治食积气滞、痰饮咳喘。

【应用】 ①气滞食积,腹胀,痰饮咳喘等,生莱菔子与神曲、山楂、厚朴等同用。②痰涎壅盛,气喘咳嗽等,炒莱菔子与苏子、白芥子等同用。

【用量】 马、禽 60～1.5g。

二、消 导 方

曲蘖散——《元亨疗马集》

【处方】 六神曲60g 麦芽45g 山楂45g 厚朴30g 枳壳30g 陈皮30g 青皮30g

苍术 30g　甘草 15g

【用法】　共为末,开水冲,候温加生油 60g、白萝卜 1 个,同调灌服。

【功能】　消积化谷,宽肠理气。

【方解】　方中六神曲、山楂、麦芽消食化谷,为主药;青皮、厚朴、枳壳、白萝卜行气宽肠,生油润燥滑肠,助主药消胀,为辅药;陈皮、苍术理气健脾,使脾气能升,胃气得降,运化复常,为佐药;甘草和中,调和诸药,为使药。

【主治】　料伤。证见精神倦怠,眼闭头低,拘行束步,四足如攒,口色鲜红,脉洪大。见于牛、马过食精料病程中。

消积散——《中国兽药典》

【处方】　山楂(炒)15g　麦芽 30g　神曲 15g　莱菔子(炒)15g　大黄 10g　玄明粉 15g

【用法】　共为末,开水冲调灌服。

【功能】　伤食积滞。

【方解】　方中山楂、麦芽、神曲消食导滞,为主药;莱菔子下气,为辅药;大黄、玄明粉泻下除满,为佐药。

【主治】　料伤慢草不食。证见患畜精神倦怠,厌食或不进食,肚腹饱满,粪便粗糙或稀软,有时完谷不化,口色偏红,口臭,猪有时发生呕吐。用于马、牛、猪、羊的消化不良、瘤胃积食等。

保和丸——《丹溪心法》

【处方】　山楂 60g　神曲 60g　半夏 30g　茯苓 30g　陈皮 30g　连翘 30g　莱菔子 30g

【用法】　共为末,开水冲调灌服。

【功能】　和胃消食,清热利湿。

【方解】　方中山楂消食导滞,为主药;神曲消食健胃,莱菔子下气消胀,共为辅药;半夏、陈皮理气化湿,和胃止呕,茯苓健脾利湿,和中止泻,连翘既助消积,又可清解食积之热,共为佐药。

【主治】　食积轻症。证见肚腹胀满,食欲减少,嗳气酸臭,舌苔厚腻,脉滑。凡急、慢性胃肠炎而见上述诸证者均可加减应用。

木香导滞丸——《松崖医经》

【处方】　木香 20g　槟榔 20g　枳实 45g　大黄 60g　神曲 45g　茯苓 30g　黄芩 20g　黄连 15g　白术 20g　泽泻 15g

【用法】　共为末,开水冲调灌服。

【功能】　行气导滞,清热利湿。

【方解】　方中大黄荡涤实积,为主药;木香、槟榔、枳实下气导滞,黄芩、黄连清热燥湿,为辅药;茯苓、白术、泽泻渗湿和中,神曲消食和胃,为佐使药。

【主治】　湿热食积。证见下痢,里急后重,脘腹痞胀。

第三节　化痰止咳平喘方药

凡能消除痰涎,制止或减轻咳嗽和气喘的药物,称为化痰止咳平喘药。以化痰、止咳、平喘药为主组成,具有消除痰涎、缓解或制止咳喘的作用,用以治疗肺经疾病的方剂,称为化痰止咳平喘方。

临床上,痰与咳嗽、气喘关系密切,在病机上常互为因果,痰多每致咳嗽,咳嗽每多挟痰,久咳则肺气上逆作喘,三者可互为因果。在治法上,化痰、止咳、平喘常配合应用。因此,将化痰、止咳平喘的方药一并介绍。根据药物性味和方剂的功能,常分为三类。

1. 温化寒痰类 药性温燥,具有温肺祛寒、燥湿化痰作用。方药适用于寒痰、湿痰所致的咳喘、鼻液稀薄等,常与燥湿健脾药物配伍。因其性躁烈,阴虚燥咳、热痰壅肺等慎用。

2. 清化热痰类 药性偏于寒凉,以清化热痰为主要作用。方药适用于热痰郁肺所引起的咳喘、鼻液黏稠等,并根据病情适当地配伍。

3. 止咳平喘类 以止咳、平喘为主要作用。由于咳喘有寒热虚实之不同,用药则有温清补泻之差别。

使用本类方药须注意:①"善治痰者,治其生痰之源",如脾不健运,湿聚成痰者,治宜燥湿化痰;火热内郁,炼液为痰者,治宜清化热痰;肺燥阴虚,灼津为痰者,治宜润肺化痰;肺寒留饮者,治宜温阳化痰等。②治疗咳嗽也必须辨明发病的原因,根据不同的病情适当地配伍。如外感风寒引起的咳嗽,配合辛温解表药;外感风热引起的咳嗽,配合辛凉解表药,虚劳引起的咳嗽,配合补养药,可收到较好的效果。③"善治痰者,不治痰而治气,气顺则一身津液亦随气而顺矣","治咳嗽者,治痰为先,治痰者,下气为上",故化痰止咳平喘方中可配伍理气药。

一、温化寒痰药

半夏

为天南星科植物半夏的干燥块茎。生用或炙用,制半夏有清半夏、法半夏和姜半夏。主产于四川、湖北、安徽等地。

【性味归经】 辛,温;有毒。归脾、胃、肺经。

【功能主治】 燥湿化痰,温中化痰,生用消肿散结。主治湿痰咳喘、痰饮呕吐,外治痈肿。

【应用】 ①湿痰咳喘,常与陈皮、茯苓、甘草等同用,如二陈汤。②痰饮阻滞之呕吐,常与生姜、白术、茯苓、陈皮、砂仁同用;胃寒呕吐,常与茴香、生姜、吴茱萸、丁香同用;胃热呕吐,常与黄连、竹茹等同用;肚腹胀满,常与黄芩、黄连、干姜等同用。③痈肿疮黄,鲜半夏适量和生姜等少许捣烂,米醋调敷。不宜与乌头同用。

【用量】 马、猫 45～1g。外用适量。

天南星

为天南星科植物天南星、异叶天南星或东北天南星的干燥块茎。生用或炙用。主产于四川、河南、云南等地。

【性味归经】 辛、苦,温;有毒。归肺、肝、脾经。

【功能主治】 燥湿化痰,祛风止痉,散结消肿。主治湿痰咳嗽、口眼歪斜、四肢抽搐、破伤风,生用外治痈肿。

【应用】 ①痰湿壅滞所致的咳嗽,常与陈皮、半夏、茯苓、白术等同用。②口眼歪斜,四肢抽搐,破伤风等,常与防风、白芷、蝉蜕、僵蚕等同用。③痈肿疔疮,蛇虫咬伤,常与大黄、黄柏、姜黄、陈皮、苍术等同用。生品内服宜慎。孕畜忌用。

【用量】 马、猫 30～1g。

旋覆花

为菊科植物旋覆花或欧亚旋覆花的干燥头状花序。生用。主产于广西、广东、江苏等地。

【性味归经】 辛、苦、咸,微温。归肺、脾、胃、大肠经。

【功能主治】 降气,消痰,行水,止呕。主治风寒咳嗽、痰饮蓄积、呕吐。

【应用】 ①寒痰兼有表证者,常与前胡、荆芥、生姜、半夏、细辛等同用,如金沸草散。②热痰咳喘的实热证,常与桔梗、桑白皮、大黄、槟榔等同用,如覆花汤。③脾胃虚寒,痰湿内阻所致的呕吐,常与赭石、半夏、生姜、党参等同用,如旋覆代赭汤。

【用量】 马、羊 45～5g。

白前

为萝藦科植物柳叶白前或芫花叶白前的干燥根茎及根。切段生用。主产于浙江、山东、安徽等地。

【性味归经】 辛、苦,微温。归肺经。

【功能主治】 降气,消痰,止咳。主治肺气壅滞、痰多咳喘。

【应用】 ①肺气壅滞或痰多咳喘均可用,偏寒者,常与紫菀、半夏等同用;偏热者,常与桑白皮、地骨皮等同用。②外感风寒咳嗽,常与荆芥、桔梗、陈皮等同用。③风热咳嗽,常与牛蒡子、桑叶等同用。

【用量】 马、禽 45～1g。

二、清化热痰药

贝母

为百合科植物川贝母、浙贝母的干燥鳞茎,又称大贝或尖贝。生用。主产于四川、浙江、青海等地。

【性味归经】 川贝:苦,甘,微寒。浙贝:苦,寒。归肺、心经。

【功能主治】 止咳化痰,清热散结。主治咳嗽、疮痈肿毒。

【应用】 ①肺热咳喘,常用浙贝,可与栀子、桔梗、杏仁、紫菀、牛蒡子、百部等同用;肺虚久咳,常用川贝,可与沙参、麦冬、天冬等同用;肺痈鼻脓,常用浙贝,可与百合、大黄、天花粉等同用,如百合散。②疮痈肿毒未溃破者,常用浙贝,与连翘、蒲公英等同用;瘰疬,结核,配元参、龙骨、牡蛎、夏枯草、生地、海藻等。不宜与乌头同用。

【用量】 马、禽 30～0.5g。

瓜蒌

为葫芦科植物栝楼或双边栝楼的干燥成熟果实。主产于山东、安徽、河南等地。

【性味归经】 甘、微苦,寒。归肺、胃、大肠经。

【功能主治】 清热化痰,利气散结,润燥通便。主治痰热咳嗽、胸膈疼痛、粪便干燥、乳痈。

【应用】 ①肺热痰壅咳喘,常与知母、浙贝、栀子等同用。②痰热互结的胸膈疼痛,常与半夏、黄连等同用。③粪便干燥,常与火麻仁、郁李仁、枳壳等同用。④乳痈初起,肿痛未成脓者,常与乳香、没药、当归、川芎、连翘等同用。不宜与乌头同用。

【用量】 马、禽 60～0.5g。

天花粉

为葫芦科植物栝楼或双边栝楼的干燥根。切片生用。主产于山东、安徽、河南等地。

【性味归经】 甘、微苦,微寒。归肺、胃经。

【功能主治】 清热生津,排脓消肿。主治肺热燥咳、热毒痈肿。

【应用】 ①肺热燥咳,常与山豆根、知母、贝母、桔梗、紫菀、玄参等同用。②热毒痈肿,常与金银花、赤芍、连翘、黄芩、紫花地丁等同用。不宜与乌头同用。

【用量】 马、禽 30～1g。

桔梗

为桔梗科植物的干燥根。切片生用。主产于安徽、江苏、浙江等地。

【性味归经】 苦、辛,平。归肺经。

【功能主治】 宣肺,祛痰,利咽,排脓。主治咳嗽痰多、咽喉肿痛、肺痈。

【应用】 ①外感风寒或风热所致的咳嗽,常与杏仁、苏叶、陈皮等同用。②肺热咳喘,常与桑叶、菊花、杏仁等同用,如桑菊饮。③肺痈咳嗽喘急,鼻脓腥臭,常与鱼腥草、冬瓜子等同用。

【用量】 马、禽 45～1g。

前胡

为伞形科植物白花前胡和紫花前胡的干燥根。切片生用。主产于江苏、浙江、江西等地。

【性味归经】 苦、辛,寒。归肺经。

【功能主治】 疏风清热,降气消痰。主治气喘痰多、风热咳嗽。

【应用】 ①肺热壅盛所致的气喘痰多,常与知母、贝母、桑皮、杏仁等同用。②外感风热所致的咳嗽气急、咽喉肿痛或肺热咳嗽,常与薄荷、牛蒡子、桔梗等同用。

【用量】 马、禽 45～1g。

三、止咳平喘药

杏仁

为蔷薇科植物山杏、西伯利亚杏、东北杏或杏的干燥的成熟种子。生用或炒用。主产于我国北方各地。

【性味归经】 苦,微温;有小毒。归肺、大肠经。

【功能主治】 止咳平喘,润肠通便。主治咳嗽气喘、肠燥便秘。

【应用】 ①风寒咳嗽,常与麻黄、甘草等同用;燥热咳嗽,常与桑叶、贝母、沙参等同用。②肺热气喘,常与麻黄、石膏、甘草等同用;肺虚久咳,配阿胶、百合、贝母等。③老弱肠燥便秘和产后便秘,常与火麻仁、当归、地黄、枳壳等同用。

【用量】 马、羊 30～3g。

紫菀

为菊科植物紫菀的干燥根及根茎。生用或蜜炙用。主产于河北、安徽、河南等地。

【性味归经】 苦、辛,温。归肺经。

【功能主治】 润肺下气,消痰止咳。主治咳嗽、喘急痰多。

【应用】 ①风寒咳嗽,常与款冬花、苏子、麻黄、半夏、杏仁等同用;肺热咳喘,常与栀子、黄芩、葶苈子、天花粉等同用。②阴虚咳嗽,常与知母、贝母、桔梗、阿胶、党参、茯苓、甘草等同用。

【用量】 马、羊 45～3g。

款冬花

为菊科植物款冬的干燥花蕾。生用或蜜炙用。主产于河南、陕西、甘肃、浙江等地。

【性味归经】 辛、微苦,温。归肺经。

【功能主治】 润肺下气,止咳化痰。主治咳嗽气喘。

【应用】 ①肺热咳喘,常与贝母、马兜铃、半夏等同用。②风寒咳喘,常与麻黄、桂枝、桑白皮等同用。③肺燥咳喘,常与黄药子、僵蚕、郁金等同用。④肺虚久咳久喘,配炙紫菀、百合、炙麻黄、沙参、麦冬、党参等药,养阴止咳平喘。

【用量】 马、禽 45～0.5g。

百部

为百部科植物直立百部、蔓生百部或对叶百部的干燥块根。生用或蜜炙用。主产于江苏、安徽、山东等地。

【性味归经】 甘、苦,微温。归肺经。

【功能主治】 润肺止咳,杀虫。主治咳嗽、体虱、蛲虫病。

【应用】 ①风寒咳嗽,常与麻黄、荆芥、紫苏、杏仁等同用。②阴虚久咳,常与百合、麦冬、桑白皮、茯苓、沙参、地骨皮等同用。③肺热咳嗽,常与知母、贝母、黄芩、栀子等同用。④劳伤咳嗽,常与百合、补骨脂、紫菀、枸杞子等同用。⑤畜禽体虱、疥癣等,百部适量白酒浸泡,涂擦患部;蛲虫病,单味外用内服均有效。

【用量】 马、猫 30~3g。

马兜铃

为马兜铃科植物北马兜铃或马兜铃的干燥成熟果实。生用或蜜炙用。主产于河北、山东、陕西等地。

【性味归经】 苦,微寒。归肺、大肠经。

【功能主治】 清肺降气,止咳平喘。主治肺热咳喘、阴虚久咳。

【应用】 ①肺炎热咳嗽,痰多喘促等,单用有效,也可与桑白皮、黄芩、知母、贝母、杏仁等同用。②阴虚久咳,干咳无力等,常与阿胶、牛蒡子、杏仁、炙甘草等同用。

【用量】 马、羊 30~3g。

葶苈子

为十字花科植物独行菜或播娘蒿的干燥成熟种子。前者习称北葶苈子,后者习称南葶苈子。微炒、蜜炙或隔纸焙用。主产于陕西、河北、江苏等地。

【性味归经】 辛、苦,大寒。归肺、膀胱经。

【功能主治】 泻肺平喘,行水浮肿。主治喘咳痰多、胸腹积水、尿不利。

【应用】 ①痰涎壅滞所致的咳嗽喘急,常与玄参、牛蒡子、马兜铃、知母、贝母等同用。②胸腹积水,尿不利等的水肿实证,常与紫苏子、车前子、防己等同用。

【用量】 马、禽 30~1g。

枇杷叶

为蔷薇科植物枇杷的干燥叶。刷去绒毛,生用或蜜炙用。南方各地均产。

【性味归经】 苦,微寒。归肺、胃经。

【功能主治】 清肺化痰,和中降逆。主治肺热咳喘、胃热呕吐。

【应用】 ①肺热咳嗽,常与前胡、桑叶等同用;燥热咳喘,常与桑白皮、沙参等同用。②胃热呕吐等,常与沙参、石斛、玉竹、竹茹等同用。

【用量】 马、禽 60~0.5g。

白果

为银杏科植物银杏的干燥成熟种子。去壳,剥去黄色假种皮,捣碎使用。全国各地均产。

【性味归经】 苦、甘、涩,平;有毒。归肺经。

【功能主治】 敛肺定喘,除湿。主治喘咳痰多、尿浊。

【应用】 ①久病或肺虚引起的咳喘,常与麻黄、杏仁、黄芩、桑白皮、紫苏子、冬花、半夏、甘草等同用,如白果定喘汤。②湿热尿浊,常与芡实、黄柏等同用。

【用量】 马、猫 45~5g。

四、温化寒痰方

二陈汤——《和剂局方》

【处方】 制半夏 45g 陈皮 45g 茯苓 30g 炙甘草 15g

【用法】 水煎服,或共为末,开水冲服。

【功能】 燥湿化痰,理气和中,湿痰咳嗽。

【方解】 方中半夏燥湿化痰,降逆止呕,为主药;陈皮理气,气顺则痰消,为辅药;茯苓健脾利湿,脾健则痰化,为佐药;甘草和中健脾,协调诸药,为使药。

【主治】 湿痰咳嗽。证见咳嗽时痰涕色白且多,舌苔白滑,精神倦怠,听诊可闻水泡音,口津滑利,脉滑。见于慢性气管炎过程中。

半夏散——《元亨疗马集》

【处方】 半夏 30g 升麻 45g 防风 25g 枯矾 45g 生姜 30g

【用法】 共为末,开水冲,候温加蜂蜜 60g,同调灌服。

【功能】 温肺散寒,燥湿化痰。

【方解】 方中半夏温化寒痰,枯矾燥湿利痰,二药相配,和胃降逆,治寒湿痰饮,为主药;防风、升麻理脾助阳,增强脾运化水湿的功能,为辅药;生姜温中和胃止呕,助半夏降逆,还可制半夏之毒,为佐药;蜂蜜协调诸药,为使药。

【主治】 马肺寒吐沫。证见频频锉齿,吐沫垂涎,口鼻俱凉,精神倦怠,口色淡白,脉象沉迟。

五、清化热痰方

百合散——《元亨疗马集》

【处方】 百合 60g 贝母 30g 大黄 45g 甘草 30g 天花粉 45g

【用法】 共为末,加蜂蜜 120g、荞面 60g、萝卜汤一碗,水适量同调,候温灌服。

【功能】 滋阴清热,润肺化痰。

【方解】 本方证因肺热阴伤。方中百合、贝母滋阴清热,润肺化痰,为主药;辅以天花粉、萝卜润肺理气化痰;大黄清热,荞面降气,为佐药;甘草、蜂蜜和中润肺止咳,为使药。诸药相合,使肺气清肃,痰涎消散,咳嗽自止。

【主治】 肺壅鼻脓。证见表现呼吸气粗,鼻脓黄白,黏稠,口色红,脉洪大。见于化脓性鼻炎病程中。

辛夷散——《中国兽药典》

【处方】 辛夷 60g 知母(酒制)30g 黄柏(酒制)30g 北沙参 30g 木香 15g 郁金 30g 明矾 20g

【用法】 共为末,开水冲,候温灌服。

【功能】 滋阴降火,疏风通窍。

【方解】 方中辛夷上通额窦鼻腔,疏散邪毒,为主药;知母、黄柏上行而清热解毒,为辅药;北沙参养阴润肺,郁金活血化瘀,木香调理气机,明矾收敛固涩,均为佐药。

【主治】 肺热上蒸之脑颡鼻脓证。证见涕液稀白恶臭,或豆腐渣样,鼻部肿胀,叩之呈浊音,多一侧性,被毛焦枯。凡鼻窦炎、副鼻窦炎、上额窦蓄脓属肺热上蒸者,均可酌情加减运用。

六、止咳平喘方

止嗽散——《医学心悟》

【处方】 荆芥30g 桔梗30g 紫菀30g 百部30g 白前30g 陈皮25g 甘草15g

【用法】 共为末,开水冲,候温灌服。

【功能】 止咳化痰,疏风解表。

【方解】 方中百部、紫菀润肺,化痰止咳,共为主药;桔梗、陈皮宣肺祛痰,白前降气止咳,为辅药;荆芥疏风解表,清表证余邪,为佐药;甘草和中化痰,协调诸药,为使药。

【主治】 外感风寒咳嗽,以咳嗽不畅痰多为主证。证见恶寒,发热,咳嗽较剧、遇寒咳重,喉头敏感。牛多见鼻镜汗成片,口涎增多流泪;猪多懒动、鼻塞。如喉炎、气管炎。

麻杏石甘汤——《伤寒论》

【处方】 麻黄30g 杏仁30g 炙甘草30g 石膏(打碎先煎)150g

【用法】 水煎服,或共为末,开水冲调,候温灌服。

【功能】 清热,宣肺平喘。

【方解】 方中麻黄辛苦,宣肺解表平喘,为主药;石膏辛凉宣泄,消泄肺胃以生津,发散肺经郁热而平喘,为辅药;杏仁宣降肺气,助麻黄止咳平喘,为佐药;炙甘草协调诸药,为使药。

【主治】 肺热气喘,以喘急身热为主证。证见高热,喘重于咳,鼻流黄色脓性鼻液,脉洪数有力。凡患急性支气管炎、肺炎属于肺热炽盛,喘促气粗者,均可加减应用。

清燥救肺汤——《医门法律》

【处方】 石膏(先煎)100g 桑叶30g 麦冬30g 阿胶(烊化)25g 胡麻仁30g 杏仁30g 枇杷叶(去毛蜜炙)25g 党参25g 甘草15g

【用法】 水煎服,或共为末,开水冲调,候温灌服。

【功能】 清肺润燥。

【方解】 方中石膏清肺之燥热,桑叶宣肺止咳,为主药;麦冬、胡麻仁、阿胶滋阴润肺,为辅药;党参益气培土生津,杏仁、枇杷叶降逆化痰止咳,为佐药;甘草协调诸药,为使药。

【主治】 温燥伤肺证。证见身热,干咳少痰,咳喘,舌红少苔,脉虚大。见于肺炎、支气管哮喘、急慢性支气管炎、肺气肿等属燥热壅肺,气阴两伤者。

苏子降气汤——《和剂局方》

【处方】 苏子60g 制半夏30g 前胡45g 厚朴30g 陈皮45g 肉桂15g 当归45g 生姜10g 炙甘草15g

【用法】 水煎服,或共为末,开水冲服。

【功能】 降气平喘,温化寒痰。

【方解】 方中苏子降气平喘,为主药;陈皮、半夏、前胡、厚朴、生姜理气化痰,降逆止咳,疏通上实,肉桂温肾助纳气治下虚,为辅药;咳喘日久多虚,故以当归养血润燥补虚,且缓和其他药的温燥之性,为佐药;甘草和中,协调诸药,为使药。

【主治】 主治上实下虚之咳喘证。证见喘息无力,呼多吸少,痰涎壅盛,喉内痰鸣,舌苔白滑等。见于慢性气管炎、支气管哮喘、轻度肺气肿病程中。

第四节 祛湿方药

凡能祛除湿邪,治疗水湿证的药物,称为祛湿药。组成以祛湿药物为主,具有化湿利水、祛风除湿,用于治疗湿病的一类方剂,称为祛湿方。根据湿邪致病的证候和方药的作用,可将祛湿方药分为三类。

1. 祛风湿类 药物多味辛性温,方药具有祛风除湿、散寒止痛、通气血、补肝肾、壮筋骨等功效。适用于风湿在表而出现的皮紧腰硬、肢节疼痛、颈项强直、拘行束步、卧地难起、筋络拘急、风寒湿痹等。

2. 利湿类 药物多味淡性平,方药有利尿通淋、消水肿、除水饮、止水泻的功效,还能引导湿热下行。所以常用于尿赤涩、淋浊、水肿、水泻、黄疸和风湿性关节疼痛等。

3. 化湿类 药物多辛温香燥,方药有化湿浊、醒脾胃的作用,适用于湿浊内阻、脾为湿困、运化失调等所致的肚腹胀满或呕吐草少、粪稀泄泻、精神短少、四肢无力、舌苔白腻等。

使用本类方药时应注意以下几点。①首先须辨别病位之上下内外,病情之虚实。湿邪在上在表时,宜微汗以解之;在下在内者,宜健脾行水以利之;如湿从寒化,宜温阳化湿;湿从热化,宜清热祛湿。至于水湿壅盛,脉证俱实者,宜用逐水之方;体虚湿盛者,宜祛湿与扶正兼顾。②本类方剂多属于辛温香燥或淡渗利水之品,容易伤阴耗液,对津液亏损之证,一般不宜使用,必要时须配伍养阴药。③湿邪重着黏腻,易于阻碍气机,故祛湿剂中常配伍理气药,以求"气化则湿亦化"。

一、祛风湿药

羌活

为伞形花科植物羌活和宽叶羌活的干燥根茎及根。切片生用。主产于陕西、四川、甘肃等地。

【性味归经】 辛,温。归膀胱、肾经。

【功能主治】 发汗解表,祛风止痛。主治外感风寒、风湿痹痛。

【应用】 ①外感风寒所致的发热恶寒,常与防风、白芷、细辛、川芎等同用。②风寒湿邪阻络所致的腰背肢节疼痛、束步拘挛,尤其适用于前躯风湿痹痛,常与独活、防风、藁本、秦艽等同用。

【用量】 马、禽 45~0.5g。

独活

为伞形花科植物重齿毛当归的干燥根。切片生用。主产于四川、陕西、云南等地。

【性味归经】 辛,温。归入肝、肾经。

【功能主治】 祛风除湿,散寒止痛。主治风寒湿痹、腰肢疼痛。

【应用】 ①风寒湿邪阻络所致的四肢拘挛、腰肢疼痛等,常与桑寄生、秦艽、防风、细辛、党参、杜仲等同用,如独活寄生汤。②外感风寒挟湿所致的发热恶寒、肌肉紧硬等,常与羌活、防风、连翘、柴胡等同用。

【用量】 马、禽 45~0.5g。

威灵仙

为毛茛科植物威灵仙、棉团铁线莲或东北铁线莲的干燥根及根茎。切碎生用、炒用。主产于安徽、江苏等地。

【性味归经】 辛、咸,温。归膀胱经。

【功能主治】 祛风湿,通经络,消肿止痛。主治风湿痹痛、跌打损伤。

【应用】 ①风寒湿邪阻络或破伤风所致的四肢拘挛,常与羌活、独活、秦艽、当归等同用。②跌打损伤所致的瘀血肿痛,常与桃仁、红花、赤芍等同用。

【用量】 马、禽 60～0.5g。

木瓜

为蔷薇科植物铁梗海棠木的干燥近成熟果实。蒸煮后切片用或炒用。主产于安徽、浙江、四川等地。

【性味归经】 酸,温。归肝、脾、胃经。

【功能主治】 舒筋通络,化湿和胃。主治风湿痹痛、呕吐泄泻。

【应用】 ①风湿痹痛,腰胯紧硬,筋脉拘挛等,常与牛膝、威灵仙、川芎、当归等同用。②感受暑湿或湿困脾阳所致的呕吐、腹痛、泄泻等,常与吴茱萸、小茴香、生姜、紫苏叶等同用。

【用量】 马、禽 30～1g。

桑寄生

为桑寄生科植物桑寄生的干燥带叶茎枝。主产于河北、河南、广东等地。

【性味归经】 苦,平。归肝、肾经。

【功能主治】 补肝肾,强筋骨,祛风湿,安胎。主治风湿痹痛、腰胯无力、胎动不安。

【应用】 ①肝肾不足,气血亏虚兼风湿的腰胯无力等,常与杜仲、牛膝、独活、当归等同用,如独活寄生汤。②肝肾虚损所致的胎动不安,常与阿胶、续断、艾叶等同用。

【用量】 马、犬 60～3g。

秦艽

为龙胆科植物秦艽、麻花秦艽、粗茎秦艽或小叶秦艽的干燥根。切片生用。主产于四川、陕西、甘肃等地。

【性味归经】 苦、辛,平。归肝、胆、胃、大肠经。

【功能主治】 祛风湿,退虚热,止痹痛。主治风湿痹痛、阴虚发热。

【应用】 ①风湿痹痛,常与羌活、独活、桂枝等同用。②阴虚发热,常与知母、地骨皮等同用。

【用量】 马、禽 45～1g。

五加皮

为五加科植物木细柱五加的干燥根皮。切片生用或炒用。主产于四川、湖北、河南等地。

【性味归经】 辛、苦,温。归肝、肾经。

【功能主治】 祛风湿,强筋骨,补肝肾。主治风寒湿痹、腰肢痿软、水肿。

【应用】 ①风寒湿邪所致的腰肢痿软、关节肿痛,单用或与木瓜、牛膝等同用。②水肿、尿不利等,常与茯苓皮、大腹皮、陈皮、生姜皮等同用,如五皮饮。

【用量】 马、禽 45～1.5g。

乌梢蛇

为游蛇科动物乌梢蛇去内脏的干燥尸体。砍去头,以黄酒闷透去骨用或炙用。主产于浙江、安徽、贵州等地。

【性味归经】 甘,平。归肝经。

【功能主治】 祛风湿,定惊厥。主治风寒湿痹、惊痫抽搐、破伤风。

【应用】 ①风寒湿痹,常与羌活、防风等同用。②惊痫抽搐,常与蜈蚣、全蝎等同用。③破伤风,常与天麻、蔓荆子、羌活、独活、细辛等同用,如千金散。

【用量】 马、犬 30～2g。

防己

为防己科植物粉防己和木防己的干燥根。切片生用或炒用。主产于浙江、安徽、湖北等地。

【性味归经】 苦、辛,寒。归膀胱、肺经。

【功能主治】 利水退肿,祛风止痛。主治风湿痹痛、尿不利、水肿。

【应用】 ①风湿阻络所致的关节肿痛等,常与乌头、肉桂、生姜、白术等同用,如防己汤。②排尿不利或水湿停滞所致的水肿、胀满等,常与黄芪、白术、茯苓、甘草等同用。

【用量】 马、禽 45～1g。

藁本

为伞形科植物藁本和辽藁本的干燥根茎。切片生用。主产于四川、江苏、陕西等地。

【性味归经】 辛,温。归膀胱经。

【功能主治】 祛风散寒,胜湿止痛。主治外感风寒、颈项强直、风寒湿痹。

【应用】 ①外感风寒所致的颈项强直、肢节疼痛或发热等,常与白芷、川芎等同用。②风寒湿邪所致的痹痛、肢节疼痛等,常与羌活、防风、威灵仙、苍术等同用。

【用量】 马、禽 30～0.5g。

马钱子

为马钱科植物马钱的干燥成熟种子。砂炒至膨胀,去毛压粉用;或泡后去毛,油炒制用。主产于云南、广东等地。

【性味归经】 苦,寒;大毒。归肝、脾经。

【功能主治】 通络止痛,散结消肿。主治风湿痹痛、跌打损伤、疮黄肿毒。

【应用】 ①风湿痹痛,常与羌活、独活、川乌、乳香、没药等同用。②跌打骨折、瘀滞肿痛等,可与自然铜、土鳖虫、骨碎补、乳香、没药同用。③疮黄肿毒等,单用或与雄黄、乳香、皂角刺等同用。孕畜禁用。

【用量】 马、禽 30～0.5g。

豨莶草

为菊科植物豨莶、毛豨莶和腺梗豨莶的干燥地上茎叶。切片生用或酒制用。主产于安徽、江苏等地。

【性味归经】 苦,寒;小毒。归肝、肾经。

【功能主治】 祛风湿,利筋骨,镇静安神。主治风湿痹痛、骨节疼痛。

【应用】 风湿痹痛,骨节疼痛,腰胯无力,单用或与海桐皮等同用。

【用量】 马、犬 60～5g。

路路通

为金缕梅科植物枫香树的干燥成熟果序。生用。主产于江苏、浙江、安徽等地。

【性味归经】 苦,平。归肝、肾经。

【功能主治】 祛风活络,利水通经。主治风湿痹痛、乳汁不通、乳痈。

【应用】 ①风湿痹痛,常与独活、桑寄生、杜仲、牛膝、豨莶草等同用。②乳汁不通等,单用或与王不留行、黄芪、皂角刺、当归、党参、川芎、漏芦等同用。③乳痈,常与赤芍、蒲公英、当归等同用。

【用量】 马、兔 60～1g[①]。

丝瓜络

为葫芦科植物丝瓜的干燥成熟果实。生用。全国各地均产。

【性味归经】 甘,平。归肝、肺、胃经。

【功能主治】 通络,活血,祛风。主治风湿痹痛、乳汁不通。

【应用】 ①风湿痹痛,常与薏苡仁、滑石、防己、白鲜皮、白术、茯苓等同用。②乳汁不通,常与猪蹄同用,或与瓜蒌、青皮、香附、通草、当归等同用。

【用量】 马、羊 120～15g。

伸筋草

为石松科植物石松的干燥全草。生用。主产于湖北、浙江、贵州等地。

【性味归经】 辛、苦,温。归肝、肾经。

【功能主治】 祛风除湿,舒筋活络。主治风寒湿痹、跌打损伤。

【应用】 ①风湿痹痛,常与羌活、续断、秦艽、防己等同用。②跌打损伤,常与当归、川芎、红花等同用。

【用量】 马、兔 40～0.5g。

二、利湿药

茯苓

为多孔菌科植物茯苓菌的干燥菌核。寄生于松树根。傍附松根而生者,称为茯苓;抱附松根而生者,谓之茯神;内部色白者,称白茯苓;色淡红者,称赤茯苓;外皮称茯苓皮,均可供药用。晒干切片生用。主产于云南、安徽、江苏等地。

【性味归经】 甘、淡,平。归入脾、胃、心、肺、肾经。

【功能主治】 渗湿利水,健脾补中,宁心安神。主治脾虚泄泻、痰湿水肿、躁动不安。

【应用】 ①脾虚草少,泄泻等,常与党参、白术等同用,如参苓白术散。②水湿停滞,尿不利或水肿等,常与猪苓、白术、泽泻、桂枝等同用,如五苓散。③躁动不安,常与朱砂等同用。

【用量】 马、禽 60～1.5g。

猪苓

为多孔菌科寄生植物猪苓的干燥菌核。切片生用。主产于山西、陕西、河北等地。

【性味归经】 甘、淡,平。归肾、膀胱经。

【功能主治】 利水通淋,除湿退肿。主治泄泻水肿、尿不利。

【应用】 ①泄泻水肿,尿不利等,常与茯苓、白术、泽泻等同用,如五苓散。②冷肠泄泻,脾虚久泻,常与泽泻、肉桂、干姜等同用。

【用量】 马、犬 60～3g。

泽泻

为泽泻科植物泽泻的干燥块茎。切片生用。主产于福建、广东、江西等地。

【性味归经】 甘、淡,寒。归肾、膀胱经。

---

① 马、兔,指马、牛、猪、羊、犬、兔;60～1g,指马的最高剂量为 60g,兔的最低剂量为 1g。以下同。

【功能主治】 利水渗湿,清泻肾火。主治水肿、尿不利、泄泻、淋浊。

【应用】 ①水肿,泄泻等,常与茯苓、猪苓、白术等同用。②膀胱湿热所致的尿涩、尿血、尿浊等,常与茯苓、薏苡仁等同用。

【用量】 马、禽 45～0.5g。

车前子

为车前科植物车前草或平车前的干燥成熟种子。生用或炒用。主产于浙江、安徽、江西等地。

【性味归经】 甘、淡,寒。归肝、肾、小肠经。

【功能主治】 利水通淋,清肝明目。主治湿热淋浊、泄泻、目赤肿痛。

【应用】 ①热结膀胱所致的尿少、尿涩、尿血等,常与淋滑石、木通、瞿麦等同用。②水湿泄泻,常与白术、茯苓、泽泻、薏苡仁等同用。③肝经风热所致的目赤、翳障等,常与菊花、夏枯草、青葙子等同用。

【用量】 马、禽 30～1g。

滑石

为硅酸盐类矿物滑石族滑石。主含含水硅酸镁。打碎成小块,水飞或研细生用。主产于广东、广西、云南等地。

【性味归经】 甘,寒。归胃、膀胱经。

【功能主治】 利尿通淋,清热解暑,外用祛湿敛创。主治热淋、石淋、暑热、湿热泄泻、湿疹。

【应用】 ①湿热下注膀胱所致的尿赤涩疼痛或尿闭等,单用或与木通、车前草、瞿麦等同用。②暑热烦渴,尿少或泄泻等,常与黄芩、通草、甘草等同用。③湿疹,湿疮等,常与石膏、枯矾、炉甘石、黄柏等同用。

【用量】 马、禽 45～1.5g。外用适量。

木通

为马兜铃科植物东北马兜铃、毛茛科植物小木通或其同属的绣球藤的干燥藤茎。主产于湖南、贵州、四川等地。

【性味归经】 苦,寒。归心、小肠、膀胱经。

【功能主治】 清热利尿,通经下乳。主治口舌生疮、膀胱湿热、乳汁不通。

【应用】 ①心火上炎所致的口舌生疮、尿短赤等,常与生地、竹叶、甘草等同用。②湿热下注所致的尿少、尿频、尿血、尿涩痛等,常与瞿麦、车前子、滑石、栀子等同用,如八正散。③乳汁不通,常与王不留行、穿山甲同用。孕畜忌用。

【用量】 马、犬 40～2g。

通草

为五加科植物通脱木的干燥茎髓。切碎生用。主产于江西、四川等地。

【性味归经】 甘、淡,寒。归肺、胃经。

【功能主治】 清热利尿,通气下乳。主治膀胱湿热、乳汁不通。

【应用】 ①膀胱湿热所致的排尿不利、水肿、湿热淋浊等,可与滑石、生地、淡竹叶等同用。②乳汁不通,常与木通、王不留行、穿山甲、赤芍、当归等同用。

【用量】 马、禽 30～0.5g。

瞿麦

为石竹科植物瞿麦或石竹的地上部分。切段生用。主产于湖北、吉林、江苏等地。

【性味归经】 苦,寒。归心、小肠经。

【功能主治】 清热利尿,行血祛瘀。主治膀胱湿热。

【应用】 膀胱湿热所致的尿不利、水肿、热淋、尿血、石淋等,常与木通、萹蓄、车前子、滑石、栀子等同用,如八正散。孕畜慎用。

【用量】 马、禽 45~0.5g。

茵陈

为菊科植物茵陈蒿或滨蒿的干燥幼嫩茎叶。晒干生用。主产于安徽、山西、陕西等地。

【性味归经】 苦,微寒。归脾、胃、肝、胆经。

【功能主治】 清热,利湿,退黄。主治黄疸,尿不利。

【应用】 ①湿热黄疸,单用或与栀子、大黄等同用,如茵陈蒿汤。②黄疸兼尿不利,常与猪苓、泽泻等同用,如茵陈五苓散;寒湿阴黄,常与附子、干姜、甘草等同用,如茵陈四逆汤。

【用量】 马、禽 45~1g。

薏苡仁

为禾本科植物薏苡的干燥成熟的种仁。生用或炒用。主产于山东、福建、河北等地。

【性味归经】 甘、淡,微寒。归脾、肺、肾经。

【功能主治】 健脾止泻,清热除湿,除痹。主治脾虚泄泻、风热湿痹、肺痈。

【应用】 ①脾虚泄泻,常与茯苓、白术等同用。②风湿热痹,四肢拘挛等,常与石膏、知母、桂枝等同用。③肺痈,常与芦根、桃仁等同用,如苇茎汤。

【用量】 马、禽 60~3g。

金钱草

为报春花科植物过路黄的新鲜或干燥全草。鲜用或晒干生用。主产于江南各地。

【性味归经】 微咸,平。归肝、胆、肾、膀胱经。

【功能主治】 清热利湿,通淋消肿,排石止痛。主治湿热黄疸、湿热淋浊、砂石淋、跌打损伤。

【应用】 ①湿热黄疸,常与栀子、茵陈等同用。②湿热淋浊,砂石淋,常与石苇、鸡内金、海金沙等同用。③跌打损伤,可用鲜品捣汁内服或外敷患处。

【用量】 马、犬 120~3g。

海金沙

为海金沙科植物海金沙的干燥成熟孢子。生用。主产于广东、湖南、安徽等地。

【性味归经】 甘,寒。归小肠、膀胱经。

【功能主治】 清热利湿,通淋止痛。主治膀胱湿热、尿淋、尿石。

【应用】 膀胱湿热,热淋涩痛,砂石淋等,常与萹蓄、瞿麦、金钱草等同用。

【用量】 马、禽 45~1g。

地肤子

为藜科植物地肤的干燥成熟果实。生用。主产于河北、江苏、福建等地。

【性味归经】 甘、苦,寒。归膀胱经。

【功能主治】 清热利湿,祛风止痒。主治膀胱湿热、皮肤瘙痒。

【应用】 ①膀胱湿热所致的排尿不利、热淋涩痛等,常与黄柏、瞿麦、车前子等同用。②皮肤瘙痒、湿疹等,常与荆芥、防风、黄芩、苦参等同用。

【用量】 马、禽 45～1g。

萹蓄

为蓼科植物萹蓄的干燥地上部分。切碎生用。主产于山东、安徽、江苏等地。

【性味归经】 苦、辛,寒。归胃、膀胱经。

【功能主治】 利尿通淋,杀虫止痒。主治膀胱湿热、皮肤湿疹。

【应用】 ①膀胱湿热所致的尿淋、尿血等,常与瞿麦、滑石、木通、车前、甘草梢、栀子、大黄等同用。②皮肤湿疹,可用鲜品煎液外洗。

【用量】 马、禽 60～0.5g。

草薢

为薯蓣科植物绵草薢和粉草薢的干燥根茎。切片生用。主产于四川、浙江等地。

【性味归经】 苦,平。归肝、胃经。

【功能主治】 利湿祛浊,祛风通痹。主治尿淋尿浊、风湿痹痛。

【应用】 ①尿淋尿浊,常与益智仁、乌药、茯苓、甘草等同用,如草薢分清饮。②风寒湿痹,常与白术、牛膝、薏苡仁、防己等同用。

【用量】 马、犬 45～3g。

灯心草

为灯心草科植物灯心草的干燥茎髓。生用。主产于江苏、四川、福建等地。

【性味归经】 甘、淡,微寒。归心、肺、小肠经。

【功能主治】 清心火,利尿。尿不利、口舌生疮、中暑。

【应用】 尿不利,口舌生疮,中暑等,常与淡竹叶、滑石、木通、车前草等同用。

【用量】 马、犬 45～3g。

三、化 湿 药

藿香

为唇形花科植物藿香或广藿香的干燥茎叶。晒干切碎生用。主产于广东、吉林、贵州等地。

【性味归经】 辛,微温。归脾、胃、肺经。

【功能主治】 化湿和中,祛暑解表,行气化滞。主治夏伤暑湿、脾受湿困。

【应用】 ①夏伤暑湿所致的恶寒发热、呕吐或泄泻等,常与香薷、苍术、砂仁等同用,如藿香正气散。②湿困脾土所致的草少、腹胀、泄泻等,常与厚朴、苍术、半夏等同用。

【用量】 马、禽 45～1g。

佩兰

为菊科植物佩兰的干燥茎叶。晒干切段生用。主产于江苏、浙江、安徽等地。

【性味归经】 辛,平。归脾经。

【功能主治】 化湿开胃,发表解暑。主治外感暑湿、暑湿内阻。

【应用】 ①外感暑湿所致的恶寒发热、倦怠等,常与藿香、青蒿、荷叶等同用。②暑湿内阻所致的草少、腹胀、呕吐或泄泻,常与藿香、厚朴、白豆蔻等同用。

【用量】 马、羊 45～9g。

苍术

为菊科植物茅苍术和北苍术的干燥根茎。晒干,烧去毛,切片生用或炒用。主产于江苏、浙江、内蒙古等地。

【性味归经】 辛、苦,温。归脾、胃经。

【功能主治】 燥湿健脾,祛风散寒,明目。主治湿阻脾胃、风寒湿痹、夜盲。

【应用】 ①湿阻脾胃所致的草少、腹痛泄泻,常与厚朴、陈皮、甘草等同用,如平胃散。②风寒湿邪所致的腰胯关节疼痛等,常与独活、秦艽、牛膝、薏苡仁、黄柏等同用。③夜盲症,单用或与石决明同用。

【用量】 马、禽 60~3g。

豆蔻

为姜科植物白豆蔻或爪哇白豆蔻的干燥果实。研碎生用或炒用。主产于广东、广西等地。

【性味归经】 辛,温。归肺、脾、胃经。

【功能主治】 醒脾化湿,行气温中,开胃消食。主治脾寒食滞、腹胀、冷痛、呕吐、虚寒泄泻。

【应用】 ①脾寒食滞、腹胀、冷痛、虚寒泄泻等,常与苍术、厚朴、陈皮、半夏等同用。②胃寒呕吐,常与半夏、藿香、生姜等同用。

【用量】 马、禽 30~0.5g。

草豆蔻

为姜科植物草豆蔻的干燥成熟种子。打碎生用。主产于广东、广西等地。

【性味归经】 辛,温。气芳香。归脾、胃经。

【功能主治】 温中燥湿,健脾和胃。主治脾胃虚寒、冷痛泄泻、气逆呕吐。

【应用】 ①脾胃虚寒所致的草少、腹胀、冷肠泄泻等,常与砂仁、陈皮、神曲等同用。②寒湿郁滞中焦所致的气逆呕吐,常与高良姜、生姜、吴茱萸等同用。

【用量】 马、犬 30~5g。

四、祛风湿方

独活散——《元亨疗马集》

【处方】 独活 30g　羌活 30g　防风 30g　肉桂 30g　泽泻 30g　酒黄柏 30g　大黄 30g　当归 15g　桃仁 10g　连翘 15g　汉防己 15g　炙甘草 15g

【用法】 研为细末,开水冲,候温加酒 120ml,同调灌服。

【功能】 疏风祛湿,活血止痛。

【方解】 方中独活、羌活、防风疏风祛湿,逐邪外出,为主药;肉桂、泽泻、防己化气行水,祛湿下行,以助君药祛除湿邪,为辅药;当归、桃仁、大黄活血化瘀止痛,黄柏、连翘清热燥湿解毒,共为佐药;炙甘草温中,调和诸药,为使药。

【主治】 风湿痹痛。证见腰胯疼痛,项背僵直,四肢关节疼痛,肌肉震颤等。

防风散——《元亨疗马集》

【处方】 防风 30g　羌活 25g　独活 25g　升麻 25g　柴胡 20g　葛根 20g　山药 25g　制附子 15g　乌药 20g　当归 25g　连翘 15g　甘草 15g

【用法】 研为细末,开水冲调,候温灌服,或煎汤服。

【功能】 宣散表湿,调和气血。

【方解】 方中羌活、独活、防风散周身风湿而舒利关节,为主药;升麻、柴胡、葛根祛肌表郁湿而发汗止痛,以助主药宣散周身的表湿,为辅药;当归、乌药理气血而止痛,附子、山药壮肾强腰补气而祛风湿,连翘散结防寒化热,均为佐药;甘草协调诸药,为使药。

【主治】 肌表风湿。证见恶寒微热,肌肉紧硬,腰肢疼痛。凡感冒、肌肉风湿、风湿性关节炎等属于风湿在表者,都可加减应用。

独活寄生汤——《备急千金要方》

【处方】 独活30g 桑寄生45g 秦艽30g 防风25g 细辛6g 当归30g 白芍25g 川芎15g 熟地45g 杜仲30g 牛膝30g 党参30g 茯苓30g 桂心15g 甘草20g

【用法】 水煎服,或共为末,开水冲调,候温灌服。

【功能】 祛风湿,止痹痛,益肝肾,补气血。

【方解】 方中重用独活、桑寄生祛风除湿,通经活络,为主药;当归、白芍、川芎养血和营,熟地、杜仲、牛膝强肝肾,壮筋骨,党参、茯苓、甘草补气健脾,同为辅药;细辛、桂心暖肾经搜风散寒,防风、秦艽解周身风寒湿邪,为佐药。

【主治】 风寒湿痹,肝肾两亏,气血不足诸证。证见腰胯疼痛,四肢关节屈伸不利、疼痛,筋脉拘挛,脉沉细弱等。凡风寒湿导致的慢性肌肉风湿、腰胯及四肢关节疼痛、慢性风湿性关节炎及牛产后瘫痪等皆可加减应用。

五、利 湿 方

滑石散——《元亨疗马集》

【处方】 滑石60g 泽泻25g 灯心草15g 茵陈25g 知母25g 酒黄柏20g 猪苓20g

【用法】 研为细末,开水冲调,候温灌服,或水煎服。

【功能】 清热化湿,利尿通淋。

【方解】 方中滑石性寒而滑,寒能泻热,滑能利窍,渗湿利水兼清热利尿,为主药;猪苓、泽泻、茵陈清利湿热,助主药通淋利水,为辅药;知母、黄柏清热泻火,为佐药;灯心草引湿热从小便而出,为使药。

【主治】 马胞转。主证为膀胱湿热所致的尿闭、尿不利。证见尿液短赤、淋漓,肚腹胀痛,蹲腰踏地,欲卧不卧,打尾刨蹄等。凡膀胱炎、尿道炎、膀胱麻痹、膀胱括约肌痉挛属于湿热证者,均可加减应用。

五苓散——《伤寒论》

【处方】 猪苓30g 茯苓30g 泽泻45g 白术30g 桂枝25g

【用法】 共为细末,开水冲调,候温灌服,或煎汤服。

【功能】 渗湿利水,温阳化气,和胃止呕。

【方解】 方中猪苓、茯苓渗湿利水,通利小便,为主药;泽泻善利肾水,直达膀胱,与主药相配则利水之力更强,为辅药;白术健脾燥湿,为佐药;桂枝通阳化气,外散表邪,内温膀胱,为使药。

【主治】 外有表证,内停水湿。证见发热恶寒,口渴贪饮,小便不利,舌苔白,脉浮。见于肾炎、心源性水肿、急性肠炎、尿潴留等病程中。

八正散——《和剂局方》

【处方】 木通30g 瞿麦30g 萹蓄30g 车前子30g 滑石60g 甘草25g 栀子(炒)30g 大黄(酒制)30g 灯心草15g

【用法】 共为细末,开水冲调,候温灌服,或水煎服。

【功能】 清热泻火,利尿通淋。

【方解】 方中木通利水降火,瞿麦利水通淋、清热凉血,为主药;萹蓄、车前子、滑石、灯心草清热除湿,利尿通淋,为辅药,栀子泻三焦湿热,大黄清热泻火,泻热下行,为佐药;甘草止尿痛,协调诸药,为使药。合而用之,成为清热通淋之剂。

【主治】 淋证。证见尿频涩痛或闭而不通,口干舌红、苔黄、脉数。见于泌尿系感染、泌尿系结石、急性肾炎等病程中。

五皮饮——《中藏经》

【处方】 桑白皮60g 陈橘皮60g 生姜皮60g 茯苓皮45g 大腹皮60g

【用法】 水煎服,或共为末,开水冲调,候温灌服。

【功能】 健脾化湿,利水消肿。

【方解】 方中茯苓皮渗湿健脾,陈橘皮理气健脾和中,二药合用行气健脾化湿,为主药;桑白皮肃降肺气,通调水道,泻肺行水,为辅药;生姜皮辛散水邪,大腹皮下气行水,为佐药。

【主治】 脾虚湿盛,水肿及妊娠水肿。证见头面四肢水肿,小便不利,胸腹胀满,呼气喘促,舌苔白腻,脉象沉缓。

六、化 湿 方

藿香正气散——《和剂局方》

【处方】 藿香90g 紫苏30g 白芷30g 大腹皮30g 茯苓30g 白术60g 半夏曲60g 厚朴(姜汁炙)60g 桔梗60g 炙甘草75g

【用法】 共为末,生姜、大枣煎水冲调,候温灌服,亦可水煎灌服。

【功能】 解表化湿,理气和中。

【方解】 方中藿香辛散风寒,化浊和中,为主药;半夏曲燥湿降气,和胃止呕,厚朴行气化湿,宽胸除满,紫苏、白芷助藿香外散风寒,兼可芳香化湿,共为辅药;茯苓、白术健脾运湿,大腹皮行气利湿,桔梗宣肺利膈,为佐药;甘草、生姜、大枣调脾胃而和诸药,共为使药。

【主治】 外感风寒,内伤湿滞,中暑。证见发热恶寒、肚腹胀满、疼痛、呕吐、肠鸣泄泻、舌苔白腻、脉象滑。见于夏季感冒、胃肠型流感、急性胃肠炎、消化不良等病程中。

平胃散——《元亨疗马集》

【处方】 苍术60g 厚朴45g 陈皮45g 甘草20g 生姜20g 大枣90g

【用法】 共为末,开水冲调,候温灌服,或水煎服。

【功能】 健脾燥湿,行气和胃,消胀除满。

【方解】 本方为治湿滞脾胃的主方。方中苍术燥湿健脾,为主药;厚朴除湿行气,宽中散满,为辅药;陈皮理气健胃,为佐药;甘草、生姜、大枣调和脾胃,为使药。

【主治】 胃寒食少,寒湿困脾。证见食欲减退,肚腹胀满,大便溏泻,嗳气呕吐,舌苔白腻而厚,脉缓。见于食欲减退、急慢性胃肠炎、胃肠神经官能症等病程中。

第九章 气血补涩方药

本章介绍了常用的理气药、理气方、理血药、理血方、补虚药、补虚方、收涩药和收涩方。要求学生了解各类药和方的概念,各味药的基原、性味和大体剂量,各方剂的用法;理解各类方药的应用注意事项,某些药的配伍禁忌,各方剂的方解;掌握各味药的名称、功能、主治和应用,各方剂的名称、处方、功能和主治。重点掌握陈皮、青皮、厚朴、枳实、香附、木香、砂仁、草果、槟榔、川芎、丹参、桃仁、红花、益母草、王不留行、赤芍、乳香、没药、三七、白及、小蓟、地榆、槐花、茜草、党参、黄芪、甘草、山药、白术、当归、白芍、熟地黄、阿胶、沙参、天冬、麦冬、百合、枸杞子、石斛、女贞子、肉苁蓉、淫羊藿、杜仲、巴戟天、补骨脂、乌梅、诃子、肉豆蔻、石榴皮、五倍子、五味子、牡蛎、浮小麦、金樱子的功能和主治,四君子汤、四物汤、生脉散的处方、功能和主治,橘皮散、越鞠丸、桃红四物汤、红花散、生化汤、通乳散、槐花散、秦艽散、补中益气汤、六味地黄汤、百合固金汤、肾气丸、巴戟散、乌梅散、牡蛎散、玉屏风散的功能和主治。

第一节 理气方药

凡以疏通气机、消除气滞和平降气逆为主要作用的药物,称为理气药。其中理气力量特别强的,习称"破气"药。以理气药为主组成,用于治疗气分病证的方剂,称为理气方。

气分病有气滞、气逆和气虚三种,气滞宜行气,气逆宜降气,气虚宜补气。因此,理气方药可分为行气、降气和补气三类,由于补气和降气分别在补虚方和化痰止咳平喘方中介绍,本节仅介绍行气方药。

行气药多性温味辛苦而芳香,温能通经,辛能行散,苦能泄降,故有条畅气机的作用。行气方药主要用于治疗肝气郁结、脾胃气滞所致的腹胀、腹痛、食欲不振、食滞不消、腹泻或便秘,以及肺气壅滞所致咳喘等证。

使用本类方药时,首先应针对病情,根据药物的特长作适宜的选择和配伍。如以脾胃病证为主,首选脾胃经药物;气郁兼见湿邪,配伍燥湿、温中或清热药;兼有草料停积,与消食药或泻下药同用;脾胃虚弱、运化无力,配伍健脾、助消化药物;兼有痰饮、瘀血,分别与祛痰药、活血祛瘀药配伍,方能标本兼顾。其次,本类方药多辛温香燥,易伤津耗气,应中病即止,勿过量使用。

一、理 气 药

陈皮

为芸香科植物橘及其栽培变种的干燥成熟果皮。生用或炒用。主产于长江以南各地。

【性味归经】 辛、苦,温。归脾、肺经。

【功能主治】 理气健脾,燥湿化痰。主治食欲减少、肚腹胀满、泄泻、痰湿咳嗽。

【应用】 ①脾胃气滞所致的食欲减少、肚腹胀满、泄泻等,常与党参、白术、茯苓、木香等同用。②痰湿滞塞而致气逆喘咳者,常配半夏、茯苓、甘草等。③痰湿滞塞而致肚腹胀满、消化不良者,常配厚朴、苍术等,如平胃散。阴虚燥热、舌赤少津、内有实热者慎用。

【用量】 马、禽 60~1g。

青皮

为芸香科植物橘及其栽培变种的干燥幼果或未成熟果实的果皮。切片生用或炒用。主产于长江以南各地。

【性味归经】 苦、辛,温。归肝、胆经。

【功能主治】 疏肝止痛,破气消积。主治胸胁胀痛、食积不化、乳痈。

【应用】 ①肝郁气滞所致的胸腹胀痛,常与郁金、香附、柴胡等同用。②食积肚腹胀痛,食少,呕吐或泄泻等,常与神曲、山楂、麦芽等同用。③气血郁结疼痛,常与枳实、三棱、莪术等同用。④乳痈,常与金银花、瓜蒌、香附等同用。阴虚火旺者慎用。

【用量】 马、禽30～1.5g。

香附

为莎草科植物莎草的干燥根茎。去毛打碎用,或醋制、酒制后用。我国沿海各地均产。

【性味归经】 辛、微苦,平。归肝、胆、脾经。

【功能主治】 理气解郁,散结止痛。主治气血郁滞、肚腹疼痛、产后腹痛。

【应用】 ①气血郁滞所致的草少、食积不消、肚腹胀满、呕吐等,常与川芎、神曲、栀子等同用,如越鞠丸。②寒凝气滞所致的肚腹疼痛,常与吴茱萸、高良姜等同用。③产后腹痛,常与艾叶、当归等同用。血虚气弱者不宜单用,孕畜慎用。

【用量】 马、禽60～1g。

木香

为菊科植物木香的干燥根。切片生用。主产于云南、四川等地。

【性味归经】 辛、微苦,温。归脾、胃、大肠、胆经。

【功能主治】 行气止痛,和胃止泻。主治脾胃气滞、食积不化、湿热泻痢。

【应用】 ①脾胃气滞所致的肚腹胀满,常与厚朴、枳实、槟榔、神曲等同用。②胃失和降所致的食积不化、肠鸣腹痛等,常与党参、白术、砂仁等同用。③湿热泻痢,常与黄连等同用。血枯阴虚、热盛伤津者忌用。

【用量】 马、禽60～0.3g。

厚朴

为木兰科植物厚朴或凹叶厚朴的干燥干皮、根皮或枝条。切片生用或制用。主产于四川、云南、福建等地。

【性味归经】 苦、辛,温。归脾、胃、大肠经。

【功能主治】 行气燥湿,降逆平喘。主治宿食不消、肚腹胀满、气逆咳喘。

【应用】 ①湿阻中焦、气滞不利所致的肚腹胀满、腹痛或呃逆等,常与苍术、陈皮、甘草等同用,如平胃散。②肚腹胀痛兼见便秘属于实证者,常配伍枳实、大黄等,如消胀汤。③外感风寒,气逆咳喘,常与麻黄、半夏、杏仁等同用。脾胃无积滞者慎用。

【用量】 马、禽45～1.5g。

砂仁

为姜科植物阳春砂、绿壳砂或海南砂的干燥成熟果实。生用或炒用。主产于云南、广东、广西等地。

【性味归经】 辛,温。归胃、脾、肾经。

【功能主治】 行气和中,温脾止泻,安胎。主治脾胃气滞、气虚、虚寒及胎动不安。

【应用】 ①脾胃气滞或气虚所致气滞、食滞、肚腹胀满、少食便溏等,常与木香、枳实、白术等同用。②脾胃虚寒,泄泻等,常与木香、党参、白术、茯苓等同用。③气滞而致胎动不安,常配伍白术、桑寄生、续断等。胃肠热结者慎用。

【用量】 马、禽 30～1g。

乌药

为樟科植物乌药的干燥块根。切片生用。主产于浙江,天台者习称台乌;安徽、湖北等地也有出产。

【性味归经】 辛,温。归脾、胃、肺、肾经。

【功能主治】 行气止痛,温胃散寒。主治胸腹胀痛、尿频数。

【应用】 ①寒郁气逆所致的腹痛腹胀如冷痛、脾胃气滞等,常与香附、木香等同用。②虚寒性的尿频数,常配伍益智仁、山药等。血虚内热、体虚、气虚者慎用。

【用量】 马、禽 60～1.5g。

枳实

为芸香科植物酸橙及其栽培变种或甜橙的干燥幼果。切片晒干生用、清炒、麸炒及酒炒。主产于浙江、福建、广东等地。

【性味归经】 苦,微寒。归脾、胃经。

【功能主治】 破气消积,通便利膈。主治肚腹胀满、热结便秘。

【应用】 ①脾胃气滞、痰湿水饮所致的肚腹胀满、草料不消等,常与厚朴、白术等同用。②热结便秘、肚腹胀满疼痛者,常与大黄、芒硝等同用,如大承气汤。脾胃虚弱和孕畜忌服。

【用量】 马、禽 60～1g。

丁香

为桃金娘科植物丁香的干燥花蕾。捣碎生用。主产于广东和热带地区。

【性味归经】 辛,温。归肺、胃、脾、肾经。

【功能主治】 温中降逆,暖肾助阳。主治胃寒呕吐、阳痿、宫寒。

【应用】 ①脾胃虚寒所致胃寒呕吐、食少等,常与砂仁、白术等同用。②肾阳虚寒所致阳痿、子宫虚冷等,常与茴香、附子、肉桂等同用。热证腹痛忌用。畏郁金。

【用量】 马、禽 30～0.3g。

草果

为姜科植物草果的干燥果实。生用或炒用。主产于广东、广西、云南等地。

【性味归经】 辛,温。归脾、胃经。

【功能主治】 温中燥湿,除痰祛寒。主治痰浊内阻、肚腹胀满、冷痛。

【应用】 ①痰浊内阻,苔白厚腻等,常与槟榔、厚朴、黄芩等同用。②寒湿阻滞中焦,脾胃不运所致的肚腹胀满、疼痛、食少等,常与草豆蔻、厚朴、苍术等同用。无寒湿者不宜用。

【用量】 马、羊 45～3g。

槟榔

为棕榈科植物槟榔的干燥成熟种子,又称玉片或大白。切片生用或炒用。主产于广东、台湾、云南等地。

【性味归经】 辛、苦,温。归胃、大肠经。

【功能主治】 行气利水,杀虫消积。主治食积腹痛、脾虚水肿、绦虫病、姜片虫病。

【应用】 ①食积气滞、腹胀便秘、里急后重等,多与青皮、枳壳、神曲、厚朴等同用。②脾虚水肿,常与白术、黄芪、桂枝、茯苓等同用。③能驱杀多种肠内寄生虫,对绦虫、姜片虫疗效较佳,尤以猪、鹅、鸭绦虫最为有效,对蛔虫、蛲虫、血吸虫也有驱杀作用,如配合南瓜子同用,效果更佳。老弱气虚者禁用。

【用量】 马、禽 15~1g。

赭石

为氧化物类矿物刚玉族赤铁矿石,主含三氧化二铁(Fe_2O_3)。生用或煅用。主产于河北、山西、山东等地。

【性味归经】 苦,寒。归肝、心包经。

【功能主治】 平肝潜阳,降逆,止血。主治肝阳上亢、气逆咳喘、反胃呕吐、血热出血。

【应用】 ①肝阳上亢所致的眼目红肿,常与牡蛎、白芍等同用。②肺气上逆的咳喘,单用或与党参、山萸肉等同用。③胃气上逆所致的呕吐、呃逆等,常与旋覆花、半夏、生姜等同用,如旋覆代赭石汤。④血热所致衄血、便血等,常与生地黄、芍药、栀子等同用。寒证及孕畜忌用。

【用量】 马、犬 60~6g。

二、理 气 方

橘皮散——《元亨疗马集》

【处方】 青皮 25g 陈皮 30g 厚朴 30g 桂心 15g 细辛 5g 茴香 30g 当归 25g 白芷 15g 槟榔 15g

【用法】 共为细末,开水冲,候温加葱白 3 支、炒盐 10g、醋 120ml,同调灌服。

【功能】 理气散寒,和血止痛。

【方解】 方中青皮、陈皮、当归理气活血,为主药;桂心、茴香、厚朴、大葱辛温散寒,以驱里寒,均为辅药;白芷、细辛、槟榔温经行水,驱肠内积水,为佐药;盐、醋引经,为使药。

【主治】 马伤水起卧证。证见腹痛起卧,肠鸣如雷,口色淡青,脉象沉迟等。见于马属动物伤水冷痛而见上述证候者。

三香散——《中国兽药典》

【处方】 丁香 25g 木香 45g 藿香 45g 青皮 45g 陈皮 45g 槟榔 15g 炒牵牛子 45g

【用法】 水煎服,或为细末,开水冲调灌服。

【功能】 破气消胀,宽肠通便。

【方解】 丁香温胃散寒,下气消胀,为主药;木香、藿香理气和中止痛,青皮、陈皮理气解郁,疏肝和脾,均为辅药;槟榔、牵牛子宽肠导滞,为佐使药。

【主治】 马属动物原发性胃肠臌气。证见肚腹胀大,右肷尤为明显,起卧不安,呼吸促迫,口色青黄或青紫干燥,脉数。

越鞠丸——《丹溪心法》

【处方】 香附 30g 苍术 30g 川芎 30g 六曲 30g 栀子 30g

【用法】 水煎服,或为细末,开水冲调灌服。

【功能】 行气解郁,疏肝理脾。

【方解】 方中香附行气解郁以治气郁,为主药;川芎行气活血以治血郁诸痛,苍术燥湿健脾以治湿郁,六曲消食和胃以治食郁,栀子泻火清热以治火郁,皆为辅佐药。

【主治】 气、火、血、痰、湿、食诸郁所致的六郁证。证见肚腹胀满、嗳气呕吐、水谷不消等属于实证者。见于胃肠神经官能症、胃及十二指肠溃疡、慢性胃炎及其他慢性胃肠病和消化不良等而见上述证候者。

第二节 理血方药

凡能调理和治疗血分病证的药物,称为理血药。以理血药为主组成,用于治疗血分病证的方剂,称为理血方。

血分病证主要有血虚、血溢、血热和血瘀等四种。血虚宜补血,血溢宜止血,血热宜凉血,血瘀宜活血。故理血方药也可分为四类。其中凉血、补血分别在清热、补虚方药中介绍,这里只介绍活血化瘀和止血两类方药。

1. 活血化瘀方药 具有消散瘀血、疏通血脉、通经止痛等作用,适用于血行不畅及瘀血阻滞的各种病证,如瘀血疼痛,痈肿初起,跌打损伤,产后血瘀腹痛、肿块及胎衣不下等病证。

2. 止血方药 具有制止内外出血的作用,适用于各种出血证,如咯血、便血、衄血、尿血、子宫出血及创伤出血等。

使用理血方药应注意以下几点:①由于气与血关系密切,气滞则血瘀,在使用活血化瘀药时,常适当配伍理气药物。同时,血瘀证也有寒热虚实的区别,应根据病因、病机和证候特点酌情配伍温经散寒、荡涤郁热、补气养血等药物。②使用止血方药时,应根据出血的原因和不同的症状,选择适当药物并进行配伍。如血热妄行之出血,应选用凉血止血药并配伍清热凉血药;血瘀之出血,应选用具有活血作用的止血药或与活血药同用;气虚之出血,应配伍补气药。③活血化瘀方药有催产下胎作用,对孕畜要忌用或慎用。也不可过用,以免引起出血。④使用止血方药应特别注意有无瘀血,避免留瘀之弊。

一、活血祛瘀药

川芎

为伞形科植物川芎的干燥根茎。切片生用或炒用。主产于四川,全国大部分地区也有种植。

【性味归经】 辛,温。归肝、胆、心包经。

【功能主治】 活血行气,祛风止痛。主治气血瘀滞、跌打损伤、风寒痹痛。

【应用】 ①气血瘀滞所致的难产、胎衣不下,常与当归、赤芍、桃仁、红花等同用,如桃红四物汤。②跌打损伤,常与当归、红花、乳香、没药等同用。③风湿痹痛,常与羌活、独活、当归等同用。阴虚火旺、肝阳上亢及子宫出血忌用。

【用量】 马、禽 45~0.5g。

丹参

为唇形科植物丹参的干燥根及根茎。切片生用。主产于四川、安徽、湖北等地。

【性味归经】 苦,微寒。归心、心包、肝经。

【功能主治】 活血祛瘀,凉血消痈,养血安神。主治气血瘀滞、跌打损伤、疮痈肿毒。

【应用】 ①产后恶露不尽,瘀滞腹痛,常与桃仁、红花、当归、丹皮、益母草等同用。②跌打损伤,常与当归、桃仁、红花、乳香、没药等同用,如跛行镇痛散。③疮痈肿毒,常与金银花、乳香、穿山甲等同用。④温病热入营血,躁动不安等,常与生地、玄参、黄连、麦冬等同用。反藜芦。

【用量】 马、禽 45~0.5g。

益母草

为唇形科植物益母草的新鲜或干燥全草。切碎生用。全国各地均产。

【性味归经】 辛、苦，微寒。归肝、心、膀胱经。

【功能主治】 活血祛瘀，利水消肿。主治产后瘀血腹痛、胎衣不下、水肿尿少。

【应用】 ①产后瘀血腹痛、胎衣不下，常与当归、川芎、桃仁、炮姜、甘草等同用，如益母生化汤。②水肿尿少，常与茯苓、猪苓等同用。孕畜忌用。

【用量】 马、禽 60～0.5g。

桃仁

为蔷薇科植物桃或山桃的干燥成熟种子。去果肉及核壳，生用或捣碎用。主产于四川、陕西、河北等地。

【性味归经】 甘、苦，平。归肝、肺、大肠经。

【功能主治】 破血祛瘀，润燥滑肠。主治产后瘀血、跌打损伤、肠燥便秘。

【应用】 ①产后瘀血疼痛，常与红花、川芎、延胡索、赤芍等同用。②跌打损伤，瘀血肿痛等，常与酒大黄、穿山甲、红花等同用。③肠燥便秘，常与柏子仁、火麻仁、杏仁等同用。无瘀滞及孕畜忌用。

【用量】 马、羊 30～3g。

红花

为菊科植物红花的干燥花。生用。主产于四川、河南、云南等地。

【性味归经】 辛，温。归心、肝经。

【功能主治】 活血通经，祛瘀止痛。主治瘀血疼痛、胎衣不下、跌打损伤、痈肿疮疡。

【应用】 ①产后瘀血疼痛、胎衣不下等，常与桃仁、川芎、当归、赤芍等同用，如桃红四物汤。②跌打损伤，瘀血作痛，常与肉桂、川芎、乳香、草乌等同用。③痈肿疮疡，常与赤芍、生地、蒲公英等同用。孕畜忌用。

【用量】 马、犬 30～3g。

牛膝

为苋科植物牛膝或川牛膝的干燥根。前者习称怀牛膝，后者习称川牛膝。切片生用。怀牛膝主产于河南、河北等地，川牛膝主产于四川、云南、贵州等地。

【性味归经】 苦、酸，平。归肝、肾经。

【功能主治】 活血祛瘀，引血下行，利尿通淋，补肝肾。主治产后瘀血、胎衣不下、跌打损伤、风湿痹痛、腰胯痿弱。

【应用】 ①产后瘀血腹痛、胎衣不下及跌打损伤等，常与红花、川芎、当归等同用。②跌打损伤，尤以四肢下部肿痛为佳，常与当归、赤芍、乳香、没药等同用。③风湿痹痛，常与桑寄生、独活、杜仲等同用，如独活寄生汤。④肝肾不足，腰膝痿弱等，常与熟地、杜仲、菟丝子、当归等同用。气虚下陷及孕畜忌用。

【用量】 马、禽 60～0.5g。

王不留行

为石竹科植物麦蓝菜的干燥成熟种子。生用或炒用。主产于东北、华北、西北等地。

【性味归经】 苦，平。归肝、胃经。

【功能主治】 活血通经，下乳消肿。主治乳汁不通、乳痈肿痛。

【应用】 ①产后瘀滞疼痛，常与当归、川芎、红花等同用。②产后乳少或乳汁不通，常与穿山甲、通草等同用,如通乳散。③乳痈肿痛等,常与瓜蒌、蒲公英、夏枯草等同用。孕畜忌用。

【用量】 马、猫 100～3g。

赤芍

为毛茛科植物芍药或川赤芍的干燥根。切段生用。主产于内蒙古、甘肃、山西等地。

【性味归经】 苦,凉。归肝经。

【功能主治】 凉血活血,消肿止痛。主治热入营血、瘀血肿痛、疮黄肿毒、目赤肿痛、赤白痢疾。

【应用】 ①温病热入营血、发热、舌绛、斑疹以及血热妄行、衄血等,常与生地、丹皮等同用。②跌打损伤、疮痈肿毒等气滞血瘀证,常与丹参、桃仁、红花等同用。③疮痈肿毒,可与当归、金银花、甘草等同用。④肝热上炎,目赤肿痛等,常与菊花、夏枯草、薄荷等同用。

【用量】 马、禽 45～1g。

乳香

为橄榄科植物鲍达乳香树、卡氏乳香树或野乳香树切伤皮部所采得的油胶树脂。去油用或制用。主产于地中海沿岸及其岛屿。

【性味归经】 苦、辛,温。归心、肝、脾经。

【功能主治】 活血止痛,生肌。主治跌打损伤、疮疡。

【应用】 ①跌打损伤,与没药、当归、血竭、红花等合用。②疮疡,常与没药、黄柏、栀子等同用。③外用生肌,常与儿茶、血竭等同用。无瘀滞及孕畜忌用。

【用量】 马、犬 15～1g。

没药

为橄榄科植物没药或其他同属植物茎干皮部渗出的油胶树脂。炒或炙后打碎用。主产于非洲、阿拉伯及印度等地。

【性味归经】 苦,平。归肝经。

【功能主治】 活血祛瘀,止痛生肌。主治跌打损伤、疮疡。

【应用】 ①跌打损伤等,常与乳香相须为用。②疮疡,常与乳香、血竭等同用。无瘀滞及孕畜忌用。

【用量】 马、犬 45～1g。

延胡索

为罂粟科植物延胡索的干燥块茎。又称玄胡或元胡。醋炒捣碎用。主产于浙江、天津、黑龙江等地。

【性味归经】 苦、微辛,温。归肝、脾经。

【功能主治】 活血通经,行气止痛。主治气滞血瘀、跌打损伤、风湿痹痛。

【应用】 ①气滞血瘀所致的肚腹疼痛等,常与五灵脂、青皮、没药等同用。②跌打损伤所致疼痛,常与当归、川芎、桃仁等同用。无瘀滞及孕畜忌用。

【用量】 马、禽 30～0.5g。

五灵脂

为鼯鼠科动物橙足鼯鼠或飞鼠科动物小飞鼠的干燥粪便。主产于东北、华北及西北等地。

【性味归经】 咸,温。归肝经。

【功能主治】 活血散瘀,止痛。主治产后血瘀、胎衣不下、跌打损伤。

【应用】 ①产后血瘀、胎衣不下等,常与蒲黄同用,如失笑散。②跌打损伤,瘀血肿痛,常与当归、川芎、桃仁等同用。孕畜慎用。畏人参。

【用量】 马、犬 30～3g。

三棱

为黑三棱科植物黑三棱的干燥块茎。去皮,切段生用。主产于东北、黄河流域、长江中下游各地。

【性味归经】 苦,平。归肝、脾经。

【功能主治】 破血行气,消积止痛。主治产后瘀滞腹痛、宿草不转。

【应用】 ①产后瘀滞腹痛、恶露不尽等,常与莪术、当归、红花、桃仁、郁金等同用。②食积气滞,肚腹胀满疼痛等,常与木香、枳实、麦芽、山楂等同用。无瘀滞及孕畜忌用。

【用量】 马、猫 60～1g。

莪术

为姜科植物蓬莪术、广西莪术或温郁金的干燥根茎。切段生用。主产于广东、广西、台湾、四川、福建、云南等地。

【性味归经】 苦、辛,温。归肝、脾经。

【功能主治】 破血行气,消积止痛。主治产后瘀血疼痛、肚腹胀痛。

【应用】 ①气滞血瘀所致的产后瘀血疼痛,常与三棱相须为用。②食积气滞、肚腹胀满疼痛等,常与木香、青皮、山楂、麦芽等同用;也可与三棱同用。

【用量】 马、羊 60～5g。

郁金

为姜科植物温郁金、姜黄、广西莪术或蓬莪术的干燥块根。前二者分别习称温郁金和黄思郁金,其他按性状不同,习称桂郁金或绿丝郁金。切片生用。主产于四川、云南、广东、广西等地。

【性味归经】 辛、苦,寒。归肝、心、肺经。

【功能主治】 凉血清心,行气解郁,祛瘀止痛,利胆退黄。主治急慢肠黄、胸腹疼痛、黄疸。

【应用】 ①急慢性肠黄,常与黄柏、黄连、黄芩、大黄、白芍、诃子等同用,如郁金散。②肝郁气滞所致的胸腹疼痛,常与柴胡、白芍、香附、当归等同用。③黄疸,常与茵陈、栀子等同用。畏丁香。

【用量】 马、禽 45～0.3g。

虎杖

为蓼科植物虎杖的干燥根茎和根。切片生用。主产于华东、中南、西南及河北、甘肃等地。

【性味归经】 微苦,微寒。归肝、胆、肺经。

【功能主治】 祛风利湿,散瘀定痛,止咳化痰。主治风湿痹痛、跌打损伤、肺热咳嗽。

【应用】 ①风湿痹痛,常与防己、秦艽、海桐皮、威灵仙等同用。②跌打损伤,瘀阻疼痛,常与当归、红花等同用。③肺热咳嗽,痰多喘咳等,常与黄芩、枇杷叶等同用。孕畜忌用。

【用量】 马、禽 45～0.3g。

土鳖虫

为鳖蠊科昆虫地鳖或冀地鳖的干燥雌虫虫体,又称地鳖虫。生用。主产于福建、江苏、北京等地。

【性味归经】 咸,寒。有毒。归肝经。

【功能主治】 破血逐瘀。主治跌打损伤、筋骨折伤、瘀血肿痛、产后血瘀。

【应用】 ①跌打损伤,骨折等,常与自然铜、乳香、没药等同用。②产后血瘀,常与当归、桃仁等同用。孕畜忌用。

【用量】 马、猫 15～1g。

水蛭

为水蛭科动物日本医蛭、宽体金线蛭、茶色蛭等的全体。晒干或低温干燥生用。全国大部地区均有分布。

【性味归经】 咸、苦,平;有毒。归肝经。

【功能主治】 破血逐瘀。主治跌打损伤、疮黄疔毒。

【应用】 ①跌打损伤,常与大黄、黑牵牛等同用。②疮黄疔毒,单用或与大黄、芒硝、雄黄等同用。体弱血虚,无瘀滞及孕畜忌用。

【用量】 马、犬 15～1g。

自然铜

为硫化物类矿物黄铁矿族黄铁矿,主含二硫化铁(FeS_2)。醋淬研细或水飞用。主产于四川、广东、湖南等地。

【性味归经】 辛,平。归肝经。

【功能主治】 散瘀止痛,续筋接骨。主治跌打损伤、瘀滞肿痛、筋骨折伤。

【应用】 跌打损伤,筋骨折伤,瘀滞疼痛等,常与当归、乳香、没药等同用。无瘀者忌用。

【用量】 马、犬 45～2g。

二、止 血 药

白及

为兰科植物白及的干燥块茎。打碎或切片生用。主产于华东、华南、陕西等地。

【性味归经】 苦、甘、涩,微寒。归肺、胃、肝经。

【功能主治】 收敛止血,消肿生肌。主治肺胃出血、外伤出血、痈肿疮毒。

【应用】 ①肺、胃出血,可单用或与阿胶、藕节、生地等同用。②疮痈初起未溃者,常与金银花、天花粉、乳香等同用。③疮疡已溃,久不收口,外伤出血等,单味研粉外用。反乌头。

【用量】 马、禽 60～0.5g。

仙鹤草

为蔷薇科植物龙牙草的干燥地上部分。切段生用。全国大部地区均有分布。

【性味归经】 苦、涩,凉。归肝、肺、脾经。

【功能主治】 收敛止血。主治出血证、痈肿疮毒、血痢。

【应用】 ①各种出血证,如衄血、便血、尿血等,可单用或与茜草、侧柏叶、大蓟等同用。②疮痈肿毒,久痢不愈等,可单用。

【用量】 马、禽 60～1g。

棕榈

为棕榈科植物棕榈的干燥叶柄。除去纤维状棕毛,炒炭或生用。主产于广东、福建等地。

【性味归经】 苦、涩,平。归肝、肺、大肠经。

【功能主治】 收敛止血。主治出血证。

【应用】 各种出血证,如衄血、咯血、便血、尿血、子宫出血等,常与侧柏叶、血余炭、蒲黄等同用,如十黑散。出血而内有瘀滞者不宜用。

【用量】 马、羊 45～5g。

三七

为五加科植物三七的干燥根。打碎或磨末生用。主产于云南、广西、江西等地。

【性味归经】 甘,微苦,温。归肝、胃经。

【功能主治】 散瘀止血,消肿止痛。主治便血、衄血、吐血、外伤出血、跌打损伤。

【应用】 ①便血,衄血,吐血,外伤出血等,可单用或与花蕊石、血余炭等同用,有"止血不留瘀"的特点。②跌打损伤,可单用内服或外敷,或与乳香、没药、血竭、土鳖虫等同用。

【用量】 马、猫 30～1g。

蒲黄

为香蒲科植物水烛香蒲、东方香蒲或同属植物的干燥花粉,又称香蒲。炒用或生用。主产于浙江、山东、安徽等地。

【性味归经】 甘,平。归肝、脾、心经。

【功能主治】 活血祛瘀,收敛止血。主治出血证、产后血瘀。

【应用】 ①子宫出血,常与益母草、艾叶、阿胶等同用;尿血,常与白茅根、大蓟、小蓟等同用;咯血,常与白及、血余炭等同用;跌打瘀滞,常与桃仁、红花、赤芍等同用。②产后血瘀所致的腹痛、胎衣不下、恶露不尽等,常与五灵脂、桃仁、红花、赤芍等同用。

【用量】 马、禽 45～0.5g。

血余炭

为人发煅制成的碳化物。

【性味归经】 苦,平。归肝、胃经。

【功能主治】 收敛止血。主治出血证。

【应用】 ①衄血,便血,尿血,子宫出血等,常与侧柏叶、藕节、棕榈炭等同用,如十黑散。②疮疡溃后久不收口,单味研末外敷。

【用量】 马、犬 30～3g。

大蓟

为菊科植物蓟的干燥地上部分或根。生用或炒炭用。主产于江苏、安徽,我国南北各地均有分布。

【性味归经】 甘,凉。归肝、心经。

【功能主治】 凉血,止血,散痈肿。主治出血证、痈肿疮毒。

【应用】 ①血热妄行之各种出血证,如衄血、便血、尿血、子宫出血等,常与生地、蒲黄、侧柏叶、丹皮等同用。②疮痈肿毒,鲜品捣服或煎服,并敷患处。虚寒病畜忌用。

【用量】 马、羊 60～10g。

小蓟

为菊科植物小蓟的干燥地上部分。生用或炒炭用。我国各地均产。

【性味归经】 甘,凉。归心、肝经。

【功能主治】 凉血止血,消痈散肿。主治出血证、痈肿疮毒。

【应用】 ①各种血热出血证,如尿血、鼻衄、子宫出血等,尤长于治尿血,常与蒲黄、木通、滑石等同用;热结膀胱的血淋证,大剂量单味用。②热毒疮肿,单味内服或外敷。

【用量】 马、犬 90～5g。

侧柏叶

为柏科植物侧柏的干燥枝叶。生用或炒炭用。主产于辽宁、山东,我国其他地区也有分布。

【性味归经】 苦、涩,微寒。归肝、肺、大肠经。

【功能主治】 凉血止血,清肺止咳。主治出血证、肺热咳嗽。

【应用】 ①各种出血证,如衄血、便血、尿血、子宫出血等属血热妄行者均可应用。便血,常与槐花、荆芥等同用,如槐花散;尿血,常与知母、栀子等同用,如十黑散;衄血,常与仙鹤草、阿胶、白及等同用,如仙鹤草散;虚寒出血者,常与炮姜、艾叶等同用。②肺热咳嗽,单用或与大枣等同用。

【用量】 马、禽 60～0.5g。

地榆

为蔷薇科植物地榆或长叶地榆的干燥根。生用或炒炭用。主产于浙江、安徽、湖北等地。

【性味归经】 苦、酸,微寒。归肝、胃、大肠经。

【功能主治】 凉血止血,收敛解毒。主治出血证、烫火伤。

【应用】 ①各种出血证,但以下焦血热的便血、血痢、子宫出血等最为常用。便血,常与槐花、侧柏叶等同用;血痢经久不愈,常与黄连、木香等同用。②烫火伤,生地榆研末,或地榆炭与大黄、黄柏等共研细末,麻油调敷。虚寒病畜不宜用。

【用量】 马、禽 60～1g。

槐花

为豆科植物槐的干燥花及花蕾。生用或炒用。主产于辽宁、湖北、安徽、北京等地。

【性味归经】 苦,微寒。归肝、大肠经。

【功能主治】 凉血止血,清肝明目。主治肠风便血、赤白痢疾、目赤肿痛。

【应用】 ①肠风便血,常与地榆同用,也可与侧柏叶、荆芥炭、枳壳等同用,如槐花散;大肠热盛伤及络脉而引起的便血,常与黄连等同用。②肝火上炎所致的目赤肿痛,常与夏枯草、菊花、黄芩、草决明等同用。孕畜忌用。

【用量】 马、犬 45～5g。

茜草

为茜草科植物茜草的干燥根及根茎。生用或炒用。全国各地均产。

【性味归经】 苦,寒。归肝经。

【功能主治】 凉血止血,活血祛瘀。主治出血证、跌打损伤。

【应用】 ①血热所致衄血、便血、子宫出血、尿血等,常与地榆、仙鹤草、侧柏叶、丹皮、大黄等同用。②跌打损伤,疮疡等,常与川芎、赤芍、丹皮等同用。孕畜忌用。

【用量】 马、羊 30～10g。

血竭

为棕榈科植物麒麟竭及同属植物的果实和树干渗出的树脂加工制成。捣碎研末用。主产于广东、广西、云南等地。

【性味归经】 甘、咸,平。归心、肝经。

【功能主治】 止血,止痛,化瘀,敛疮生肌。主治跌打损伤、出血证、疮口不敛。

【应用】 ①跌打损伤,产后瘀阻疼痛等,常与乳香、没药、红花等同用。②外伤出血,可单用,撒于出血处,或与蒲黄等同用;鼻出血,可与血余炭同用,研末吹鼻。③疮面久不愈合,可与乳香、没药、儿茶等同用，如生肌散。孕畜忌用。

【用量】 马、犬 25～1g。

三、活血祛瘀方

桃红四物汤——《医宗金鉴》

【处方】 桃仁 45g 当归 45g 赤芍 45g 红花 30g 川芎 20g 生地 60g

【用法】 水煎服，或为细末，开水冲调灌服。

【功能】 活血祛瘀，补血止痛。

【方解】 本方为治疗瘀血阻滞的基础方，由替代的四物汤加桃仁、红花组成。将四物汤中补血养阴的白芍、补血养阴的熟地，分别用活血祛瘀的赤芍、清热凉血消瘀的生地替代，则由补血调血变为活血凉血；再加入活血祛瘀的桃仁、红花为主药，突出了活血化瘀的作用，成为一个比较平和的活血化瘀方。

【主治】 血瘀诸证。因跌打损伤所致的四肢瘀血疼痛，血虚有瘀，产后血瘀腹痛及瘀血所致的不孕症等均可加减应用。

血府逐瘀汤——《医林改错》

【处方】 当归 45g 生地 45g 牛膝 45g 红花 40g 桃仁 60g 柴胡 20g 赤芍 30g 枳壳 30g 川芎 20g 桔梗 20g 甘草 15g

【用法】 水煎服，或为细末，开水冲调灌服。

【功能】 活血祛瘀，行气止痛。

【方解】 本方由桃红四物汤合四逆散加桔梗、牛膝而成。方中桃红四物汤活血养血，四逆散行气活血疏肝，桔梗开肺气，载药上行，牛膝通利血脉，引药下行。

【主治】 跌打损伤及血瘀气滞诸证。共同证候是疼痛。

跛行镇痛散——《中国兽药典》

【处方】 当归 80g 红花 60g 桃仁 70g 丹参 80g 桂枝 70g 牛膝 80g 土鳖虫 20g 乳香 20g 没药 20g

【用法】 为细末，开水冲调灌服。

【功能】 活血散瘀，止痛。

【方解】 方中当归、桃仁、红花活血祛瘀、止痛，共为主药；丹参散瘀消肿，桂枝通利关节，共为辅药；牛膝温经通脉，土鳖虫破瘀血、续筋骨，乳香、没药活血定痛，共为佐使药。

【主治】 跌打损伤，腰肢疼痛。以腰肢疼痛，跛行为主要证候。马、牛跌打损伤所致四肢疼痛、跛行等均可加减应用。

红花散——《元亨疗马集》

【处方】 红花 20g 没药 20g 桔梗 20g 六曲 20g 枳壳 20g 当归 30g 山楂 30g 厚朴 20g 陈皮 20g 甘草 15g 白药子 20g 黄药子 20g 麦芽 30g

【用法】 为细末，开水冲调灌服。

【功能】 活血理气，清热散瘀，消食化积。

【方解】 本方证因料毒流注肢蹄。方中红花、没药、当归活血祛瘀，共为主药；枳壳、厚朴、陈皮行气宽中，六曲、山楂、麦芽消食化积，共为辅药；桔梗宣肺利膈，黄药子、白药子清热散瘀，共为佐药；甘草和中缓急，协调诸药，为使药。

【主治】 料伤五攒痛，即现代兽医学中的蹄叶炎。证见站立时腰曲头低，四肢攒于腹下，食欲大减,吃草不吃料,粪稀带水,口色红,呼吸迫促,脉洪大等。马属动物因喂养过剩、运动不足或过食精料所致蹄病均可加减应用。

生化汤——《傅青主女科》

【处方】 当归120g 川芎45g 桃仁45g 炮姜10g 炙甘草10g

【用法】 加黄酒250ml,童便250ml,煎服。

【功能】 活血化瘀,温经止痛。

【方解】 方中重用当归活血补血,化瘀生新,为主药;川芎活血行气,桃仁活血祛瘀,共为辅药;炮姜温经散寒,止痛,为佐药;炙甘草调和诸药,黄酒、童便温通血脉,益阳化瘀,并助药力直达病所,引败血下行,均为使药。

【主治】 产后血瘀腹痛。证见肚腹疼痛,蹲腰踏地,回头顾腹,不时起卧,食欲减少,阴门流出带紫黑色血块的恶露,口色发青,脉象沉紧或沉涩。产后恶露不尽、肚腹疼痛以及子宫复旧不全、子宫内膜炎、胎衣不下等均可加减应用。

通乳散——《江西省中兽医研究所方》

【处方】 黄芪60g 党参40g 通草30g 川芎30g 白术30g 川续断30g 山甲珠30g 当归60g 王不留行60g 木通20g 杜仲20g 甘草20g 阿胶60g

【用法】 水煎服,或为细末,开水冲调,加黄酒100ml灌服。

【功能】 补益气血,通经下乳。

【方解】 黄芪、党参、白术、甘草、当归、阿胶气血双补以培其本,为主药;杜仲、川芎、川续断补肝益肾,通利肝脉,木通、山甲珠、通草、王不留行通经下乳,以治其标,为辅佐药;黄酒助药势,为使药。

【主治】 气血不足、经络不通所致的缺乳症。以母畜体质瘦弱、乳汁不足为主要证候。

白术散——《元亨疗马集》

【处方】 白术30g 当归30g 熟地30g 党参30g 阿胶60g 陈皮30g 紫苏叶20g 黄芩20g 砂仁20g 川芎20g 生姜15g 甘草15g 白芍20g

【用法】 水煎服,或为细末,开水冲调灌服。

【功能】 养血安胎。

【方解】 熟地、白芍、当归、川芎、阿胶养血调经,为主药;党参、白术、甘草健脾益气,以资生血之源,为辅药;砂仁、陈皮理气安胎,紫苏升举胎元,黄芩配白术更能清热安胎,均为佐药;生姜、甘草协调诸药,为使药。

【主治】 胎动不安,习惯性流产,先兆流产等。证见患畜站立不安,回头顾腹,蹲腰努责,阴门频频外翻,排出少量尿液,或流出带血水的浊液,间有起卧或腹痛剧烈,口色青黄,脉象浮紧。

四、止 血 方

十黑散——《中兽医诊疗经验·第二集》

【处方】 知母30g 黄柏30g 地榆30g 蒲黄30g 栀子20g 槐花20g 侧柏叶20g 血余炭20g 杜仲20g 棕榈皮15g

【用法】 水煎服,或除血余炭外炒黑,共为细末,开水冲调,加童便200ml,灌服。

【功能】 清热泻火,凉血止血。

【方解】 方中黄柏、知母、栀子清降肾火,治热淋尿血,为主药;地榆、槐花、侧柏叶凉血止血,蒲黄、血余炭、棕榈皮收敛止血以治尿血,为辅药;杜仲补益肝肾,固本清源以治劳伤,为佐药;童便清热降火,引药归经,为使药。

【主治】 膀胱积热所致的尿血。证见精神倦怠,食欲减少,畜体发热,排尿困难,有明显的痛苦表现,尿色鲜红,口色淡红,脉象细数等。见于急性泌尿系统感染、尿结石等病程中。

秦艽散——《元亨疗马集》

【处方】 秦艽30g 炒蒲黄30g 瞿麦30g 车前子30g 天花粉30g 黄芩20g 大黄20g 红花20g 当归20g 白芍20g 栀子20g 甘草10g 淡竹叶15g

【用法】 水煎服,或共为细末,开水冲调灌服。

【功能】 清热通淋,祛瘀止血。

【方解】 蒲黄、瞿麦、秦艽通淋止血,和血止痛,为主药;当归、白芍养血滋阴,为辅药;大黄、红花清热活血,栀子、黄芩、车前子、天花粉、淡竹叶清热利尿,为佐药;甘草调和诸药,为使药。

【主治】 热积膀胱,弩伤尿血。证见尿血,弩气弓腰,头低耳耷,草细毛焦,舌质如绵,脉滑。弩伤尿血,以及急性肾炎、肾盂肾炎、膀胱炎、尿道炎等尿血伴有发热者,均可加减应用。

槐花散——《本事方》

【处方】 炒槐花100g 炒侧柏叶50g 荆芥炭30g 炒枳壳30g

【用法】 共为细末,开水冲调灌服。

【功能】 清肠止血,疏风理气。

【方解】 槐花专清大肠湿热,凉血止血,为主药;侧柏叶助槐花凉血止血,荆芥炒用理气疏风并入血分而止血,共为辅药;枳壳理气宽肠,为佐使药。

【主治】 肠风下血。以便血、血色鲜红为主证。慢性肠炎、慢性痢疾、大肠出血等便血鲜红者,均可加减应用。

第三节 补虚方药

凡具有补益机体气血阴阳虚损不足作用的药物,称为补虚药。组成以补虚药为主,用于治疗各种虚证的方剂,称为补虚方。

虚证一般分为气虚、血虚、阴虚、阳虚四种,故补虚方药也分为补气、补血、滋阴、助阳四类。

1. 补气类 药多味甘,性平或偏温,主入脾、胃、肺经。方药具有补肺气、益脾气的功效,适用于脾肺气虚证。脾气虚证见精神倦怠、食欲不振、肚腹胀满、粪便泄泻、消瘦或脏器下垂等;肺气虚证见气短气少、动则气喘、自汗无力等。

2. 补血类 药多味甘,性平或偏温,多入心、肝、脾经。方药具有补血的功效,适用于体瘦毛焦、口色淡白、精神委靡、心悸脉弱等血虚之证。

3. 滋阴类 药多味甘,性凉,主入肺、胃、肝、肾经。方药具有滋肾阴、补肺阴、养胃阴、益肝阴的功效,适用于舌光无苔、口舌干燥、虚热口渴、肺燥咳嗽等阴虚证。

4. 助阳类 药味甘或咸,性温或热,多入肝、肾经。方药具有补肾助阳、强筋壮骨的功效,适于形寒肢冷、腰胯无力、阳痿滑精、肾虚泄泻等。

使用本类方药应注意以下几点:①首先应辨清虚实真假,避免误用。若为真实假虚证,误补则实者愈实;病畜实邪未尽时,不宜早用,以免留邪之弊;若病邪未解,正气已虚,则以祛邪为主,酌以补虚,增强抵抗力,达到既祛邪又扶正的目的。②气、血、阴、阳之间在生理上密切联系,在病理上相互影响,如气虚与血虚、阴虚与阳虚常常互为因果,气虚易致阳虚,阳虚多兼气虚,血虚易致阴虚,阴虚多兼血虚,临床上又往往数证兼见,如气血两亏、阴阳俱虚等。因此,各类补益药经常相互配伍应用。③气血阴阳不足之证常表现为脏腑的虚证,治疗时一方面直接补益受病脏腑,同时考虑虚者补其母。由于脾为后天之本,气血生化之源,肾为先天之本,真阴真阳之所在,故补益五脏应特别重视脾肾,补气血重在补脾,补阴阳重在补肾。④滋阴药多甘凉滋腻,凡阳虚阴盛、脾虚泄泻者不宜用。助阳药多属温燥,阴虚发热及实热证等均不宜用。

一、补 气 药

人参

为五加科植物人参的干燥根。野生者名山参,栽培者称园参。切片或粉碎用。主产于吉林、辽宁、黑龙江等地。

【性味归经】 甘、微苦,平。归脾、肺、心经。

【功能主治】 大补元气,补益脾肺,生津安神。主治虚欲脱、脾虚胃弱、肺气亏虚、惊悸不安、热病伤津。

【应用】 ①元气虚脱证,单用有效,如独参汤;常与附子等同用,如参附汤。②肺气虚证,常与苏子、杏仁等同用;脾气虚证,常与白术、茯苓等同用。③心气不足,神志不宁,常与当归、枣仁等同用。④热伤气津所致的口渴、脉大无力,常与石膏、知母等同用。反藜芦,畏五灵脂。

【用量】 马、猫 30~0.5g。

党参

为桔梗科植物党参、素花党参或川党参的干燥根。生用或蜜炙用。主产于东北、西北、山西及四川等地。

【性味归经】 甘、平。归脾、肺经。

【功能主治】 补肺益气,健脾生津。主治脾胃虚弱、肺虚咳喘、气虚垂脱、津伤口渴。

【应用】 ①中气不足的体虚倦怠、食少便溏,常与白术、茯苓等同用,如四君子汤;肺气亏虚的咳嗽气促,常与黄芪等同用。②气虚下陷所致的脱肛、子宫脱垂,常与黄芪、白术、升麻等同用,如补中益气汤。③津伤口渴,肺虚气短,常与麦冬、五味子、生地等同用。反藜芦。

【用量】 马、禽 60~0.5g。

黄芪

为豆科植物膜荚黄芪或蒙古黄芪的干燥根。切片生用或蜜炙用。主产于甘肃、内蒙古、陕西等地。

【性味归经】 甘,微温。归脾、肺经。

【功能主治】 补气升阳,固表止汗,托疮生肌,利水退肿。主治脾肺气虚、气虚下陷、表虚汗出、疮痈难溃、气虚水肿。

【应用】 ①脾肺气虚,食少倦怠,气短、泄泻等,常与党参、白术、山药、炙甘草等同用;气虚下陷引起的脱肛、子宫脱垂等,常与党参、升麻、柴胡等同用,如补中益气汤。②表虚自汗,常与麻黄根、浮小麦等同用;表虚易感风寒,常与防风、白术等同用。③疮痈内陷或久溃不敛,常与党参、肉桂、当归等同用;脓成不溃,常与白芷、当归、皂角刺等同用。④气虚脾弱,尿不利,水湿停滞而成的水肿,常与防己、白术等同用。阴虚火盛、邪热实证不宜用。

【用量】 马、犬60～1g。

山药

为薯蓣科植物薯蓣的干燥块茎。切片生用或炒用。主产于河南、湖南、广东等地。

【性味归经】 甘,平。归脾、肺、肾经。

【功能主治】 健脾胃,益肺肾。主治食欲不振、脾虚泄泻、肺虚久咳、肾虚滑精、尿频数。

【应用】 ①脾虚引起的脾胃虚弱、减食倦怠、泄泻等,常与党参、白术、茯苓、扁豆等同用。②肺虚咳嗽,常与沙参、麦冬、五味子等同用。③肾虚滑精,常与熟地、山萸肉等同用;肾虚之尿频数,常与益智仁、桑螵蛸等同用。

【用量】 马、禽90～1.5g。

白术

为菊科植物白术的干燥根茎。切片生用或炒用。主产于浙江、安徽、湖南等地。

【性味归经】 甘、苦,温。归脾、胃经。

【功能主治】 补脾益气,燥湿利水,固表止汗。主治脾虚泄泻、水肿、自汗、胎动不安。

【应用】 ①脾胃气虚、运化失常所致的食少胀满、倦怠乏力等,常与党参、茯苓等同用,如四君子汤;脾胃虚寒,肚腹冷痛,泄泻等,常与党参、干姜等同用,如理中汤。②水湿内停或水湿外溢之水肿,常与茯苓、泽泻等同用,如五苓散。③表虚自汗,常与黄芪、浮小麦同用。④脾虚引起的胎动不安,常与当归、白芍、阿胶等同用。

【用量】 马、禽60～1g。

甘草

为豆科植物甘草、胀果甘草或光果甘草的干燥根及根茎。切片生用或蜜炙用。主产于内蒙古、甘肃、新疆等地。

【性味归经】 甘,平。归十二经。

【功能主治】 补中益气,润肺止咳,清热解毒,缓和药性。主治脾胃虚弱、咳喘、疮痈肿痛、咽喉肿痛、中毒。

【应用】 ①脾胃虚弱证,常与党参、白术等同用,如四君子汤。②寒热虚实,多种咳喘,常与化痰止咳药同用。③疮痈肿痛,常与金银花、连翘、紫花地丁等同用;咽喉肿痛,常与桔梗、板蓝根、牛蒡子等同用。④对附子等多种药物或食物所致的中毒,有一定的解毒作用。⑤能缓和某些药物峻烈之性,具有调和诸药的作用,许多处方常配伍本品。湿盛中满者不宜用。反大戟、甘遂、芫花、海藻。

【用量】 马、禽60～0.6g。

大枣

为鼠李科植物枣的干燥成熟果实。生用。主产于河北、河南、山东等地。

【性味归经】 甘,平。归脾、胃、心经。

【功能主治】 补中益气,养血安神,缓和药性。主治脾胃虚弱、内伤肝脾、营血耗伤。

【应用】 ①脾胃虚弱,倦怠乏力,食少便溏等,常与党参、白术等同用。②心气不足所致的失眠,常与甘草、浮小麦等同用。③与部分药性峻烈或有毒的药物配伍,可保护胃气,缓和其毒性、烈性,如十枣汤,用以缓和芫花、甘遂、大戟的烈性与毒性。湿盛中满者不宜用。

【用量】 马、禽60～1.5g。

二、补血药

当归

为伞形科植物当归的干燥根。切片生用或酒炙用。主产于甘肃、宁夏、四川等地。

【性味归经】 甘、辛、苦,温。归肝、脾、心经。

【功能主治】 补血,活血止痛,润肠通便。主治血虚劳损、瘀血疼痛、肠燥便秘。

【应用】 ①体弱血虚证,常与黄芪、党参、熟地等同用。②损伤瘀痛,常与红花、桃仁、乳香等同用;痈肿疼痛,常与金银花、牡丹皮、赤芍等同用;产后瘀血疼痛,常与益母草、川芎、桃仁等同用;风湿痹痛,常与羌活、独活、秦艽等同用。③阴虚或血虚所致的肠燥便秘,常与肉苁蓉、麻仁等同用。阴虚内热者不宜用。

【用量】 马、禽 60～1g。

白芍

为毛茛科植物芍药的干燥根。切片生用或炒用。主产于浙江、安徽、四川等地。

【性味归经】 苦、酸,微寒。归肝、脾经。

【功能主治】 养血敛阴,柔肝止痛,平抑肝阳。主治肝血不足、肝脾不和、泻痢腹痛、自汗、盗汗。

【应用】 ①肝血亏损,常与当归、熟地等同用,如四物汤。②肝脾不和所致的胸胁脘腹疼痛,常与柴胡、当归等同用,如逍遥散;热毒下痢所致的腹痛,常与黄连、木香、大黄、槟榔等同用,如通肠芍药汤;肝阳上亢,躁动不安等,常与石决明、生地黄、女贞子等同用。③表虚自汗,常与桂枝配伍;阴虚盗汗,常与牡蛎、地黄等同用。反藜芦。

【用量】 马、禽 60～1g。

熟地黄

为玄参科植物地黄的块根,经加工炮制而成。切片用。主产于河南、浙江、北京等地。

【性味归经】 甘,微温。归心、肝、肾经。

【功能主治】 补血滋阴。主治血虚证、肾阴不足。

【应用】 ①血虚体弱,常与当归、川芎、白芍等同用,如四物汤。②肝肾阴虚所致的腰膝酸软、潮热、盗汗、滑精等,常与山茱萸、山药等同用,如六味地黄丸。脾虚湿盛者忌用。

【用量】 马、犬 60～3g。

何首乌

为蓼科植物何首乌的干燥块根。生用或制用。晒干未经炮制的为生首乌,加黑豆汁反复蒸晒而成为制首乌。主产于广东、广西、河南等地。

【性味归经】 甘、苦、涩,微温。归肝、肾经。

【功能主治】 生首乌:润肠通便,解疮毒;制首乌:补肝肾,益精血。主治肝肾阴虚、血虚、肠燥便秘、疮黄肿毒。

【应用】 ①肝肾阴虚,精血不足,腰胯无力等,常与熟地、枸杞子、菟丝子等同用。②肠燥便秘或血虚便秘,常与当归、肉苁蓉、麻仁等同用。③疮黄肿毒、皮肤瘙痒等,常与玄参、紫花地丁、天花粉等同用。脾虚湿盛者不宜用。

【用量】 马、禽 90～1g。

阿胶

为马科动物驴的皮熬煮加工而成的胶块。溶化冲服或炒珠用。主产于山东、浙江、北京等地。

【性味归经】 甘,平。归肺、肾、肝经。

【功能主治】 补血止血,滋阴润肺,安胎。主治血虚体弱、出血证、虚劳咳嗽、胎动不安。

【应用】 ①血虚体弱,常与当归、黄芪、熟地等同用。②肺出血及肺热所致的衄血,常与白及、生地、仙鹤草、白茅根等同用,如仙鹤草散;脾虚所致的便血,常与槐花、地榆、白术等同用;子宫出血,常与艾叶、生地、当归等同用。③虚劳咳嗽,常与马兜铃、牛蒡子等同用。④妊娠胎动不安、下血等,常与艾叶、当归、地黄等同用,如胶艾汤。

【用量】 马、犬 60～5g。

三、滋 阴 药

沙参

为桔梗科植物轮叶沙参、沙参或伞形科植物珊瑚菜等的干燥根。前两种习称南沙参,后者习称北沙参。切片生用。南沙参主产于安徽、江苏、四川等地,北沙参主产于山东、河北等地。

【性味归经】 甘,凉。归肺、胃经。

【功能主治】 润肺止咳,养胃生津。主治干咳痰少、热病伤津。

【应用】 ①久咳肺虚及热伤肺阴、干咳少痰等,常与麦冬、天花粉等同用。②热病后或久病伤阴所致的口干舌燥、大便秘结、舌红少津、脉数等,常与麦冬、玉竹等养阴生津药同用。肺寒湿痰咳嗽者不宜用。反藜芦。

【用量】 马、禽 60～1g。

天冬

为百合科植物天门冬的干燥块根。生用或酒蒸用。主产于贵州、四川、广西等地。

【性味归经】 甘、微苦,寒。归肺、肾经。

【功能主治】 清肺化痰,养阴润燥。主治肺热燥咳、热病伤阴、肠燥便秘。

【应用】 ①阴虚肺燥有热之干咳痰少、咯血、咽痛等,常与麦冬、川贝等同用。②肺肾阴虚,津少口渴等,常与生地、党参等同用;温病后期肠燥便秘,常与玄参、生地、火麻仁等同用。寒咳痰多、脾虚便溏者不宜用。

【用量】 马、禽 60～0.5g。

麦冬

为百合科植物麦冬的干燥块根。生用。主产于四川、浙江、江苏等地。

【性味归经】 甘、微苦,微寒。归肺、胃、心经。

【功能主治】 清心润肺,养胃生津。主治肺热燥咳、热病伤阴、肠燥便秘。

【应用】 ①肺热燥咳,常与天冬、知母、贝母、桔梗等同用;心阴虚有热之心烦、失眠,常与茯神、远志、丹参等同用。②热病伤阴所致的口渴贪饮,常与知母、天花粉等同用;阴虚内热、干咳少痰等,常与阿胶、桑叶、枇杷叶等同用。③阴虚内热,热病伤津,肠燥便秘等,常与生地、玄参等同用如增液汤。寒咳多痰、脾虚便溏者不宜用。

【用量】 马、禽 60～0.6g。

百合

为百合科植物百合、细叶百合的干燥肉质鳞叶。生用或蜜炙用。主产于浙江、江苏、湖南等地。

【性味归经】 甘,微寒。归心、胃、肺经。

【功能主治】 清心安神,润肺止咳。主治肺燥咳喘、阴虚久咳、躁动不安。

【应用】 ①阴虚肺燥有热之干咳少痰、咯血、咽干,常与款冬花同用;肺虚久咳,劳伤咳嗽,咯血等,常与生地、桔梗、贝母等同用,如百合固金汤。②热病后余热未清、气阴不足而致躁动不安、心神不宁等,常与知母、生地等同用。外感风寒咳嗽者忌用。

【用量】 马、犬 60～3g。

石斛

为兰科植物环草石斛、马鞭石斛、黄草石斛或金钗石斛的干燥茎。切断生用。主产于四川、贵州、云南等地。

【性味归经】 甘,微寒。归肺、胃、肾经。

【功能主治】 滋阴生津,清热养胃。主治热病伤津、阴虚久热。

【应用】 ①热病伤阴,津少口渴或阴虚久热不退等,常与麦冬、沙参、生地、天花粉等同用。②阴虚久热不退,常与生地、麦冬、黄芩等同用。湿温及温热尚未化燥者忌用。

【用量】 马、禽 60～1g。

女贞子

为木樨科植物女贞的干燥成熟果实。生用或酒炙用。主产于江苏、湖南、湖北等地。

【性味归经】 甘、微苦,平。入肝、肾经。

【功能主治】 滋阴补肾,养肝明目。主治肝肾阴虚、阴虚发热。

【应用】 ①肝肾阴虚所致的腰胯无力、眼目不明、滑精等,常与枸杞子、菟丝子、熟地、菊花等同用。②阴虚内热,常与生地、知母、地骨皮等同用。脾虚泄泻及阳虚者忌用。

【用量】 马、犬 60～3g。

鳖甲

为鳖科动物鳖的背甲。砂炒后醋淬用。主产于安徽、江苏、湖北等地。

【性味归经】 咸,平。归肝、肾经。

【功能主治】 滋阴潜阳,软坚散结。主治阴虚发热、痞块瘤肿。

【应用】 ①阴虚发热,出汗等,常与龟板、地骨皮、青蒿、地黄等同用。②肝脾肿大、癥瘕积聚作痛,常配三棱、莪术、木香、桃仁、红花、青皮、香附等。阳虚及外感未解,脾虚泄泻及孕畜忌用。

【用量】 马、犬 60～3g。

枸杞子

为茄科植物宁夏枸杞的干燥成熟果实。生用。主产于宁夏、甘肃、河北等地。

【性味归经】 甘,平。归肝、肾经。

【功能主治】 养补肝肾,益精明目。主治肝肾阴虚、视力减退。

【应用】 ①肝肾亏虚,精血不足,腰胯乏力等,常与菟丝子、熟地、山萸肉、山药等同用。②肝肾不足所致的视力减退、眼目昏暗、瞳孔散大等,常与菊花、熟地、山萸肉等同用,如杞菊地黄丸。脾虚湿滞,内有实热者不宜用。

【用量】 马、犬 60～5g。

黄精

为百合科植物黄精、多花黄精或滇黄精的干燥根茎。生用或熟用。主产于广西、四川、贵州等地。

【性味归经】 甘,平。归脾、肺经。

【功能主治】 养阴生津,补脾润肺。主治脾胃虚弱、肺虚燥咳、精血不足。

【应用】 ①脾胃虚弱,食少便溏,体倦乏力等,常与党参、白术等同用。②肺虚燥咳,干咳少痰等,常与沙参、麦冬、天冬等同用。③久病体虚,精血不足等,常与熟地、枸杞子等同用。脾虚有湿者不宜用。

【用量】 马、禽 60～1g。

玉竹

为百合科植物玉竹的干燥根茎。生用。主产于华东、华北、东北及西南等地。

【性味归经】 甘,平。归肺、胃经。

【功能主治】 滋阴润肺,养胃生津。主治口渴贪饮、肺燥干咳。

【应用】 肺胃燥热、阴液不足所致的口渴贪饮、肺燥干咳等,常配天冬、麦冬、沙参等同用。寒湿盛者忌用。

【用量】 马、禽 60～0.5g。

山茱萸

为山茱萸科植物山茱萸的干燥成熟果肉。生用或熟用。主产于山西、陕西、山东等地。

【性味归经】 酸、涩,微温。入肝、肾经。

【功能主治】 补益肝肾,涩精敛汗。主治肝肾阴亏、阴虚盗汗。

【应用】 ①肝肾阴虚所致的腰肢无力,常与熟地、山药、泽泻、茯苓、丹皮等同用,如六味地黄汤;阳痿滑精,常与牡蛎、赤石脂等同用。②阴虚盗汗,常与地黄、牡丹皮、知母等同用。

【用量】 马、禽 60～1.5g。

四、助 阳 药

巴戟天

为茜草科植物巴戟天的干燥根。生用或盐炙用。主产于广东、广西、福建、四川等地。

【性味归经】 辛、甘,微温。归肝、肾经。

【功能主治】 补肾助阳,祛风除湿。主治阳痿滑精、腰胯无力、风湿痹痛。

【应用】 ①肾虚阳痿,滑精早泄等,常与肉苁蓉、补骨脂、葫芦巴等同用,如巴戟散。②肾虚骨痿,腰膝疼痛等,常与杜仲、续断、菟丝子等同用。③肾阳虚所致的风湿痹痛、运步困难,常与杜仲、续断、羌活、独活等同用。阴虚火旺者不宜用。

【用量】 马、禽 30～0.5g。

肉苁蓉

为列当科植物肉苁蓉的干燥带鳞叶的肉质茎。用盐水浸渍,称咸苁蓉;再以清水漂洗,蒸熟晒干,称淡苁蓉;或切片生用。主产于内蒙古、甘肃、青海等地。

【性味归经】 甘、咸,温。归肾、大肠经。

【功能主治】 补肾助阳,润肠通便。主治肾虚阳痿、滑精、垂缕不收、肠燥便秘。

【应用】 ①肾虚阳痿,滑精早泄及肝肾不足,筋骨痿弱,腰膝疼痛等,常与熟地、菟丝子、五味子、山茱萸等同用。②老弱血虚及病后、产后津液不足、肠燥便秘等,常与麻仁、柏子仁、当归等同用。阴虚火盛、脾虚便溏者忌用。

【用量】 马、禽 45～1g。

淫羊藿

为小檗科植物淫羊藿、箭叶淫羊藿、柔毛淫羊藿、巫山淫羊藿、朝鲜淫羊藿的干燥茎叶。切段生用。生用或羊脂油炙用。主产于陕西、辽宁、山西等地。

【性味归经】 辛,温。归肾经。

【功能主治】 补肾助阳,祛风除湿。主治肾阳不足、风湿痹痛。

【应用】 ①肾阳不足所致的阳痿、滑精、尿频、腰膝冷痛、肢冷恶寒等,常与仙茅、山茱萸、肉苁蓉等补肾药同用。②风湿痹痛,筋骨不利,肢体麻木等,常与威灵仙、独活、肉桂、当归、川芎等同用。

【用量】 马、禽 30～0.5g。

益智仁

为姜科植物益智的干燥成熟果实。生用或盐炙用。主产于广东、云南、福建等地。

【性味归经】 辛,温。归脾、肾经。

【功能主治】 温肾固精缩尿,暖脾开胃摄唾。主治虚寒泄泻、流涎、滑精、尿频。

【应用】 ①肾阳不足、不能固摄所致的滑精、尿频等,常与山药、桑螵蛸、菟丝子等同用。②脾阳不振、运化失常引起的虚寒泄泻、腹痛等,常与党参、白术、干姜等同用;脾虚不能摄涎,以致涎多自流者,常与党参、茯苓、半夏、山药、陈皮等同用。阴虚火盛者忌用。

【用量】 马、禽 45～1g。

补骨脂

为豆科植物补骨脂的干燥成熟果实。生用或盐炙用。主产于陕西、河南、山西等地。

【性味归经】 辛、苦,大温。归脾、肾经。

【功能主治】 温肾壮阳,温脾止泻。主治阳痿、滑精、尿频数、腰胯寒痛、脾虚冷泻。

【应用】 ①肾阳不振的阳痿、滑精、腰胯冷痛及尿频等,常与淫羊藿、菟丝子、熟地等同用。②脾肾阳虚引起的泄泻,多与肉豆蔻、吴茱萸、五味子等同用,如四神丸。阴虚火旺、粪便秘结者忌用。

【用量】 马、禽 45～1g。

杜仲

为杜仲科植物杜仲的干燥树皮。切丝生用,或酒炙、盐炙用。主产于四川、贵州、云南等地。

【性味归经】 甘、微辛,温。归肝、肾经。

【功能主治】 补肝肾,强筋骨,安胎。主治肾虚腰痛、风湿痹痛、胎动不安。

【应用】 ①腰胯无力,阳痿,尿频等肾阳虚证,常与补骨脂、菟丝子、枸杞子、熟地、山茱萸、牛膝等同用。②风湿痹痛,常与独活、桑寄生等同用;久患风湿,麻木痹痛,常与祛风湿药同用。③孕畜体虚、肝肾亏损所致的胎动不安,常与续断、阿胶、白术、党参、砂仁、艾叶等同用。阴虚火旺者不宜用。

【用量】 马、犬 60～3g。

续断

为川续断科植物川续断的干燥根。生用、酒炙或盐炙用。主产于四川、贵州、湖北等地。

【性味归经】 苦,温。归肝、肾经。

【功能主治】 补肝肾,强筋骨,续伤折,安胎。主治风湿痹痛、筋骨折伤、胎动不安。

【应用】 ①肝肾不足、血脉不利所致的腰胯疼痛及风湿痹痛,常与杜仲、牛膝、桑寄生等同用。②跌打损伤,筋伤骨折,常与骨碎补、当归、赤芍、红花等同用。③胎动不安,常与阿胶、艾叶、熟地等同用。阴虚火旺者忌用。

【用量】 马、禽 60～1g。

菟丝子

为旋花科植物菟丝子的干燥成熟种子。生用或盐炙用。主产于东北、河南、山东等地。

【性味归经】 甘、辛，微温。归肝、肾、脾经。

【功能主治】 补肝肾，益精髓，明目。主治阳痿、滑精、尿频数、胎动不安、脾肾虚泻。

【应用】 ①肾虚阳痿，滑精，尿频数等，常与枸杞子、覆盆子、五味子等同用。②肝肾不足所致的目疾等，常与熟地、枸杞子、车前子等同用。③脾肾虚弱，粪便溏泄等，常与茯苓、山药、白术等同用。

【用量】 马、羊 45～5g。

骨碎补

为水龙骨科植物槲蕨的干燥根茎。切片生用或砂烫用。主产于我国浙江、湖北、广东等地。

【性味归经】 苦，温。归肝、肾经。

【功能主治】 补肾健骨，活血止痛。主治肾虚久泻、筋伤骨折。

【应用】 ①肾阳不足所致的久泻，可与菟丝子、五味子、肉豆蔻等同用。②跌打损伤，创伤及筋骨损伤，瘀滞肿痛等，常与续断、自然铜、乳香、没药等同用。

【用量】 马、禽 45～1.5g。

锁阳

为锁阳科植物锁阳的干燥肉质茎。切片生用。主产于内蒙古、青海、甘肃等地。

【性味归经】 甘，温。归肾、肝、大肠经。

【功能主治】 补肾壮阳，润肠通便。主治阳痿滑精、腰胯无力、肠燥便秘。

【应用】 ①肾虚阳痿，滑精等，常与肉苁蓉、菟丝子等同用；肝肾阴亏，筋骨痿弱，步行艰难等，多与熟地、牛膝、枸杞子、五味子等同用。②肝肾虚亏所致的腰胯无力、运步艰难等，常与熟地、牛膝、枸杞子、五味子等同用。③体弱、老年患畜及产后肠燥便秘等，可与肉苁蓉、火麻仁、柏子仁等同用。肾火盛者忌用。

【用量】 马、禽 45～1g。

葫芦巴

为豆科植物葫芦巴的干燥成熟种子。生用或盐炙用。主产于安徽、河南、四川等地。

【性味归经】 苦，温。归肾经。

【功能主治】 温肾助阳，散寒止痛。主治阳痿滑精、寒伤腰胯。

【应用】 ①肾阳不足、寒气凝滞所致的阳痿，常与巴戟天、淫羊藿等同用。②肾阳不足、寒气凝滞所致的寒伤腰胯，常与补骨脂、杜仲等同用。阴虚阳亢者忌用。

【用量】 马、犬 45～3g。

蛤蚧

为壁虎科动物蛤蚧除去内脏的干燥体。酒炙或油炙用。主产于广西、云南、广东等地。

【性味归经】 咸，平；小毒。归肺、肾经。

【功能主治】 补肺益肾，定喘止咳。主治咳喘。

【应用】 肺虚咳喘，肾虚气喘，虚劳咳嗽等，常与贝母、百合、天冬、麦冬等同用。外感咳嗽者不宜用。

【用量】 马、牛 1～2 对。

五、补 气 方

四君子汤——《和剂局方》

【处方】 党参60g 炒白术60g 茯苓60g 炙甘草30g

【用法】 水煎服,或共为末,开水冲调,候温灌服。

【功能】 益气健脾。

【方解】 方中党参补中益气,为主药;白术苦温,健脾燥湿,为辅药;茯苓甘淡,健脾渗湿,为佐药,白术、茯苓合用,增强健脾除湿之功;炙甘草甘温,益气和中,调和诸药,为使药。

【主治】 脾胃气虚证。证见体瘦毛焦,精神倦怠,四肢无力,食少便溏,舌淡苔白,脉细弱等。见于各种原因引起的慢性胃肠炎、胃肠功能减退、消化不良等慢性疾患病程中。

参苓白术散——《和剂局方》

【处方】 党参45g 白术45g 茯苓45g 炙甘草45g 山药45g 扁豆60g 莲子肉30g 桔梗30g 薏苡仁30g 砂仁30g

【用法】 共为末,开水冲调,候温灌服,或水煎服。

【功能】 补气健脾,益肺气,渗湿止泻。

【方解】 方中党参、白术、茯苓、炙甘草补气健脾,为主药;山药、莲子肉助党参补气健脾,扁豆、薏苡仁助茯苓、白术健脾止泻,共为辅药;砂仁芳香醒脾,理气宽胸,为佐药;桔梗宣利肺气,载药上行以补肺,为使药。

【主治】 脾胃气虚挟湿证。证见精神倦怠,体瘦毛焦,食欲减退,四肢无力,便溏或泄泻,舌苔白腻,脉缓弱等。见于慢性消化不良、慢性胃肠炎、久泻以及幼畜脾虚泄泻等病程中。

补中益气汤——《脾胃论》

【处方】 炙黄芪90g 党参60g 白术60g 炙甘草45g 当归60g 陈皮60g 升麻30g 柴胡30g

【用法】 水煎服。

【功能】 补中益气,升阳举陷。

【方解】 方中黄芪补中益气,升阳固表,为主药;党参、白术、甘草温补脾胃,增强黄芪补中益气之力,为辅药;当归养血,陈皮理气行滞,升麻、柴胡升阳举陷,助主、辅药升提正气,均为佐药;炙甘草调和诸药,为使药。

【主治】 脾胃气虚及气虚下陷证。证见精神倦怠,草料减少,发热,汗自出,口渴喜饮,粪便稀溏,舌质淡,苔薄白或久泻脱肛、子宫脱垂等。见于体弱、过劳、长期泻痢或难产等病程中。

六、补 血 方

四物汤——《和剂局方》

【处方】 熟地黄45g 当归45g 白芍45g 川芎30g

【用法】 水煎服,或共为末,开水冲调,候温灌服。

【功能】 补血调血。

【方解】 方中熟地滋阴补血,为主药;当归补血养肝,并能活血行滞,为辅药;白芍养血敛阴,为佐药;川芎入血分行气活血,使补而不滞,为使药。

【主治】 血虚、血瘀诸证。证见舌淡,脉细,或血虚兼有瘀滞。见于慢性营养不良、出血、胎产病等病程中。

归芪益母汤——《牛经备要医方》

【处方】 炙黄芪 120g　当归 30g　益母草 60g

【用法】 水煎服,或共为末,开水冲调,候温灌服。

【功能】 补气生血,活血祛瘀。

【方解】 方中黄芪大补脾肺之气,以资生血之源,为主药;当归养血补血,使阴生阳长,气旺血生,为辅药;益母草活血祛瘀,疏血中滞气,为佐使药。

【主治】 过力劳伤所致气血虚弱及产后血虚、瘀血诸证。证见头低耳耷,四肢无力,怠行喜卧,口色淡,脉细弱等。见于过劳、胎产病等病程中。

炙甘草汤——《伤寒论》

【处方】 炙甘草 60g　党参 60g　大枣 30 枚　生地 120g　麦冬 30g　阿胶 30g　麻仁 30g　生姜 30g　桂枝 30g

【用法】 水煎,加白酒 60ml 灌服。

【功能】 益气养血,滋阴复脉。

【方解】 方中炙甘草甘温益气,通经脉,利血气,养心复脉,为主药;党参、大枣补气养脾胃,以助气血生化之源,生地、麦冬、阿胶、麻仁滋阴养血,以充其脉,为辅药;桂枝、生姜温通血脉,振奋心阳,为佐药;白酒助药势,通经脉,为使药。

【主治】 气虚血弱。证见毛焦身瘦,脉结代,心悸动,呼吸气短,舌色淡白,口津少等。见于功能性心律不齐、期外收缩和低血压等病程中。

透脓散——《外科正宗》

【处方】 生黄芪 60g　川芎 30g　当归 45g　炮甲珠 30g　皂角刺 30g

【用法】 共为末,加白酒 100ml,水调灌服。

【功能】 补气养血,托毒溃脓。

【方解】 方中生黄芪补气扶正,托毒外出,为主药;当归、川芎养血活血,为辅药;炮甲珠、皂角刺解毒软坚,通透溃脓,为佐药;白酒增强行血、活血的作用,为使药。

【主治】 气血虚弱所致的疮疡久不成脓,或内已成脓而不溃者。用于体弱患疮痈肿毒病程中。

七、滋 阴 方

六味地黄汤——《小儿药证直诀》

【处方】 熟地黄 80g　山萸肉 40g　山药 40g　泽泻 30g　丹皮 30g　茯苓 30g

【用法】 水煎服,亦可作为散剂服用。

【功能】 滋阴补肾。

【方解】 方中熟地补肾滋阴,养血生津,为主药;山萸肉养肝肾而涩精,山药补脾固精,共为辅药;泽泻清泻肾火,利水,以防熟地之滋腻,丹皮凉血清肝,泻伏火,退骨蒸,以制山萸肉之温,茯苓利脾除湿,助山药以益脾,共为佐使药。

【主治】 肝肾阴虚证。证见潮热盗汗,腰膝痿软无力,耳鼻四肢温热,舌燥喉痛,滑精早泄,粪干尿少,舌红苔少,脉细数。见于慢性肾炎、肺结核、骨软症、贫血、消瘦、子宫内膜炎、周期性眼炎、慢性消耗性疾病等病程中。

百合固金汤——《医方集解》

【处方】 百合 45g　生地 60g　熟地 60g　麦冬 45g　川贝母 30g　当归 30g　白芍 30g

生甘草 30g　玄参 20g　桔梗 20g

【用法】　水煎服,或共为末,开水冲调,候温灌服。

【功能】　养阴清热,润肺化痰。

【方解】　方中百合、生地、熟地滋养肺肾之阴,均为主药;麦冬、川贝润肺养阴,化痰止咳,为辅药;当归、白芍养血和阴,玄参滋阴凉血清虚热,桔梗清肺化痰止咳,共为佐药;甘草协调诸药,并配桔梗以清利咽喉,为使药。

【主治】　肺肾阴虚证。证见燥咳气喘,痰中带血,咽喉疼痛,舌红少苔,脉细数。见于肺结核、慢性气管炎、支气管扩张、咯血、肺炎中后期、慢性肝炎、咽炎等病程中。

生脉散——《内外伤辨惑论》

【处方】　党参 90g　麦冬 60g　五味子 30g

【用法】　共为末,开水冲调,候温灌服,水煎服。

【功能】　补气生津,敛阴止汗。

【方解】　方中党参补肺益气而生津,为主药;麦冬甘寒养阴,清热生津,为辅药;五味子敛肺止汗而生津,为佐药。

【主治】　暑热伤气,气津两伤之证。证见精神倦怠,汗多气短,口渴舌干,或久咳肺虚,干咳少痰,气短自汗,舌红无津,脉象虚弱。见于肺结核、慢性支气管炎、心律不齐及心源性休克、失血性休克等病程中。

八、助　阳　方

肾气丸——《金匮要略》

【处方】　附子(制)10g　肉桂 10g　熟地黄 80g　山萸肉 40g　山药 40g　泽泻 30g　丹皮 30g　茯苓 30g

【用法】　制成丸剂,投服或水煎服。

【功能】　温补肾阳,化气行水。

【方解】　方中附子、肉桂温补肾阳,为主药;熟地、山萸肉、山药、泽泻、丹皮、茯苓滋补肾阴,为辅佐药。

【主治】　肾阳不足证。证见肾虚水肿,小便不利或频数失禁,腰膝酸软,阳痿,畏寒肢冷等。见于不孕症、慢性肾炎、尿失禁等病程中。

巴戟散——《元亨疗马集》

【处方】　巴戟天 45g　肉苁蓉 45g　补骨脂 45g　葫芦巴 45g　小茴香 30g　肉桂 20g　陈皮 30g　青皮 30g　肉豆蔻 30g　木通 20g　川楝子 20g　槟榔 15g

【用法】　共为末,开水冲调,候温灌服,或水煎服。

【功能】　温补肾阳,通经止痛,散寒除湿。

【方解】　方中巴戟天、肉苁蓉、补骨脂、葫芦巴、小茴香、肉桂温补肾阳,强筋骨,散寒痛,以治下元虚冷、肾阳不振所致的腰胯疼痛,运步不灵,为主药;陈皮、青皮、槟榔健胃温脾行气,肉豆蔻温中暖脾肾,共为辅药;川楝子止痛,为佐药;木通通经利湿,引药归肾,为使药。

【主治】　肾阳虚衰证。证见腰胯疼痛,后腿难移,腰脊僵硬等。见于体弱患腰胯寒湿等病程中。

第四节 收涩方药

凡具有收敛固涩作用，能治疗各种滑脱证的药物，称为收涩药。组成以固涩药为主，用于治疗滑脱证的方剂，称为收涩方。

滑脱之证，均由脏腑亏损，正气内虚所致。临床表现有自汗、盗汗、久泻久痢、肺虚久咳、遗精滑泄、粪尿失禁、崩漏带下、直肠脱、子宫脱等，治疗上也有固表止汗、涩肠固脱、涩精止遗和固崩止带等。这里只介绍两类。

1. 涩肠止泻类 方药具有涩肠止泻的作用，适用于脾肾虚寒所致的久泻久痢、二便失禁、脱肛或子宫脱等。

2. 敛汗涩精类 方药具有固肾涩精或缩尿的作用，适用于肾虚气弱所致的自汗、盗汗、阳痿、滑精、尿频等证。

使用本类方药时应注意：本类方药专为本虚卫外不固及脏腑固摄无力所设，不可误用于热病汗多、热病初起、伤食泄泻、热痢下重、相火妄动之滑精等有实邪的病证。在组方时又常根据气、血、阴、阳、精、津液耗伤程度的不同，相应地配伍补益药物，以标本兼顾。

一、涩肠止泻药

乌梅

为蔷薇科植物梅的干燥近成熟果实。打碎生用。主产于浙江、福建、广东等地。

【性味归经】 酸、涩，平。归肝、脾、肺、大肠经。

【功能主治】 敛肺，涩肠，生津，安蛔。主治肺虚久咳、久泻久痢、蛔虫病。

【应用】 ①肺虚久咳，常与款冬花、半夏、杏仁等同用。②久泻久痢，常与诃子、黄连等同用，如乌梅散；亦可与党参、白术等配伍应用。③虚热所致的口渴贪饮，常与天花粉、麦门冬、葛根等同用。④蛔虫引起的腹痛、呕吐等，常与干姜、细辛、黄柏等同用。

【用量】 马、禽 60～0.5g。

诃子

为使君子科植物诃子或绒毛诃子的干燥成熟果实。煨用或生用。主产于广东、广西、云南等地。

【性味归经】 苦、酸、涩，平。归肺、大肠经。

【功能主治】 涩肠，敛肺。主治久泻久痢、便血、脱肛、肺虚咳喘。

【应用】 ①久泻久痢、脱肛，常与肉豆蔻、干姜、陈皮等同用；便血，常与白头翁、黄连、地榆等同用；泻痢日久，气阴两伤，常与党参、白术、山药等同用。②肺虚咳喘，常与党参、麦冬、五味子等同用；用于肺热咳嗽，可配瓜蒌、百部、贝母、玄参、桔梗等。本品煨用涩肠，生用清肺。泻痢初起者忌用。

【用量】 马、禽 60～0.5g。

肉豆蔻

为肉豆蔻科植物肉豆蔻的干燥种仁。又称肉果。煨用。主产于印度尼西亚、西印度洋群岛和马来半岛等地。我国广东有栽培。

【性味归经】 辛，温。归脾、胃、大肠经。

【功能主治】 涩肠止泻，温中行气。主治久泻不止、脾胃虚寒。

【应用】 ①久泻不止或脾肾虚寒引起的久泻,常与补骨脂、吴茱萸、五味子等同用,如四神丸。②脾胃虚寒引起的肚腹胀痛和食欲不振,常与木香、半夏、白术、干姜等同用。热泻热痢者忌用。

【用量】 马、羊 30～5g。

石榴皮

为石榴科植物石榴的干燥果皮。切碎生用。我国南方各地均有。

【性味归经】 酸、涩,温。归大肠经。

【功能主治】 涩肠止泻,止血,驱虫。主治久泻久痢、虫积。

【应用】 ①虚寒所致的久泻久痢,常与诃子、肉豆蔻、干姜、黄连等同用。②驱杀蛔虫、蛲虫,可单用或与使君子、槟榔等同用。有实邪者忌用。

【用量】 马、禽 30～1g。

五倍子

为漆树科植物盐肤木、青麸杨或红麸杨叶上的虫瘿,主要由五倍子蚜寄生而形成。研末用。主产于四川、贵州、广东及西北地区。

【性味归经】 酸、涩,寒。归肺、大肠、肾经。

【功能主治】 敛肺降火,涩肠止泻,敛汗涩精,收敛止血,收湿敛疮。主治久泻久痢、肺虚久咳、虚汗、出血证、疮黄肿毒。

【应用】 ①久泻久痢,便血日久,可与诃子、五味子等同用。②肺虚久咳,常与党参、五味子、紫菀等同用。③疮癣肿毒,皮肤湿烂等,可研末外敷或煎汤外洗。肺热咳嗽及湿热泄泻者忌用。

【用量】 马、禽 30～0.2g。外用适量。

二、敛汗涩精药

五味子

为木兰科植物五味子的干燥成熟果实。生用或经醋、蜜等拌蒸晒干。主产于东北、内蒙古、河北等地。

【性味归经】 酸、甘,温。归肺、心、肾经。

【功能主治】 敛肺涩肠,生津止汗,固肾涩精。主治久咳虚喘、久泻、自汗、盗汗、滑精。

【应用】 ①肺虚或肾虚不能纳气所致的久咳虚喘,常与党参、麦冬、熟地、山萸肉等同用。②津少口渴,常与麦冬、生地、天花粉等同用;体虚多汗,常与党参、麦冬、浮小麦等同用。③脾肾阳虚泄泻,常与补骨脂、吴茱萸、肉豆蔻等同用,如四神丸。④滑精及尿频数等,可与桑螵蛸、菟丝子同用。表邪未解及有实热者不宜应用。

【用量】 马、禽 30～0.5g。

牡蛎

为牡蛎科动物长牡蛎、大连湾牡蛎或近江牡蛎的贝壳。生用或煅用。主产于沿海地区。

【性味归经】 咸,微寒。归肝、胆、肾经。

【功能主治】 滋阴潜阳,敛汗固涩,软坚散结。主治躁动不安、虚汗、滑精、瘰疬。

【应用】 ①阴虚阳亢引起的躁动不安等证,常与龟板、白芍等同用。②消散瘰疬,常与玄参、贝母等同用。③自汗、盗汗,常与浮小麦、麻黄根、黄芪等同用,如牡蛎散。④滑精,常与金樱子、芡实等同用。

【用量】 马、禽 90～1g。

浮小麦

为禾本科植物小麦的干燥轻浮瘪瘦的果实。生用或炒用。各地均产。

【性味归经】 甘、咸,凉。归心经。

【功能主治】 敛汗,益气,退虚热。主治虚汗。

【应用】 自汗、虚汗,产后虚汗不止,常与麻黄根、牡蛎、黄芪等同用。

【用量】 马、羊 120～10g。

金樱子

为蔷薇科植物金樱子的干燥成熟果实。擦去刺,剥去核,洗净晒干,备用。

【性味归经】 酸、甘、涩,平。归肾、膀胱、大肠经。

【功能主治】 固精缩尿,涩肠止泻。主治滑精、脾虚久泻、脱肛、子宫脱垂。

【应用】 ①肾虚引起的滑精、尿频等,常与芡实、莲子、菟丝子、补骨脂等同用。②脾虚泄泻,常与党参、白术、山药、茯苓等同用。

【用量】 马、羊 45～5g。

桑螵蛸

为螳螂科昆虫大刀螂、小刀螂或巨斧螳螂的干燥卵鞘。分别习称团螵蛸、长螵蛸和黑螵蛸。生用或炙用。主产于各地桑蚕区。

【性味归经】 甘、咸,平。归肝、肾经。

【功能主治】 补肾助阳,固精缩尿,止淋浊。主治阳痿、滑精、尿频数。

【应用】 ①肾虚阳痿,滑精等,常与益智仁、菟丝子、黄芪等同用。②肾虚不固所致的尿频数,常与巴戟天、肉苁蓉、枸杞子等同用。阴虚有火,膀胱湿热所致的尿频数者忌用。

【用量】 马、禽 30～0.5g。

芡实

为睡莲科植物芡的干燥成熟种仁。生用或炒用。主产于湖南、江苏、广东等地。

【性味归经】 甘、涩,平。归脾、肾经。

【功能主治】 益肾涩精,补脾祛湿。主治滑精、尿频数、脾虚泄泻。

【应用】 ①肾虚所致滑精及尿频数等,常与菟丝子、桑螵蛸、金樱子等同用。②脾虚久泻不止,常与党参、白术、茯苓等同用。

【用量】 马、羊 45～10g。

麻黄根

为麻黄科植物草麻黄或中麻黄的干燥根及根茎。生用。主产于山西、内蒙古、辽宁等地。

【性味归经】 甘,平。归心、肺经。

【功能主治】 固表止汗。主治自汗、盗汗。

【应用】 ①自汗,常与黄芪、牡蛎、浮小麦等同用,如牡蛎散。②盗汗,常与黄芪、地黄、白芍、浮小麦等同用。

【用量】 马、羊 30～5g。

莲须

为睡莲科植物莲的干燥雄蕊。生用。主产于湖南、湖北、福建等地。

【性味归经】 甘、涩,平。归心、肾经。

【功能主治】 固肾涩精。主治肾虚滑精、尿频数、尿失禁。

【应用】 ①肾虚滑精,常与牡蛎、莲子、芡实、桑螵蛸、五味子等同用。②尿频数,尿失禁,常与覆盆子、金樱子、山药等同用。

【用量】 马、羊 25~5g。

沙苑子

为豆科植物扁茎黄芪的干燥成熟种子。生用。主产于陕西、山东等地。

【性味归经】 甘、温。归肝、肾经。

【功能主治】 温补肝肾,固精缩尿。主治肝肾不足、腰胯无力、滑精早泄、尿频数。

【应用】 ①肝肾不足所致的阳痿、遗精等,常与枸杞子、金樱子、桑螵蛸、山茱萸、芡实、山药等同用。②肾虚不固所致的腰胯无力、滑精早泄、尿频数等,常与芡实、莲须、牡蛎、莲肉等同用。

【用量】 马、羊 45~10g。

三、涩肠止泻方

乌梅散——《蓄牧纂验方》

【处方】 乌梅(去核)15g 干柿 25g 诃子肉 6g 黄连 6g 郁金 6g

【用法】 共为末,冲服,或水煎服。

【功能】 清热解毒,涩肠止泻。

【方解】 方中乌梅涩肠止泻,生津止渴,为主药;诃子、干柿敛涩大肠,为辅药;黄连清热燥湿止泻,郁金行气活血止痛,为佐药。

【主治】 幼畜奶泻。凡幼驹或其他幼畜奶泻,均可加减应用。亦可加大剂量用于成年动物的泻痢。

四神丸——《证治准绳》

【处方】 补骨脂(炒)120g 肉豆蔻(煨)60g 五味子 60g 吴茱萸 30g

【用法】 上药为末,另用生姜 120g,大枣 120g,与水同煎,去姜及枣肉,和药为丸,或水煎服,也可为散剂。

【功能】 温补脾肾,涩肠止泻。

【方解】 方中重用补骨脂温补肾阳,暖脾止泻,为主药;肉豆蔻温脾肾而涩肠止泻,吴茱萸暖脾胃而散寒湿,均为辅药;五味子酸敛固涩,涩肠止泻,为佐药;生姜助吴茱萸以温胃散寒,大枣补脾和中,均为使药。

【主治】 脾肾虚寒泄泻。证见草谷不消,久泻不止,完谷不化,神疲乏力,四肢发凉,舌淡苔白,脉象沉迟无力等。见于慢性肠炎、慢性结肠炎等病程中。

四、敛汗涩精方

金锁固精汤——《医方集解》

【处方】 沙苑子(炒)60g 芡实(盐炒)60g 莲须 60g 龙骨(煅)30g 牡蛎(煅)30g 莲子 30g

【用法】 水煎服,或研末,冲服。

【功能】 固肾涩精。

【方解】 方中沙苑子补肾益精,为主药;莲子、芡实益肾涩精,健脾宁心,为辅药;莲须、龙骨、牡蛎涩精止滑,安神,共为佐使药。

【主治】 肾虚滑精。证见滑精,早泄,腰胯四肢无力,尿频,舌淡,脉细弱。

牡蛎散——《和剂局方》

【处方】 煅牡蛎 60g　黄芪 60g　麻黄根 30g　浮小麦 120g

【用法】 共为末,冲服或用浮小麦煎水冲服,或水煎服。

【功能】 敛汗固表。

【方解】 方中牡蛎益阴潜阳,固涩止汗,为主药;黄芪益卫气而固表,为辅药;麻黄根专于止汗,浮小麦益心气,养心阴,止汗泄,二药助黄芪、牡蛎增强止汗功效,共为佐使药。

【主治】 体虚自汗。证见身常汗出,夜晚尤甚,脉虚等。

玉屏风散——《世医得效方》

【处方】 黄芪 90g　白术 60g　防风 30g

【功能】 共为末,开水冲调灌服,或水煎服。

【功能】 益气固表止汗。

【方解】 方中重用黄芪以益气固表,为主药;白术健脾益气,助黄芪益气固表止汗,为辅药;防风走表散风祛寒,为佐使药。

【主治】 表虚自汗及体虚易感风邪者。证见自汗,恶风,苔白,舌淡,脉浮缓。

第十章 平安虫疮方药

本章介绍了常用的平肝药、平肝方、安神开窍药、安神开窍方、驱虫药、驱虫方、外用药、外用方和饲料添加方。要求学生了解各类药和方的概念,各味药的基原、性味和大体剂量,各方剂的用法;理解各类方药的应用注意事项,某些药的配伍禁忌,各方剂的方解;掌握各味药的名称、功能、主治和应用,各方剂的名称、处方、功能和主治。重点掌握石决明、决明子、木贼、天麻、钩藤、全蝎、蜈蚣、僵蚕、冰片、硫黄、硼砂、雄黄、木鳖子、石灰、白矾、斑蝥的功能和主治,决明散、牵正散、镇肝熄风汤、冰硼散、青黛散、桃花散的功能和主治。

第一节 平肝方药

凡具有清肝热、熄肝风作用的药物,称为平肝药。组成以平肝药为主,用于治疗肝火上炎、肝风内动的方剂,称为平肝方。

肝藏血,主筋,外应于目。故当肝受风热外邪侵袭时,表现目赤肿痛,羞明流泪,甚至云翳遮睛等症状;当肝风内动时,可引起四肢抽搐,角弓反张,甚至淬然倒地。根据本类方药的作用,可分为平肝明目和平肝熄风两类。

1. 平肝明目类 方药具有清肝火、退目翳的作用,适用于肝火亢盛、目赤肿痛、睛生翳膜等证。

2. 平肝熄风类 方药具有潜降肝阳、止熄肝风的作用,适用于肝阳上亢、肝风内动、惊痫癫狂、痉挛抽搐等证。

使用平肝熄风方药时,首先应辨清风证属"外风"还是"内风"。外风证,以辛散祛风药为主,根据证候表现适当配伍清热、祛湿、祛寒、养血活血药;内风证,以平肝熄风药为主,适当配伍滋阴养血、镇肝潜阳、化痰药。

一、平肝明目药

石决明

为鲍科动物杂色鲍、皱纹盘鲍、羊鲍、澳洲鲍、耳鲍或白鲍的贝壳。打碎生用或煅后碾碎用。主产于广东、山东、辽宁等地。

【性味归经】 咸,寒。归肝经。

【功能主治】 平肝潜阳,清肝明目。主治目赤肿痛、睛生翳障。

【应用】 ①肝肾阴虚,肝阳上亢所致的目赤肿痛,常与地黄、白芍、菊花等同用。②肝热实证所致的目赤肿痛、羞明流泪、睛生翳障等,常与夏枯草、菊花等同用。

【用量】 马、禽60~1g。

决明子

为豆科植物决明或小决明的干燥成熟种子。生用或炒用。主产于安徽、广西、四川等地。

【性味归经】 甘、苦、咸,微寒。归肝、大肠经。

【功能主治】 清肝明目,润肠通便。主治目赤肿痛、粪便燥结。

【应用】 ①肝火上炎所致的目赤肿痛、羞明流泪,单用或与龙胆草、夏枯草、菊花、黄芩等同用。②粪便燥结,单用或与蜂蜜同用。

【用量】 马、禽60~1.5g。

木贼

为木贼科植物木贼的干燥地上部分。切碎生用。主产于山西、吉林、内蒙古及长江流域各地。

【性味归经】 甘、苦,平。归肺、肝经。

【功能主治】 散风热,退目翳。主治风热目赤肿痛、羞明流泪、翳膜遮睛。

【应用】 ①外感风热所致的目赤肿痛、羞明流泪或翳膜遮睛等,常与谷精草、石决明、决明子、白蒺、菊花、蝉蜕等同用。②肝阴虚,翳障目赤,常与白芍、枸杞子、决明子、女贞子等同用。③胬肉翻睛,配菊花、龙胆草、黄芩等,如洗肝散。

【用量】 马、羊60~10g。

谷精草

为谷精草科植物谷精草的干燥带花茎的头状花序。切碎生用。主产于华东、华南、西南等地。

【性味归经】 甘、辛,平。归肝、肺经。

【功能主治】 疏散风热,明目退翳。主治风热目赤、翳膜遮睛。

【应用】 ①肝经风热所致的目赤肿痛、羞明流泪、翳膜遮睛等,常与菊花、防风、地黄、赤芍、木贼、决明子等同用;②肝火上炎之目赤肿痛、羞明眵多者,常与夏枯草、龙胆草、野菊花、青葙子、决明子等同用。

【用量】 马、禽60~1g。

密蒙花

为马钱科植物密蒙花的干燥花蕾及其花序。生用。主产于湖北、陕西、河南等地。

【性味归经】 甘,微寒。归肝经。

【功能主治】 清热养肝,明目退翳。主治目赤肿痛、睛生翳膜。

【应用】 ①肝火上炎所致的目赤肿痛、羞明流泪、睛生翳障等,常与石决明、青葙子、决明子、木贼等同用。②肝虚有热所致的内障目盲,多与枸杞、菊花、熟地、蒺藜等同用。

【用量】 马、羊45~5g。

青葙子

为苋科植物青葙的干燥成熟种子。生用。全国大部分地区均有分布。

【性味归经】 苦,微寒。归肝经。

【功能主治】 清肝,明目,退翳。主治目赤肿痛、睛生翳障。

【应用】 肝火上攻所致的目赤肿痛、睛生翳障等,常与决明子、密蒙花等同用。

【用量】 马、禽60~0.5g。

夏枯草

为唇形科植物夏枯草的干燥果穗。生用。主产于江苏、安徽、浙江等地。

【性味归经】 辛、苦,寒。归肝、胆经。

【功能主治】 清肝火,散郁结。主治目赤肿痛、乳痈、疮疡肿毒。

【应用】 ①目赤肿痛,常与菊花、金银花、谷精草等同用。②乳痈,常与蒲公英、紫花地丁、连翘等同用。③疮疡肿毒,常与忍冬藤、蒲公英、栀子等同用。

【用量】 马、禽60~1g。

二、平肝熄风药

天麻

为兰科植物天麻的干燥块茎。生用。主产于四川、贵州、云南等地。

【性味归经】 甘,平。归肝经。

【功能主治】 平肝熄风,解痉。主治惊风抽搐、破伤风、风湿痹痛。

【应用】 ①肝风内动所致抽搐拘挛,常与钩藤、全蝎、川芎、白芍等同用;破伤风,常与天南星、僵蚕、全蝎等同用,如千金散。②风湿痹痛,常与秦艽、牛膝、独活、杜仲等同用。

【用量】 牛、猫40~1g。

钩藤

为茜草科植物钩藤、大叶钩藤、毛钩藤、华钩藤或无柄果钩藤的干燥带钩茎枝。生用。主产于广西、广东等地。

【性味归经】 甘,凉。归肝、心包经。

【功能主治】 清热平肝,熄风定惊。主治肝经风热、痉挛抽搐。

【应用】 ①肝经风热所致的目赤肿痛,常与决明子、白芍、菊花、夏枯草等同用。②肝热化火生风所致的痉挛抽搐,常与天麻、蝉蜕、全蝎等同用。

【用量】 马、禽15~1.5g。

全蝎

为钳蝎科动物东亚钳蝎的干燥虫体。生用、酒洗用或制用。主产于河南、山东等地。

【性味归经】 辛,平;有毒。归肝经。

【功能主治】 熄风解痉,攻毒散结,通络止痛。主治痉挛抽搐、疮疡肿毒、风湿痹痛。

【应用】 ①惊痫抽搐,口眼歪斜等,常与白附子、白僵蚕、天麻、当归等同用;破伤风,常与蔓荆子、旋覆花、乌蛇等同用,如千金散。②疮疡肿毒,常与蜈蚣同用,或配栀子,加麻油、黄蜡为膏外敷。③风湿痹痛,常与蜈蚣、僵蚕、川芎、羌活等同用。

【用量】 马、禽30~0.5g。

蜈蚣

为蜈蚣科动物少棘巨蜈蚣的干燥体。主产于江苏、浙江、安徽等地。

【性味归经】 辛,温;有毒。归肝经。

【功能主治】 熄风止痉,解毒散结,通络止痛。主治痉挛抽搐、疮疡肿毒、风湿痹痛。

【应用】 ①癫痫或破伤风等引起的痉挛抽搐等,单用或与全蝎、钩藤、防风等同用。②疮疡肿毒,常与雄黄配伍外用,或与连翘、当归、栀子等同用。③风湿痹痛,常与天麻、川芎等同用。④疮黄肿毒,蛇虫咬伤,配雄黄外用。

【用量】 马、羊10~1g。

僵蚕

为蚕蛾科昆虫家蚕4~5龄的幼虫感染(或人工接种)白僵菌而致死的干燥体。生用或炒用。主产于浙江、江苏、安徽等地。

【性味归经】 咸、辛,平。归肝、肺、胃经。

【功能主治】 祛风解痉,化痰散结。主治痉挛抽搐、咽喉肿痛、皮肤瘙痒。

【应用】 ①肝风内动所致的痉挛抽搐,常与天麻、全蝎、蝉蜕、天南星等同用,如五虎追风散。②外感风热所致的咽喉肿痛,可与桂枝、荆芥、薄荷等同用。③皮肤瘙痒,常与荆芥、防风、金银花、地肤子、蛇床子、苦参等同用。

【用量】 马、羊60~10g。

蔓荆子

为马鞭草科植物单叶蔓荆的干燥成熟果实。生用、炒用或蒸用。主产于山东、江西、福建等地。

【性味归经】 辛,苦,微寒。归膀胱、肝、胃经。

【功能主治】 疏风散热,清利头目。主治外感风热、风湿痹痛。

【应用】 ①外感风热所致的目赤多泪,常与防风、菊花、决明子等同用。②风湿痹痛、肢体拘挛等,常与秦艽、防风、木瓜等同用。

【用量】 马、禽45~0.5g。

地龙

为钜蚓科动物参环毛蚓、通俗环毛蚓、威廉环毛蚓或栉盲环毛蚓的干燥体。生用、制用或炒用。全国均产,以广东、山东、江苏等地较多。

【性味归经】 咸,寒。归肝、脾、膀胱经。

【功能主治】 清热定惊,通络,平喘,利尿。主治痉挛抽搐、风湿痹痛、肺热气喘、尿不利。

【应用】 ①痉挛抽搐,常与全蝎、钩藤、僵蚕等同用。②风湿痹痛,常与天南星、川乌、草乌等同用。③肺热气喘,常与麻黄、杏仁、桑白皮等同用。④热结膀胱所致的尿不利,常与车前子、冬瓜等同用。

【用量】 马、禽60~0.5g。外用适量。

天竺黄

为禾本科植物青皮竹或华思劳竹等秆内的分泌液干燥后的块状物。生用。主产于云南、广西、广东等地。

【性味归经】 甘,寒。归心、肝经。

【功能主治】 清热豁痰,凉心定惊。主治痰热惊搐、中风痰壅、咳嗽痰多。

【应用】 ①痰热惊搐,中风痰壅等,常与朱砂、僵蚕、牛黄、郁金、黄连等同用。②肺热咳嗽痰多,常与瓜蒌、贝母等同用。

【用量】 马、禽45~0.3g。

白附子

为天南星科植物独角莲的干燥块茎。切片生用。主产于河南、湖北、山西等地。

【性味归经】 辛,温;有毒。归胃、肝经。

【功能主治】 祛风痰,逐寒湿,定惊止痛,散瘀消肿。主治口眼歪斜、破伤风、风湿痹痛。

【应用】 ①风痰壅所致的口眼歪斜,常与僵蚕、全蝎同用,如牵正散。②治破伤风,常与半夏、天南星、全蝎、僵蚕等同用。③风湿痹痛,常与天麻、白芷、川乌等同用。

【用量】 马、猫30~0.5g。外用适量。

三、平肝明目方

决明散——《元亨疗马集》

【处方】 煅石决明30g 决明子30g 栀子20g 大黄25g 白药子20g 黄药子20g 黄芪30g 黄芩20g 黄连20g 没药20g 郁金20g

【用法】 煎汤候温加蜂蜜 60g,鸡蛋清 2 个,同调灌服。
【功能】 清肝明目,退翳消瘀。
【方解】 方中石决明、决明子清肝热,消肿痛,退云翳,为主药;黄连、黄芩、栀子加鸡蛋清清热泻火,黄药子、白药子凉血解毒,加强清肝解毒作用,共为辅药;大黄、郁金、没药散瘀消肿止痛,黄芪补脾气,均为佐药;蜂蜜为引,为使药。
【主治】 主治肝经风热。证见眼目赤肿、睛生云翳、眵盛难睁、羞明流泪等。见于急性结膜炎、角膜炎等病程中。

洗肝散——《和剂局方》

【处方】 羌活 30g　防风 30g　薄荷 30g　当归 20g　大黄 20g　栀子 20g　甘草 15g　川芎 15g
【用法】 共为末,开水冲,候温灌服。
【功能】 疏散风热,清肝解毒。
【方解】 方中薄荷、羌活、防风宣散内郁之风热,为主药;川芎香窜上行、宣散风热,当归和肝养血,大黄清热泻火,栀子泻心利尿、导下以清上,均为辅佐药;甘草泻火解毒,调和诸药,为使药。
【主治】 肝经风热。证见目赤肿痛,羞明流泪,四肢、关节肿痛等。用于结膜炎、角膜炎等病程中。

四、平肝熄风方

千金散——《元亨疗马集》

【处方】 天麻 25g　乌蛇 25g　蔓荆子 20g　羌活 25g　独活 25g　防风 25g　升麻 25g　阿胶 30g　何首乌 25g　南沙参 25g　制天南星 25g　僵蚕 20g　蝉蜕 30g　藿香 20g　川芎 15g　桑螵蛸 20g　全蝎 20g　旋覆花 20g　细辛 10g
【用法】 水煎取汁,化入阿胶,灌服,或共为末,开水冲调,候温灌服。
【功能】 熄风解痉。
【方解】 方中蝉蜕、防风、羌活、独活、细辛、蔓荆子疏散外风,为主药;天麻、僵蚕、乌蛇、全蝎熄风解痉,治内风,为辅药;阿胶、南沙参、何首乌、桑螵蛸、川芎养阴熄风,天南星、旋覆花化痰熄风,藿香、升麻升清降浊,醒脾开胃,共为佐使药。
【主治】 破伤风。证见痉挛抽搐,耳紧尾直,形如木马。

牵正散——《杨氏家藏方》

【处方】 白附子 20g　白僵蚕 20g　全蝎 20g
【用法】 共为末,开水冲,加黄酒 100ml,候温灌服。
【功能】 祛风化痰,通络止痉。
【方解】 方中白附子辛散,祛头目之风,为主药;白僵蚕驱络中之风、兼能化痰,全蝎祛风止痉,共为辅佐药;加黄酒助药力,宣通血脉,引诸药入络,直达病所,增强祛风通络作用,为使药。
【主治】 口眼歪斜证。证见口眼歪斜,或一侧耳下垂,或口唇麻痹,流涎等。见于风湿性或神经炎性颜面神经麻痹病程中。

镇痫散——《中兽医治疗学》

【处方】 当归 6g　白芍 6g　川芎 9g　僵蚕 6g　钩藤 10g　全蝎 36　朱砂 5g　蜈蚣 2 条　麝香 0.5g

【用法】 除朱砂、麝香外共为末,开水冲,候温加入朱砂、麝香灌服(百日内幼驹剂量)。

【功能】 镇痫安神,养血熄风。

【方解】 方中钩藤、僵蚕、全蝎、蜈蚣熄风镇痉,涤痰安神,为主药;当归、川芎、白芍补血养阴,熄风,为辅药;朱砂镇心定神,麝香通经开窍,共为佐药。

【主治】 幼畜癫痫,证见猝然昏倒,四肢抽搐,口吐涎沫,醒后如常。也可加大剂量用于治疗成年家畜癫痫症。

镇肝熄风汤——《医学衷中参西录》

【处方】 怀牛膝 90g　生赭石 90g　生龙骨 45g　生牡蛎 45g　生龟板 45g　生杭芍 45g　玄参 45g　天冬 45g　川楝子 15g　生麦芽 15g　茵陈 15g　甘草 15g

【用法】 水煎服,或共为末,开水冲调,候温灌服。

【功能】 镇肝熄风,滋阴潜阳。

【方解】 方中重用牛膝滋养肝肾,引血下行,为主药;重用赭石,生龙骨、牡蛎降逆气,镇肝熄风,为辅药;龟板、玄参、杭芍、天冬滋阴清热,协助主药以制阳亢,茵陈、川楝子、生麦芽清泄肝热,疏肝理气,共为佐药;甘草调和诸药,生麦芽和胃调中,防金石药伤胃之弊,为使药。

【主治】 阴虚阳亢,肝风内动。证见口眼歪斜、转圈运动或四肢活动不利、痉挛抽搐、脉弦有力。见于肝肾阴虚,肝阳上亢,肝风内动所致的拘挛抽搐、口眼歪斜、转圈运动等证。

第二节　安神与开窍方药

凡具有安神、开窍作用的药物,称为安神开窍药。组成以安神、开窍药为主,用于治疗心神不宁、窍闭神昏病证的方剂,称为安神开窍方。

根据方药性质和作用,本类方药分为安神与开窍两类。

1. 安神类　药物以入心经为主,具有镇静安神作用。方药适用于心悸、狂躁不安之证。

2. 开窍类　药物性走窜,具有通关开窍、苏醒神昏作用。方药适用于高热神昏、气滞痰闭等猝然昏倒证候。

使用本类方药时应注意,本类方药仅为治标急救,标证解除后应对本治疗;其中一些药物有毒,应掌握用量;特别是开窍方药,辛香走窜,孕畜应慎用或忌用。

一、安　神　药

朱砂

为硫化物类矿物质辰砂族辰砂,主含硫化汞(HgS)。研末或水飞用。主产于湖南、湖北、四川等地。

【性味归经】 甘、微苦;有毒。归心经。

【功能主治】 清心镇惊,安神,解毒。主治热病癫狂、躁动不安、疮疡肿毒。

【应用】 ①心热风邪所致的癫狂或心火上炎所致躁动不安等,常与黄连、茯神同用,如朱砂散。②心虚血少所致的心神不宁,常与熟地、当归、丹参、酸枣仁等同用。③疮疡肿毒,常与雄黄配伍外用,或冰片、硼砂、玄明粉等同用。不宜大量久服。

【用量】 马、羊 6～0.3g。外用适量。

酸枣仁

为鼠李科植物酸枣的干燥成熟种子。生用或炒用。主产于河北、河南、陕西等地。

【性味归经】 甘、酸,平。归肝、胆、心经。

【功能主治】 宁心安神,补肝,敛汗,生津。主治心虚惊恐、躁动不安、虚汗。

【应用】 ①心肝血虚惊恐或躁动不安等,常与党参、熟地、柏子仁、茯苓、丹参等同用。②自汗、盗汗等,与牡蛎、麻黄根、浮小麦、五味子等同用。

【用量】 马、禽60～1g。

柏子仁

为柏科植物侧柏的干燥成熟种仁。生用。主产于山东、湖南、河南、安徽等地。

【性味归经】 甘,平。归心、肾、大肠经。

【功能主治】 养心安神,止汗,润肠。主治心虚惊悸、肠燥便秘。

【应用】 ①血不养心引起的心神不宁、易惊等,常与酸枣仁、远志、熟地、茯神等同用。②阴虚血少及产后血虚的肠燥便秘,常与火麻仁、郁李仁等同用。

【用量】 马、猫60～2g。

远志

为远志科植物远志或卵叶远志的干燥根。生用或炙用。主产于山西、陕西、吉林等地。

【性味归经】 苦、辛,温。归心、肾、肺经。

【功能主治】 安神,祛痰,消肿。主治心虚惊悸、咳嗽痰多、疮痈肿毒。

【应用】 ①心气虚弱所致的惊悸、躁动不安等,常与朱砂、茯神等同用;痰阻心窍所致的狂躁、惊痫等,常与石菖蒲、郁金等同用。②咳嗽痰多,常与杏仁、桔梗等同用。③疮痈肿毒等,单味为末,加酒灌服或调敷。

【用量】 马、禽30～0.5g。

合欢皮

为豆科植物合欢的干燥树皮。切段生用。主产于湖北、江苏、浙江等地。

【性味归经】 甘,平。归心、肝、肺经。

【功能主治】 安神解郁,活血消肿。主治躁动不安、跌打损伤、疮黄肿毒。

【应用】 ①躁动不安,常与酸枣仁、柏子仁、远志等同用。②跌打损伤,常与当归、川芎、赤芍、桃仁等同用。③疮黄肿毒,常与透骨草、秦艽等同用。

【用量】 马、羊60～10g。

二、开 窍 药

石菖蒲

为天南星科植物石菖蒲的干燥根茎。切片生用。主产于四川、浙江等地。

【性味归经】 辛、苦,温。归心、胃经。

【功能主治】 开窍豁痰,化湿和胃。主治神昏癫狂、肚腹胀满、寒湿泄泻。

【应用】 ①痰湿蒙蔽清窍,清阳不升所致的神昏、癫狂,常与远志、茯神、郁金等同用。②湿阻脾胃所致的食欲不振、肚腹胀满、泄泻等,单用或与香附、郁金、藿香、陈皮、厚朴等同用。

【用量】 马、禽45～1g。

皂角

为豆科植物皂荚的干燥成熟果实打碎生用。皂荚树干上的干燥棘刺为皂角刺,干燥不育果实称为猪牙皂。主产于东北、华北、华东等地。

【性味归经】 辛,温。归肺、大肠经。

【功能主治】 开窍豁痰,消肿排脓。主治高热神昏、癫痫、疮痈肿毒。

【应用】 ①高热神昏或癫痫等,常与细辛、天南星、半夏、薄荷、雄黄等研末吹鼻。②疮痈肿毒,单味煎膏外涂,或与金银花、紫花地丁等同用。

【用量】 马、犬 40～1.5g。

蟾酥

为蟾酥科动物中华大蟾蜍或黑眶蟾蜍的干燥分泌物,为蟾蜍耳后腺及皮肤腺所分泌的白色浆液,经收集加工而成。产于全国大部分地区。

【性味归经】 辛,温;有毒。归心经。

【功能主治】 解毒,消肿,止痛,开窍。主治咽喉肿痛、疮黄疔毒。

【应用】 ①咽喉肿痛等,常与朱砂、麝香、牛黄等同用,如六神丸。②疮黄疔毒,常与雄黄、冰片等同用。

【用量】 马、羊 0.2～0.03g。外用适量。

牛黄

为牛科动物牛的干燥胆囊结石。研细末用。主产于西北、华北、东北等地。

【性味归经】 苦、甘,凉。归心、肝经。

【功能主治】 开窍豁痰,清热解毒,熄风定惊。主治热病神昏、痰热癫痫、咽喉肿痛、痉挛抽搐。

【应用】 ①热病神昏或痰迷心窍所致的癫痫、狂乱等,多与麝香、冰片等同用。②热毒郁结所致的咽喉肿痛、口舌生疮、痈疽疔毒等,常与黄连、麝香、雄黄等同用。③热盛所致的痉挛抽搐等,常与朱砂、水牛角等同用。孕畜慎用。

【用量】 马、犬 12～0.3g。

麝香

为鹿科动物林麝、马麝或麝成熟雄体香囊中的分泌物干燥制成。研末用。主产于四川、西藏、云南等地。

【性味归经】 辛,温。归十二经。

【功能主治】 开窍通络,活血散瘀。主治高热神昏、疮疡肿毒。

【应用】 ①温热病热入心包所致的神昏惊厥等,常与冰片、牛黄等同用。②疮疡肿毒,单用或与雄黄、蟾蜍等同用;跌打损伤,常与乳香、没药、血竭、冰片等同用。孕畜慎用。

【用量】 马、犬 1.5～0.05g。

三、安 神 方

朱砂散——《元亨疗马集》

【处方】 朱砂(另研)5g　党参60g　茯神45g　黄连45g

【用法】 共为末,开水冲,候温加猪胆汁 50ml、童便 100ml,灌服。

【功能】 重镇安神,扶正祛邪。

【方解】 方中朱砂微寒,清热镇心安神,为主药;黄连清降心火,为辅药;茯神宁心安神除烦,党参益气宁神,固卫止汗,扶正祛邪,共为佐药。

【主治】 心热风邪证。证见浑身出汗,肉颤头摇,左右乱跌,气促喘粗,口色赤红,脉象洪数。见于日射病或热射病病程中。

镇心散——《元亨疗马集》

【处方】 朱砂(另研)10g 茯神25g 党参30g 防风25g 远志25g 栀子30g 郁金25g 黄芩30g 黄连30g 麻黄15g 甘草15g

【用法】 共为末,开水冲,候温加鸡蛋清4个、蜂蜜120g,灌服。

【功能】 清热祛风,镇心安神。

【方解】 方中朱砂重镇安神,清心,为主药;黄连、黄芩、栀子清热泻火,茯神、远志宁心安神,共为辅药;郁金凉血解郁以除三焦郁热,麻黄、防风疏风解表以散热出表,党参扶正祛邪,皆为佐药;甘草益气和中,调和诸药,为使药。

【主治】 马心黄。证见眼急惊狂、浑身肉颤、汗出如浆、咬胸啃足、口色红赤、脉象洪数。见于马骡脑炎、脑膜脑炎和慢性脑水肿等表现为中枢神经系统功能紊乱、高度兴奋症状病程中。

四、开窍方

通关散——《丹溪心法附余》

【处方】 猪牙皂角500g 细辛500g

【用法】 共为极细末,和匀,吹少许入鼻取嚏。

【功能】 通关开窍。

【方解】 方中皂角味辛散,性躁烈,祛痰开窍;细辛辛香走窜,开窍醒神,二者合用有开窍通关的作用。

【主治】 高热神昏,痰迷心窍。证见猝然昏倒、牙关紧闭、口吐涎沫等。临床用于高热神昏、痰迷心窍的急救。

安宫牛黄丸——《温病条辨》

【处方】 牛黄30g 犀角(2倍水牛角浓缩粉代替)30g 麝香7.5g 冰片7.5g 雄黄30g 郁金30g 朱砂30g 珍珠母15g 黄连30g 黄芩30g 栀子30g

【用法】 共为极细末,炼蜜为丸(每丸3g),投服(马、牛5丸,犬0.5~1丸),或作散剂灌服。

【方解】 方中牛黄、犀角清心解毒,豁痰开窍,为主药;辅以麝香、冰片、雄黄、郁金芳香去秽,醒脑开窍,为辅药;朱砂、珍珠母镇静安神,以解高热之惊厥烦躁,黄连、黄芩、栀子清热泻火,共为佐药,加蜂蜜调和诸药。

【功能】 清热解毒,镇惊开窍。

【主治】 高热神昏,内热邪盛,痰迷心窍。证见高热、神昏或惊厥、烦躁不安、舌质红绛、舌苔黄厚、脉洪数等。见于痰热阻闭清窍之脑炎、脑膜炎、犬瘟热等病程中。

清开灵注射液——《中国药典》

【处方】 胆酸 珍珠母(粉) 猪去氧胆酸 栀子 水牛角(粉) 板蓝根 黄芩苷 金银花提取物

【用法】 制成注射液,肌内或静脉注射。

【功能】 清热解毒,化痰通络,醒神开窍。

【方解】 本方由安宫牛黄丸化出,方中胆酸、猪去氧胆酸苦寒清热,解毒开窍,为主药;水牛角提取物咸寒清心,解热安神,为辅药;黄芩苷及栀子、板蓝根提取物和甘寒之金银花提取物清热解毒,为佐药;珍珠母定惊安神,为使药。

【主治】 温热病过程中出现的高热、神昏。见于猪瘟、猪乙型脑炎、犬瘟热、犬传染性肝炎、牛流行热等表现高热、神志昏迷症状的病程中。

第三节 驱虫方药

凡具有驱除或杀灭畜禽体内外寄生虫作用的药物，称为驱虫药。组成以驱虫药物为主，用于治疗畜禽体内外寄生虫病的方剂，称为驱虫方。

体内寄生虫主要有蛔虫、肝片吸虫、马胃蝇幼虫、绦虫、蛲虫、钩虫等，体外寄生虫有螨、虱等。本类方药适用于体内寄生虫引起的腹痛、胀满、消瘦、口色淡白等虫积证和疥螨、虱等外寄生虫病。

使用驱虫方药时，应根据寄生虫的种类、病情的缓急和体质的强弱，采取急攻或缓驱。对于体弱脾虚的病畜，可采用先补脾胃后驱虫或攻补兼施的办法。注意驱虫药对寄生虫药的选择性作用，如驱蛔虫可选用使君子、苦楝子，驱绦虫可选用槟榔等。对于胃肠道寄生虫，以空腹投药为好，并配合泻下药以加速寄生虫的排出。

驱虫药多有不同程度的毒性，在使用时应注意掌握准确的剂量和服药间隔时间，以免引起中毒。驱虫时应适当休息，驱虫之后适当调补脾胃，使虫去而不伤正，迅速恢复健康。

一、驱 虫 药

雷丸

为白蘑科麻盖菌属真菌雷丸的干燥菌核。多寄生于竹的枯根上。切片生用或研粉用，不宜煎煮。主产于四川、贵州、云南等地。

【性味归经】 苦，微寒；小毒。入胃、大肠经。

【功能主治】 杀虫消积。主治虫积腹痛。

【应用】 绦虫病、蛔虫病，钩虫病等，单用或与槟榔、牵牛子、木香等同用，如万应散。

【用量】 马、羊 60～10g。

使君子

为使君子科植物使君子的干燥成熟果实。打碎生用或去壳取仁炒用。主产于四川、江西、福建、台湾、湖南等地。

【性味归经】 甘，温。入脾、胃经。

【功能主治】 杀虫消积。主治虫积腹痛。

【应用】 蛔虫或蛲虫所致的虫积腹痛，单用或与槟榔、鹤虱等同用，如化虫汤。外用可治疥癣。

【用量】 马、禽 90～1.5g。

川楝子

为楝科植物川楝的干燥成熟果实。生炒或炒用。主产于四川、湖北、贵州等地。

【性味归经】 苦，寒；小毒。入肝、心包、小肠、膀胱经。

【功能主治】 杀虫、理气、止痛。主治肚腹胀痛、虫积。

【应用】 ①蛔虫病，蛲虫病等，常与使君子、槟榔等同用。②肝气郁结或于湿热气滞所致的肚腹胀痛，常与延胡索、木香等同用。

【用量】 马、犬 45～3g。

南瓜子

为葫芦科植物南瓜的干燥成熟种子。研末生用。主产于我国南方各地。

【性味归经】 甘,平。入胃、大肠经。

【功能主治】 驱虫。主治绦虫病、蛔虫病、血吸虫病。

【应用】 绦虫病,单用或与槟榔同用,疗效更好。也可用于蛔虫病和血吸虫病。

【用量】 马、猫 150～5g。

蛇床子

为伞形科植物蛇床的干燥成熟果实。生用。全国各地广有分布。

【性味归经】 辛、苦,温。入肾经。

【功能主治】 燥湿杀虫,温肾壮阳。主治湿疹瘙痒、肾虚阳痿、宫寒不孕。

【应用】 ①湿疹瘙痒,常与白矾、苦参、银花等煎水外洗;荨麻疹,常与地肤子、荆芥、防风等煎水外洗;虫积,常与榧子、使君子、川楝子等同用。②肾阳虚所致的阳痿、宫寒不孕等,常与五味子、菟丝子、巴戟天等同用。

【用量】 马、犬 60～5g。

鹤虱

为菊科植物天名精或伞形科植物野胡萝卜的干燥成熟果实。前者习称北鹤虱,后者习称南鹤虱。北鹤虱产于华北各地,南鹤虱主产于江苏、浙江、安徽等地。

【性味归经】 辛、苦,平;小毒。入脾、胃经。

【功能主治】 杀虫。主治虫积腹痛。

【应用】 蛔虫病,蛲虫病,绦虫病,钩虫病等,常与川楝子、槟榔等同用。

【用量】 马、禽 30～1g。

贯众

为鳞毛蕨科植物粗茎毛蕨的干燥根茎及叶柄残基。又称绵马贯众。主产于湖南、广东、四川等地。

【性味归经】 苦,寒;小毒。入肝、胃经。

【功能主治】 驱虫,清热解毒。主治虫积腹痛、湿热疮毒。

【应用】 ①绦虫病,蛲虫病,钩虫病,肝片吸虫病等,常与槟榔、苦参、百部等同用。②湿热毒疮等,单用或与金银花、连翘、板蓝根等同用。

【用量】 马、羊 30～3g。

鹤草芽

为蔷薇科植物龙牙草的干燥冬芽。晒干、研粉用。全国大部分地区有分布。

【性味归经】 苦,涩,凉。入肝、大肠、小肠经。

【功能主治】 驱虫。主治绦虫病。

【应用】 绦虫病,单味研粉灌服。一般服药后 5～6h 即可排出绦虫。

【用量】 马、羊 200～30g。

常山

为虎耳科植物常山的干燥根。晒干切片,生用或酒炒用。主产于长江以南各地及甘肃、陕西等地。

【性味归经】 苦、辛,寒;小毒。入肝、肺经。

【功能主治】 杀虫,除痰消积。主治球虫病、宿草不转。

【应用】 ①球虫病,单味煎服或与其他药配伍拌料喂服。②牛及羊等草料积滞所致的反刍减少或停止。

【用量】 马、禽60～0.3g。

狼毒

为大戟科植物月腺大戟或狼毒大戟的干燥根。切片,晒干。我国北方各省及西南地区均有分布。

【性味归经】 辛,平;有毒。归肝、脾经。

【功能主治】 杀虫,破积,祛痰。主治疥癣、宿草不转。

【应用】 ①疥癣,单用或与大风子、花椒、硫黄等同用。②宿草不转,常与大戟、木通、槟榔、枳实、莱菔子等同用。

【用量】 马、羊15～3g。外用适量。

榧子

为红豆杉科植物榧的干燥成熟种子。主产于浙江、江苏、安徽等地。

【性味归经】 甘,平。归肺、胃、大肠经。

【功能主治】 杀虫消积,润燥通便。主治虫积腹痛。

【应用】 绦虫病,蛲虫病,钩虫病,蛔虫病,虫积腹痛,常与使君子、槟榔等同用;可用于大便秘结。

【用量】 马、羊30～5g。

二、驱 虫 方

万应散——《医学正传》

【处方】 槟榔30g 大黄60g 皂角30g 苦楝根皮30g 黑丑30g 雷丸20g 沉香10g 木香15g

【用法】 为末,温水冲服。

【功能】 攻积杀虫。

【方解】 方中雷丸、苦楝根皮杀虫,为主药;黑丑、大黄、槟榔、皂角既能攻积,又可杀虫,为辅药;木香、沉香行气温中,为佐药。

【主治】 蛔虫、姜片吸虫、绦虫等虫积症。孕畜及体弱者慎用。

驱虫散——《中国兽药典》

【处方】 南鹤虱30g 使君子30g 槟榔30g 芜荑30g 雷丸30g 绵马贯众60g 干姜(炒)15g 淡附片15g 乌梅30g 诃子30g 大黄30g 百部30g 木香25g 榧子30g

【用法】 为末,开水冲调,候温灌服,或水煎服。

【功能】 驱虫。

【方解】 方中南鹤虱、使君子、绵马贯众、雷丸、芜荑、百部、榧子驱虫杀虫,为主药;槟榔杀虫攻积、下气行滞,大黄泻下以排出虫体,为辅药;木香理气止痛,附子、干姜温中散寒,乌梅安蛔,诃子敛肺下气、涩肠止泻,共为佐药。

【主治】 胃肠道寄生虫病。

贯众散——《中兽医治疗学》

【处方】 贯众60g 使君子30g 鹤虱30g 芜荑30g 大黄40g 苦楝子15g 槟榔30g

【用法】 为末,开水冲调,候温灌服,亦可煎汤服。

【功能】 驱虫。

【方解】 方中贯众、使君子、鹤虱、芫荑驱虫杀虫,为主药;大黄利便通肠,槟榔攻积下气行滞,促进虫体排出,为辅药;苦楝子杀虫,疏肝止痛,为佐药。

【主治】 胃肠道寄生虫病,尤其对马胃蝇(马瘦虫病)疗效较好。

第四节 外用方药

凡以外用为主,具有杀虫止痒、消肿散结、化腐排脓、生肌收口、收敛止血等作用的药物,称为外用药。组成以外用药为主,用于治疗动物外科疾病的方剂,称为外用方。

外用方药以局部熏洗、涂搽、撒布、敷贴、点眼、吹鼻等为主要用药方式,用于治疗疥癣、湿疹、疮疡肿毒、蛇虫咬伤、烫伤、恶疮溃后脓毒未尽、跌打损伤等病证。对于某些顽固性或病情严重的外科病证,可配合内服方药,以加强疗效。

本类方药多有不同程度的刺激性或毒性,内服时必须严格按法操作,外用时不宜过量使用,尤其是剧毒药物,应严格掌握剂量及用法,涂搽面积亦不宜过大,以免引起肿胀疼痛或中毒。还要避免连续用药,以防蓄积中毒。

一、外 用 药

冰片

为龙脑香科植物龙脑香树脂的加工品,或龙脑香树的树干、树枝切碎,经蒸馏冷却所得的结晶。由菊科植物艾纳香叶的升华物经加工而成,现多用松节油、樟脑等为原料经化学方法合成。研粉用。龙脑香主产于东南亚地区。

【性味归经】 辛、苦,微寒。归心、脾、肺经。

【功能主治】 消肿止痛,内服开窍醒神。主治咽喉肿痛、口舌生疮、目赤翳障、疮疡肿毒、神昏惊厥。

【应用】 ①咽喉肿痛,口舌生疮等,常与硼砂、朱砂、玄明粉等同用,如冰硼散。②目赤翳障,单味或与炉甘石、硼砂、琥珀等配伍点眼。③疮疡肿毒溃后久不收口,常与硼砂、滑石等同用。④热病神昏,惊厥诸证,常与牛黄、麝香、黄连等同用,如安宫牛黄丸。入丸、散剂用,不宜煎煮。

【用量】 马、犬 6~0.5g。

硫黄

为自然元素类矿物硫族自然硫,或用含硫矿物经加工制成。主产于山西、山东、陕西等地。

【性味归经】 酸,温;有毒。归肾、大肠经。

【功能主治】 解毒杀虫疗疮,内服补火助阳通便。主治疥癣疮毒、阳痿、疥癣、虚寒气喘。

【应用】 ①疥癣、湿疹、疥疮,常与轻粉、冰片同用,或制成 10%~25% 的软膏外敷。②肾虚阳痿,常与鹿茸、补骨脂、蛇床子等同用;肾不纳气之喘促,常与附子、肉桂等同用。宜作丸、散、膏剂用。

【用量】 马、羊 30~0.3g。

雄黄

为硫化物矿物雄黄族雄黄,主含二硫化二砷(As_2S_2)。切忌火煅,水飞生用。主产于广东、湖南、湖北等地。

【性味归经】 辛,温;毒。归肝、大肠经。

【功能主治】 解毒杀虫,内服燥湿化痰。主治疮痈肿毒、疥癣、蛇虫咬伤。

【应用】 ①疮痈肿毒,常与白及、白蔹、大黄等同用。②疥癣,单味研末外撒或制成油剂外涂,或与狼毒、猪牙皂、巴豆等同用;湿疹,常与枯矾同用研末外撒。③虫蛇咬伤,常与五灵脂同用研末,酒调灌服,并以药末涂患处。④内服祛痰,常与杏仁、巴豆等同用。孕畜禁用。

【用量】 马、禽 15~0.03g。

木鳖子

为葫芦科植物木鳖的干燥成熟种子。生用或制霜用。主产于湖北、广西、四川等地。

【性味归经】 苦、微甘,凉;有毒。归肝、脾、胃经。

【功能主治】 散结消肿,攻毒疗疮。主治疮痈、乳痈。

【应用】 ①疮痈肿毒,单味外敷,日久不溃者可促使破溃排脓。②乳痈,内服可消散肿块。

【用量】 马、羊 9~1g。

儿茶

为豆科植物儿茶的去皮枝、干的煎膏。主产于云南、广西等地。

【性味归经】 苦、涩,凉。归心、肺经。

【功能主治】 收湿敛疮,内服清肺化痰。主治疮疡多脓、久不收口、外伤出血、泻痢便血、肺热咳嗽。

【应用】 ①疮疡溃烂,久不收口,常与乳香、没药、冰片等同用,如生肌散;跌打损伤,外伤出血,常与血竭、白及等同用;泻痢便血,常与黄连、黄柏等同用。② 肺热咳嗽,常与桑叶、硼砂、苏子等同用。

【用量】 马、猫 30~1g。

斑蝥

为芫青科昆虫南方大斑蝥或黄黑小斑蝥的全体。主产于辽宁、河南、广西、江苏等地。

【性味归经】 辛,热;大毒。归肝、肾、胃经。

【功能主治】 攻毒蚀疮,破血散结。主治恶疮、瘰疬。

【应用】 ①恶疮,研末同蒜捣膏贴之;顽癣,微炒研末常与蜂蜜调敷。②血瘀证,常与桃仁、大黄等同用。现代多用治多种癌肿,尤以肝癌为优。对皮肤有强烈的刺激性,能引起皮肤发赤起泡。孕畜忌用。

【用量】 马、羊 10~2g。

炉甘石

为碳酸盐类方解石族菱锌矿,主含碳酸锌($ZnCO_3$)。煅淬研末或水飞用。主产于广西、湖南、四川、云南等地。

【性味归经】 甘,平。归肝、胃经。

【功能主治】 明目退翳,敛疮生肌,收湿止痒。主治疮疡不敛、目赤翳障。

【应用】 ①肝热目赤肿痛、羞明多泪及睛生翳膜等,常与冰片、硼砂、玄明粉等份为末点眼。②溃疡不敛,湿疹湿疮,常与煅石膏、枯矾、黄连等同用。

【用量】 外用适量,研末撒布或调敷;水飞点眼、吹喉。

石灰

为石灰石($CaCO_3$)煅烧而成的氧化钙(CaO)。各地均产。

【性味归经】 辛,温;有毒。归肝、脾经。

【功能主治】 止血,生肌,杀虫,内服消胀。主治创伤、烫伤、气胀。

【应用】 ①创伤出血,熟石灰与大黄同炒,散布疮口,如桃花散;或与枯矾、血竭、乳香、没药等研末外用。②烫伤,熟石灰加水浸泡,搅拌,澄清后吹去水面浮衣,取中间清水加麻油调成乳状,搽涂烫伤处。③牛臌胀证,常制成10%的澄清液500~1000ml灌服。

【用量】 马、羊30~3g,制成石灰水澄清液。外用适量。

白矾

为硫酸盐类矿物明矾石经加工提炼制成,主含含水硫酸铝钾[KAl(SO$_4$)$_2$·12H$_2$O]。生用或煅用,煅后称枯矾。主产于山西、湖北、浙江、安徽等地。

【性味归经】 酸、涩,寒。归肺、脾、肝、大肠经。

【功能主治】 杀虫止痒,内服燥湿祛痰,止血止泻。主治痈肿疮毒、湿疹疥癣、口舌生疮、咳喘、久泻便血。

【应用】 ①痈肿疮毒,常与雄黄同用;皮肤湿疹,常与冰片、黄柏等同用。②湿疹疥癣,常与硫黄、大风子等同用。③口舌生疮,常与冰片研末外用。④痰涎壅盛所致的鼻流白脓、咳喘等,常与白及、贝母、黄芩、葶苈子等同用。⑤久泻不止、便血等,单用或与五倍子、诃子、五味子等同用。内服用白矾,外治多用枯矾。

【用量】 马、禽30~0.5g。

硇砂

为含氯化铵的结晶体。主产于青海、新疆、四川等地。

【性味归经】 咸、苦、辛,温。归肝、脾、胃经。

【功能主治】 软坚散结,消积化瘀。主治痈疽疮毒。

【应用】 痈疽疮毒,常与铅丹等同用。

【用量】 马、犬30~1.5g。

硼砂

为硼砂矿经提炼精制而成的结晶,主含含水四硼酸钠(Na$_2$B$_4$O$_7$·10H$_2$O)。主产于西藏、青海、四川等地。

【性味归经】 甘、咸,凉。归肺、胃经。

【功能主治】 清热解毒,内服清肺化痰。主治口舌生疮、咽喉肿痛、目赤肿痛、痰热咳喘。

【应用】 ①口舌生疮、咽喉肿痛,常与冰片、玄明粉、朱砂等同用,如冰硼散。②目赤肿痛,常与冰片、炉甘石、玄明粉共为末点眼。③痰热咳嗽并有咽喉肿痛者,常与沙参、贝母、瓜蒌、黄芩等同用。

【用量】 马、羊30~2g。

二、外 用 方

桃花散——《医宗金鉴》

【处方】 陈石灰250g 大黄45g

【用法】 陈石灰用水泼成末,与大黄同炒至石灰呈粉红色,去大黄,研细末,过筛,装瓶备用。外用撒于创面或撒布后用纱布包扎。

【功能】 解毒防腐,收敛止血。

【方解】 石灰解毒防腐,收敛止血;大黄凉血解毒,增强石灰解毒敛伤之功。

【主治】 创伤出血。证见创面出血、流脓、生疮。见于新鲜创伤出血、化脓疮、褥疮、猪坏死杆菌病等病程中。

冰硼散——《外科正宗》
【处方】 冰片50g 硼砂500g 玄明粉500g 朱砂60g
【用法】 共为极细末,混匀,吹撒患部。
【功能】 清热解毒,消肿止痛,敛疮生肌。
【方解】 冰片防腐止痒,清热止痛;硼砂解毒防腐,清热消肿;玄明粉清热解毒,消肿止痛;朱砂清热解毒。
【主治】 舌疮。证见咽喉肿痛,口舌生疮。见于口舌生疮,溃疡等病程中。

青黛散——《元亨疗马集》
【处方】 青黛 黄连 黄柏 薄荷 桔梗 儿茶各等份
【用法】 共为极细末,混匀,装入纱布袋内,口噙,或吹撒于患处。
【功能】 清热解毒,消肿止痛。
【方解】 青黛清热解毒;黄连、黄柏助青黛清热解毒,消肿;薄荷、桔梗疏散风热,清利咽喉,祛痰排脓;儿茶敛疮生肌。
【主治】 口舌生疮,咽喉肿痛。见于口腔溃疡病程中。

如意金黄散——《外科正宗》
【处方】 天花粉120g 黄柏60g 大黄60g 姜黄60g 生南星60g 苍术30g 厚朴30g 陈皮30g 白芷60g 生甘草30g
【用法】 共研细末,混匀,以醋或蜂蜜调敷患部。
【功能】 清热解毒,消肿止痛。
【方解】 天花粉、黄柏、大黄清热泻火,散瘀消肿;姜黄活血行气;生南星散结消肿;苍术、厚朴、陈皮行气除湿;白芷疏风活血,消肿定痛;生甘草解毒。
【主治】 阳证疮痈肿毒,跌打损伤。证见疮疡肿毒尚未成脓,红肿热痛。

雄黄散——《痊骥通玄论》
【处方】 雄黄 龙骨 白及 白蔹 大黄各等份
【用法】 共为细末,温醋或水调敷,或撒布创面。
【功能】 清热解毒,消肿止痛。
【方解】 雄黄解毒防腐;龙骨生肌敛疮;白及消肿生肌,收敛止血;白蔹清热解毒,消肿生肌;大黄清热泻火,逐瘀消肿。
【主治】 体表各种急性黄肿。证见红、肿、热、痛,尚未溃脓。见于各种外科炎性尚未破溃的肿胀,非开放性急性炎症等而见上述证候者。

防风汤——《元亨疗马集》
【处方】 防风 荆芥 薄荷 花椒 黄柏 苦参各等份
【用法】 水煎去渣洗患部。
【功能】 清热祛风,解毒消肿。
【方解】 防风、荆芥祛风解表;薄荷清热祛风;花椒杀虫止痛;黄柏、苦参清热燥湿,疗疮解毒。
【主治】 创伤、肿毒、疮疡溃破,直肠脱,阴道脱。

拨云散——《元亨疗马集》
【处方】 炉甘石30g 冰片10g 硼砂30g 青盐30g 铜绿30g 硇砂10g 黄连30g

【用法】 共为极细末,点眼用。
【功能】 解毒防腐,退翳明目。
【方解】 炉甘石拔云退翳,解毒防腐;冰片、硼砂消肿解毒,防腐;青盐、铜绿去腐解毒,退目翳;硇砂收湿止痒;黄连清心明目。
【主治】 外障眼。证见红肿流泪,眼边红烂,外障云翳等。见于眼科疾病病程中。

擦疥方——《元亨疗马集》
【处方】 狼毒120g 牙皂120g 巴豆30g 雄黄9g 轻粉6g
【用法】 共为细末,用热油调匀擦之。隔日1次。
【功能】 杀虫止痒。
【方解】 本方诸药均系辛散有毒之品,可以毒杀疥螨,消肿止痒。
【主治】 疥癣。证见烦躁不安,消瘦,脱毛,患部皮肤红肿,脱皮,剧痒。见于疥癣病。

附:饲料添加方

饲料添加方,又称饲料添加剂,是将药物混入饲料或饮水中给药的一类方剂。通常为群体给药,添加时间一般长于治疗疾病用药;添加的目的,主要在于防病保健,提高动物生产性能,或改善饲料品质等。我国早在西汉就有"麻盐肥豚豕法"的记载。

在使用饲料添加方时,应根据添加目的、动物的生理特点、欲防疾病的病因、病机等方面综合考虑,确定组方原则,以法统方;并选择合适的剂型。目前中药饲料添加剂已广泛用于马、牛、猪、羊、犬、禽、鱼、虾、蚕、蜂等多种动物。本节仅列举几个代表性方剂。

催情散——《中国兽药典》
【处方】 淫羊藿6g 阳起石(酒淬)6g 当归4g 香附5g 益母草6g 菟丝子5g
【用法】 共为末,按每头猪30~60g拌料饲喂。
【功能】 催情。
【方解】 淫羊藿、阳起石补肾壮阳,当归补血活血,香附、益母草活血理气,菟丝子补肾养肝。诸药合用,补肾壮阳,催情。
【用途】 母猪不发情;也可用于其他母畜不发情,或虽发情而卵巢无卵泡发育。

健胃散——《中国兽药典》
【处方】 山楂15g 麦芽15g 神曲15g 槟榔3g
【用法】 共为末,马、牛按150~250g,猪、羊按30~60g拌料饲喂。
【功能】 消食下气,开胃宽肠。
【方解】 山楂、麦芽、神曲消食导滞,化谷宽肠,槟榔消积下气。四药合用,促进消化,保持肠道畅通。
【用途】 家畜伤食积滞,消化不良。

健猪散——《中国兽药典》
【处方】 大黄400g 玄明粉400g 苦参100g 陈皮100g
【用法】 共为末,按每头猪15~30g拌料饲喂。
【功能】 消化不良,粪干便秘。
【方解】 大黄泻火导滞,玄明粉软坚泻下,苦参性寒味苦、清热开胃,陈皮健脾理气。四药合用,轻泻通肠,健脾开胃。

【用途】 猪食少,瘦弱,生长缓慢。

健鸡散——《中国兽药典》

【处方】 党参20g 黄芪20g 茯苓20g 神曲10g 麦芽10g 山楂(炒)10g 甘草5g 槟榔(炒)5g

【用法】 粉碎,过筛,混匀,按2%的比例混饲3～7天。

【功能】 益气健脾,消食开胃。

【方解】 党参、黄芪、茯苓、甘草益气健脾,神曲、麦芽、山楂、槟榔消食开胃。

【用途】 鸡食欲不振,生长迟缓。

蛋鸡宝——《中国兽药典》

【处方】 党参100g 黄芪200g 茯苓100g 白术100g 麦芽100g 山楂100g 神曲100g 菟丝子100g 蛇床子100g 淫羊藿100g

【用法】 粉碎,过筛,混匀,蛋鸡饲料中添加2%。

【功能】 益气健脾,补肾壮阳。

【方解】 党参、黄芪、白术、茯苓补气利湿,麦芽、山楂、神曲健胃消食,菟丝子、蛇床子、淫羊藿补肾壮阳,共奏益气健脾、补肾壮阳功效,促进产蛋。

【用途】 提高产蛋率,延长产蛋高峰期。

虾蟹脱壳促长散——《中国兽药典》

【处方】 露水草50g 龙胆150g 泽泻100g 沸石350g 夏枯草100g 筋骨草150g 酵母50g 稀土50g

【用法】 粉碎,过筛,混匀,虾蟹饲料中添加0.1%。

【功能】 促脱壳,促生长。

【方解】 方中露水草、龙胆、泽泻、夏枯草及筋骨草清热解毒,酵母助消化,沸石及稀土补充微量元素,共同发挥促进脱壳、促进生长作用。

【用途】 虾蟹脱壳迟缓,生长缓慢。

第三篇 针 灸

第十一章 针灸概论

本章介绍了兽医针灸基本知识，内容包括针灸工具、针灸穴位、针灸基本操作、针术、灸术和其他针灸技术。要求学生了解兽医针灸学、针术、灸术的概念，常用针具、灸具、针灸仪器；理解穴位的命名、分类、归经、主治特性和选配原则，针灸前准备，针灸注意事项；掌握穴位的定位方法，针灸基本手法，白针术、血针术、火针术、气针、水针术、电针术、艾灸、温熨、烧烙、埋植术、拔火罐、刮痧、按摩的操作方法。重点掌握针灸工具、针灸穴位和针灸操作。

兽医针灸学，是研究和运用针灸技术防治动物疾病的科学，是中兽医学的重要组成部分。兽医针灸技术，是我国劳动人民在防治家畜疾病的实践中不断总结和发展起来的独特医疗技术，具有主治广泛、疗效显著、操作简单、节省药品等优点，几千年来一直在兽医临床上广泛应用。

针灸包括针和灸两种治疗技术。因为它们都是在中兽医理论指导下，根据辨证施治和补虚泻实等原则，运用针灸工具对穴位施以物理刺激以促使经络通畅、气血调和，达到扶正祛邪、防治病证的目的；二者常常合并使用，又同属于外治法，所以自古以来就把它们合称为针灸。

针术　　传统的针术是运用各种不同类型的针具刺入机体一定的穴位，施以不同的手法，通过机械刺激来防治疾病的技术。针术，按照针刺时出血与不出血，可分为血针术和白针术；按照针刺前针具是否加热，可分为火针术和冷针术；按照针刺后导入的物质，可分为气针术、水针术等；按照针具的名称，可分为毫针术、宽针术、三棱针术、夹气针术、穿黄针术等。

灸术　　传统的灸术是应用点燃的艾绒或其他温热物体薰灼畜体一定的穴位或患部，通过温热刺激来防治疾病的技术。根据施灸的材料和方法，灸术包括艾灸、温熨和烧烙。

此外，埋植疗法、拔火罐、刮痧和按摩，都是通过对穴位或患部施以刺激来防治疾病的，也属针灸疗法的范畴。随着科学技术的发展，现代又研制出不少针灸仪器，如电针机、激光机、微波机、磁疗机、特定电磁波谱（TDP）等。它们有些用于针术，如电针术、磁针术、微波针术；有些用于灸术，如 TDP 疗法、磁疗法；有些二者兼用，如激光针术、激光灸术。借助仪器进行针灸，不但减轻了术者的劳动强度，而且提高了疗效，丰富了祖国针灸学的内容。

在临床实践中，针术和灸术常常配合应用，如白针与艾灸（温针术）、血针与拔罐（刺血拔罐法）、电针与按摩等。同时，也常将针灸与药物配合应用，以相互取长补短。正如《千金》云："病有须针者，即针刺以补泻之，不宜针者，直尔灸之。然灸之大法，其孔穴与针无忌，即下白针或温针讫，乃灸之，此为良医……若针而不灸，灸而不针，非良医也；针灸而药，药不针灸，亦非良医也，但恨下里间知针者鲜尔。所以学者须解用针，燔针白针皆须妙解，知针知药，固是良医。"

第一节　针灸工具

一、针　具

（一）白针用具

1. 毫针　　用不锈钢或合金制成，针尖圆锐，针体细长，直径 0.64～1.25mm，长 3～30cm

不等,针柄有盘龙式和平头式两种(图11-1)。长针可用于深刺、透刺和针刺麻醉。

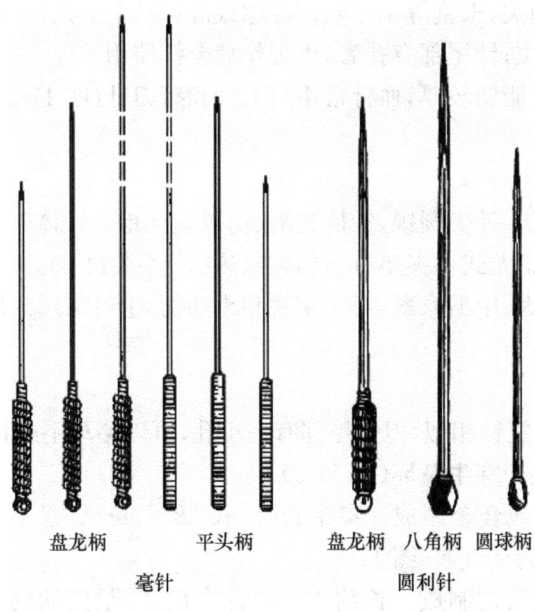

图11-1 白针用具

2. 圆利针 用不锈钢制成。针尖呈三棱状,较锋利,针体较粗,直径1.5~2mm,长2~10cm,针柄有盘龙柄、八角柄、圆球柄等(图11-1)。短针多用于针刺马、牛的眼部周围穴位及仔猪、禽的白针穴位;长针多用于针刺大中家畜躯干和四肢上部的白针穴位。

（二）血针用具

1. 宽针 用优质钢制成。针头部如矛状,针刃锋利;针体部呈圆柱状,长10~12cm,分大、中、小三种,针头部宽度分别为8mm、6mm、4mm(图11-2)。大宽针用于放大家畜的颈脉、肾堂、蹄头血;中宽针放胸膛、带脉、尾本血;小宽针用于放太阳、缠腕血。中、小宽针有时也用于牛、猪的白针穴位。

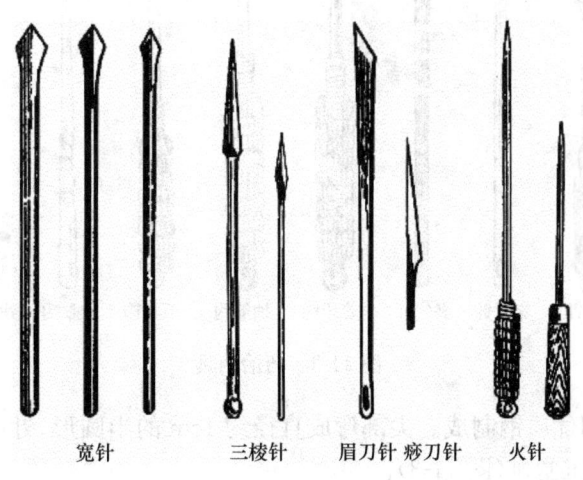

图11-2 血针、火针用具

2. 三棱针 用优质钢或合金制成。针头部呈三棱锥状,针体部为圆柱状(图11-2)。大三棱针用于针刺三江、通关、玉堂等位于较细静脉或静脉丛上的穴位,或点刺马分水穴;小三棱针用于针刺猪的白针穴位;针尾部有孔者,也可作缝合针使用。

此外,由于猪的皮下脂肪较厚,血针常用眉刀针和痧刀针(图11-2)。

(三)火针用具

火针,用不锈钢制成。针尖圆锐,针体光滑、比圆利针粗。针体长2～10cm多种。针柄有盘龙式、木柄式等多种,盘龙式柄夹垫有石棉类隔热物质(图11-2)。

以上针具主要用于大、中型家畜,对于宠物和小动物,也可采用人用针具。

(四)巧治用具

1. 穿黄针 与大宽针相似,但针尾部有一小孔,可以穿马尾或棕绳。主要用于穿黄穴,也可作大宽针使用,或用于穿牛鼻环(图11-3)。

2. 夹气针 用竹或合金制成。扁平长针,长28～36cm,宽4～6mm,厚3mm,针头钝圆。专用于针刺大家畜的夹气穴(图11-3)。

3. 开天针 用优质钢制成。长约12cm,针尖锐利,距尖端约5mm处呈直角双折弯。专用于针马的开天穴,治疗浑睛虫病(图11-3)。

4. 姜牙钩 用优质钢制成。针尖部半圆形,钩尖圆锐。专用于姜牙穴钩取姜牙骨(图11-3)。

5. 抽筋钩 用优质钢制成。针尖部弯度小于姜牙钩,钩尖圆而钝。专用于抽筋穴钩拉肌腱(图11-3)。

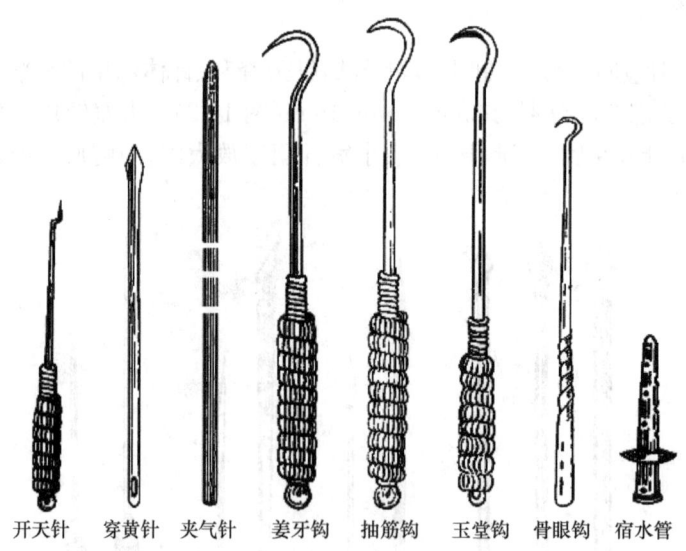

开天针　穿黄针　夹气针　姜牙钩　抽筋钩　玉堂钩　骨眼钩　宿水管

图11-3 巧治用具

6. 玉堂钩 用优质钢制成。尖部弯成直径约1cm的半圆形,针尖呈三棱针状,针柄多为盘龙式。专用于放玉堂血(图11-3)。

7. 骨眼钩 用优质钢制成。钩弯小,钩尖细而锐,尖长约0.3cm。专用于马、牛的骨眼穴钩取闪骨(图11-3)。

8. 宿水管 用铜、铝或铁皮制成的圆锥形小管,形似毛笔帽。长约 5.5cm,尖端密封,扁圆而钝,粗端管口直径 0.8cm,有一唇形缘,管壁有 8~10 个直径 2.5mm 的小圆孔。用于针刺云门穴放腹水(图 11-3)。

(五)持针器

1. 针锤 用硬质木料车制而成。长约 35cm,锤头呈椭圆形,通过锤头中心钻有一横向洞道,用以插针。沿锤头正中通过小孔锯一道缝至锤柄上段的 1/5 处。锤柄外套一皮革或藤制的活动箍。插针后将箍推向锤头部则锯缝被箍紧,即可固定针具;将箍推向锤柄部,锯缝松开,即可取下针具。主要用于安装宽针,放颈脉、胸堂、带脉和蹄头血(图 11-4)。

2. 针杖 用硬质木料车制而成。长约 24cm,粗 4cm,在棒的一端约 7cm 处锯去一半,沿纵轴中心挖一针沟即成。使用时,用细绳将针紧固在针沟内,针头露出适当长度,即可施针。常用于持宽针或圆利针(图 11-5)。

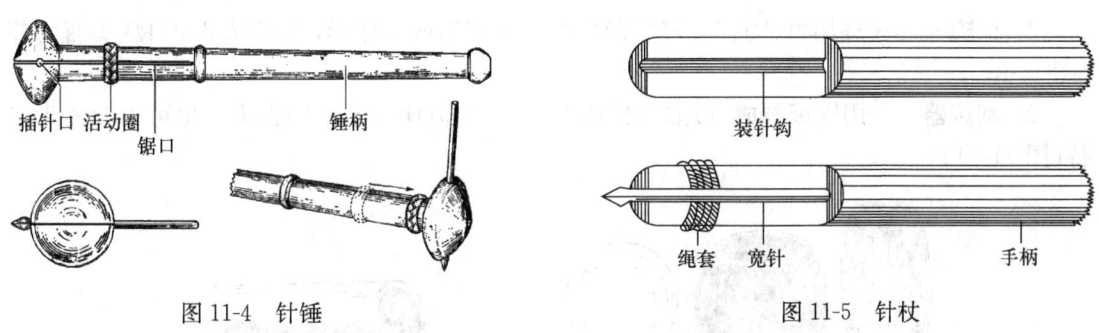

图 11-4 针锤　　　　　　　　　　图 11-5 针杖

3. 射针器 结构与手枪相似。施针时,将针具固定在枪头上,对准穴位,扣动扳机,针即被刺入穴位。常用于宽针或圆利针的针刺,也可用于水针时发射注射针头。

二、灸　具

(一)艾灸用具

艾灸用具主要是艾炷和艾卷,都用艾绒制成。艾绒是中药艾叶经晾晒加工捣碎,去掉杂质粗梗,而制成的一种灸料。艾叶性辛温、气味芳香、易于燃烧,燃烧时热力均匀温和,能穿透肌肤、直达深部,有通经活络、祛除阴寒、回阳救逆的功效。

1. 艾炷 呈圆锥形,有大小之分,使用时可根据病畜体质、病情选用(图 11-6)。

2. 艾卷 是用陈旧的艾绒摊在棉皮纸上卷成,直径 1.5cm,长约 20cm。目前在中药店或中医院都有成品艾卷出售,其制作材料除艾绒外,还加入了其他中药(图 11-6)。

(二)温熨用具

温熨用具有软烧棒、麻袋、毛刷等。软烧棒可临时制作,用圆木一根(长 40cm,直径 1.5cm),一端为木柄,另一端用棉花包裹,外用纱布包扎,再用细铁丝结紧,使之呈鼓槌状,锤头长约 8cm,直径 3cm。

(三)烧烙用具

烙铁 用铁制成。头部形状有刀形、方块形、圆柱形、锥形、球形等多种。刀形又有尖头、方头之分,长约10cm。柄长约40cm,有木质把手(图11-7)。

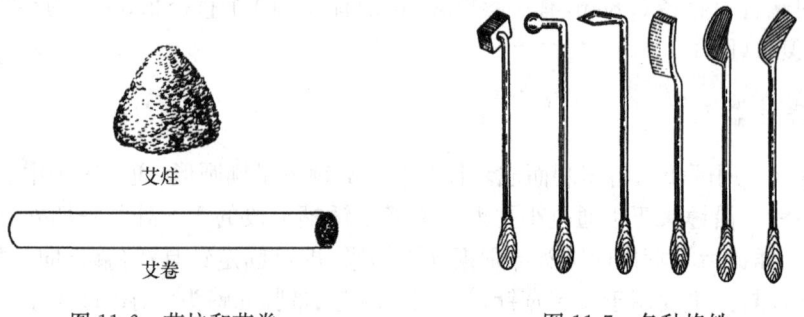

图 11-6　艾炷和艾卷　　　　　图 11-7　各种烙铁

(四) 其他用具

1. 火罐　　火罐用竹、陶瓷、玻璃等制成,呈圆筒形或半球形,也可以用大口罐头瓶代替(图11-8)。

2. 刮痧器　　用铁板制成,形如屠猪用的刮毛刀,但比刮毛刀钝得多。也可用旧锄头代替(图11-9)。

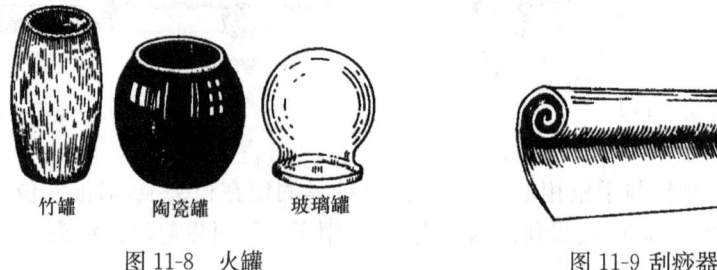

图 11-8　火罐　　　　　　　图 11-9　刮痧器

三、针灸仪器

1. 电针治疗机　　电针机种类很多,但基本构件和功能相近,多数可交、直流两用,既可用于电针治疗,也可用于针刺麻醉。现在广泛应用的是低频脉冲调制式电针机,具有波型多样、输出量及频率可调、刺激作用较强、对组织无损伤等特点(图11-10)。

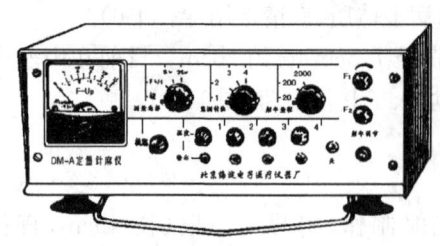

图 11-10　电针机

2. 激光针灸仪　　医用激光器的种类很多,按受激物质分类,有固体(如红宝石、钕玻璃等)激光器、气体(如氦、氖、氢、氮、二氧化碳等)激光器、液体(如有机染毡若丹明)激光器、半导体(如砷化镓等)激光器等。目前在兽医针灸常用的有氦氖激光器和二氧化碳激光器两种。氦氖激光器能发出波长6328Å的红色光,输出功率1～40mW,由于功率低,常用于穴位照射,称为激光针疗法。二氧化碳激光器发出波长10.6μm的无色光,输出功率5～30W,由于功率高,常用于穴位灸灼、患部照射或烧烙,因而又称激光灸疗法。

3. 微波针灸仪　　目前使用的是国内生产的扁鹊-A型微波针灸仪,是利用半导体电子管产生微波,通过导线与毫针相连,输出频率约1GC,正弦波,功率约2W。

4. 磁疗机 有特定电磁波谱治疗机(TDP)、旋磁疗机、电动磁按摩器、磁电复合式机等多种。TDP有落地式、移动式、台式和手摆式几种。移动式由照射头、自由平衡支架、电器控制盒和底座四部分构成。照射头,是安装TDP辐射板、实现受热激发而产生$2\sim 25\mu m$的电磁波谱的主要部分,外有铅丝网罩,以保护辐射头和避免烫伤,内装有辐射板、电热总成、铝罩、过渡板,以及电气连接、机械紧固件等。自由平衡支架的主要作用是承受和平衡照射头的重量,以使其平衡和稳定。电器控制盒,盒内设置保险丝、工作开关、电源指示灯、电路及插接件等。底座,由球型脚轮铸铁底座、固定管、滑动管和滑动紧锁装置组成,具有支撑、升降、平衡和移动等功能。

第二节 针灸穴位

兽医针灸穴位,是针灸治疗动物疾病的刺激点。在针灸文献中,穴位又有腧穴、俞穴、输穴、穴道、经穴、气穴、孔穴、骨空、明堂、砭灸处等多种记载。中兽医学认为,穴位是脏腑经络气血输注和聚集于体表的特定部位。现代研究证实,穴位多分布在动物体表的肌肉、血管、淋巴管和神经末梢等处,穴位和经络均有其特定的解剖位置,并呈现出特定的生物物理现象。通过经络的联系,穴位可以反映脏腑经络的生理功能和病理变化,并可接受外界的各种刺激并将其传至体内,以调整内部功能。利用穴位的这种功能,可用针灸刺激穴位以达到防治疾病的目的。

一、穴位的命名和分类

(一)穴位的命名

穴位各有一定的名称,每个名称,各有其特定的含义。正如《素问·阴阳应象大论》说"气穴所发,各有处名",《千金翼方》中说"凡诸孔穴,名不徒设,皆有深意"。了解穴位的命名,不但便于记忆,还有助于理解穴位的作用和主治。常用的命名方法有以下几类。

1. 按体表形象命名
(1)按天象命名 如天门、太阳、七星、风门、云门、飞天等。
(2)按山谷形象命名 如巴山、山根、阳陵、昆仑等。
(3)按水流形象命名 如分水、三江、后海、汗沟、曲池、涌泉等。
(4)按动物形象命名 如龙会、雁翅、伏兔、鹿节、虎门等。
(5)按植物形象命名 如姜牙、莲花等。
(6)按建筑形象命名 如玉堂、肾堂、三台、仰瓦等。
2. 按解剖位置命名 如眼脉、鬐甲、膊尖、弓子、膝眼、大胯、蹄头、尾根等。
3. 按脏腑名称命名 如肝俞、心俞、脾俞、肺俞、肾俞、胆俞、胃俞等。
4. 按治疗作用命名 如睛明、开关、顺气、锁口、穿黄、苏气、断血、安肾等。
5. 按会意命名 如掠草、承浆、抢风、百会、命门、阳关等。

(二)穴位的分类

根据穴位的针灸方法、解剖部位及其与经脉的络属关系,有以下三种分类方法。
1. 按针法分类 各个穴位使用的针具和针法各不相同,正如《元亨疗马集》所说:"考察明堂,详明针穴,乃有八十一道温火之针,八十一道补泻之针,七十二道彻血之针,一十二道巧治之针,通前彻后,共有二百四十(六)穴。"因此可将穴位分为以下四类:

(1) 白针穴位　　体表大多数穴位均属白针穴位,临床应用最多,以针刺后不出血且多具有针感反应为特点。可使用圆利针、毫针、小宽针、火针、气针、水针、电针等针刺,也可艾灸或火烙。例如,风门、伏兔、百会、抢风、肘俞、环跳、后三里等。

(2) 血针穴位　　位于体表浅静脉或末梢器官血管丛上,以针刺后出血为特点。使用宽针、三棱针、眉刀针等快速点刺这些穴位,放出适量的血液,以活血、泻热、解毒。例如,三江、太阳、颈脉、带脉、胸堂、肾堂、耳尖、尾尖、缠腕、蹄头等。

(3) 火针穴位　　火针穴位属于白针穴位的范畴,但多分布在肌肉丰厚处,其下无重要器官、关节囊、大的血管、神经干,适宜深刺。例如,九委、腰间七穴、抢风、巴山等穴。

(4) 巧治穴位　　是运用特制的针具,施以手术技巧来治疗疾病的一类穴位,其操作较一般针灸疗法复杂,但较外科手术简捷而巧妙。例如,抽筋、姜牙、开天、卡耳、喉俞、穿黄、弓子、夹气、肷俞、理中、云门、莲花、滚蹄等。

2. 按解剖分区分类　　即按动物体的解剖分区,将位于同一区域的穴位划为一类。一般分为四大类——头部穴位、躯干部穴位、前肢部穴位和后肢部穴位。现代兽医针灸文献大都按此法分类。

3. 按经脉络属关系分类　　根据穴位的归经将穴位分为经穴、经外奇穴和阿是穴三类。人体穴位多按照此种方法分类,随着比较针灸学的研究和国际交流的发展,中兽医也有采用这种分类法的趋势。

(1) 经穴　　凡归属于十四正经循行经路上的穴位,称为十四经穴,简称经穴,每一穴位都有固定的名称和编号。

(2) 经外奇穴　　有穴名和固定部位,但尚未归属于十四正经的穴位,统称为经外奇穴或奇穴。这类穴位一般有特殊的主治功能。

(3) 阿是穴　　这类穴位既无具体名称,又无固定位置,而是以病痛部位最显著处或压痛点、反应点作为针灸刺激点,即"以痛为俞"。因其无固定部位,又称不定穴。

二、穴位的归经和主治

(一) 穴位的归经

将穴位归属于一定的经脉通路上,称为穴位的归经。古人对经络穴位的认识经过了由点连线、同类归经、经上布点的发展历程,进而认识到十四经脉是经络的主要组成部分,各条经脉在体表都有其气血输注的穴位分布。当受到病邪侵袭时,每条经脉都会表现出各自的外观病理体征,各经局部和远端发生的疾病均可用该经的穴位来治疗。

动物穴位的归经,《元亨疗马集》仅提到"马、牛周身有十二道经脉";每一条经脉只提到一个代表穴位,如胸堂心之经,鹘脉肺之经等,对十二经脉的具体循行路线和其他经穴却没有记载。

(二) 穴位的主治特性

穴位多布于经络通路上,通过经络与脏腑相联系,因此它既能反映脏腑的生理与病理变化,又能接受针灸刺激,调节脏腑的功能。实践证明,穴位有以下几个主治特性:

1. 近治作用　　是所有穴位的共同特性。即每个穴位都能治疗穴位局部及邻近部位的病证。例如,睛俞、睛明、三江、太阳等位于眼睛周围,都能治疗眼病。

2. 远治作用 是经穴的共同特性。分布在同一条经络上的穴位,都能治疗该经及其所属脏腑的病证。例如,玉堂、三江、太阳、曲池、后蹄头等属于后肢阳明胃经穴,虽然距胃较远,但都能治疗胃病证。

3. 双向调整作用 同一穴位,对处于不同病理状态的脏腑和不同性质的疾病有不同的治疗作用。例如,后海穴,用于便秘时能泻下通便,而用于泄泻时则能收敛止泻。

4. 相对特异性作用 同一经络上的穴位,既具有共同的主治特性,又有各自的相对特异性。例如,后肢阳明胃经的玉堂、三江穴,都能治疗胃经病症,但是玉堂穴善治胃热,而三江穴长于理气止痛又能治疗眼病。所有巧治穴位具有更为专一的特异性。

三、穴位的定位方法

针灸选穴定位是否正确,直接影响治疗效果。如《元亨疗马集》说:"针皮勿令伤肉,针肉勿令伤筋伤骨,隔一毫如隔泰山,偏一丝不如不针。"常用的定位方法有以下几种。

(一)解剖标志定位法

穴位多位于骨骼、关节、肌腱、韧带之间或体表静脉上,可以局部解剖形态作定位标志。其中又可分为静态和动态标志定位法。

1. 静态标志定位法 以动物不活动时的自然标志为依据。

(1)以器官作标志 如口角后方取锁口穴,眼眶下缘取睛明穴等。

(2)以骨骼作标志 如肩胛骨前角取髆尖穴,腰荐十字部取百会穴等。

(3)以肌沟作标志 如桡沟内取前三里穴,腓沟内取后三里穴等。

2. 动态标志定位法 以摇动肢体或改变体位时出现的明显标志作为定位依据。

(1)摇动肢体定位法 例如,上下摇动头部,在动与不动处取天门穴;上下摇动尾巴,在动与不动处取尾根穴等。

(2)改变体位定位法 血针穴位大都在体表浅静脉上,取穴时一般要改变动物体位使局部紧张,并在血管的近心端按压使血管怒张,从而出现明显标志。例如,"抬头看胸堂,低头看三江"。

(二)体躯连线比例定位法

在某些解剖标志之间画线,以一线的比例分点或两线的交叉点为定穴依据。例如,百会穴与股骨大转子连线中点取巴山穴,胸骨后缘与肚脐连线中点取中脘穴等。

(三)指量定位法

以术者手指第二节关节处的横宽作为度量单位来量取定位。食指、中指(二横指)为1寸(3cm),加上无名指(三横指)为1.5寸(4.5cm),再加上小指(四横指)为2寸(6cm)(图11-11)。例如,肘后四指血管上取带脉穴,邪气穴下四指取汗沟穴等。指量法适用于体型和营养中等的动物,如体型过大或过小,术者的手指过粗或过细,则指间距离应灵活放松或收紧一些。

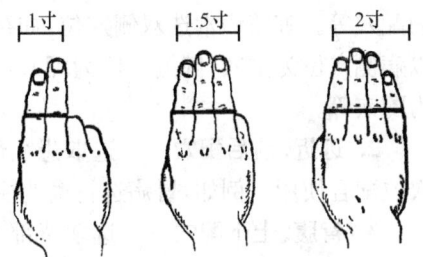

图11-11 指量定位法

（四）同身寸定位法

同身寸定位法是以动物某一部位（多用骨骼）的长度作为1寸（同身寸）来量取穴位。

1. 尾骨同身寸 以动物坐骨结节相对的一节尾椎骨（马为第4尾椎骨，牛、猪为第3尾椎骨）的长度作为1寸，以此为单位度量定穴。

2. 肋骨同身寸 以动物髋结节水平线与倒数第3肋骨交叉点处的肋骨宽度作为1寸，以此为单位度量定穴。

（五）骨度分寸定位法

骨度分寸定位法是人体穴位的定位法，也可用于动物特别是小动物四肢穴位的定穴。方法是将身体不同部位的长度和宽度分别规定为一定的等份（每一等份为1寸），作为量取穴位的标准。如前臂规定为12寸，在上3寸处桡沟中取前三里穴；小腿规定为16寸，在上3寸处腓沟中取后三里穴。

四、穴位的选配

（一）选穴原则

穴位的主治各不相同，一穴可治多种疾病，一种病又可选用多个穴位相互配合。针灸治病必须以脏腑经络学说为指导，结合临症经验，按照辨证论治的原则，选取一定的穴位，组成针灸处方施术，才能取得较好的治疗效果。主穴的选穴原则有以下几种。

1. 局部选穴 在患病区域内选穴，即哪里有病就在哪里选穴。如眼病选睛明、太阳穴，舌肿痛选通关穴，蹄病选蹄头穴等。阿是穴的选取也属局部选穴。

2. 邻近选穴 在病变部位附近选穴。这样既可与局部选穴相配合，又可因局部不便针灸（如疮疖）而代替之。例如，蹄痛选缠腕穴，膝黄（腕关节炎）选膝脉穴等。

3. 循经选穴 根据经脉的循行路线选取穴位。如心经积热选心经的胸堂穴，胃气不足选胃经的后三里穴等。

4. 随症选穴 主要是针对全身疾病选取有效的穴位。例如，发热选大椎穴，腹痛选姜牙穴，中暑、中毒选颈脉穴，急救选山根、分水穴等。

（二）配穴原则

主穴选定以后，最好选取具有共同主治性能的穴位配合应用（称为配穴），以发挥穴位的协同作用。配穴应少而精，一般以3~6个为宜。常用的配穴原则有以下几种。

1. 单、双侧配穴 选取患病同侧或两侧的穴位配合使用。四肢病常在单侧施针，如抢风痛选患侧的抢风为主穴，冲天、肘俞为配穴；股胯扭伤选患侧的大胯、小胯为主穴，邪气、汗沟为配穴等。脏腑病常选双侧穴位，如结症选双侧的关元俞穴，中风选两侧的风门穴。有时也可以病侧穴位为主穴，健侧穴位为配穴，例如，歪嘴风选患侧锁口、开关为主穴，健侧的相同穴位为配穴等。

2. 远近、前后配穴 选取患病部位附近和远隔部位或体躯前部和后部具有共同效能的穴位配合使用。例如，胃病选胃俞为主穴、后三里为配穴，冷痛选三江为主穴、尾尖为配穴等。

3. 背腹、上下配穴 选取背部与腹部或体躯上部和下部的穴位配合使用。例如，脾胃虚弱选脾俞为主穴、中脘为配穴，尿血选断血为主穴、阴俞为配穴等。

4. 表里、内外配穴 　　选取互为表里的两条经络上的穴位或体表与体内的穴位配合使用。例如，脾虚选脾经的脾俞为主穴、胃经的后三里为配穴，便秘选后海为主穴、通关为配穴等。

第三节　针灸基本操作

一、术前准备

1. 用具准备 　　针灸治疗前必须制订治疗方案，确定使用何种针灸方法和穴位，准备适当的针灸工具和材料。使用针术时，应检查针具是否有生锈、带钩、针柄松动或损坏等现象，若有应修理好；发现有折断危险时，则不得使用。使用灸术时，应准备好灸烙器材。使用针灸仪器时应预先调试好，若使用交流电应准备好接线板。同时，还要准备好消毒、保定器材和其他辅助用品，如血针时应准备止血用品，火针时准备碘酊、橡皮膏等。

2. 动物保定 　　在施行针灸术时，为了取穴准确，顺利施术，保证人畜安全，动物必须保定确实，并保持适当的体位以方便施术。

3. 消毒准备 　　针具消毒一般用75％乙醇擦拭，必要时用蒸汽消毒。术者手指亦要用酒精棉球消毒。针刺穴位选定后，大动物宜剪毛，再用75％乙醇消毒，待干后即可施针。

二、基本手法

针刺操作须有正确的方法和术式，才能得心应手，提高疗效。因针具的种类不同，所以施针的方法各异，现将针刺的基本手法介绍如下。

（一）持针法

针刺时多以右手持针施术，称为刺手，要求持针确实，针刺准确。

1. 毫针的持针法 　　短毫针施术时，常用拇指对食指和中指夹持针柄，无名指抵住针身以辅助进针并掌握进针的深度。使用长毫针时，也可捏住针尖部，先将针尖刺入穴位皮下，再按短毫针持针方法捻转进针（图11-12）。

2. 圆利针的持针法 　　与地面垂直进针时，以拇指、食指夹持针柄，以中指、无名指抵住针身；与地面水平进针时，常用全握式持针法，即以拇指、食指、中指捏住针体，针柄抵在掌心。进针时，可先将针尖刺至皮下，然后根据所需的进针方向，调整好针刺角度，用拇指、食指、中指持针柄捻转进针达所需深度（图11-13）。

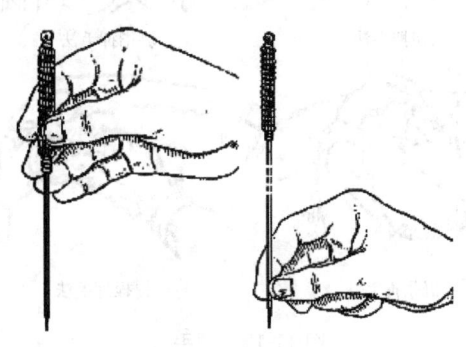

图11-12　毫针持针法

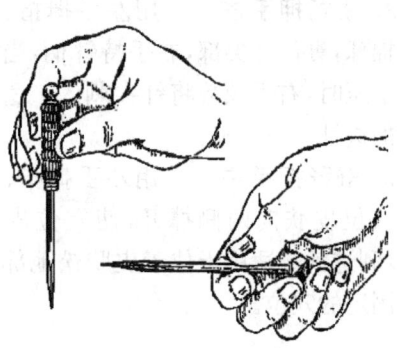

图11-13　圆利针持针法

3. 宽针的持针法

(1) **全握式持针法** 以右手拇指、食指、中指持针体,根据所需的进针深度,针尖露出一定长度,针柄端抵于掌心内(图 11-14)。进针时动作要迅速、准确。使针刃一次穿破皮肤及血管,针退出后,血即流出。常用于针刺缠腕、曲池、尾本等穴位。

(2) **手代针锤持针法** 以持针手的食指、中指和无名指握紧针体,用小指的中节抵紧针尖部,使针尖露出所需刺入的长度,拇指抵压在针的上端,(图 11-14)。针刺时,挥动手臂,使针尖顺血管刺入,随即出血。

(3) **针锤持针法** 先将针具夹在锤头针缝内,针尖露出适当的长度,推上锤箍,固定针体。术者手持锤柄,挥动针锤使针刃顺血管刺入,随即出血。常用于针刺颈脉、胸堂、肾堂、蹄头等穴以及黄肿处散刺。

此外,也可用针棒、射针器持针。

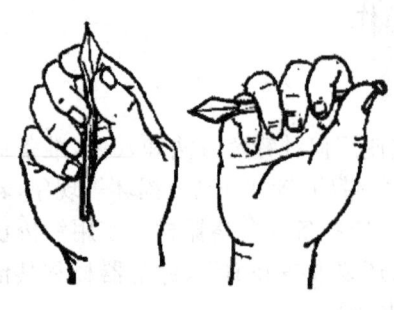

图 11-14 宽针持针法

4. 三棱针的持针法

(1) **执笔式持针法** 以拇指、食指、中指三指持针身,中指尖抵于针尖部以控制进针的深度,无名指抵按在穴旁以助准确进针。常用于针刺通关、分水、内唇阴等穴。

(2) **弹琴式持针法** 以拇指、食指夹持针尖部,针尖留出适当的长度,其余三指抵住针身。常用于平刺三江、太阳等穴。

5. 火针的持针法 烧针时,针尖先向下,然后向上,保持针尖在火焰中。扎针时,因穴而异。与地面垂直进针时,以拇指、食指、中指三指捏住针柄,针尖向下;与地面水平进针时,以拇指、食指、中指三指捏住针柄,针尖向前。

(二) 按穴(押手)法

针刺时多以左手按穴,称为押手。其作用是固定穴位,辅助进针,使针体准确地刺入穴位。还可减轻针刺的疼痛。常用押手法,有下列四种(图 11-15)。

1. 指切押手法 以左手拇指指甲切压穴位旁皮肤,右手持针使针尖靠近押手拇指指甲边缘,刺入穴位内。适用于短针的进针。

2. 骈指押手法 用左手拇指、食指夹捏棉球,裹住针尖部,右手持针柄,当左手夹针下压时,右手顺势将针尖刺入。适用于长针的进针。

3. 舒张押手法 用左手拇指、食指贴近穴位皮肤向两侧撑开,使穴位皮肤紧张,以利进针。适用于位于皮肤松弛部位或不易固定的穴位。

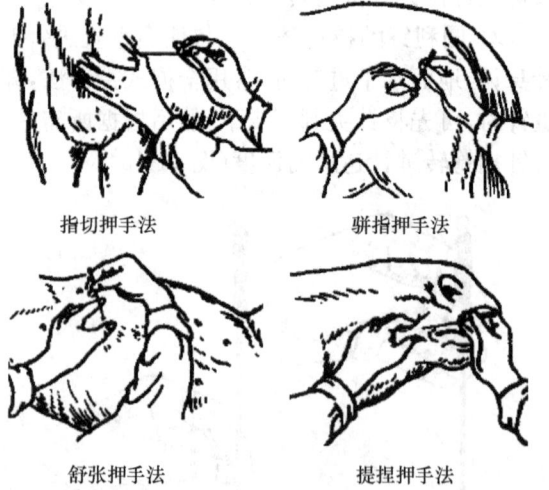

指切押手法　　骈指押手法

舒张押手法　　提捏押手法

图 11-15 押手法

4. 提捏押手法 用左手拇指和食指将穴位皮肤捏起来,右手持针,使针体从侧面刺入穴位。适用于头部或皮肤薄、穴位浅等平刺的穴位,如锁口、开关穴;施穿黄针时也常用此法。

(三) 进针法

针刺时依所用的针具、穴位和针治对象的不同,可采用不同的进针方法,常用的有缓刺与速刺两种。

1. 捻转进针法 毫针、圆利针多用此法。操作时,一般是一手切穴,一手持针,先将针尖刺入穴位皮下,然后缓慢捻转进针。如用细长的毫针可采用骈指押手法辅助进针。

2. 速刺进针法 多用于宽针、火针、圆利针、三棱针的进针。用宽针时,使针尖露出适当的长度,对准穴位,以轻巧敏捷手法,刺入穴位,即可一针见血。用火针时,则可一次刺入所需的深度。用圆利针时,可先将针尖刺入穴位皮下,再调整针向,随手刺入。

3. 飞针法 类似于速刺进针法,适用于不太老实的患畜。其特点是不用押手,以刺手点穴并施针;辅助动作多,能分散患畜注意力;进针速度快,可减轻进针时的疼痛,具体操作分三步,即"一呼、二拍、三扎针"。

4. 管针进针法 主要用于短针的进针。将特制的针管置于穴位上,把针放入管内,用右手食指或中指弹击或叩击针尾,将针刺入皮内,然后退出针管,将针刺入至所需深度。

(四) 针刺角度和深度

1. 针刺角度 针刺角度是指针体与穴位局部皮肤平面所构成的夹角,它是由针刺方向决定的,常见的有三种(图11-16)。

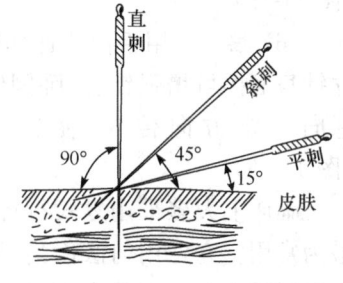

图 11-16 针刺角度

(1) 直刺 针体与穴位皮肤呈垂直或接近垂直的角度刺入。常用于肌肉丰满处的穴位,如抢风、百会等穴。

(2) 斜刺 针体与穴位皮肤约呈45°角刺入,适用于骨骼边缘和不宜于深刺的穴位,如天门、风门等穴。

(3) 平刺 针体与穴位皮肤约呈15°角刺入,多用于肌肉浅薄处的穴位,如锁口、肺门等穴。有时在施行透刺时也常应用。

2. 针刺深度 针刺时进针深度必须适当,不同的穴位对针刺深度有不同的要求,一般以穴位规定的深度作标准。如开关穴刺入2~3cm,而夹气穴一般要刺入30cm左右。但是,随着畜体的胖瘦、病证的虚实、病程的长短以及补泻手法等的不同,进针深度应有所区别。正如《元亨疗马集·伯乐明堂论》中指出的:"凡在医者,必须察其虚实,审其轻重,明其表里,度其浅深。"一般来说,进针深,刺激强度大;进针浅,刺激强度小。

(五) 行针与得气

1. 得气 针刺后,为了使病畜产生针刺感应而运行针体的方法,称为行针。针刺部位产生经气的感应,称为"得气",也称"针感"。得气以后,患畜会出现提肢、拱腰、摆尾、局部肌肉收缩或跳动,术者则有针下沉紧的感觉。

2. 行针手法 主要用于毫针、圆利针术。包括提插、捻转两种基本手法和搓、弹、刮、摇等辅助手法。

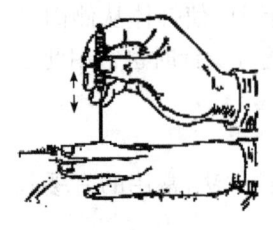 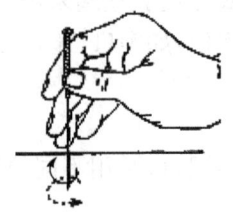

提插行针　　　　捻转行针

图11-17　基本行针手法

(1) 提插　　纵向的行针手法。将针从深层提到浅层，再由浅层插入深层，如此反复地上提下插。提插幅度大、频率快，刺激强度就大；提插幅度小、频率慢，刺激强度就小(图11-17)。

(2) 捻转　　横向的行针手法。将针左右、来回反复地旋转捻动。捻转幅度一般在180°～360°。捻转的角度大、频率快，所产生的刺激就强；捻转角度小、频率慢，所产生的刺激就弱(图11-17)。

(3) 搓　　单向地捻动针身。有增强针感的作用，也是调气、催气的常用手法之一。大幅度地搓针，使针体自动向回退旋，称为"飞"(图11-18)。

(4) 弹　　用手指弹击针柄，使针体微微颤动，以增强针感(图11-18)。

(5) 刮　　以拇指抵住针尾、食指或中指指甲轻刮针柄，以加强针感、促进针感的扩散(图11-18)。

(6) 摇　　用手捏住针柄轻轻摇动针体。直立针身而摇可增强针感，卧倒针身而摇可促使针感向一定方向传导，使针下之气直达病所(图11-18)。

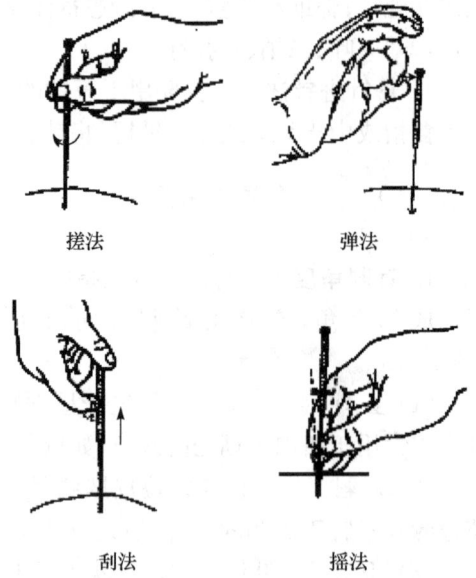

搓法　　　　弹法

刮法　　　　摇法

图11-18　辅助行针手法

临床上大多采用复式行针法，尤以提插捻转最为常用。究竟用何法恰当，要根据每个患畜的生理耐受性和病理状态而定，以达到最佳刺激为目标。

3. 行针间隔　　也分为三种。

(1) 直接行针　　当进针达一定深度并出现了针感后，再将针体均匀地提插捻转数次即出针，不留针。

(2) 间歇行针　　针刺得气后，不立即出针，把针留在穴位内，在留针期间反复多次行针。如留针30min，可每隔10min行针1次，每次行针不少于1min。

(3) 持续行针　　针刺得气后，仍持续不断地行针，直至症状缓解或痊愈为止。

(六) 针灸补泻与刺激强度

传统针灸疗法非常重视补泻手法，因病证有虚有实，虚证宜补，实证宜泻。各种针灸方法均有补泻。

1. 白针术补泻　　常用的有以下几种。

(1) 捻转补泻　　以针体向左或向右转动来区分。右手拇指向前、食指向后左捻转针体为补，拇指向后、食指向前右捻转为泻。

(2) 提插补泻　　以提针和插针的轻重缓急来区分。重、快插、轻、慢提为补，轻、慢插、重、快提为泻。

（3）徐疾补泻　　以进针和出针的快慢来区分。慢进针、快出针为补，快进针、慢出针为泻。

（4）开阖补泻　　以出针后按揉针孔与否来区分。出针后按揉、闭合针孔为补，摇大针孔、不按揉为泻。

（5）呼吸补泻　　以在动物呼气或吸气时进针或出针来区分。呼气时进针、吸气时出针为补，吸气时进针、呼气时出针为泻。

（6）平补平泻　　以中等刺激强度、对穴位进行缓和的提插捻转的补泻兼用手法。适用于一些虚实不明或虚实相兼的病证。

2. 其他针术补泻　　一般来说，火针为补，血针为泻。火针和血针又各有补泻之分。如火针浅刺、留针短、左转针者为补，反之为泻；血针出血极少者为补，小出血为小泻，大出血为大泻。有人认为，电针也有补泻，波形宽、电压低、密波、频率高为补，波形窄（单峰波）、电压高、疏波、频率低为泻；通电时间长为补，通电时间短为泻。

3. 灸术补泻　　主要指艾炷灸补泻，其他灸法也可依此类推。《针灸大成》说："以火补者，毋吹其火，须待自灭，即按其穴；以火泻者，速吹其火，开其穴也。"施术时，艾炷点燃后，不吹艾火，待其徐徐自燃自灭，火力微小而温和，灸治时间长，壮数较多，灸治完毕，用手按揉施灸部位，使真气聚而不散者，为补；艾炷点燃后，吹旺艾火，促其快燃，火力较猛，快燃快灭，灸治时间较短，壮数较少，施灸完毕不按揉穴位，令穴位邪气外散者，为泻。

4. 刺激强度　　针刺后，必须施以恰当的刺激，才能获得满意的治疗效果。一般可分为三种。

（1）强刺激　　进针较深，较大幅度和较快频率的行针。一般多用于体质较强的病畜，针刺麻醉时也常应用。

（2）弱刺激　　进针较浅，较小幅度和较慢频率的行针。一般多用于老弱年幼的病畜，以及内有重要脏器的穴位。

（3）中刺激　　刺激强度介于上述两者之间，行针幅度和频率均取中等。适用于一般病畜。

（七）留针与起针

1. 留针　　针刺治病，要达到一定的刺激量，除取决于刺激强度外，还需要一定的刺激时间，才能取得较好的效果。得气后根据病情需要把针留置在穴位内一定时间，称为留针。留针主要用于毫针术、圆利针术以及火针术。其目的一是候气，当取穴准确，入针无误而无针感反应时，可不必起针，须留针片刻再行针，即可出现针感；二为调气，针刺得气后，留针一定时间以保持针感，或间歇行针以增强针感。火针留于穴内还有加强温经散寒的功用。

留针时间的长短要依据病情、得气情况以及患畜具体情况而定。《灵枢·经脉》曰："热则疾之，寒则留之。"一般情况下，表、热、实证多急出针，里、寒、虚证以及经久不愈者多需留针。得气慢者，则需长时间留针；患畜骚动不安可不留针。留针时间一般为 10～30min，火针留针 5～10min，而针刺麻醉要留针到手术结束，耳钉治结一般留针到出现疗效。

2. 起针法　　针刺达到一定的刺激量后，便可起针，常用的起针法有两种。

（1）捻转起针法　　押手轻按穴旁皮肤，刺手持针柄，缓缓地捻转针体，随捻转将针体慢慢退出穴位。

(2) 抽拔起针法　　押手轻按穴旁皮肤,刺手捏住针柄,轻快地拔出针体。也可不用押手,仅以刺手捏住针柄迅速地拔出针体。对不温顺的患畜起针时多用此法。

(八) 针灸异常情况的处理

1. 弯针

(1) 原因　　弯针多因病畜肌肉紧张,剧烈收缩;或因病畜跳动不安;或因进针时用力太猛,捻转、提插时指力不匀所致。

(2) 处理　　针身弯曲较小者,可左手按压针下皮肤肌肉,右手持针柄不捻转、顺弯曲方向将针取出;若弯曲较大,则需轻提轻按,两手配合,顺弯曲方向慢慢地取出,切忌强力猛抽,以防折针。

2. 折针

(1) 原因　　多因进针前失于检查,针体已有缺损腐蚀,或进针后捻针用力过猛,病畜突然骚动不安所致。

(2) 处理　　若折针断端尚露出皮肤外面,用左手迅速紧压断针周围皮肤肌肉,右手持镊子或钳子夹住折断的针身用力拔出。若折针断在肌肉层内,则行外科手术切开取出。

3. 晕针　　在针刺过程中,如动物突然出现站立不稳、昏迷、出汗等情况,多为晕针。

(1) 原因　　多因针刺过猛或行针过强所致,常发生于体质虚弱的动物。

(2) 处理　　立即停针,使患畜安静,如症状重者,可针分水、通关等穴。

4. 血针出血不止

(1) 原因　　多因针尖过大,或用力过猛刺伤附近动脉,或操作时病畜突然骚动不安误断血管所致。

(2) 处理　　轻者用消毒棉球或止血药压迫止血,或烧烙止血,或用止血钳夹住血管止血。重者施行手术结扎血管。

5. 局部感染

(1) 原因　　多因针前穴位消毒不严,针具不洁,火针烧针不透,或针刺或灸烙后遭雨淋、水浸或病畜啃咬所致。

(2) 处理　　轻者局部涂擦碘酊,重者根据不同情况进行全身和局部处理。

三、注 意 事 项

1. 术者态度　　古人曰:"持针者手如缚虎,势若擒龙,心无外慕,如待贵宾。"《元亨疗马集·伯乐明堂论》也说:"凡用针者,必须谨敬严肃,当先令兽停立宁静,喘息调匀……然后方可施针。"这都说明了术者的态度,必须严肃认真,操作谨慎。如动作粗鲁,草率从事,很容易引起患畜惊恐不安,不仅施针困难,且易发生事故。

2. 诊断确实　　针灸前,应对患畜做详细的检查,在辨证的基础上确定针灸处方。辨证是取穴与组方施术的依据,也是针灸能否起效的关键。若辨证不清即行治疗,不但不能发挥针灸效果,反而增加患畜痛苦,贻误病机,增加治疗困难。

3. 针灸时机　　针灸施术,最好选择晴朗而温和的天气进行。在大风、大雨、光线阴暗等情况下,都不宜施术。同时,病畜在过饱、过饥及大失血、大出汗、劳役和配种后,也不宜立即施术。妊娠后期,腹部及腰部不宜施术,或不宜多针;而刺激反应强烈的穴位也不宜施针,特别是火针,更应谨慎。

4. 施术顺序　　对性情温顺的病畜，一般情况下多是先针前部再针后部，先针背部再针腹部，先针躯干部再针四肢部。如果患畜躁动不安，为了避免施针困难或发生事故，亦可先针四肢下部再针上部，先针腹部再针背部。总之，要依据病畜的性格而灵活处理，原则上应以针治安全方便，不影响治疗效果为宜。

5. 施术间隔　　随针灸的种类而异，一般情况下，白针、电针、艾灸、醋麸灸可每日或隔日施术一次，血针、火针、醋酒灸每隔3~5日一次，夹气针、火烙一般不重复施术。

6. 术后护养　　"三分治病，七分护养"，足见护理工作的重要。针灸后应对患畜加强护理，役畜停止使役，休养4~6日（重病要多延长几日）。避免雨淋或涉水，特别是针刺背腰部与四肢下部穴位，更应预防感染。治疗颈风湿针刺抽筋穴后，要不断调整饲槽高度，以患畜能勉强够得着为准，以后根据病情好转情况，把饲槽逐渐放低。烧烙术后的"跳痂期"，术部发痒，要防止其啃咬术部。醋酒灸后患畜要加盖毡被，以防汗后再感风寒等。

第四节　针　术

一、白　针　术

白针术是使用圆利针、毫针或小宽针等，在白针穴位上施针，借以调整机体功能活动，治疗畜禽各种病证的一种方法。也是在临床上应用最为广泛的针法。

（一）术前准备

先将患畜妥善保定，根据病情选好施针穴位，剪毛消毒。然后根据针刺穴位选取适当长度的针具，检查并消毒针具。

（二）操作方法

1. 圆利针术

（1）缓刺法　　一般先将针刺至皮下，然后调整好针刺角度，捻转进针达所需深度，并施以补泻方法使之出现针感。一般需留针10~20min，在留针过程中，每隔3~5min可行针一次，加强刺激强度。

（2）急刺法　　圆利针针尖锋利，针体较粗，不易弯针，对于不温顺的患畜或针刺肌肉丰满部的穴位，可用此法。操作时根据不同穴位，用速刺进针法或飞针法刺至所需深度。

退针时，可用捻转或抽拔针柄出针。

2. 毫针术　　毫针术的操作与圆利针缓刺法相似。与其他白针术相比有以下特点：由于针体细、对组织损伤小、不易感染，故同一穴位可反复多次施针；进针较深，同一穴位，入针均深于圆利针、宽针、火针等，且可一针透数穴；针刺得气后，根据治疗的需要，为达到一定的有效刺激量，可运用插、捻、搓、弹、刮、摇等手法，刺激强度易于掌握。

3. 小宽针术　　小宽针有锐利的针尖和针刃，故易于快速进针，又有"箭针法"之称。施针时，常规消毒，左手按穴，右手持针，刺手的食指固定入针深度，速刺速拔，不留针，不行针。适用于肌肉丰满的穴位，如抢风、巴山等穴。尤以牛体穴位多用。

（三）注意事项

施针前严格检查针具，防止发生事故；出针后严格消毒针孔，防止感染。

二、血 针 术

使用宽针和三棱针等针具在畜体的血针穴位上施针,刺破穴部浅表静脉(丛)使之出血,从而达到泻热排毒、活血消肿、防治疾病的目的。

(一)术前准备

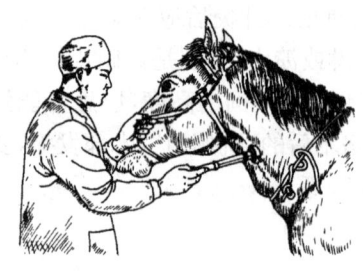

图11-19 颈脉穴针刺法

为了快速准确地刺破穴部血管并达到适宜的出血量,动物的保定非常关键。所以应根据施针穴位采取不同的保定体位,以使血管怒张。如针三江、太阳等穴宜用低头保定法,针刺胸堂穴宜用昂头保定法,所谓"低头看三江,抬头看胸堂"。针刺颈脉穴宜在穴后方按压或上颈绳使颈静脉显露(图11-19)。四肢下部施血针时,宜用提肢保定法。血针因针孔较大,且在血管上施术,容易感染,因此术前应严格消毒,穴位剪毛、涂以碘酊,针具和术者手指,也应严格消毒。此外,还应备有止血器具和药品。

(二)操作方法

1. 宽针术 首先应根据不同穴位,选取规格不同的针具,血管较粗、出血量大,可用大、中宽针;血管细、出血量小,可用小宽针或眉刀针。宽针持针法多用全握式、手代针锤式或用针锤、针杖持针法。一般多垂直刺入约1cm左右,以出血为准。

2. 三棱针术 多用于体表浅刺,如三江、分水穴;或口腔内通关、唇内穴等。根据不同穴位的针刺要求和持针方法,确定针刺深度,一般以刺破穴位血管出血为度。针刺出血后,多能自行止血,或待其达到适当的出血量后,用酒精棉球轻压穴位,即可止血。

(三)注意事项

1)宽针施术时,针刃必须与血管平行,以防切断血管(图11-20)。针刺不宜过深,以刺破血管出血为度,以免刺穿血管,造成血肿。三棱针的针尖较细,容易折断,进针时谨防折针。

2)掌握泻血量。泻血量直接影响针治效果,应根据患畜体质的强弱、病证的虚实及季节气候来决定。一般来说,病畜体壮,热证,实证,在春、夏季天气炎热时放血量可大些;病畜瘦弱,寒证,虚证,在秋、冬季天气寒冷时应少放或不放。体质衰弱、孕畜、久泻、大失血的病畜禁施血针。

3)针刺后,一般可自行止血,或者在达到适当的出血量时,令患畜活动或轻压穴位,即可止血。如出血不止时可压迫止血,必要时可用止血钳、止血药或烧烙法止血。

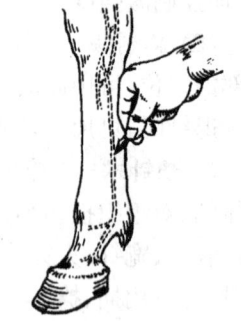

图11-20 针刃与血管平行

4)施血针后,针孔要防止水浸、雨淋,术部保持清洁,以防感染。

三、火 针 术

火针术是用特制的针具烧热后刺入穴位,以治疗疾病的一种方法。具有针和灸两方面的治疗作用。由于火针使穴位的局部组织发生较深的灼伤灶,所以能在一定的时间内保持刺激作用。另外还有用艾绒烧针柄的温针疗法,以及用电加热针体的电热针疗法等,均属火针疗法的范畴。火针具有温经通络、祛风散寒、壮阳止泻等作用。主要用于各种风寒湿痹、慢性跛行、阳虚泄泻等证。

(一)术前准备

根据穴位选择合适长度的火针,检查针体并擦拭干净,准备烧针器材,封闭针孔用药膏或橡皮膏,保定患畜。

(二)操作方法

1. 烧针法 常用的有油火烧针法。取适量药棉,将针尖及针体缠成枣核形,外紧内松,然后蘸取植物油或液状石蜡,点燃,保持针尖在火焰中,并不断转动,使针体受热均匀。待油尽棉花收缩变黑将要燃尽时,甩掉或用镊子刮脱棉花,立即进针。也有用直接烧针法,即将针尖及部分针体放在酒精灯上烧红,然后刺入穴位。

2. 进针法 烧针前先选定穴位,剪毛,消毒,待针烧透时,术者以左手按压穴旁,右手持针迅速刺入穴位中,刺入后留针 5min 左右。留针期间轻微捻转行针。

3. 起针法 起针时先将针体轻轻地左右捻转一下(以防将组织带出),然后用一手按压穴部皮肤,另一手将针拔出。针孔用 5% 碘酊消毒,涂药膏或贴上橡皮膏,以防止感染。

(三)注意事项

1) 火针穴位与白针穴位基本相同,但穴下有大的血管、神经干或位于关节囊处的穴位一般不得火针。施针时患畜应保定确实,针具应烧透,刺穴要准确。

2) 火针对穴位组织的损伤较重,针后会留下较大的针孔,容易发生感染。因此,针后必须严格消毒,并封闭针孔,保持术部清洁,要防止雨淋、水浸和患畜啃咬。

3) 火针对畜体的刺激性较强,一般能持续 1 周以上,如必须在同一穴位重复施针,至少应 10 日之后,故针刺前应制订计划,每次选 3~5 个穴位,轮换施针。

四、气 针 术

向穴位内送入适量的空气,利用气体对俞穴或组织产生轻柔的刺激,使该部的末梢神经和血管兴奋或抑制,从而改善机体局部血液循环和营养的供应,增强其新陈代谢来治疗疾病的方法,称为气针疗法。对神经麻痹、肌肉萎缩、腰背风湿、泻痢等慢性疾患有较好疗效。

(一)术前准备

准备宽针或 100ml 兽用注射器、针头等,施夹气针时要准备好夹气针,仔细检查针具,并严格消毒。患畜要妥善保定,穴位剪毛消毒,防止针后感染或将被毛带入针孔内。

（二）操作方法

1. 提皮进气法　　常用弓子穴治疗肩胛上神经麻痹。穴位剪毛消毒后，用大宽针刺破皮肤，术者双手用力提起针孔周围皮肤，随即放松，反复数次，空气随之通过针孔进入穴位皮下，然后用一手堵住针孔，另一手将进入的空气逐步挤压至病变部位，使该部充满，最后用碘酊消毒、药膏封闭针孔。

2. 注射器注气法　　将注射针头刺入穴位，产生针感后，再接注射器注入适量过滤的空气。拔出针头后，应用酒精棉按压针孔，并做适当按摩。

3. 夹气针术　　是治疗马、牛等前肢闪伤的一种传统疗法，又叫透脾，属巧治术之一。操作时，先用大宽针刺破夹气穴皮肤，将涂有消过毒的润滑油（植物油）的夹气针从针孔刺入穴位向同侧肩胛后角方向徐徐刺入，达到要求的深度后，稍微退针，上下拨动针尖数次，随即起针。起针后消毒针孔，将患肢前后左右摆动数次（图11-21）。

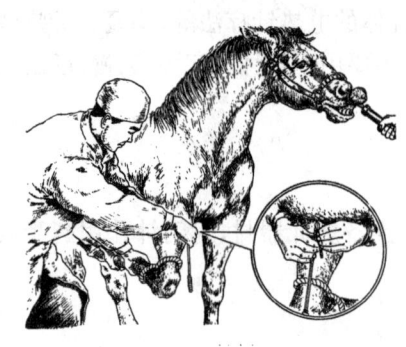

图 11-21　夹气针术

（三）注意事项

1) 头部、四肢下部、关节腔部位的穴位不宜用气针，骨折、脱臼、关节扭伤、传染病等禁用气针。

2) 采用注射器注入气体时，在注气前应先回抽注射器，确无回血时，再注入气体，以免将气体注入血管内。

3) 施夹气针术时，动物必须保定确实，若患畜骚动不安，应暂停进针，以刺手贴紧穴位，护住针体；针尖应向外上方刺入，以防折针或将针刺入胸腔。

4) 气针治疗后，患畜应避免剧烈运动，休养10～15天，每日适当牵遛。重复施术应间隔10天以上。夹气针术一般只做1次，若效果不好，可改用其他治疗方法，如必须重复施术，须间隔1个月以上。

五、水　针　术

水针术也称穴位注射疗法，它是将某些中西药液注入穴位或患部痛点、肌肉起止点来防治疾病的方法。这种疗法将针刺与药物疗法相结合，具有方法简便、提高疗效并节省药量的特点。适用于眼病、脾胃病、风湿症、损伤性跛行、神经麻痹、瘫痪等多种疾病，是兽医临床上应用广泛的一种针刺疗法。若注射麻醉性药液，称穴位封闭疗法；注射抗原性物质，称穴位免疫。

（一）术前准备

除准备注射器外，还要根据病情选取穴位，对穴位部剪毛消毒，并准备适当的药液。

1. 穴位选择　　根据病情可选择白针穴位，或选择疼痛明显处的阿是穴。对一些痛点不明显的病例，可选患部肌肉的起止点作为注射点。

2. 药物选择　　可供肌内注射的中、西药液均能用于穴位注射。临床上可根据病情，酌情选用。例如，治疗肌肉萎缩、功能减退的病证，可选用具有兴奋营养作用的药物，如生理盐水、维生素、葡萄糖注射液、血清、蛋清、自家血等；治疗炎性疾病、风湿症，可选用各种抗炎药、抗风湿药、中药注射剂等；治疗跛行、外伤性瘀血肿痛等，可选用红花注射液、复方当归注射液、镇跛痛等；穴位封闭，可选用0.5%～2%盐酸普鲁卡因注射液；穴位免疫，可选用各种疫苗等。

（二）操作方法

穴位注射的方法基本同于普通肌内注射，但若能按毫针进针的方法（包括深度、角度等）将注射针头刺入，待出现针感后再注射药物则效果更好。穴位注射的剂量通常依药物的性质，注射的部位，注射点的多少，患畜的种类、体型的大小、体质的强弱以及病情而定，一般来说，每次注射的总量均小于该药的普通临床治疗用量。每日或隔日一次，5～7次为一疗程；必要时隔3日后施行第二疗程。

（三）注意事项

1）关节腔及颅腔内一般不宜注射，孕畜一般慎用，脊背两侧的穴点不宜深刺，防止压迫神经。

2）有毒副作用的药物不宜选用；刺激性强的药物，药量不宜过大；两种以上药物混合注射，要注意配伍禁忌。

3）推药前一定要回抽注射器，见无回血时再推注药液，以防止将不宜作静脉注射用的药液误注血管内。

4）注射后若局部出现轻度肿胀、疼痛，或伴有发热，一般无须处理，可自行恢复。为慎重起见，对原因不明的发热，应注意药物和穴位的选择或停用水针。

六、电 针 术

电针术是将毫针、圆利针刺入穴位产生针感后，连接电针机，通过针体导入适量的电流，利用电刺激来加强或代替手捻针刺激以治疗疾病的一种疗法。电针疗法的优点是：①节省人力，可长时间持续通电刺激，减轻术者的劳累。②刺激强度可控，可通过调整电流、电压、频率、波形等选择不同强度的刺激。③治疗范围广，对多种病证如神经麻痹、肌肉萎缩、急性跛行、风湿症、马骡结症、牛前胃病、消化不良、寒虚泄泻、风寒感冒、垂脱症、不孕症、胎衣不下等，均有较好的疗效。④无不良反应，方法简便，经济安全。

（一）术前准备

准备好圆利针或毫针，电针机及其附属用具（导线、金属夹子），剪毛工具，消毒药品等。动物保定。

（二）操作方法

1. 选穴扎针 根据病情，选定穴位（每组2穴），常规剪毛消毒，将圆利针或毫针刺入穴位，行针使之出现针感。

2. 接通电针机 先将电针机调至治疗档，各种旋钮调至"0"位，将正负极导线分别夹在针柄上；然后打开电源开关，调节电针机的各项参数。

(1) 波形　　脉冲电流的波形有多种，可根据病证选用。方波能降低神经的感受性，有消炎、止痛的作用，还能增强神经肌肉的紧张度，从而提高肌腱张力，常用于治疗神经麻痹、肌肉萎缩。密波、疏密波可使神经肌肉兴奋性降低，缓解痉挛、止痛作用明显；间断波可使肌肉强力收缩，提高肌肉紧张度，对神经麻痹、肌肉萎缩有效。

(2) 频率　　电针机的频率范围在 10～550 Hz。一般治疗时频率不宜太高，只在针麻时才应用较高的频率。治疗软组织损伤，频率可稍高；治疗结症则频率要低。

(3) 输出强度　　电流输出强度的调节一般应由弱到强，逐渐进行，以患畜能够安静接受治疗的最大耐受量为度。

各种参数调整妥当后，继续治疗 15～30min。也可根据病情和患畜体质适当调整，对体弱而敏感的患畜时间可短些；对某些慢性病且不易收效的疾病，时间可长些。在治疗过程中，为避免病畜对刺激的适应，应经常变换波形、频率和电流强度。治疗完毕，将各档旋钮调回"0"位，关闭电源开关，除去导线夹，起针消毒。

电针治疗一般每日或隔日一次，5～7 日为一疗程，每个疗程间隔 3～5 日。

(三) 注意事项

1) 针刺靠近心脏或延脑的穴位时，必须掌握好深度和刺激强度，防止伤及心、脑导致猝死。动物也必须保定确实，防止骚动。

2) 通电期间，注意金属夹与针体固定妥当，若因骚动而金属夹脱落，须先将电流及频率调至零位或低档，再连接。有时针体会随着肌肉的震颤渐渐向外退出，注意及时将针体复位。

3) 有些穴位，在电针过程中，呈现渐进性出血或形成皮下血肿，不需处理，几日后即可自行消散。

此外，尚有微波针术、电磁针灸术、激光针灸术等。

第五节　灸　术

用点燃的艾绒或其他温热物体，对动物体的一定穴位或患部进行熏灼或熨烙来防治动物疾病的方法，称为灸术。灸术具有温通经脉、理气活血、解痉止痛等多方面的作用，对因风、寒、湿邪侵袭机体或跌打闪伤所致的经络痹阻、气滞血瘀、筋腱失养、脏腑失调等病证均有较好的疗效。

灸术包括艾灸、温熨和烧烙三种。

一、艾　灸

艾灸是用点燃的艾绒在患畜体的一定穴位上熏灼，借以疏通经络，驱散寒邪，达到治疗疾病目的所采用的方法。分为艾炷灸和艾卷灸两种，此外还有与针刺结合的温针灸。

(一) 艾炷灸

艾炷灸是将艾炷直接或间接置于穴位皮肤上点燃，前者称为直接灸，后者称为间接灸。艾炷有小炷（黄豆大）、中炷（枣核大）、大炷（大枣大）之分。每燃尽一个艾炷，称为"一炷"或"一壮"。治疗时，应根据患畜的体质、病情选择艾炷的大小和数量。一般来说，初病、体质强壮者，艾炷宜大，壮数宜多；久病、体质虚弱者艾炷宜小，壮数宜少；直接灸时艾炷宜小，间接灸时艾炷宜大。

1. 直接灸 　　将艾炷直接置于穴位上，在其顶端点燃，待烧到接近底部时，去除更换一个艾炷。根据灼伤皮肤的程度分为无瘢痕灸和有瘢痕灸两种。

（1）无瘢痕灸　　用于轻症的治疗。将艾炷放在穴位上点燃，动物有灼痛感时不待艾炷燃尽就更换另一艾炷。可连续灸3~7壮，至局部皮肤发热时停灸。术后皮肤不留瘢痕。

（2）有瘢痕灸　　用于重症的治疗。将放在穴位上的艾炷燃尽后换另一艾炷。可连续灸7~10壮，至皮肤灼伤，愈合后形成瘢痕。

2. 间接灸 　　在艾炷与穴位皮肤之间放置药物的一种灸法。药物常用姜片、蒜片等（图11-22）。

（1）隔姜灸　　将生姜切成0.3cm厚的薄片，用针穿透数孔，上置艾炷，放在穴位上点燃，灸至局部皮肤温热潮红为度。利用姜的温里作用，来加强艾灸的祛风散寒功效。

（2）隔蒜灸　　方法与隔姜灸相似，用独头大蒜切成的蒜片施灸。隔蒜灸利用大蒜的清热解毒作用，常用于治疗痈疽肿毒等症。

（3）隔附子灸　　以附子片或将附子研末加其他药物混合做成附子药饼作为隔灸物。由于附子辛温大热，有温补肾阳的作用，主要用于阳虚证。

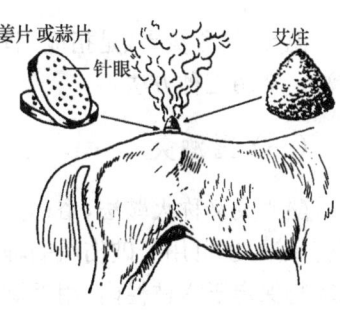

图11-22　间接灸

在兽医临床上，因受动物体位的限制，家畜站立保定时，艾炷灸一般多在腰背部穴位施术。

（二）艾卷灸

用艾卷代替艾炷施行灸术，不受动物体位的限制，全身各部位均可施术。操作方法有以下三种。

1. 温和灸 　　将艾卷的一端点燃后，在距穴位约0.5~2cm处持续熏灼，给穴位一种温和的刺激，每穴灸5~10min。适于风湿痹痛等症。

2. 回旋灸 　　将燃着的艾卷在患部的皮肤上往返、回旋熏灼，用于病变范围较大的肌肉风湿等症。

3. 雀啄灸 　　将艾卷点燃后，对准穴位，接触一下穴位皮肤，马上拿开，再接触再拿开，如雀啄食，反复进行2~5min（图11-23）。用于需较强火力施灸的慢性疾病。如灼伤皮肤，则形成瘢痕。

（三）温针灸

温针灸是针刺和艾灸相结合的一种疗法，又称烧针柄灸法。先将毫针或圆利针刺入穴位，行针得气后，将一节艾卷套在或一团艾绒缠裹在针柄上点燃，使艾火之温热通过针体传入穴位深层,而起到针和灸的双重作用(图 11-24)。适用于既需留针,又需施灸的疾病。

图 11-23 雀啄灸

图 11-24 温针灸

二、温　熨

温熨,又称灸熨,是指应用热源物对动物患部或穴位进行温敷熨灼的刺激,以防治疾病的方法。常用三种方法。

(一)醋酒灸

醋酒灸又称火鞍法,俗称火烧战船。是用醋和酒直接灸熨患部的一种疗法。主治背部及腰胯风湿,也可用于破伤风的辅助治疗,但忌用于瘦弱衰老、高热及妊娠动物。施术时,先将患病动物保定于六柱栏内,用毛刷蘸醋刷湿背腰部被毛,面积略大于灸熨部位,以 1m 见方的白布或双层纱布浸透醋液,铺于背腰部;然后以洗耳球或注射器吸取 60 度的白酒或 70% 以上的乙醇均匀地喷洒在白布上,点燃;反复地喷酒浇醋,维持火力,即火小喷酒,火大浇醋,直至动物耳根和肘后出汗为止。在施术过程中,切勿使敷布及被毛烧干。施术完毕,以干麻袋压熄火焰,抽出白布,再换搭毡被,用绳缚牢,将患畜置暖厩内休养,勿受风寒(图 11-25)。

图 11-25 醋酒灸

(二)醋麸灸

醋麸灸是用醋拌炒麦麸热敷患部的一种疗法,主治背部及腰胯风湿等症。用于马、牛等大动物时,需准备麦麸10kg(也可用醋糟、酒糟代替),食醋 3~4kg,布袋(或麻袋)2 条。先将一半麦麸放在铁锅中炒热,然后加醋,炒至温度达 40~60℃,手握麦麸成团,放手即散为度。装入布袋中,搭于患病部位进行热敷。再炒另一半麦麸,两袋交替使用。当患部微有汗出时,除去麸袋,以干麻袋或毛毯覆盖患部,调养于暖厩,勿受风寒。本法可一日一次,连续数日。

(三)软烧法

软烧法是以火焰熏灼患部的一种疗法。适用于体侧部的疾患,如慢性关节炎、屈腱炎、肌肉风湿等。

1. 术前准备　软烧棒1把,毛刷或小扫帚;醋椒液,取食醋1kg,花椒50g混合煮沸数分钟,滤去花椒候温备用;60度白酒1kg,或用95%乙醇0.5kg。

2. 操作方法　将患病动物妥善保定于柱栏内,健肢向前方或后方转位保定,以毛刷蘸醋椒液在患部大面积涂刷,使被毛完全湿透。将软烧棒棉槌浸透醋椒液后拧干,再喷上白酒或酒精后点燃。术者摆动火棒,使火苗冲患部及其周围。开始摆动宜慢、火苗宜小(文火);待患部皮肤温度逐渐升高后,摆动宜快、火苗加大(武火)。在燎烤过程中,随时在患部涂刷醋椒液,保持被毛湿润;并及时在棉槌上喷洒白酒,使火焰不断。每次烧灼持续30～40min(图11-26)。

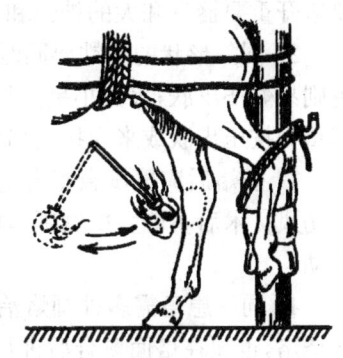

3. 注意事项　烧灼时,火力宜先轻后重,勿使软烧棒槌头直接打到患部,以免造成烧伤。术后动物应注意保暖,停止

图11-26　软烧法

使役,每日适当牵遛运动。术后1～2天患畜跛行有所加重,待7～15天后会逐渐减轻或消失。若未痊愈,1个月后可再施术一次。

三、烧　烙

使用烧红的烙铁在患部或穴位上进行熨烙或画烙的治疗方法,称为烧烙疗法。烧烙具有强烈的烧灼作用,所产生的热刺激能透入皮肤肌肉组织,深达筋骨,对一些针药久治不愈的慢性顽固性筋骨、肌肉、关节疾患以及破伤风、脑黄、神经麻痹等具有较好的疗效。烧烙疗法分为直接烧烙(画烙)和间接烧烙(熨烙)两种。

(一)直接烧烙

直接烧烙又称画烙术,即用烧红的烙铁按一定图形直接在患部烧烙的方法。常用的画烙图形如图11-27。适用于慢性屈腱炎、慢性关节炎、慢性骨化性关节炎、骨瘤、外周神经麻痹、肌肉萎缩等。

1. 术前准备　尖头刀状烙铁和方头烙铁各数把(有条件的可用电热烧烙器),小火炉1个,木炭、木柴或煤炭数千克,陈醋50ml,消炎软膏1瓶。患畜术前绝食8h,根据烧烙部位不同,可选用二柱栏站立保定,或用缠缚式倒马保定法横卧保定。

2. 操作方法　将烙铁在火炉内烧红,先取尖头烙铁画出图形,再用方头烙铁加大火力继续烧烙。开始宜轻烙,逐渐加重,且边烙边喷洒醋。烙铁必须均匀平稳地单方向拉动,严禁拉锯式来回运动。烧烙的顺序一般是先内侧、后外侧,先上部、后下部。烧烙程度分轻度、中度、重度

图11-27　画烙图

三种。烙线皮肤呈浅黄色,无渗出液为轻度;烙线呈金黄色,并有渗出液渗出为中度;达中度再将渗出液烙干为重度。一般烙至中度即可,对慢性骨化性关节炎可烙至重度。烙至所需程度后,再喷洒一遍醋,轻轻画烙一遍,涂搽薄薄一层消炎软膏,动物解除保定。

3. 注意事项

1）幼龄、衰老、妊娠后期病畜不宜施术，在严冬、酷暑、大风、阴雨气候不宜烧烙，烧烙部位要避开重要器官和大的神经和血管，患部皮肤敏感，或有外伤、软肿、疹块及脓疡者，不宜烧烙。

2）同一形状的烙铁要同时烧2～3把，以便交替使用。烙铁烧至杏黄色为宜，过热呈黄白色则易烙伤皮肤；火力小呈黑红色，不仅达不到烧烙要求，也易黏滞皮肤发生烙伤。烧烙时严禁重力按压皮肤或来回拉动烙铁，以免烙伤患部。

3）烧烙后应擦拭患畜身上的汗液，以防感冒。有条件的可注射破伤风抗毒素，以防发生破伤风。术后不能立即饮喂，注意防寒保暖，保持术部的清洁，防止啃咬或磨蹭，并适当牵遛运动。

4）同一患畜需多处画烙治疗时，可先烙一处，待烙面愈合后，再烙他处。同一部位若需再次烧烙，也须在烙面愈合后进行，且尽可能避开上次烙线。

（二）间接烧烙

间接烧烙是用方形烙铁在覆盖有用醋浸透的布垫的穴位或患部上进行熨烙的一种治疗方法，又称熨烙法（图11-28）。适用于破伤风、歪嘴风、脑黄、癫痫、脾虚湿邪、寒伤腰胯、颈部风湿、筋腱硬肿和关节僵硬等病患的治疗。

1. 术前准备　方型烙铁数把，布垫数个，陈醋，木炭，火炉等。患畜妥善保定在二柱栏或四柱栏内，必要时可横卧保定。

2. 操作方法　将浸透醋液的布垫固定在穴位或患部。若患部较大，可将布垫缠于该部并固定。术者手持烧红的方形铬铁，在棉纱垫上熨烙，手法由轻到重，烙铁不热及时更换，并不断向棉垫上加醋，勿让布垫烧焦。熨烙至术部皮肤温热，或其周围微汗时即可。施术完毕，撤去布垫，擦干皮肤，解除保定。

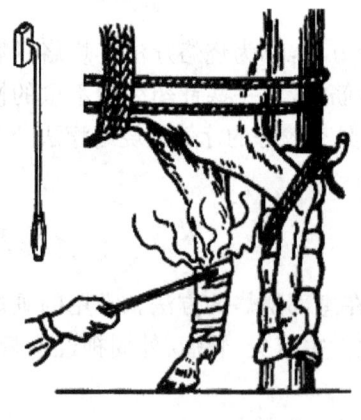

图11-28　间接烧烙

3. 注意事项

1）烙铁以烧至红褐色为宜，熨烙时烙铁宜不断离开术部布垫，不应长时间用力强压熨烙，以免发生烫伤。

2）术后加强护理，防止风寒侵袭，并适当牵遛运动。若病未愈，可隔一周后再施术。

第六节　其他针灸术

一、埋　植　术

将肠线或某些药物埋植在穴位或患部以防治疾病的方法。由于埋植物在体内有其一定的吸收过程，对机体刺激的持续时间长，从而产生明显的治疗效果。临床常用埋线疗法，适用于动物闪伤跛行、神经麻痹、肌肉萎缩、角膜翳、消化不良、下痢、咳嗽、气喘等病证。

1. 术前准备　准备肠线，缝合针、持针钳、外科剪及常规消毒用品等，动物保定后，穴位剪毛消毒。

2. 操作方法　用持针钳夹住带肠线的缝合针，从穴位一侧进针，穿透皮肤和肌肉，从穴位另一侧穿出。剪断穴位两边露出的肠线，轻提皮肤，使肠线完全埋进穴位内，最后消毒针孔

(图 11-29)。

也可用注射针头法埋线。将一段肠线穿入 16 号针头,从针尖部穿出,将注射针头刺入穴位,然后退出,使肠线留于穴内,用剪刀贴皮肤剪断外露肠线,然后提起皮肤,使肠线埋于穴内,最后消毒针孔。

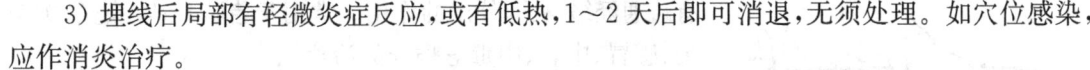

图 11-29 埋线法

3. 注意事项

1) 根据病证选用合适的穴位,如脾胃虚弱选脾俞、后三里穴,下痢选后海穴等。

2) 严格无菌操作,防止感染;掌握埋植深度,不得损伤内脏、大血管和神经干。

3) 埋线后局部有轻微炎症反应,或有低热,1～2 天后即可消退,无须处理。如穴位感染,应作消炎治疗。

4) 一般每穴只埋植一次,如需第二次治疗,应间隔一周后,另选穴位埋植。

二、拔 火 罐

拔火罐是借助火焰排除罐内部分空气,造成负压吸附在患畜穴位皮肤上来治疗疾病的一种方法。古代火罐多用牛角制作,故古称角法。负压可造成局部瘀血,具有温经通络、活血逐瘀的作用。适用于各种疼痛性病患,如风湿、冷痛、消化不良、咳喘等证,也可用于及吸毒、排脓。

1. 术前准备 火罐数个,患畜妥善保定,术部剃毛,或在拔罐部位涂上不易燃烧的黏浆剂。

2. 操作方法

(1) 单独拔罐法 常用闪火法。用镊子夹一块酒精棉点燃后,伸入罐内烧一下迅速抽出,立即将罐扣在术部,火罐即可吸附在皮肤上(图 11-30)。也可用投火法或架火法。

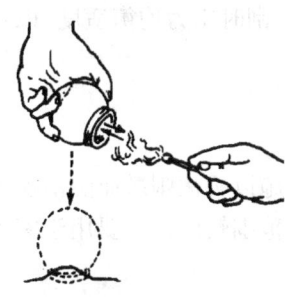

图 11-30 拔罐法

(2) 复合拔罐法 拔罐疗法可单独应用,也可与针刺等疗法配合应用。常用的有以下 3 种。

1) 走罐法:先在施术部位或火罐口涂一层润滑油,将罐拔住后,向上下或左右推动,至皮肤充血为止。适用于面积较大的施术部位。

2) 针罐法:即白针疗法与拔罐法的结合。先在穴位上施白针,留针期间,以针为中心,再拔上火罐,可提高疗效(图 11-31)。

3) 刺血拔罐法:即血针疗法与拔罐法的结合。先用三棱针或皮肤针在局部浅刺出血,再行拔罐,以加强刺血疗法的作用。可使局部的瘀血消散,或将积脓、毒液吸出,常用于疮疡初期吸除瘘管脓液、毒蛇咬伤排毒。

图 11-31 针罐法

(3) 留罐和起罐法 留罐时间的长短依病情和部位而定,一般为 10～20 min,病情较重、患部肌肤丰厚者可长,病情较轻、局部肌肤瘦薄者可短。起罐时,术者一手扶住罐体,使罐底稍倾斜,另一手下按罐口边缘的皮肤,使空气缓缓进入罐内,即可将罐起下。起罐后,若该部皮肤破损,可涂布消炎软膏,以防止感染。

3. 注意事项

1) 局部有疮疡、水肿及大血管均不宜施术。患畜敏感,肌肤震颤不安,火罐不能吸牢者,应改用其他疗法。

2) 根据不同部位选用大小合适的火罐,并检查火罐,凡罐口不平、罐壁有裂隙者皆不能使用。

3) 拔罐动作要做到稳、准、轻、快,排气时避免火伤皮肤。起罐时,切不可硬拉或旋动,以免损伤皮肤。

4) 术中若患病动物骚动不安,应提早起罐。拔罐后局部发绀为正常现象,可自行消退。如留罐时间过长,皮肤起水泡,大的水泡可用针刺破,放出泡内液体,并涂以甲紫,以防感染。

三、刮 痧

刮痧是用刮痧器在患畜体表一定部位按刮,以治疗疾病的方法。又称刮灸,属瘀血疗法,具有疏通经络,祛邪外出的作用。常用于猪肺炎、喉头炎、关节炎、感冒、中暑、中毒等病证的治疗。

1. 术前准备 刮痧器,也可用旧锄板、铜钱、瓷碗片、旧铁勺等代替。猪倒卧保定,暴露刮治部位。

2. 操作方法 先将棉花用白酒或盐水浸湿,用力涂擦施术部皮肤,再取刮痧器逆毛刮约 10min,以刮至皮肤有瘀血斑为度(图 11-32)。

图 11-32 刮痧法

3. 注意事项 术部有疮疡、水肿等不宜施术。检查刮痧器,刮面须平整,不可太锐利。刮时用力均衡适度,以免刮破皮肤。万一刮破皮肤,按创伤处理。

四、按 摩

按摩又称推拿,是运用不同手法在患畜体表一定的经络、穴位上施以机械刺激而防治疾病的方法。其特点是不用针、药和医疗器械,经济简便,疗效确实,治疗范围较广。主要用于家畜痹症、肌肉萎缩、神经麻痹和幼畜的消化不良、泄泻等病证。

(一) 基本手法

按摩手法的种类名称目前尚不统一,存在有同名异法和同法异名的现象。目前比较常用的有如下几种手法。

1. 按法 用手指或手掌在穴位或患部由轻到重、由上向下反复地揿压。适用于全身各部,有通经活络、调畅气血的作用。

2. 摩法 用手掌面附着于患部,以腕关节连同前臂做轻缓而有节律的盘旋摩擦。有理气和中、活血止痛、散瘀消积等作用。

3. 推法 术者用手掌根部(必要时戴手套)在畜体穴位或患部用力向一定方向反复推动,向远端推为泻,向近端推为补,来回推动为清法。有疏通经络、行气散瘀等作用(图 11-33)。

4. 拿法 用拇指和食指、中指或其余四指的指腹,相对用力紧捏筋脉或穴位,如提物状。例如,用五指捏拿,又称抓法。有疏通经络、镇痉止痛、开窍醒神等作用。

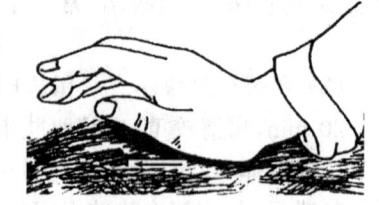

图 11-33 推法

5. 捋法 常用于耳、尾、四肢部穴位。术者以手紧握耳、尾、肢等器官的一端,反复向另一端滑动。向远端捋为泻,向近端捋为补。有散聚软坚的作用。

6. 拽法 用手拽拉肢体关节等一定部位,具有活动脉络、排除障碍的功能。

7. 揉法 用拇指指腹或手掌掌面在治疗部位上反复地回旋揉动。用轻缓手法(柔法)为补,重快手法(刚法)为泻。有祛瘀活血、消肿散结等作用(图11-34)。

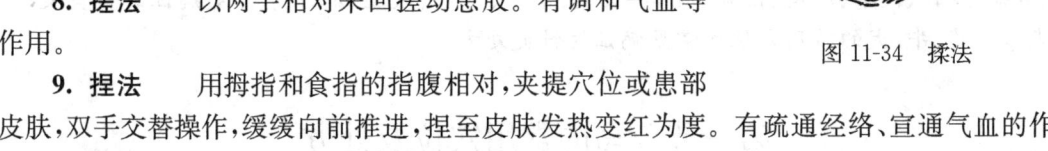

图 11-34　揉法

8. 搓法 以两手相对来回搓动患肢。有调和气血等作用。

9. 捏法 用拇指和食指的指腹相对,夹提穴位或患部皮肤,双手交替操作,缓缓向前推进,捏至皮肤发热变红为度。有疏通经络、宣通气血的作用(图11-35)。

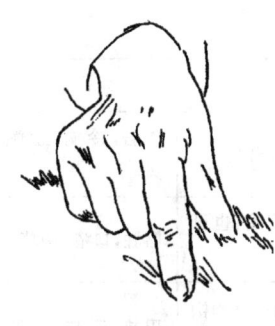

图 11-35　捏法

10. 掐法 用拇指和食指的指甲相对,撅压穴位。为开窍解痉的强刺激手法。

11. 捶法 手握空拳轻轻捶击患部或穴位处。有宣通气血、祛风散寒的作用。

12. 拍法 用虚掌或平滑鞋底,有节律地平稳拍打家畜体表的一定部位。有松弛肌肉、调整机能的作用。

13. 分法 用两手拇指的指腹或手掌掌面,反复由穴位中心向两边分开移动。此法为泻。

14. 合法 用两手拇指的指腹或手掌掌面,分别从患部两侧或两个穴位向中间合拢,此法为补。

15. 滚法 空握掌,手心向上,用手掌背面和指关节突出部在患部来回滚动。有疏松肌肉、行气活血等作用。

(二)注意事项

1) 有传染病、皮肤病者忌用按摩疗法;患畜怀孕期间,不能按摩其腹部诸穴。

2) 根据病情选用不同的按摩手法,如瘤胃积食、瘤胃臌气等可选按法,神经麻痹、肌肉劳损可选用捶法等。

3) 按摩时间,一般为每次 5～15 min,每日或隔日一次,7～10 次为一疗程。间隔 3～5 天进行第二个疗程。

4) 按摩后避免风吹雨淋。

第十二章 针灸穴位及处方

本章介绍了马、牛、猪、犬的常用针灸穴位和常见病证的针灸处方。要求学生了解各穴位的名称和位置；理解各穴位的针灸方法和主治病证；掌握各穴位的名称、位置和主治病证，结症、冷痛、肚胀、慢草、泄泻、便秘、脱肛、咳喘、中暑、不孕、风湿、麻木等常发病证的针灸处方。重点掌握马、牛、犬的常用穴位和常见病证的针灸处方。

第一节 马的常用穴位及处方

一、头部穴位

名称	位置	针灸方法	主治
分水	上唇外面旋毛正中点处，刺入上唇静脉丛；一穴	小宽针或三棱针直刺1~2cm，出血	中暑，冷痛，歪嘴风
唇内	上唇内面，正中线两侧约2cm的血管上，刺入上唇静脉；左右侧各一穴	外翻上唇，三棱针直刺1cm，出血；也可在上唇黏膜肿胀处散刺	唇肿，口疮，慢草
玉堂	口内上腭第三棱上，正中线旁开1.5cm处，刺入硬腭静脉丛；左右侧各一穴	开口拉舌，以拇指顶住上腭，用玉堂钩钩破穴点，或用三棱针或小宽针向前上方斜刺0.5~1cm，出血，然后用盐擦之	胃热，舌疮，上腭肿胀
通关	舌体腹侧面，舌系带两旁的血管上，刺入舌下静脉；左右侧各一穴	将舌拉出，向上翻转，以三棱针或小宽针刺入0.5~1cm，出血	木舌，舌疮，胃热，慢草，黑汗风
承浆	下唇正中，距下唇边缘3cm的凹陷中，刺入口轮匝肌下缘；一穴	小宽针或圆利针向上刺入1cm	歪嘴风，唇龈肿痛
锁口	口角后上方约2cm处，刺入口轮匝肌外缘与颊肌之间；左右侧各一穴	毫针向后上方透刺开关穴，火针斜刺3cm，或间接烧烙3cm长，可灸	破伤风，歪嘴风，锁口黄
开关	口角向后的延长线与咬肌前缘相交处，刺入咬肌、颊肌；左右侧各一穴	圆利针或火针向后上方斜刺2~3cm，毫针刺入9cm，或向前下方透刺锁口穴，或灸烙	破伤风，歪嘴风，面颊肿胀
抱腮	腮中部，口角向后的延长线与内眼角至下颌骨角连线的交点处，刺入咬肌；左右侧各一穴	毫针向前下方透刺开关穴，火针向后上方刺入3cm	破伤风，歪嘴风，腮肿胀
外唇阴	两鼻孔下缘连线中点，刺入口轮匝肌；一穴	中宽针直刺1.5cm	唇肿，脾虚湿邪，少食，胃寒
鼻前	两鼻孔下缘连线上，鼻内翼内侧1cm处，刺入鼻横肌；左右侧各一穴	小宽针或毫针直刺1~3cm，毫针捻针后可适当留针	发热，中暑，感冒，过劳

续表

名称	位置	针灸方法	主治
姜牙	鼻孔外侧缘下方,鼻翼软骨(姜牙骨)顶端处,刺入鼻翼软骨;左右侧各一穴	将上唇向另一侧拉紧,使姜牙骨充分显露,用大宽针挑破软骨端,或切开皮肤,用姜牙钩钩拉或割去软骨尖	冷痛及其他腹痛
抽筋	两鼻孔内侧之间,外唇阴上方3cm处,钩拉上唇提肌腱;一穴	拉紧上唇,以大宽针切开皮肤,用抽筋钩钩出上唇提肌腱,用力牵引数次或切断	颈肌风湿
鼻俞	鼻梁两侧,距鼻孔上缘3cm的鼻颌切迹内,刺通鼻侧壁和鼻中隔软骨;左右侧各一穴	小宽针横穿鼻中隔,出血(如出血不止可高吊马头,用冷水、冰块冷敷或采取其他止血措施)	肺热,感冒,中暑,鼻肿痛
血堂	鼻俞上方3cm处;左右侧各一穴	同鼻俞穴	同鼻俞穴,病重时用之
三江	内眼角下方约3cm处的血管分叉处,刺入眼角静脉;左右侧各一穴	低拴马头,使血管怒张,用三棱针或小宽针顺血管刺入1cm,出血	冷痛,肚胀,月盲,肝热传眼
睛明	下眼睑上,两眼角连线的内、中1/3交界处,刺入眼鞘与泪骨之间或点刺下眼睑黏膜;左右眼各一穴	上推眼球,毫针沿眼球与泪骨之间向内下方刺入3cm,或在下眼睑黏膜上点刺出血	肝经风热,肝热传眼,睛生翳膜
睛俞	上眼睑正中,刺入眼鞘与眶骨膜之间,或点刺上眼睑黏膜;左右眼各一穴	下压眼球,毫针沿眼球与额骨之间向内后上方刺入3cm,或在上眼睑黏膜上点刺出血	肝经风热,肝热传眼,睛生翳膜
开天	眼球角膜与巩膜交界处,刺通眼前房内;一穴	将头牢固保定,冷水冲眼或滴可卡因使眼球不动,待虫体游至眼前房时,用开天针轻手急刺0.3cm,虫随眼房水流出;也可用注射器吸取虫体或注入3%精制敌百虫杀死虫体	浑睛虫病
太阳	外眼角后约3cm处的血管上,刺入面横静脉;左右侧各一穴	低拴马头,使血管怒张,用小宽针或三棱针顺血管刺入1cm,出血;或用毫针避开血管直刺4.5cm	肝热传眼,肝经风热,中暑,脑黄
垂睛	眶上突上缘上方3cm的颞窝中,刺入颞肌;左右侧各一穴	小宽针向后下方刺入2cm,毫针刺入3~6cm	肝热传眼,肝经风热,睛生翳膜
上关	下颌关节后上方的凹陷中,刺入关节囊;左右侧各一穴	圆利针或火针向内下方刺入3cm,毫针刺入4.5cm	歪嘴风,破伤风,下颌脱臼
下关	下颌关节下方,外眼角后上方的凹陷中,刺入咬肌;左右侧各一穴	圆利针或火针向内上方刺入2cm,毫针刺入2~3cm	歪嘴风,破伤风

续表

名称	位置	针灸方法	主治
大风门	头顶部,门鬃下缘、顶骨嵴分叉处为主穴,沿顶骨外嵴向两侧各旁开3cm为二副穴,刺入皮下;共三穴	毫针、圆利针或火针沿皮下向上方平刺3cm,艾灸或烧烙	破伤风,脑黄,脾虚湿邪,心热风邪
耳尖	耳背侧尖端的血管上,刺入耳静脉;左右耳各一穴	握紧耳根,使血管怒张,小宽针或三棱针刺入1cm,出血	冷痛,感冒,中暑
天门	两耳根连线正中,即枕寰关节背侧的凹陷中,刺入项韧带起始部;一穴	圆利针或火针向后下方刺入3cm,毫针刺入3~4.5cm	脑黄,黑汗风,破伤风,感冒

二、躯干部穴位

名称	位置	针灸方法	主治
风门	耳后3cm、寰椎翼前缘的凹陷处,刺入头前斜肌;左右侧各一穴	毫针向内下方刺入6cm,火针刺入2~3cm;或灸烙	破伤风,颈风湿,风邪证
伏兔	耳后6cm、寰椎翼后缘的凹陷处,刺入臂头肌、夹肌和头后斜肌;左右侧各一穴	毫针向内下方刺入6cm,火针刺入2~3cm;或灸烙	破伤风,颈风湿,风邪证
九委	颈两侧弧形肌沟内,左右侧各九穴;伏兔穴后下方3cm、鬃下缘约3.5cm为上上委,䥷尖穴前方4.5cm、鬃下缘约5cm为下下委,两穴之间八等分,分点处为其余七穴;刺入头后斜肌、菱形肌下缘的夹肌内	毫针直刺4.5~6cm,火针刺入2~3cm	颈风湿,破伤风
颈脉	颈静脉沟上、中1/3交界处的血管上,刺入颈静脉;左右侧各一穴	高拴马头,颈基部拴一细绳,打活结,用装有大宽针的针锤,对准穴位急刺1cm,出血,术后松开绳扣,血流停止	脑黄,中暑,中毒,遍身黄,破伤风
迷交感	颈侧,颈静脉沟上缘的上、中1/3交界处,刺入迷走交感神经干附近;左右侧各一穴	水针,针头向对侧稍斜下方刺入4~6cm,针尖抵达气管轮后,再稍退针,连接注射器,回抽无血液时注入药液;也可用毫针同法刺入,或电针	腹泻,便秘,少食
大椎	第七颈椎与第一胸椎棘突间的凹陷中,刺入棘上韧带、棘间肌和棘间韧带;一穴	毫针或圆利针稍向前下方刺入6~9cm	感冒,咳嗽,发热,癫痫,腰背风湿
鬐甲	鬐甲最高点前方,第三、四胸椎棘突间的凹陷中,刺入棘上韧带、棘间肌和棘间韧带;一穴	毫针向前下方刺入6~9cm,火针刺入3~4cm,治鬐甲肿胀时用宽针散刺	咳嗽,气喘,肚痛,腰背风湿,鬐甲痛肿

续表

名　称	位　　置	针灸方法	主　治
断　血	最后胸椎与第一腰椎棘突间的凹陷中,为主穴;向前、后各移一脊椎为副穴,刺入棘上韧带、棘间肌和棘间韧带;共三穴	毫针、圆利针或火针直刺2.5～3cm	阉割后出血,便血,尿血等各种出血症
关元俞	最后肋骨后缘,距背中线12cm的肌沟中,刺入髂肋肌沟;左右侧各一穴	圆利针或火针直刺2～3cm,毫针直刺6～8cm,可达肾脂肪囊内,常电针,亦可上下透刺	结症,肚胀,泄泻,冷痛,腰脊疼痛
大肠俞	倒数第一肋间,距背中线12cm的肌沟中,刺入髂肋肌沟;左右侧各一穴	圆利针或火针直刺2～3cm,毫针向上或向下斜刺3～4.5cm	结症,肚胀,肠黄,冷肠泄泻,腰脊疼痛
气海俞	倒数第二肋间,距背中线12cm的肌沟中,刺入髂肋肌沟;左右侧各一穴	圆利针或火针直刺2～3cm,毫针向上或向下斜刺3～4.5cm	大肚结,气胀,便秘
脾　俞	倒数第三肋间,距背中线12cm的肌沟中,刺入髂肋肌沟;左右侧各一穴	圆利针或火针直刺2～3cm,毫针向上或向下斜刺3～4.5cm	胃冷吐涎,肚胀,结症,泄泻,冷痛
肝　俞	倒数第五肋间,距背中线12cm的肌沟中,刺入髂肋肌沟;左右侧各一穴	圆利针或火针直刺2～3cm,毫针向上或向下斜刺3～4.5cm	黄疸,肝经风热,肝热传眼
胃　俞	倒数第六肋间,距背中线12cm的肌沟中,刺入髂肋肌沟;左右侧各一穴	圆利针或火针直刺2～3cm,毫针向上或向下斜刺3～4.5cm	胃寒,胃热,消化不良,肠臌气,大肚结
胆　俞	倒数第七肋间,距背中线12cm的肌沟中,刺入髂肋肌沟;左右侧各一穴	圆利针或火针直刺2～3cm,毫针向上或向下斜刺3～4.5cm	黄疸,脾胃虚弱
膈　俞	倒数第八肋间,距背中线12cm的肌沟中,刺入髂肋肌沟;左右侧各一穴	圆利针或火针直刺2～3cm,毫针向上或向下斜刺3～4.5cm	胸膈痛,跳欣,气喘
肺　俞	倒数第九肋间,距背中线12cm的肌沟中,刺入髂肋肌沟;左右侧各一穴	圆利针或火针直刺2～3cm,毫针向上或向下斜刺3～4.5cm	肺热咳嗽,肺把胸膊痛,劳伤气喘
命　门	第二、三腰椎棘突间的凹陷中,刺入棘上韧带、棘间肌和棘间韧带;一穴	毫针、圆利针或火针直刺3cm	闪伤腰胯,寒伤腰胯,破伤风
阳　关	第四、五腰椎棘突间的凹陷中,刺入棘上韧带、棘间肌和棘间韧带;一穴	毫针、圆利针或火针直刺3cm	闪伤腰胯,腰胯风湿,破伤风
腰　前	第一、二腰椎棘突之间旁开6cm处,刺入背最长肌;左右侧各一穴	圆利针或火针直刺3～4.5cm,毫针刺入4.5～6cm,亦可透刺腰中、腰后穴	腰胯风湿,闪伤,腰痿

续表

名称	位置	针灸方法	主治
腰中	第二、三腰椎棘突之间旁开6cm处，刺入背最长肌；左右侧各一穴	圆利针或火针直刺3～4.5cm，毫针刺入4.5～6cm，亦可透刺腰前、腰后穴	腰胯风湿、闪伤，腰痿
腰后	第三、四腰椎棘突之间旁开6cm处，刺入背最长肌；左右侧各一穴	圆利针或火针直刺3～4.5cm，毫针刺入4.5～6cm，亦可透刺腰中、肾俞穴	腰胯风湿、闪伤，腰痿
小肠俞	第一、二腰椎横突间，距背中线12cm的肌沟中，刺入髂肋肌沟中；左右侧各一穴	圆利针或火针直刺2～3cm，毫针刺入3～6cm	结症，肚胀，肠黄，腰痛
膀胱俞	第二、三腰椎横突间，距背中线12cm的肌沟中，刺入髂肋肌沟中；左右侧各一穴	圆利针或火针直刺2～3cm，毫针刺入3～6cm	泌尿系统疾病，结症，肚胀，肠黄，泄泻
肷俞	肷窝中点处，刺通或切开腹壁；左右侧各一穴	巧治，用套管针穿入盲肠放气（右侧），或剖腹术（左侧）	盲肠臌气，急腹症手术
百会	腰荐十字部，即最后腰椎与第一荐椎棘突间的凹陷中，刺入棘上韧带、棘间肌和棘间韧带；一穴	火针或圆利针直刺3～4.5cm，毫针刺入6～7.5cm	腰胯闪伤、风湿，破伤风，便秘，肚胀，泄泻，疝痛
肾俞	百会穴旁开6cm处，刺入臀中肌内；左右侧各一穴	火针或圆利针直刺3～4.5cm，毫针刺入6cm，亦可透刺肾棚、肾角穴	腰痿，腰胯风湿、闪伤
肾棚	肾俞穴前方6cm处，刺入臀中肌、背最长肌；左右侧各一穴	火针或圆利针直刺3～4.5cm，毫针刺入6cm，亦可透刺腰后、肾俞穴	腰痿，腰胯风湿、闪伤
肾角	肾俞穴后方6cm处，刺入臀中肌；左右侧各一穴	火针或圆利针直刺3～4.5cm，毫针刺入6cm，亦可透刺肾俞穴	腰痿，腰胯风湿、闪伤
雁翅	髋结节到背中线所作垂线的中、外1/3交界处，刺入髂骨前缘、臀中肌内；左右侧各一穴	圆利针或火针直刺3～4.5cm，毫针刺入4～8cm	腰胯痛，腰胯风湿，不孕症
丹田	髋结节前下方4.5cm处凹陷中，刺入股阔筋膜张肌和腹肌；左右侧各一穴	圆利针或火针直刺2～3cm，毫针刺入3～4.5cm	腰胯痛，雁翅痛，不孕症
八窌	各荐椎棘突间旁开4.5cm，刺入臀中肌，达荐背侧孔附近；左右侧各四穴	火针或圆利针向椎间孔方向斜刺2.5～3cm，毫针刺入3～6cm；或同侧四穴相互透刺	腰胯风湿，腰挫伤，腰痿，垂缕不收
巴山	百会穴与股骨大转子连线的中点处，刺入臀浅肌、臀中肌；左右侧各一穴	圆利针或火针直刺3～4.5cm，毫针刺入10～12cm	腰胯风湿、闪伤，后肢风湿、麻木
路股	荐结节与股骨大转子连线的中、后1/3交界处，刺入臀浅肌与股二头肌之间；左右侧各一穴	圆利针或火针直刺3～4.5cm，毫针刺入8～10cm	腰胯风湿、闪伤，后肢麻木

续表

名 称	位 置	针灸方法	主 治
穿 黄	胸前正中线旁开2cm,刺入胸前皮下;左右侧各一穴	拉起皮肤,用穿黄针穿上马尾穿通两穴,马尾两端拴上适当重物,引流黄水;或用宽针局部散刺	胸黄,胸部浮肿
胸 堂	胸骨两旁,胸外侧沟下部的血管上,刺入臂皮下静脉;左右侧各一穴	拴高马头,用中宽针沿血管急刺1cm,出血	心肺积热,胸膊痛,五攒痛,前肢闪伤
带 脉	肘后6cm的血管上,刺入胸外静脉;左右侧各一穴	大、中宽针顺血管刺入1cm,出血	肠黄,中暑,冷痛
理 中	胸骨后缘两侧、与第八肋软骨交界处的凹陷中,刺入胸后深肌和腹直肌;左右侧各一穴	小宽针直刺1cm,毫针稍向前斜刺3cm	胸膈痛
黄 水	胸骨后、包皮前,两侧带脉下方的胸腹下肿胀处,刺入浅筋膜和胸腹皮肌	避开大血管和腹白线,用大宽针在局部散刺1cm深	肚底黄,胸腹部浮肿
云 门	脐前9cm,腹中线旁开2cm,刺通腹腔;左右侧各一穴,任取一穴	以大宽针刺破皮肤及腹黄筋膜,插入宿水管放出宿水	宿水停脐(腹水)
阴 俞	肛门与阴门(♀)或阴囊(♂)中点的中心缝上,刺入肛门外括约肌与阴门外括约肌之间(♀)或浅筋膜、阴茎缩肌(♂);一穴	火针或圆利针直刺2~3cm,毫针直刺4~6cm,或艾卷灸	阴道脱,子宫脱,带下(♀);阴肾黄,垂缕不收(♂)
阴 脱	阴唇两侧,阴唇上下联合中点旁开2cm,刺入阴道两侧的疏松结缔组织内;左右侧各一穴	毫针向前下方斜刺6~9cm,或电针、水针	阴道脱,子宫脱
肛 脱	肛门两侧旁开2cm,刺入直肠两侧的疏松结缔组织内;左右侧各一穴	毫针向前下方刺入4~6cm,或电针、水针	直肠脱
莲 花	脱出的直肠黏膜;脱肛时用此穴	巧治:用温水洗净,除去坏死风膜,以2%明矾水和硼酸水冲洗,再涂以植物油,缓缓纳入	脱肛
后 海	肛门上、尾根下的凹陷中,刺入肛门外括约肌与尾肌之间的疏松结缔组织内;一穴	火针或圆利针向前上方刺入6~10cm,毫针刺入12~18cm	结症,泄泻,直肠麻痹,不孕症
尾 根	尾背侧,第一、二尾椎棘突间,刺入尾椎之间;一穴	火针或圆利针直刺1~2cm,毫针刺入3cm,可灸	腰胯闪伤、风湿,破伤风
尾 本	尾腹面正中,距尾基部6cm处血管上,刺入尾静脉;一穴	中宽针向上顺血管刺入1cm,出血	腰胯闪伤、风湿,肠黄,尿闭
尾 尖	尾末端,刺入尾动、静脉;一穴	中宽针直刺1~2cm,或将尾尖十字劈开,出血	冷痛,感冒,中暑,过劳

三、前肢部穴位

名　称	位　置	针灸方法	主　治
膊　尖	肩胛骨前角与肩胛软骨结合处的凹陷中，刺入颈斜方肌、菱形肌与颈下锯肌之间的肌间隙内；左右侧各一穴	圆利针或火针沿肩胛骨内侧向后下方刺入3～6cm，毫针刺入12cm	前肢风湿，肩膊闪伤、肿痛
膊　栏	肩胛骨后角与肩胛软骨结合处的凹陷中，刺入胸斜方肌、背阔肌、胸下锯肌上缘与前上锯肌之间的肌间隙内；左右侧各一穴	圆利针或火针沿肩胛骨内侧向前下方刺入3～5cm，毫针刺入10～12cm	前肢风湿，肩膊闪伤、肿痛
肺　门	膊尖穴与膊中穴连线中点，刺入颈筋膜、斜方肌、颈下锯肌；左右肢各一穴	圆利针或火针沿肩胛骨内侧向后下方刺入3～5cm，毫针刺入8～10cm	肺气把膊，寒伤肩膊痛，肩膊麻木
肺　攀	膊栏穴前下方，肩胛骨后缘的上、中1/3交界处，刺入三角肌后缘的臂三头肌；左右侧各一穴	圆利针或火针沿肩胛骨内侧向前下方刺入3～5cm，毫针刺入8～10cm	肺气痛，咳嗽，肩膊风湿
弓　子	肩胛冈后方，肩胛软骨（弓子骨）上缘中点直下约10cm处，刺入皮下与肩胛皮肌之间；左右侧各一穴	用大宽针刺破皮肤，再用两手提拉切口周围皮肤，让空气进入；或用注射器注入滤过的空气，然后用手向周围推压，使空气扩散到所需范围	肩膊麻木，肩膊部肌肉萎缩
肩　井	肩端，臂骨大结节外上缘的凹陷中，刺入臂头肌上缘、冈上肌与冈下肌之间的肌间隙内；左右侧各一穴	火针或圆利针向后下方刺入3～4.5cm，毫针刺入6～8cm	抢风痛，前肢风湿，肩臂麻木
肩　髃	肩关节前下缘、臂骨大结节下缘的凹陷中，刺入臂二头肌与臂骨之间；左右侧各一穴	火针或圆利针向内上方刺入2.5cm，毫针刺入3～4cm	肩膊痛，抢风痛，前肢风湿
肩外髃	肩关节后缘、臂骨大结节后缘的凹陷中，刺入三角肌深部，小圆肌后缘；左右侧各一穴	火针或圆利针向内下方刺入3～4.5cm，毫针刺入6～7.5cm	肩膊痛，抢风痛，前肢风湿
抢　风	肩关节后下方的凹陷中，刺入三角肌后缘与臂三头肌长头、外侧头形成的三边孔内，达臂神经丛附近；左右侧各一穴	圆利针或火针直刺3～4cm，毫针刺入8～10cm	闪伤夹气，前肢风湿，前肢麻木
夹　气	腋窝正中，刺入肩胛下间隙；左右侧各一穴	先用大宽针刺破皮肤，然后以涂油的夹气针向同侧抢风穴方向刺入20～25cm，出针消毒后前后摇动患肢数次	里夹气
肘　俞	臂骨外上髁与肘突之间的凹陷中，刺入臂三头肌的外侧头止端；左右肢各一穴	火针或圆利针直刺3～4cm，毫针刺入6cm	肘部肿胀、风湿、麻痹

续表

名称	位置	针灸方法	主治
掩肘	肘突后上方3cm的凹陷中,刺入前臂筋膜张肌后缘与胸后深肌之间;左右肢各一穴	火针或圆利针向前下方刺入3cm,毫针刺入3~5cm	肘头肿胀,肘部风湿,肩肘麻木
乘蹬	肘突后下方6cm的凹陷中,刺入胸后浅肌内侧;左右肢各一穴	火针或圆利针向前上方刺入3cm,毫针刺入3~5cm	肘部风湿,肘头肿胀,扭伤
乘重	桡骨近端外侧韧带结节下部的凹陷中,刺入指总伸肌与指外侧伸肌起始部形成的肌沟中;左右肢各一穴	火针或圆利针稍斜向前方刺入2~3cm,毫针刺入4.5~6cm	乘重肿痛,前臂麻木、风湿
前三里	前臂外侧上部,桡骨上、中1/3交界处的凹陷中,刺入桡沟;左右肢各一穴	火针或圆利针向后上方刺入3cm,毫针刺入4.5cm	脾胃虚弱,前肢风湿
膝眼	腕关节背侧面正中肿胀处最低位,刺入腕前黏液囊;左右肢各一穴	提起患肢,中宽针直刺1cm,放出水肿液	腕前黏液囊肿
膝脉	腕关节内侧下方约6cm处的血管上,刺入掌心浅内侧静脉;左右肢各一穴	小宽针顺血管刺入1cm,出血	腕关节肿痛,屈腱炎
缠腕	前、后肢球节上方两侧,掌(前缠腕)/跖(后缠腕)内、外侧沟末端内的血管上,刺入指/趾内、外侧静脉;每肢内外侧各一穴	小宽针沿血管刺入1cm,出血	球节肿痛,屈腱炎
蹄头	前、后蹄背面,正中(后蹄头)或向外侧旁开2cm(前蹄头)、毛边上1cm处,刺入蹄静脉丛;每蹄各一穴	中宽针向蹄内刺入1cm,出血	五攒痛,球节痛,蹄头痛,冷痛,结症
蹄门	前(前蹄门)、后(后蹄门)肢蹄球上缘、蹄软骨后端的凹陷中,刺入蹄冠静脉丛;每蹄左右侧各一穴	中宽针直刺1cm,出血	蹄门肿痛,系凹痛,蹄胎痛
垂泉	前(前垂泉)、后(前垂泉)肢蹄底正中间,蹄叉尖部,每蹄一穴	巧治:首先挖净坏死组织,然后用烙铁或激光烧烙,或用沸油浇灌、塞上碘酊棉,或用乙醇溶液冲洗、融化血竭填塞,最后以黄蜡封闭,包扎蹄绷带或盖上铁皮,装钉蹄铁	漏蹄

四、后肢部穴位

名称	位置	针灸方法	主治
居髎	髋结节后下方的凹陷中,刺入臀浅肌、臀中肌;左右侧各一穴	圆利针或火针直刺3~4.5cm,毫针刺入6~8cm	雁翅痛,后肢风湿、麻木
环跳	髋关节前缘,股骨大转子前方约6cm的凹陷中,刺入臀肌与股阔筋膜张肌、股四头肌之间;左右侧各一穴	圆利针或火针直刺3~4.5cm,毫针刺入6~8cm	雁翅肿痛,后肢风湿、麻木
大胯	髋关节前下缘,股骨大转子前下方约6cm的凹陷中,刺入股阔筋膜张肌与臀浅肌、股四头肌之间的肌间隙内;左右侧各一穴	圆利针或火针沿股骨前缘向后下方斜刺3~4.5cm,毫针刺入6~8cm	后肢风湿,闪伤腰胯
小胯	股骨第三转子后下方的凹陷中,刺入股骨后缘与股二头肌前缘之间;左右侧各一穴	圆利针或火针直刺3~4.5cm,毫针刺入6~8cm	后肢风湿,闪伤腰胯
后伏兔	小胯穴正前方,股骨前缘的凹陷中,刺入股四头肌外头与股直肌之间;左右侧各一穴	圆利针或火针直刺3~4.5cm,毫针刺入6~8cm	掠草痛,后肢风湿、麻木
邪气	与肛门水平线相交处的肌沟中,刺入股二头肌沟;左右侧各一穴	圆利针或火针直刺4.5cm,毫针刺入6~8cm	后肢风湿、麻木,股胯闪伤
汗沟	邪气穴下6cm处的同一肌沟中,刺入股二头肌沟;左右侧各一穴	圆利针或火针直刺4.5cm,毫针刺入6~8cm	后肢风湿、麻木,股胯闪伤
仰瓦	汗沟穴下6cm处的同一肌沟中,刺入股二头肌沟;左右侧各一穴	圆利针或火针直刺4.5cm,毫针刺入6~8cm	后肢风湿、麻木,股胯闪伤
牵肾	仰瓦穴下6cm处的同一肌沟中,约在膝盖骨上方水平线上,刺入股二头肌沟末端;左右侧各一穴	圆利针或火针直刺4.5cm,毫针刺入6~8cm	后肢风湿、麻木,股胯闪伤
肾堂	股内侧,大腿褶下12cm处的血管上,刺入隐静脉;左右肢各一穴	吊起对侧后肢,以中宽针沿血管刺入1cm,出血	外肾黄,五攒痛,闪伤腰胯,后肢风湿
掠草	膝关节前外侧的凹陷中,刺入髌中直韧带与髌外侧直韧带之间;左右肢各一穴	圆利针或火针向后上方斜刺3~4.5cm,毫针刺入6cm	掠草痛,后肢风湿

续表

名 称	位 置	针灸方法	主 治
阳陵	膝关节后方,胫骨外踝后上缘的肌沟中,刺入股二头肌前、中支之间;左右侧各一穴	圆利针或火针直刺 3cm,毫针直刺 8~10cm	掠草痛,后肢风湿,消化不良
丰隆	膝关节后方,胫骨外踝后下缘的肌沟中,刺入股二头肌深部、腓肠肌与趾深屈肌之间;左右侧各一穴	圆利针或火针直刺 3cm,毫针直刺 8~10cm	掠草痛,后肢风湿,消化不良
后三里	小腿外侧,腓骨小头下方的肌沟中,刺入腓沟;左右肢各一穴	圆利针或火针直刺 2~4cm,毫针直刺 4~6cm	脾胃虚弱,后肢风湿,体质虚弱
曲池	跗关节背侧稍偏内的血管上,刺入跖背内侧静脉;左右肢各一穴	小宽针直刺 1cm,出血	胃热不食,跗关节肿痛
滚蹄	前、后肢系部,掌/跖侧正中凹陷中,刺入指/趾屈肌腱;每肢一穴;出现滚蹄时应用	横卧保定,患蹄推磨式固定于木桩,局部剪毛消毒,大宽针针刃平行于系骨刺入,轻症劈开屈肌腱,重症横转针刃,推动"磨杆"至蹄伸直,被动切断部分屈肌腱	滚蹄(屈肌腱挛缩)

马的肌肉及穴位见图 12-1,马的骨骼及穴位见图 12-2。

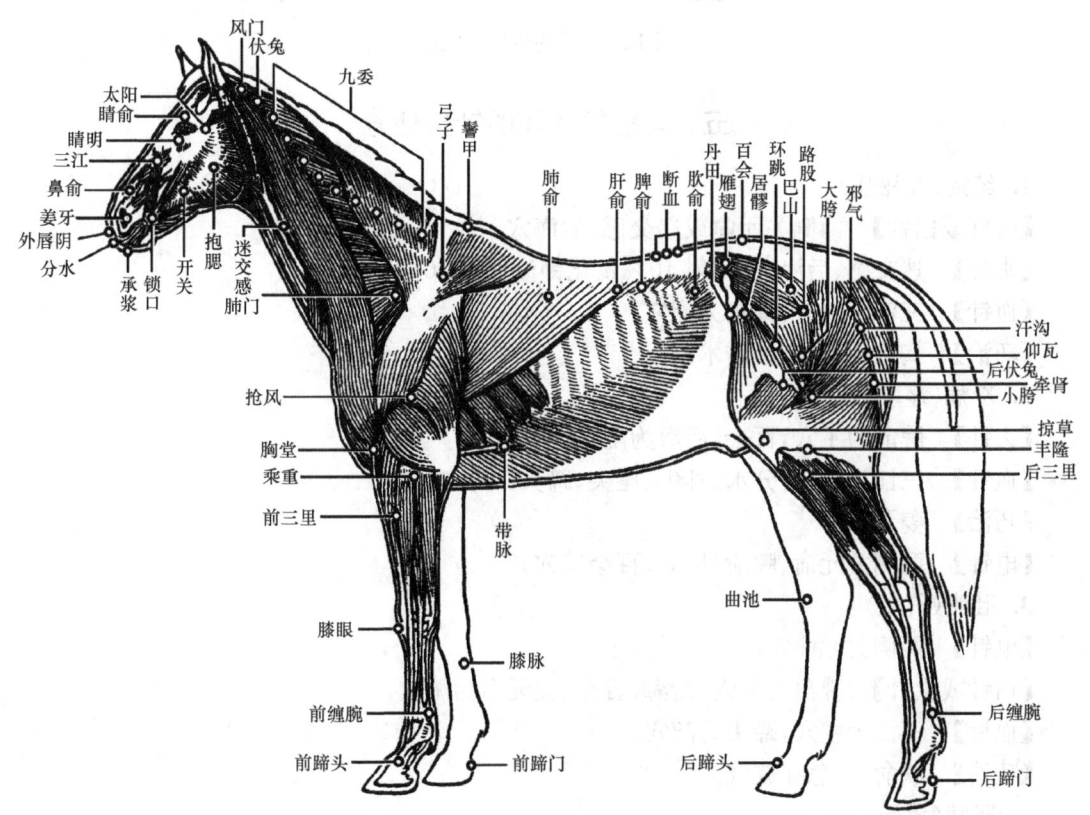

图 12-1 马的肌肉及穴位

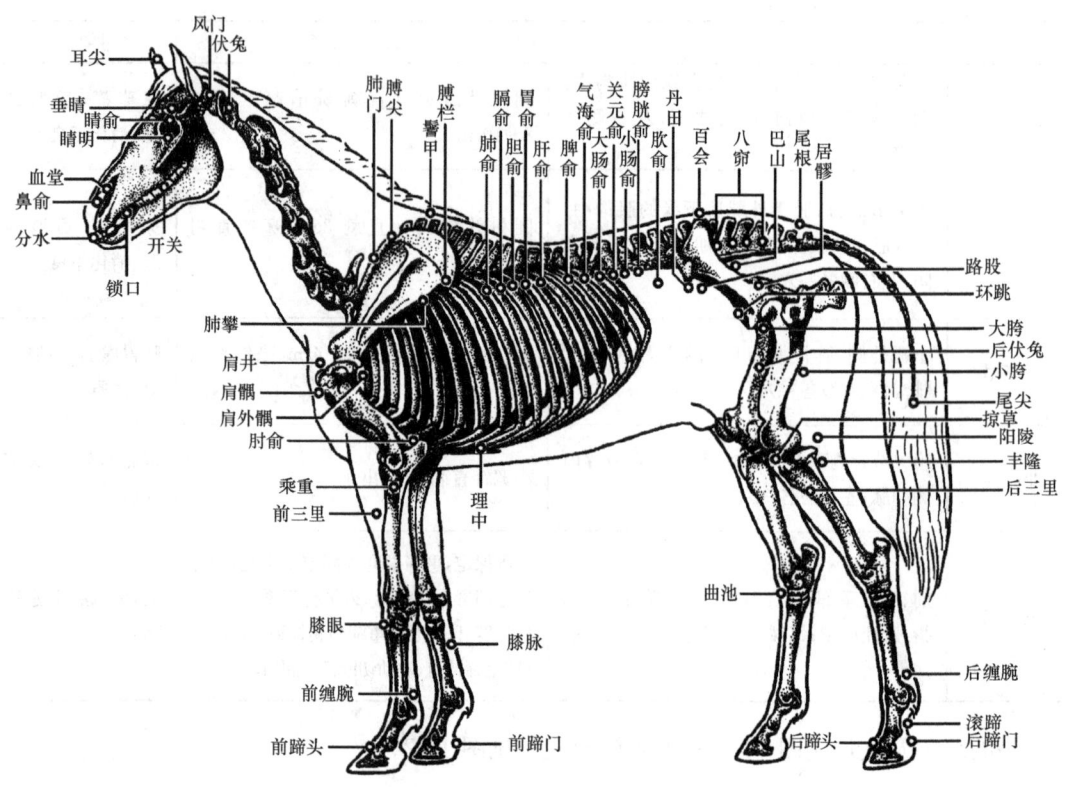

图 12-2　马的骨骼及穴位

五、马常发病证的针灸处方

1. 结症（便秘疝）

【电针或白针】　两侧关元俞或迷交感、后海穴。

【水针】　迷交感、后海穴，注射 10％氯化钾注射液 10ml。

【血针】　三江为主穴，蹄头为配穴。

【巧治】　掏结术，耳钉治结术。

2. 冷痛（痉挛疝）

【火针】　脾俞为主穴，百会、后海为配穴。

【血针】　三江为主穴，分水、耳尖、尾尖、蹄头为配穴。

【巧治】　姜牙穴。

【电针】　两侧关元俞、脾俞、后海、百会等穴。

3. 肚胀（气胀）

【电针】　两侧关元俞穴。

【白针或火针】　脾俞为主穴，后海、百会、关元俞为配穴。

【血针】　三江为主穴，蹄头为配穴。

【巧治】　肷俞穴，急症放气。

4. 肠黄（胃肠炎）

【血针】　带脉为主穴，三江、蹄头、尾尖为配穴。

【水针】 大肠俞、百会为主穴,脾俞、后三里为配穴,注射金根注射液,或抗生素等。

5. 脾虚慢草
【血针】 玉堂、通关穴。
【白针】 脾俞、后三里穴。
【电针】 脾俞、胃俞穴。

6. 脾虚泄泻
【白针】 脾俞为主穴,胃俞、百会、后海、后三里为配穴。
【电针】 脾俞、百会为主穴,胃俞、大肠俞、后三里、后海为配穴。
【水针】 脾俞穴,注射安钠咖注射液。
【埋线】 后海穴。

7. 脱肛
【巧治】 莲花穴。先用肥皂水灌肠,排出直肠积粪,然后用温开水、1%高锰酸钾溶液洗净脱出的直肠,除去坏死的瘀膜,挤出瘀血毒水,涂以明矾末和植物油后,轻轻还纳复位,再配合电针或水针固定。
【电针】 后海、肛脱穴。
【水针】 两侧肛脱穴,整复后各注入 95% 乙醇 10ml。

8. 肺热咳喘(肺炎)
【血针】 轻者以鼻俞为主穴,重者以血堂、颈脉为主穴,玉堂或胸堂为配穴。
【白针】 大椎为主穴,肺俞、鼻前为配穴。

9. 黑汗风(中暑)
【血针】 颈脉为主穴,分水、耳尖、尾尖、蹄头、太阳、三江、带脉等为配穴。

10. 心热舌疮
【血针】 通关为主穴,玉堂、唇内为配穴。

11. 肝热传眼(结膜炎、角膜炎、角膜翳)
【血针】 太阳为主穴,眼脉、三江为配穴。
【水针】 太阳、垂睛穴或上、下眼睑皮下,注射普鲁卡因青霉素。
【白针】 睛俞、肝俞穴。
【巧治】 鼻管穴(鼻孔内,距鼻孔外侧缘约 3cm 的鼻泪管开口处),注入胡黄连水或青霉素生理盐水冲洗患眼。

12. 混睛虫病
【巧治】 开天穴。站立保定,固定马头,用 0.5%~1% 可卡因点眼,待眼球不动,用开天针轻手急针开天穴,刺破角膜,虫可随水流出;也可用注射器从角膜下缘以 30°角刺入眼前房抽吸。若虫未随水出,可用灭菌生理盐水注入眼房内,虫即出。

13. 肚底黄
【血针】 用宽针在肿处散刺,或配蹄头、带脉、姜牙、分水、颈脉穴。

14. 歪嘴风(面神经麻痹)
【电针、白针、火针】 开关、锁口、抱腮、承浆、上关、下关、风门、挺耳等穴。
【水针】 开关为主穴,锁口、抱腮为配穴,注射葡萄糖注射液,或维生素 B_1 注射液,或硝酸士的宁注射液。
【温熨】 患侧腮颊部间接烧烙,烙至耳根微汗为度。

15. 寒伤腰胯

【火针】 百会为主穴,腰胯部其他穴位为配穴。

【白针或电针】 百会为主穴,腰胯部其他穴位为配穴。

【血针】 尾本、肾堂穴。

【温熨】 患部醋酒灸。

16. 四肢风湿

【火针、电针、白针】 前肢,抢风为主穴,肩臂部其他穴位为配穴;后肢,巴山为主穴,股部其他穴位为配穴。

【水针】 患部穴位或肌肉起止点,注射祛风湿药。

【血针】 前肢,胸堂穴;后肢,肾堂穴。

17. 五攒痛（蹄叶炎）

【血针】 蹄头为主穴,前肢病重配胸堂,后肢病重配肾堂。

18. 滚蹄（屈腱挛缩）

【巧治】 滚蹄穴。侧卧保定,患肢"推磨式保定法"固定,局部剪毛消毒,中宽针针刃与屈肌腱平行刺入穴位1cm。病轻者平行肌腱摆动针锋,劈开病腱;病重者扭转针锋,左右摆动,切断部分肌腱,同时用力推动木棍,使患蹄恢复正常位置。出针后,再用力推动几下木棍,针孔消毒。

19. 不孕症

【电针】 乏情,选命门、阳关、百会、雁翅(向内后方刺入15cm)、后海(向前上方刺入20～25cm)、百腰(百会与腰角连线中点向前外下方斜刺10～15cm)、腰肷(腰角前6cm,背最长肌下方,向后内方平刺20～30cm)等穴;卵巢静止,选阳关、百会、腰肷等穴;持久黄体,肾棚为主穴,雁翅、肾俞为配穴。

【激光照射】 阴蒂、阴俞、后海等穴。

20. 破伤风

【水针】 百会穴,注射破伤风抗毒素。

【火针】 风门、伏兔、百会,张口困难者加开关、锁口穴。

【电针】 锁口、开关、抱腮、下关、风门、伏兔、九委等穴。

【烧烙】 大风门穴。

【醋麸灸】 灸至出汗。

第二节 牛的常用穴位及处方

一、头部穴位

名称	位置	针灸方法	主治
山根	主穴在鼻唇镜上缘正中有毛与无毛交界处,两副穴在左右两鼻孔背角处,刺入鼻背侧静脉丛;共三穴	小宽针向后下方斜刺1cm,出血	中暑,感冒,腹痛,癫痫

续表

名称	位置	针灸方法	主治
鼻中	两鼻孔下缘连线中点,刺入鼻侧静脉丛;一穴	小宽针或三棱针直刺1cm,出血	慢草,热病,唇肿,衄血,黄疸
唇内	上唇内面,正中线两侧约2cm的血管上,刺入上唇静脉;左右侧各一穴	外翻上唇,三棱针直刺1cm,出血;也可在上唇黏膜肿胀处散刺	唇肿,口疮,慢草,热证
顺气	口内硬腭前端,齿板后切齿乳头上的两个鼻腭管开口处,刺入鼻腭管;左右侧各一穴	将去皮、节的鲜细柳、榆树条,端部削成钝圆形,徐徐插入20~30cm,剪去外露部分,留置2~3小时或不取出	肚胀,感冒,睛生翳膜
通关	舌体腹侧面,舌系带两旁的血管上,刺入舌下静脉;左右侧各一穴	将舌拉出,向上翻转,小宽针或三棱针刺入1cm,出血	慢草,木舌,中暑,春秋季开针洗口有防病作用
承浆	下唇下缘正中,有毛与无毛交界处,刺入口轮匝肌;一穴	中、小宽针向后下方刺入1cm,出血	下颌肿痛,五脏积热,慢草
锁口	口角后上方约3cm凹陷处,刺入口轮匝肌外缘;左右侧各一穴	小宽针或火针向后上方平刺3cm,毫针刺入4~6cm,或透刺开关穴	牙关紧闭,歪嘴风
开关	口角向后的延长线与咬肌前缘相交处,刺入咬肌、颊肌;左右侧各一穴	中宽针、圆利针或火针向后上方刺入2~3cm,毫针刺入4~6cm,或向前下方透刺锁口穴	破伤风,歪嘴风,腮黄
鼻俞	鼻孔上方4.5cm处(鼻颌切迹内),刺通鼻侧壁和鼻中隔软骨;左右侧各一穴	三棱针或小宽针直刺1.5cm,或透刺到对侧,出血	肺热,感冒,中暑,鼻肿
三江	内眼角下方约4.5cm处的血管分叉处,刺入眼角静脉;左右侧各一穴	低拴牛头,使血管怒张,用三棱针或小宽针顺血管刺入1cm,出血	疝痛,肚胀,肝热传眼
睛明	下眼睑上,两眼角内、中1/3交界处,刺入眼鞘与泪骨之间或点刺下眼睑黏膜;左右眼各一穴	上推眼球,毫针沿眼球与泪骨之间向内下方刺入3cm,或三棱针在下眼睑黏膜上散刺,出血	肝热传眼,睛生翳膜
睛俞	上眼睑上,两眼角正中的凹陷中,刺入眼鞘与眶骨之间或点刺上眼睑黏膜;左右眼各一穴	下压眼球,毫针沿眶上突下缘向内上方刺入2~3cm,或三棱针在上眼睑黏膜上散刺,出血	肝经风热,肝热传眼,眩晕
太阳	外眼角后方约3cm处的凹陷中,刺入颞窝或颞浅静脉;左右侧各一穴	毫针直刺3~6cm;或小宽针刺入1~2cm,出血;或施水针	中暑,感冒,癫痫,肝热传眼,睛生翳膜
通天	两内眼角连线正中上方6~8cm处,刺入皮下额窦背侧壁;一穴	火针沿皮下向上平刺2~3cm,或火烙;治脑包虫可施开颅术	感冒,脑黄,癫痫,破伤风,脑包虫
耳尖	耳背侧距尖端3cm的血管上,刺入耳大静脉;左右耳各三穴	捏紧耳根,使血管怒张,中宽针或大三棱针速刺血管,出血	中暑,感冒,中毒,腹痛,热性病
耳根	耳根后方,耳根与寰椎翼前缘之间的凹陷中,刺入头前斜肌;左右侧各一穴	中宽针或火针向内下方刺入1~1.5cm,圆利针或毫针刺入3~6cm	感冒,过劳,腹痛,风湿
天门	两耳根连线正中点后方,枕寰关节背侧的凹陷中,刺入项韧带索状部的起始部;一穴	火针、小宽针或圆利针向后下方斜刺3cm,毫针刺入3~6cm;或灸烙	感冒,脑黄,癫痫,眩晕,破伤风

二、躯干部穴位

名称	位置	针灸方法	主治
颈脉	颈静脉沟上、中 1/3 交界处的血管上，刺入颈静脉；左右侧各一穴	高拴牛头，徒手按压或扣颈绳使血管怒张，大宽针刺入1cm，出血	中暑，中毒，脑黄，肺风毛躁
健胃	颈侧上、中 1/3 交界处的颈静脉沟上缘，刺入迷走交感神经干附近；左右侧各一穴	毫针向对侧斜下方刺入 4.5～6cm；或电针	瘤胃积食，前胃弛缓
丹田	第一、二胸椎棘突间的凹陷中，刺入棘上韧带、棘间肌和棘间韧带；一穴	小宽针、圆利针或火针向前下方刺入3cm，毫针刺入6cm	中暑，过劳，前肢风湿，肩痛
鬐甲	第三、四胸椎棘突间的凹陷中，刺入棘上韧带、棘间肌和棘间韧带；一穴	小宽针或火针向前下方刺入 1.5～2.5cm，毫针刺入 4～5cm	前肢风湿，肺热咳嗽，脱膊，肩肿
苏气	第八、九胸椎棘突间的凹陷中，刺入棘上韧带、棘间肌和棘间韧带；一穴	小宽针、圆利针或火针向前下方刺入 1.5～2.5cm，毫针刺入 3～4.5cm	肺热，咳嗽，气喘
天平	最后胸椎与第一腰椎棘突间的凹陷中，刺入棘上韧带、棘间肌和棘间韧带内；一穴	小宽针、圆利针或火针直刺 2cm，毫针刺入 3～4cm	尿闭，肠黄，尿血，便血，阉割后出血
关元俞	最后肋骨与第一腰椎横突顶端之间的肌沟中，刺入髂肋肌沟；左右侧各一穴	小宽针、圆利针或火针向内下方刺入3cm，毫针刺入 4.5cm；亦可向脊椎方向刺入 6～9cm	慢草，便结，肚胀，积食，泄泻
六脉	倒数第一、二、三肋间，髂骨翼上角水平线上的肌沟中，刺入髂肋肌沟；左右侧各三穴	小宽针、圆利针或火针向内下方刺入3cm，毫针刺入6cm	便秘，肚胀，积食，泄泻，慢草
脾俞	倒数第三肋间，髂骨翼上角水平线上的肌沟中，刺入髂肋肌沟；左右侧各一穴	小宽针、圆利针或火针向内下方刺入3cm，毫针刺入6cm	同六脉穴
食胀	左侧倒数第二肋间与髋结节下角水平线相交处，刺入瘤胃后背盲囊内；一穴	小宽针、圆利针或毫针向内下方刺入9cm，达瘤胃背囊内	宿草不转，肚胀，消化不良
通窍	倒数第四、五、六、七肋间，髂骨翼上角水平线上的肌沟中，刺入髂肋肌沟；左右侧各四穴	小宽针、圆利针或火针向内下方刺入3cm，毫针刺入6cm	肺痛，咳嗽，过劳，风湿
肺俞	倒数第六肋间，髂骨翼上角水平线处的肌沟中，刺入髂肋肌沟；左右侧各一穴	小宽针、圆利针或火针向内下方刺入3cm，毫针刺入6cm	肺热咳喘，感冒，宿草不转
后丹田	第一、二腰椎棘突间的凹陷中，刺入棘上韧带、棘间肌和棘间韧带；一穴	小宽针、圆利针或火针直刺3cm，毫针刺入 4.5cm	慢草，腰胯痛，尿闭
命门	第二、三腰椎棘突间的凹陷中，刺入棘上韧带、棘间肌和棘间韧带；一穴	小宽针、圆利针或火针直刺3cm，毫针刺入 3～5cm	腰痛，尿闭，血尿，胎衣不下，慢草

续表

名 称	位 置	针灸方法	主 治
安肾	第三、四腰椎棘突间的凹陷中，刺入棘上韧带、棘间肌和棘间韧带；一穴	小宽针、圆利针或火针直刺3cm，毫针刺入3~5cm	腰胯痛、肾痛，尿闭，胎衣不下，慢草
百会	腰荐十字部，即最后腰椎与第一荐椎棘突间的凹陷中，刺入棘上韧带、棘间肌和棘间韧带；一穴	小宽针、圆利针或火针直刺3~4.5cm，毫针刺入6~9cm	腰胯风湿、闪伤，二便不利，后躯瘫痪
肾俞	百会穴旁开6cm处，刺入臀中肌；左右侧各一穴	小宽针、圆利针或火针直刺3cm，毫针直刺4.5cm	腰胯风湿，腰背闪伤
雁翅	髋结节最高点前缘到背中线所作垂线的中、外1/3交界处，刺入髂骨前缘、臀中肌内；左右侧各一穴	圆利针或火针直刺3~5cm，毫针刺入8~15cm	腰胯风湿，不孕症
肷俞	左侧肷窝部，即肋骨后、腰椎下与髂骨翼前形成的三角区内，瘤胃膨气时最高点，刺入瘤胃背囊；一穴	套管针或大号采血针向内下方刺入6~9cm，徐徐放出气体	急性瘤胃膨气
穿黄	胸前正中线旁开1.5cm处，刺入皮下；一穴	拉起皮肤，用带马尾的穿黄针左右对穿皮肤，马尾留置穴内、两游离端拴上适当重物，引流黄水	胸黄
前槽	带脉穴上方，第五、六肋骨之间，刺入胸膜腔；左右侧各一穴	胸腔穿刺术	胸水
滴明	脐前约15cm，腹中线旁约12cm处的血管上，刺入腹壁皮下静脉；左右侧各一穴	中宽针顺血管刺入2cm，出血	奶黄，尿闭
云门	脐旁开3cm，刺入胸腹壁皮肌与腹黄膜之间或腹膜腔；左右侧各一穴	治肚底黄，用大宽针在肿胀处散刺；治腹水，先用大宽针破皮，再插入宿水管	肚底黄，腹水
阳明	乳头基部外侧，刺入乳腺；每个乳头一穴	小宽针向内上方刺入1~2cm，或激光照射	奶黄，尿闭
阴俞	肛门与阴门（♀）或阴囊（♂）中间的中心缝上，刺入肛门外括约肌与阴门外括约肌之间（♀）或浅筋膜、阴茎缩肌（♂）；一穴	毫针、圆利针或火针直刺1~2cm	阴道脱，子宫脱（♀）；阴囊肿胀（♂）
后海	肛门上，尾根下的凹陷中，刺入肛门外括约肌与尾肌之间的疏松结缔组织内；一穴	小宽针、圆利针或火针向前上方刺入3~4.5cm，毫针刺入6~10cm	久痢泄泻，胃肠热结，脱肛，不孕症
尾根	荐椎与尾椎棘突间的凹陷中，即上下摇动尾巴，在动与不动交界处，刺入两侧荐尾上内侧肌之间；一穴	小宽针、圆利针或火针直刺1~2cm，毫针刺入3cm	便秘，热泻，脱肛，热性病
尾本	尾腹面正中，距尾基部6cm处的血管上，刺入尾静脉；一穴	中宽针直刺1cm，出血	腰风湿，尾神经麻痹，便秘
尾尖	尾末端，刺入尾动、静脉；一穴	中宽针直刺1cm或将尾尖十字劈开，出血	中暑，中毒，感冒，过劳，热性病

三、前肢部穴位

名　称	位　置	针灸方法	主　治
轩　堂	鬐甲两侧,肩胛软骨上缘正中,刺入肩胛软骨内侧;左右侧各一穴	中宽针、圆利针或火针沿肩胛骨内侧向内下方刺入9cm,毫针刺入10～15cm	失膊,夹气痛
膊　尖	肩胛骨前角与肩胛软骨结合处的凹陷中,刺入肩胛骨内侧;左右侧各一穴	小宽针、圆利针或火针沿肩胛骨内侧向后下方斜刺3～6cm,毫针刺入9cm	失膊,前肢风湿
膊　栏	肩胛骨后角与肩胛软骨结合处的凹陷中,刺入肩胛骨内侧;左右侧各一穴	小宽针、圆利针或火针沿肩胛骨内侧向前下方斜刺3cm,毫针斜刺6～9cm	失膊,前肢风湿
肩　井	肩关节前上缘,臂骨大结节外上缘的凹陷中,刺入冈上肌与冈下肌之间、肩胛上神经干附近;左右肢各一穴	小宽针、圆利针或火针向内下方斜刺3～4.5cm,毫针斜刺6～9cm	失膊,前肢风湿,肩胛上神经麻痹
抢　风	肩关节后下方的凹陷中,刺入三角肌后缘与臂三头肌长头、外头形成的三边孔内、达臂神经丛附近;左右肢各一穴	小宽针、圆利针或火针直刺3～4.5cm,毫针直刺6cm	失膊,前肢风湿、肿痛、神经麻痹
肘　俞	臂骨外上髁与肘突之间的凹陷中,刺入臂三头肌长头与外侧头止腱之间;左右肢各一穴	小宽针、圆利针或火针向内下方斜刺3cm,毫针刺入4.5cm	肘部肿胀,前肢风湿、闪伤、麻痹
夹　气	前肢与躯干相接处的腋窝正中,刺入肩胛下间隙的疏松结缔组织内;左右侧各一穴	先用大宽针向上刺破皮肤,然后以涂油的夹气针向同侧抢风穴方向刺入10～15cm,达肩胛下肌与胸下锯肌之间的疏松结缔组织内,出针消毒后前后摇动患肢数次	肩胛痛,内夹气
腕　后	腕关节后面正中的凹陷中,刺入副腕骨与指浅屈肌之间;左右侧各一穴	中、小宽针直刺1.5～2.5cm	腕部肿痛,前肢风湿
膝　眼	腕关节背外侧下缘的陷沟中,刺入腕前黏液囊;左右肢各一穴	中、小宽针向后上方刺入1cm,放出黄水	腕部肿痛,膝黄
膝　脉	掌骨内侧,副腕骨下方6cm处的血管上,刺入掌心浅内侧静脉上;左右肢各一穴	中、小宽针沿血管刺入1cm,出血	腕关节肿痛,攒筋肿痛
缠　腕	前、后肢球节上方两侧,掌(前缠腕)/跖(后缠腕)内、外侧沟末端内的血管上,刺入指/趾内、外侧静脉;每肢内外侧各一穴	中、小宽针沿血管刺入1.5cm,出血	蹄黄,球节肿痛,扭伤
涌泉(滴水)	前(涌泉)、后(滴水)肢蹄叉前缘正中稍上方的凹陷中,刺入第三、四指/趾之间的指/趾静脉;每肢一穴	中、小宽针沿血管刺入1～1.5cm,出血	蹄肿,扭伤,中暑,感冒
蹄　头	第三、四指(前蹄头)/趾(后蹄头)蹄匣上缘正中有毛与无毛交界处,刺入蹄冠静脉丛;每蹄内外侧各一穴	中宽针直刺1cm,出血	蹄黄,扭伤,便结,腹痛,感冒

四、后肢部穴位

名　称	位　置	针灸方法	主　治
居　髎	髋结节后下方臀肌下缘凹陷中,刺入股阔筋膜张肌、股四头肌；左右侧各一穴	圆利针或火针直刺 3～4.5cm,毫针直刺 6cm	腰胯风湿,后肢麻木,不孕症
环　跳	股骨大转子前方,臀肌下缘的凹陷中,刺入臀中肌下部；左右侧各一穴	小宽针、圆利针或火针直刺 3～4.5cm,毫针直刺 6cm	腰胯痛,后肢风湿、麻木
大　转	髋关节前缘,股骨大转子前下方约 6cm 处的凹陷中,刺入股阔筋膜张肌、臀中肌与股四头肌之间；左右侧各一穴	小宽针、圆利针或火针直刺 3～4.5cm,毫针直刺 6cm	后肢风湿、麻木,腰胯闪伤
大　胯	髋关节上缘,股骨大转子正上方 9～12cm 处的凹陷中,刺入臀中肌；左右侧各一穴	小宽针、圆利针或火针直刺 3～4.5cm,毫针直刺 6cm	后肢风湿、麻木,腰胯闪伤
小　胯	髋关节下缘,股骨大转子正下方约 6cm 处的凹陷中,刺入股二头肌；左右侧各一穴	小宽针、圆利针或火针直刺 3～4.5cm,毫针直刺 6cm	后肢风湿、麻木,腰胯闪伤
邪　气	股骨大转子和坐骨结节连线与股二头肌沟相交处,刺入股二头肌沟；左右侧各一穴	小宽针、圆利针或火针直刺 3～4.5cm,毫针直刺 6cm	后肢风湿、闪伤、麻痹,胯部肿痛
仰　瓦	邪气穴下 12cm 处的凹陷中,刺入股二头肌沟；左右侧各一穴	小宽针、圆利针或火针直刺 3～4.5cm,毫针直刺 6cm	后肢风湿、闪伤、麻痹,胯部肿痛
肾　堂	股内侧,大腿褶下方约 9cm 的血管上,刺入隐静脉；左右肢各一穴	吊起对侧后肢,以中宽针顺血管刺入 1cm,出血	外肾黄,五攒痛,后肢风湿
掠　草	膝关节前外侧的凹陷中,刺入髌中直韧带与髌外侧直韧带之间；左右肢各一穴	圆利针或火针向后上方斜刺 3～4.5cm	掠草痛,后肢风湿
后三里	小腿外侧上部,腓骨小头下部的肌沟中,刺入腓沟；左右肢各一穴	毫针向内后下方刺入 6～7.5cm	脾胃虚弱,后肢风湿、麻木
曲　池	跗关节背侧稍偏外,中横韧带下方,趾长伸肌外侧的血管上,刺入跖外侧静脉；左右肢各一穴	中宽针直刺 1cm,出血	跗骨肿痛,后肢风湿

牛的肌肉及穴位见图 12-3，牛的骨骼及穴位见图 12-4。

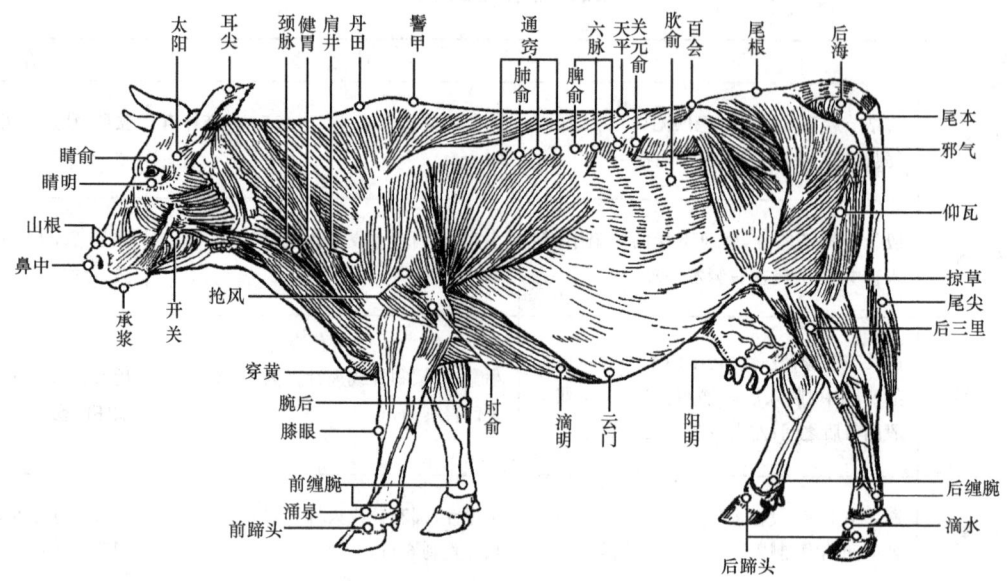

图 12-3　牛的肌肉及穴位

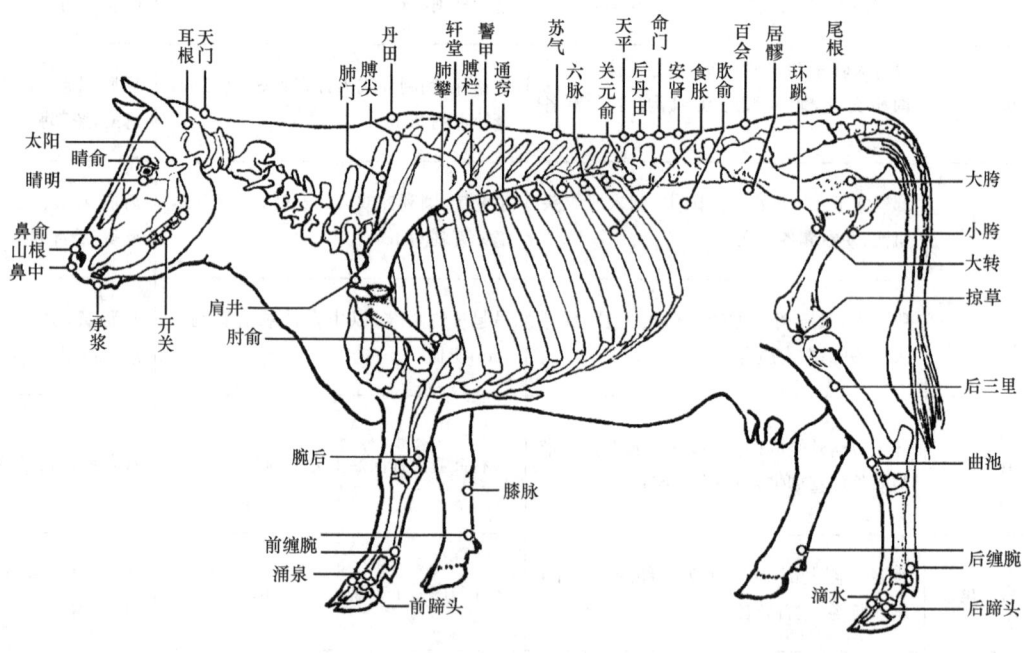

图 12-4　牛的骨骼及穴位

五、牛常发病证的针灸处方

1. 宿草不转（瘤胃积食）

【电针】　关元俞为主穴，食胀为配穴。

【水针】　健胃为主穴，关元俞为配穴，注射葡萄糖注射液或新斯的明注射液。

【白针或火针】　脾俞为主穴，关元俞、食胀、百会、后海为配穴。

【血针】 通关为主穴，蹄头、滴明、耳尖、尾尖、山根为配穴。

2. 肚胀（瘤胃臌气）

【电针】 关元俞为主穴，食胀、后海为配穴；或两侧反刍穴（倒数第一肋间）。

【白针】 脾俞、关元俞为主穴，百会、后海、苏气为配穴。

【巧治】 肷俞（急症穿刺放气）、顺气穴（插枝）。

3. 豆谷疯

【血针】 山根为主穴，耳尖、蹄头为配穴。

【水针】 百会穴，注入镇静类注射液。

4. 异物伤胃（创伤性网胃炎）

【水针】 丹田为主穴，百会、鬐甲为配穴，注射抗生素。

【血针】 带脉（仿马取穴）为主穴，蹄头、涌泉为配穴。

【巧治】 经口投放磁铁吸除或手术取出金属异物。

5. 百叶干（瓣胃秘结）

【巧治】 瓣胃内注入食用油或10%硫酸钠溶液。

【白针】 脾俞为主穴，百会、后丹田为配穴。

【血针】 通关为主穴，蹄头、耳尖、山根为配穴。

6. 便秘

【白针】 脾俞、后海为主穴，后三里、尾根为配穴。

【电针】 两侧关元俞，或配脾俞穴。

【水针】 关元俞为主穴，后三里为配穴，注射10%葡萄糖注射液或新斯的明注射液。

【血针】 蹄头、三江为主穴，通关、耳尖、尾尖、尾本、山根为配穴。

【巧治】 掏结术。

7. 泄泻

【白针或火针】 后海为主穴，脾俞、关元俞、后三里为配穴。

【水针】 后海穴，注射葡萄糖注射液或抗生素。

【激光针】 后海、脾俞、六脉穴。

8. 脾虚慢草（消化不良）

【血针】 通关为主穴，山根、蹄头为配穴。

【水针】 健胃为主穴，脾俞、后三里为配穴，注射葡萄糖注射液或新斯的明注射液。

【电针】 百会为主穴，关元俞、脾俞为配穴；或两侧关元俞穴。

【白针】 脾俞为主穴，六脉、关元俞、食胀、后三里为配穴。

【巧治】 顺气穴，插枝。

9. 宿水停脐（腹水）

【巧治】 云门穴，插入宿水管缓慢放出腹水。

【火针或白针】 脾俞为主穴，百会、六脉为配穴。

10. 肺热气喘

【血针】 鼻俞为主穴，颈脉、耳尖、通关为配穴。

【水针】 丹田为主穴，苏气、肺俞为配穴，注射柴胡注射液或抗生素。

【白针】 肺俞为主穴,百会、苏气为配穴。

11. 中暑

【血针】 颈脉为主穴,太阳、耳尖、尾尖、通关、山根为配穴。

【白针】 百会为主穴,丹田、尾根为配穴。

【水针】 丹田、百会穴,注射安那加注射液。

12. 脱膊(肩臂部损伤)

【水针】 抢风为主穴,肘俞为配穴,注射普鲁卡因青霉素或解热镇痛注射液。

【电针、白针、火针】 抢风为主穴,轩堂、肘俞、膊尖、膊栏为配穴。

【气针】 夹气穴。

【醋酒灸】 横卧保定,患肢在上施术。

13. 风湿症

【火针或电针】 腰部风湿,百会为主穴,天平为配穴;前肢风湿,抢风为主穴,肩臂部其他穴位为配穴;后肢风湿,环跳为主穴,大胯、邪气、仰瓦为配穴。

【血针】 缠腕、蹄头、涌泉、滴水穴,重者配肾堂、尾本穴。

【水针】 患部穴位,注射抗风湿药。

【灸熨】 患区醋酒灸或醋麸灸、软烧、艾灸、TDP 照射。

14. 胞转(尿闭)

【血针】 肾堂为主穴,三江、尾尖、尾本、滴明、山根为配穴。

【白针】 命门、云门为主穴,百会、肾俞、后海为配穴。

【电针】 百会为主穴,尾根、大胯为配穴。

【火针】 百会为主穴,安肾为配穴。

【巧治】 谷道入手,轻按膀胱或拨正膀胱。

15. 砂石淋(尿结石)

【血针】 肾堂为主穴,尾本、尾尖、耳尖为配穴。

【水针】 百会为主穴,肾俞为配穴,注射抗生素。

【巧治】 公牛结石在阴茎 S 弯曲之下者用挑石术。牛站立保定,术者右手抓住阴茎头用力拉出阴茎,左手于包皮口用力抓住阴茎并反转固定,见阴茎下缘有瘀黑的凸起处即为结石部位,取消毒好的手术刀,刀口向外,在砂石上缘刺入 1.5cm,摆动刀尖挑出砂石,刀口消毒。

16. 不孕症

【电针或白针】 两侧雁翅穴,或百会为主穴,雁翅、后海、关元俞为配穴。

【水针】 百会为主穴,雁翅为配穴,注射前列腺素或雌激素。

【激光针】 阴蒂为主穴,后海为配穴,用氦-氖激光照射。

【TDP】 阴门区照射。

17. 阴道脱和子宫脱

【巧治】 脱出物清理、整复。配合以下针法固定。

【水针】 两侧阴脱穴(仿照马取穴),各注射 95% 乙醇 10ml。

【电针】 阴脱、后海穴。

【白针】 百会为主穴,命门、尾根为配穴。

18. 胎衣不下

【水针】 百会为主穴,肾俞为配穴,注射缩宫素。

【电针或白针】 百会、后海为主穴,天平、尾根、关元俞为配穴。

19. 乳痈(乳房炎)

【血针】 两侧滴明穴,或配颈脉、滴水穴。

【水针】 阳明、百会穴,注射抗生素。

【激光针】 阳明穴。

【温熨、TDP】 患病乳区。

20. 破伤风

【水针】 百会穴,注射破伤风抗毒素。

【火针】 百会为主穴,锁口、开关为配穴。

【醋麸灸】 背腰部。

第三节 猪的常用穴位及处方

一、头部穴位

名称	位置	针灸方法	主治
山根	拱嘴上缘弯曲部向后第一条皱纹上,正中为主穴,两侧旁开1.5cm处为副穴,刺入鼻背静脉丛;共三穴	小宽针或三棱针直刺0.5~1cm,出血	中暑,感冒,消化不良,休克,热性病
鼻中	两鼻孔之间,鼻中隔正中处,刺入鼻背静脉丛;一穴	小宽针或三棱针直刺0.5cm,出血	感冒,肺热等热性病
顺气	口内硬腭前部,第一腭褶前的鼻腭管开口处,刺入鼻腭管;左右侧各一穴	用去皮、节的细软树条,徐徐插入9~12cm,剪去外露部分,留于穴内	少食,咳喘,发热,云翳遮睛
玉堂	口腔内,上腭第三棱正中线旁开0.5cm处,刺入上腭黏膜下静脉丛;左右侧各一穴	用木棒或开口器开口,以小宽针或三棱针斜刺0.5~1cm,出血	胃火,食欲不振,舌疮,心肺积热
承浆	下唇正中,有毛与无毛交界处,刺入口轮匝肌;一穴	小宽针或三棱针直刺0.5~1cm,出血;白针向上斜刺1~2cm	下唇肿,口疮,食欲不振,歪嘴风
锁口	口角后方约2cm的口轮匝肌外缘处,刺入口轮匝肌与颊肌之间;左右侧各一穴	毫针或圆利针向内下方刺入1~3cm,或向后平刺3~4cm	破伤风,歪嘴风,中暑,感冒,热性病
开关	口角后方咬肌前缘,即从外眼角向下引一垂线与口角延长线的相交处,刺入咬肌、颊肌;左右侧各一穴	毫针或圆利针向后上方刺入1.5~3cm;或灸烙	歪嘴风,破伤风,牙关紧闭,颊肿

续表

名称	位置	针灸方法	主治
睛明	下眼眶上缘,两眼角内、中1/3交界处,刺入眼鞘与泪骨之间;左右各一穴	上推眼球,毫针沿眼球与泪骨之间向内下方刺入2~3cm	肝热传眼,睛生翳膜,感冒
睛俞	上眼眶下缘正中的凹陷中,刺入眼鞘与眶骨膜之间;左右各一穴	下压眼球,毫针沿眼球与额骨之间内上方刺入2~3cm	肝热传眼,睛生翳膜,感冒
太阳	外眼角后上方、下颌关节前缘的凹陷处,刺入面横静脉或颞肌;左右侧各一穴	低头保定,使血管怒张,用小宽针刺入血管,出血;或避开血管,用毫针直刺2~3cm	肝热传眼,脑黄,感冒,中暑,癫痫
卡耳	耳廓中下部避开血管处(内外侧均可),刺入皮肤与耳廓软骨之间;左右耳各一穴	用宽针刺入皮下成一皮囊,嵌入适量白砒与蟾酥,再滴入适量白酒,轻揉即可	感冒,热性病,猪丹毒,风湿症
耳尖	耳背侧,距耳尖约2cm处的三条血管上,刺入耳大静脉;每耳任取一穴	小宽针刺破血管,出血;或在耳尖部剪口放血	中暑,感冒,中毒,热性病,消化不良
天门	两耳根后缘连线中点,即枕寰关节背侧正中的凹陷中,刺入项韧带索状部起点;一穴	毫针、圆利针或火针向后下方斜刺3~6cm	中暑,感冒,癫痫,脑黄,破伤风

二、躯干部穴位

名称	位置	针灸方法	主治
刮喉	咽喉部至胸骨突部的皮肤上	先擦以盐水,然后用刮痧器逆毛刮至出现瘀血斑为度	咽喉肿痛,感冒,肺热
大椎	第七颈椎与第一胸椎棘突间的凹陷中,刺入项韧带索状部;一穴	毫针、圆利针或小宽针稍向前下方刺入3~5cm;或灸烙	感冒,肺热,脑黄,癫痫,血尿
身柱	第三、四胸椎棘突间的凹陷中,刺入棘上韧带、棘间肌和棘间韧带;一穴	毫针、圆利针或小宽针向前下方刺入3~5cm	脑黄,癫痫,感冒,肺热
苏气	第四、五胸椎棘突间的凹陷中,刺入棘上韧带、棘间肌和棘间韧带;一穴	毫针或圆利针顺棘突向前下方刺入3~5cm	肺热,咳嗽,气喘,感冒
断血	最后胸椎与第一腰椎棘突间的凹陷中为主穴,向前、后移一脊椎为两副穴,刺入棘上韧带、棘间肌和棘间韧带;共三穴	毫针或圆利针直刺2~3cm	尿血,便血,衄血,阉割后出血
关元俞	最后肋骨后缘与第一腰椎横突之间的肌沟中,刺入髂肋肌沟;左右侧各一穴	毫针或圆利针向内下方刺入2~4cm	便秘,泄泻,积食,食欲不振,腰风湿

续表

名 称	位 置	针灸方法	主 治
六 脉	倒数第一、二、三肋间，距背中线约6cm的肌沟中，刺入髂肋肌沟；左右侧各三穴	毫针、圆利针或小宽针向内下方刺入2～3cm	脾胃虚弱，便秘，泄泻，感冒，风湿症，腰麻痹，膈肌痉挛
脾 俞	倒数第二肋间，距背中线6cm的肌沟中，刺入髂肋肌沟；左右侧各一穴	毫针、圆利针或小宽针向内下方刺入2～3cm	脾胃虚弱，便秘，泄泻，膈肌痉挛，腹痛，腹胀
肺 俞	倒数第六肋间，距背中线约10cm的肌沟中，刺入髂肋肌沟；左右侧各一穴	毫针、圆利针或小宽针向内下方刺入2～3cm；或刮灸、拔火罐、艾灸	肺热，咳喘，感冒
肾 门	第三、四腰椎棘突间的凹陷中，刺入棘上韧带、棘间肌和棘间韧带；一穴	毫针或圆利针直刺2～3cm	腰胯风湿，尿闭，内肾黄
百 会	腰荐十字部，即最后腰椎与第一荐椎棘突间的凹陷中，刺入棘上韧带；一穴	毫针、圆利针或小宽针直刺3～5cm；或灸烙	腰胯风湿，后肢麻木，二便闭结，脱肛，痉挛抽搐
肾 俞	百会穴旁开3～5cm处，刺入臀中肌；左右侧各一穴	圆利针或毫针向内下方刺入2～3cm	后肢风湿，便秘，不孕症
六 眼	第一、二、三荐椎棘突间旁开约4.5cm（荐结节水平线）处，刺入臀肌、股二头肌，达荐背侧孔附近；左右侧各三穴	毫针或圆利针向内下方刺入3～5cm	腰胯痛，后肢风湿，阳痿，尿闭
膻 中	两前肢正中，胸骨正中线上，刺入胸正中沟；一穴	毫针、圆利针或小宽针向前上方刺入2～3cm，或艾灸5～10分钟，或刮灸、埋线	肺火，咳嗽，气喘
刮 肋	第二至第九肋间的皮肤上	同刮喉	感冒，中暑
三 脘	将胸骨后缘与脐的连线分为四等份，分点依次为上、中、下脘，刺入腹白线；共三穴	毫针或圆利针直刺2～3cm，或艾灸3～5分钟	食欲不振，胃寒，腹痛，泄泻，咳喘
肚 口	肚脐正中，一穴	艾灸3～5分钟	胃寒，泄泻，肚痛
乳 基	近脐部的一对乳头及其前后各隔一对乳头的外侧基部，刺入乳腺；左右侧各三穴	毫针或圆利针向内上方斜刺2～3cm；或艾灸	乳房炎，子宫内膜炎，热毒症
阳 明	最后两对乳头基部外侧旁开1.5cm处，刺入乳腺；左右侧各二穴	毫针或圆利针向内上方斜刺2～3cm；或激光灸	乳房炎，不孕症，乏情，乳闭
阴 俞	肛门与阴门之间（♀）或与阴囊后上方（♂）的中心缝上，刺入肛门外括约肌与阴门外括约肌之间（♀）或浅筋膜、阴茎缩肌（♂）；一穴	毫针、圆利针或火针直刺1～2cm	阴道脱，子宫脱（♀）；阴囊肿胀，垂缕不收（♂）
阴 脱	母猪阴唇上下联合中点旁开2cm，刺入阴门外括约肌；左右侧各一穴	毫针或圆利针向前下方刺入2～5cm；或电针、水针	阴道脱，子宫脱

续表

名称	位置	针灸方法	主治
肛脱	肛门两侧旁开1cm,刺入肛门外括约肌;左右侧各一穴	毫针或圆利针向前下方刺入2~6cm;或电针、水针	直肠脱
莲花	脱出的直肠黏膜上	温水洗净,去除坏死皮膜,用2%明矾水或生理盐水洗净后,涂上植物油,缓缓整复	脱肛
后海	尾根与肛门之间的凹陷中,刺入直肠与荐尾腹侧肌之间的疏松结缔组织内;一穴	毫针、圆利针或小宽针稍向前上方刺入3~9cm	泄泻,便秘,少食,脱肛
尾根	荐椎与尾椎棘突之间的凹陷中,刺入两侧荐尾背侧肌之间;一穴	毫针或圆利针直刺1~2cm	后肢风湿,便秘,少食,热性病
尾本	尾部腹侧正中,距尾根部1.5cm处的血管上,刺入尾静脉;一穴	将尾巴提起,以小宽针直刺1cm,出血	中暑,肠黄,腰胯风湿,热性病
尾尖	尾巴尖部,刺入尾动、静脉;一穴	小宽针将尾尖部穿通,或十字切开放血	中暑,感冒,风湿症,肺热,少食,饲料中毒

三、前肢部穴位

名称	位置	针灸方法	主治
膊尖	肩胛骨前角与肩胛软骨结合部的凹陷中,刺入肩胛骨内侧;左右侧各一穴	毫针沿肩胛骨内侧向后下方斜刺6~7cm,小宽针刺入2~3cm	前肢风湿,膊尖肿痛,闪伤
膊栏	肩胛骨后角与肩胛软骨结合部的凹陷中,刺入肩胛骨内侧;左右侧各一穴	毫针、圆利针沿肩胛骨内侧向前下方刺入6~7cm,小宽针斜刺2~4cm	肩膊麻木,闪伤跛行
抢风	肩关节与肘突连线近中点的凹陷中,刺入三角肌与臂三头肌长头和外头形成的三边孔,达臂神经丛附近;左右侧各一穴	毫针、圆利针或小宽针直刺2~4cm	肩臂部及前肢风湿,前肢扭伤、麻木
肘俞	臂骨外上髁与肘突之间的凹陷中,刺入臂三头肌长头与外侧头之间止腱;左右肢各一穴	毫针或圆利针直刺2~3cm	肘部肿胀,前肢风湿
七星	腕后内侧的黑色小点上,取正中或近正中处一点为穴,刺入腕腺排泄孔;左右肢各一穴	将前肢提起,毫针或圆利针刺入1~1.5cm;或刮灸	风湿症,前肢瘫痪,腕肿

续表

名称	位置	针灸方法	主治
缠腕	前、后肢内外侧悬蹄稍上方的凹陷处的血管上,刺入指/趾内、外侧静脉;每肢内外侧各一穴	将术肢后曲,固定穴位,用小宽针直刺1~2cm	球节扭伤,风湿症,蹄黄,中暑
涌泉（滴水）	前、后肢蹄叉正中上方约2cm的凹陷中,刺入指（涌泉）/趾（滴水）总静脉;每肢各一穴	小宽针向后上方刺入1~1.5cm,出血	蹄黄,风湿,扭伤,中毒,中暑,感冒
蹄叉	前、后肢蹄叉正上方顶端处,刺入第三、四指（前蹄叉）/趾（后蹄叉）之间;每肢各一穴	小宽针向后上方刺入3cm,圆利针或毫针向后上方刺入9cm,以针尖接近系关节为度	感冒,少食,肠黄,扭伤,瘫痪,跛行,热性病
蹄头	蹄甲背侧,蹄冠正中（前蹄头）或稍偏外（后蹄头）有毛与无毛交界处,刺入蹄冠静脉丛;每蹄内外各一穴	小宽针直刺0.5~1cm,出血	风湿,扭伤,腹痛,感冒,中暑,中毒

四、后肢部穴位

名称	位置	针灸方法	主治
大胯	髋关节前缘,股骨大转子稍前下方3cm处的凹陷中,刺入股阔筋膜张肌与股四头肌之间;左右侧各一穴	毫针或圆利针直刺2~3cm	后肢风湿,闪伤,瘫痪
小胯	大胯穴后下方,臀端到膝盖骨上缘连线的中点处,刺入股骨后缘与股二头肌之间;左右侧各一穴	毫针或圆利针直刺2~3cm	后肢风湿,闪伤,瘫痪
汗沟	与坐骨弓水平线相交处的肌沟中,刺入股二头肌沟;左右侧各一穴	毫针或圆利针直刺3cm	后肢风湿,麻木
掠草	膝关节前外侧的凹陷中,刺入髌中直韧带与髌外侧直韧带之间;左右肢各一穴	毫针或圆利针向后上方斜刺2cm	膝关节肿痛,后肢风湿
后三里	髌骨外侧后下方约6cm的肌沟内,刺入腓沟;左右肢各一穴	毫针、圆利针或小宽针向腓骨间隙刺入3~4.5cm;或艾灸3~5分钟	少食,肠黄,腹痛,仔猪泄泻,后肢瘫痪
曲池	跗关节前方稍偏内侧凹陷处的血管上,刺入胫前静脉;左右肢各一穴	小宽针直刺血管,出血;毫针或圆利针避开血管直刺1~2cm	风湿症,跗关节炎,少食,肠黄

猪的肌肉及穴位见图12-5,猪的骨骼及穴位见图12-6。

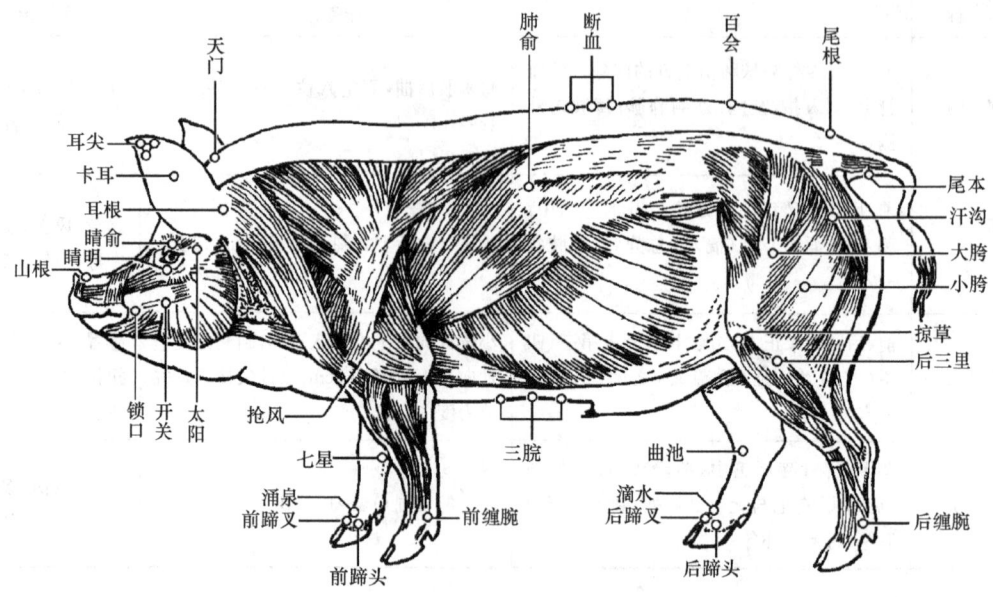

图12-5　猪的肌肉及穴位

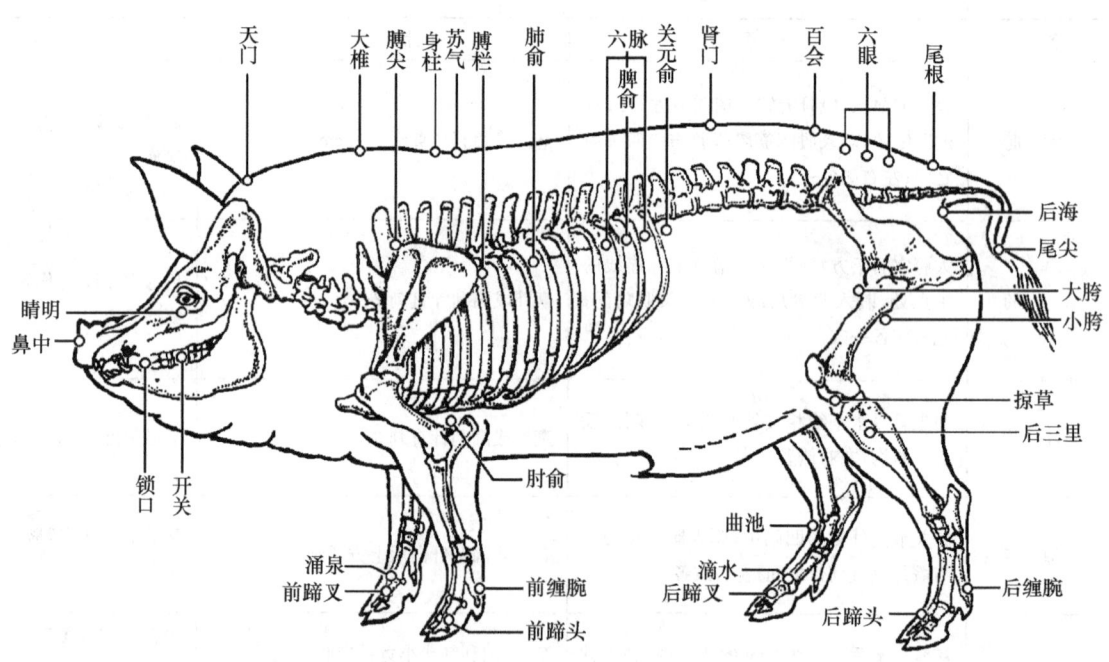

图12-6　猪的骨骼及穴位

五、猪常发病证的针灸处方

1. 感冒

【血针】 山根为主穴,耳尖、尾尖、蹄头为配穴。

【水针】 大椎、苏气、百会穴,注射柴胡注射液,或穿心莲注射液,或解热镇痛药。

【白针或电针】 大椎、苏气为主穴,百会、七星、蹄叉为配穴。

【巧治】 顺气穴(插枝)。

2. 气喘病

【水针】 苏气、肺俞、膻中、六脉等穴,任选1~2穴注射蟾酥注射液,或鱼腥草注射液,或卡那霉素注射液。

【埋植】 卡耳穴,埋入蟾酥片;或肺俞、苏气、膻中穴,埋植羊肠线。

【白针】 苏气、肺俞为主穴,膻中、六脉为配穴。

【血针】 山根为主穴,尾尖、蹄头为配穴。

【刮灸】 刮喉穴。

3. 肺热咳嗽

【血针】 山根为主穴,玉堂、耳尖、尾尖为配穴。

【水针】 苏气、肺俞穴,注射鱼腥草注射液或抗生素。

【白针】 苏气、肺俞为主穴,百会、膻中、大椎为配穴。

【巧治】 顺气穴,快速插枝,使两鼻孔出血。

4. 脾胃虚弱

【温针】 百会、脾俞为主穴,后三里为配穴,得气后以艾绒烧针柄。

【电针】 两侧关元俞穴,或百会、脾俞、后三里穴。

【水针】 脾俞、后三里穴,注射葡萄糖生理盐水,或维生素 B_1 注射液。

【血针】 山根、玉堂为主穴,尾尖、耳尖、蹄头为配穴。

5. 便秘

【电针】 双侧关元俞穴,或百会、后三里、脾俞穴。

【白针】 脾俞、后海为主穴,后三里、七星、六脉、关元俞为配穴。

【血针】 山根、玉堂为主穴,蹄头、尾本、尾尖为配穴。

6. 泄泻

【水针】 后海穴,注射穿心莲注射液。

【激光针】 后海穴照射。

【艾灸】 肚口、脾俞、百会、后三里穴(用于寒湿泻和脾虚泻)。

7. 仔猪下痢

【水针】 后海、后三里、脾俞穴,注射葡萄糖或穿心莲注射液。

【埋线】 后海为主穴,后三里、脾俞为配穴。

【白针、电针、激光针】 后海、脾俞、后三里、六脉、百会等穴。

【艾灸】 肚口、三脘穴。

8. 中毒

【血针】 耳尖、尾尖为主穴,可用剪刀剪开放出毒血;鼻中、山根、尾本为配穴。

【白针】 天门、七星、蹄叉等穴。

9. 中暑

【血针】 山根、尾尖、耳尖为主穴,剪耳、劈尾放血;尾本、涌泉、滴水、蹄头为配穴。

【水针】 百会、苏气穴,注入安钠咖注射液。

【白针或电针】 天门、百会、大椎为主穴,苏气、蹄叉、尾根为配穴。

【刮灸】 刮肋穴,或腕、膝及脊背两侧,刮至皮肤见紫红斑块为度。

10. 不孕症

【电针】 肾俞、百会、后海、阴俞穴。

【白针】 百会为主穴,后海为配穴,反复行针至明显得气。

11. 子宫脱

【巧治】 脱出物清理洗净后整复,配合以下针法固定。

【电针】 双侧阴脱穴,或百会、后海穴。

【水针】 阴脱穴,注射 75％乙醇 3～5ml。

12. 生产瘫痪

【电针】 百会为主穴,大胯、小胯、抢风、三台、肾门、脾俞、后三里、蹄叉等为配穴。

【火针】 百会、风门(仿马取穴)、肾门为主穴,肩井、抢风或大胯、后三里为配穴。

【水针】 百会、肾门、三台、肩井、抢风、大胯、后三里等穴,注射当归红花注射液,或葡萄糖酸钙注射液,或硝酸士的宁注射液。

13. 风湿症

【灸熨】 百会、肾门穴施隔姜灸,腰背部施醋酒灸,体侧部施软烧术。

【火针或电针】 前肢风湿,抢风为主穴,蹄叉为配穴;后肢风湿,百会为主穴,大胯、小胯、后三里为配穴;腰背风湿,百会为主穴,三台、肾门为配穴。

【水针】 前肢,取抢风、前蹄叉穴;后肢,取百会、后三里、后蹄叉穴;全身,取三台、百会、蹄叉穴,注射当归红花注射液。

【血针】 缠腕、蹄头穴。

14. 癫痫

【水针】 天门穴,注射镇静类注射液。

【白针或电针】 天门、百会、大椎、耳根、六脉等穴。

【血针】 山根、太阳、耳尖、尾尖、蹄头等穴。

15. 破伤风

【水针】 百会穴,注射破伤风抗毒素。

【埋植】 尾根穴,埋入蟾酥。

【火针】 百会为主穴,开关、肾门、尾根为配穴。

第四节 犬的常用穴位及处方

一、头部穴位

名　称	位　置	针灸方法	主　治
水　沟	上唇唇沟上、中1/3交界处，刺入鼻唇提肌、口轮匝肌；一穴	毫针或三棱针直刺0.5cm	中风，中暑，支气管炎
山　根	鼻背正中有毛与无毛交界处，刺入鼻唇提肌、鼻背静脉丛；一穴	三棱针点刺0.2～0.5cm，出血	中风，中暑，感冒，发热
三　江	内眼角下的血管上，刺入眼角静脉；左右侧各一穴	三棱针点刺0.2～0.5cm，出血	便秘，腹痛，目赤肿痛
承　泣	下眼眶上缘中部，刺入睑结膜与球结膜之间的结膜穹隆中；左右侧各一穴	上推眼球，毫针沿眼球与眼眶之间刺入2～3cm	目赤肿痛，睛生云翳，白内障
睛　明	内眼角上下眼睑交界处，刺入眼球与眼眶之间；左右眼各一穴	外推眼球，毫针直刺0.2～0.3cm	目赤肿痛，眵泪，云翳
上　关	下颌关节后上方，下颌骨关节突与颧弓之间，张口时出现的凹陷中，刺入颧肌、颞肌内；左右侧各一穴	毫针直刺3cm	歪嘴风，耳聋
下　关	下颌关节前下方，颧弓与下颌骨角之间的凹陷中，刺入下颌关节与下颌骨角之间；左右侧各一穴	毫针直刺3cm	歪嘴风，耳聋
翳　风	耳基部，下颌关节后下方的凹陷中，刺入颞骨乳突与下颌骨之间；左右侧各一穴	毫针直刺3cm	歪嘴风，耳聋
耳　尖	耳廓尖端背面的血管上，刺入耳静脉；左右耳各一穴	三棱针或小宽针点刺，出血	中暑，感冒，腹痛
天　门	枕寰关节背侧正中点的凹陷中，刺入两侧颈耳浅、深肌、臂头肌之间；一穴	毫针直刺1～3cm；或艾灸	发热，脑炎，抽风，惊厥

二、躯干部穴位

名　称	位　置	针灸方法	主　治
大　椎	第七颈椎与第一胸椎棘突间的凹陷中，刺入棘上韧带、棘间肌、棘间韧带；一穴	毫针直刺2～4cm；或艾灸	发热，咳嗽，风湿症，癫痫
身　柱	第三、四胸椎棘突间的凹陷中，刺入棘上韧带、棘间肌、棘间韧带；一穴	毫针向前下方刺入2～4cm；或艾灸	肺热，咳嗽，肩扭伤
灵　台	第六、七胸椎棘突间的凹陷中，刺入棘上韧带、棘间肌、棘间韧带；一穴	毫针稍向前下方刺入1～3cm；或艾灸	胃痛，肝胆湿热，肺热咳嗽

续表

名 称	位 置	针灸方法	主 治
悬 枢	最后(第十三)胸椎与第一腰椎棘突间的凹陷中,刺入棘上韧带、棘间肌、棘间韧带;一穴	毫针斜向后下方刺入1～2cm;或艾灸	风湿病,腰部扭伤,消化不良,腹泻
胃 俞	倒数第一肋间、距背中线6cm的肌沟中,刺入髂肋肌沟;左右侧各一穴	毫针沿肋间向下方斜刺1～2cm;或艾灸	食欲不振,消化不良,呕吐,泄泻
脾 俞	倒数第二肋间、距背中线6cm的肌沟中,刺入髂肋肌沟;左右侧各一穴	毫针沿肋间向下方斜刺1～2cm;或艾灸	食欲不振,消化不良,呕吐,贫血
胆 俞	倒数第三肋间、距背中线6cm的肌沟中,刺入髂肋肌沟;左右侧各一穴	毫针沿肋间向下方斜刺1～2cm;或艾灸	黄疸,肝炎,眼病
肝 俞	倒数第四肋间、距背中线6cm的肌沟中,刺入髂肋肌沟;左右侧各一穴	毫针沿肋间向下方斜刺1～2cm;或艾灸	肝炎,黄疸,眼病
膈 俞	倒数第六肋间、距背中线6cm的肌沟中,刺入髂肋肌沟;左右侧各一穴	毫针沿肋间向下方斜刺1～2cm;或艾灸	膈肌痉挛,慢性出血性疾患
心 俞	倒数第八肋间、距背中线约6cm的肌沟中,刺入髂肋肌沟;左右侧各一穴	毫针沿肋间向下方斜刺1～2cm;或艾灸	心脏疾患,癫痫
肺 俞	倒数第十肋间、距背中线约6cm的肌沟中,刺入髂肋肌沟;左右侧各一穴	毫针沿肋间向下方斜刺1～2cm;或艾灸	咳嗽,气喘,支气管炎
命 门	第二、三腰椎棘突间的凹陷中,刺入棘上韧带、棘间肌、棘间韧带;一穴	毫针斜向后下方刺入1～2cm;或艾灸	风湿症,泄泻,腰痿,水肿,中风
阳 关	第四、五腰椎棘突间的凹陷中,刺入棘上韧带、棘间肌、棘间韧带;一穴	毫针斜向后下方刺入1～2cm;或艾灸	性功能减退,子宫内膜炎,风湿症,腰扭伤
关 后	第五、六腰椎棘突间的凹陷中,刺入棘上韧带、棘间肌、棘间韧带;一穴	毫针直刺1～2cm;或艾灸	子宫内膜炎,卵巢囊肿,膀胱炎,大肠麻痹,便秘
百 会	腰荐十字部,即最后腰椎与第一荐椎棘突间的凹陷中,刺入棘上韧带、棘间肌、棘间韧带;一穴	毫针直刺1～2cm;或艾灸	腰胯疼痛,瘫痪,泄泻,脱肛
三焦俞	第一腰椎横突末端相对的肌沟中,刺入髂肋肌沟;左右侧各一穴	毫针直刺1～3cm;或艾灸	食欲不振,消化不良,呕吐,贫血
肾 俞	第二腰椎横突末端相对的肌沟中,刺入髂肋肌沟;左右侧各一穴	毫针直刺1～3cm;或艾灸	肾炎,多尿症,不孕症,腰部风湿、扭伤

续表

名　称	位　　置	针灸方法	主　治
大肠俞	第四腰椎横突末端相对的肌沟中,刺入髂肋肌沟;左右侧各一穴	毫针直刺1~3cm;或艾灸	消化不良,肠炎,便秘
关元俞	第五腰椎横突末端相对的肌沟中,刺入髂肋肌沟;左右侧各一穴	毫针直刺1~3cm;或艾灸	消化不良,便秘,泄泻
小肠俞	第六腰椎横突末端相对的髂肋肌沟中,刺入髂肋肌沟中;左右侧各一穴	毫针直刺1~2cm;或艾灸	肠炎,肠痉挛,腰痛
膀胱俞	第七腰椎横突末端相对的肌沟中,刺入髂肋肌沟;左右侧各一穴	毫针直刺1~2cm;或艾灸	膀胱炎,尿血,膀胱痉挛,尿潴留,腰痛
二　眼	荐椎两旁,第一、二背荐孔处,刺入臀中肌,达荐背侧孔附近;每侧各二穴	毫针直刺1~1.5cm;或艾灸	腰胯疼痛,瘫痪,子宫疾病
胸　堂	胸外侧沟中的血管上,刺入臂头静脉;左右侧各一穴	头高位,小宽针或三棱针顺血管急刺1cm,出血	中暑,肩肘扭伤,风湿症
中　脘	胸骨后缘与脐的连线中点,刺入腹白线;一穴	毫针向前斜刺0.5~1cm;或艾灸	消化不良,呕吐,泄泻,胃痛
天　枢	脐眼旁开3cm,刺入腹直肌;左右侧各一穴	毫针直刺0.5cm;或艾灸	腹痛,泄泻,便秘,带症
后　海	尾根与肛门间的凹陷中,刺入肛门括约肌与尾肌之间;一穴	毫针稍向前上方刺入3~5cm	泄泻,便秘,脱肛,阳痿
尾　根	最后荐椎与第一尾椎棘突间的凹陷中,刺入两侧荐尾肌之间;一穴	毫针直刺0.5~1cm	瘫痪,尾麻痹,脱肛,便秘,腹泻
尾　本	尾部腹侧正中,距尾根部1cm处的血管上,刺入尾静脉;一穴	三棱针直刺0.5~1cm,出血	腹痛,尾麻痹,腰风湿
尾　尖	尾末端,刺入尾动、静脉;一穴	毫针或三棱针从末端刺入0.5~0.8cm	中风,中暑,泄泻

三、前肢部穴位

名　称	位　　置	针灸方法	主　治
肩　井	肩峰前下方,臂骨大结节上缘的凹陷中,刺入臂头肌深层,冈上肌、冈下肌之间;左右肢各一穴	毫针直刺1~3cm	肩部神经麻痹,扭伤

续表

名　称	位　置	针灸方法	主　治
肩外髃	肩峰后下方、臂骨大结节后上缘的凹陷中,刺入冈下肌、三角肌;左右肢各一穴	毫针直刺2～4cm;或艾灸	肩部神经麻痹,扭伤
抢风	肩关节后下方的凹陷中,刺入三角肌后缘、臂三头肌长头和外头形成的三边孔中,达臂神经丛附近;左右肢各一穴	毫针直刺2～4cm;或艾灸	前肢神经麻痹,扭伤,风湿症
郗上	肩外髃与肘俞连线的下1/4处,刺入臂三头肌;左右肢各一穴	毫针直刺2～4cm;或艾灸	前肢神经麻痹,扭伤,风湿症
肘俞	臂骨外上髁与肘突之间的凹陷中,刺入臂三头肌的肌腱中;左右肢各一穴	毫针直刺2～4cm;或艾灸	前肢及肘部疼痛,神经麻痹
曲池	肘关节前外侧,肘横纹外端凹陷中,刺入腕桡侧伸肌中;左右肢各一穴	毫针直刺3cm;或艾灸	前肢及肘部疼痛,神经麻痹
前三里	前臂外侧上1/4处肌沟中,刺入腕桡侧伸肌与指总伸肌之间;左右肢各一穴	毫针直刺2～4cm;或艾灸	桡神经麻痹,前肢神经痛,风湿症
外关	前臂外侧下1/4处的桡、尺骨间隙中,刺入第五指伸肌与腕外侧屈肌之间;左右肢各一穴	毫针直刺1～3cm;或艾灸	桡、尺神经麻痹,前肢风湿,便秘,缺乳
内关	前臂内侧下1/4处的桡、尺骨间隙处,刺入腕桡侧屈肌与指深屈肌之间;左右肢各一穴	毫针直刺1～2cm;或艾灸	桡、尺神经麻痹,肚痛,中风
阳池	腕关节背侧,腕骨与尺骨远端之间的凹陷中,刺入指总伸肌腱与第五指伸肌腱之间;左右肢各一穴	毫针直刺1cm;或艾灸	腕、指扭伤,前肢神经麻痹,感冒
膝脉	腕关节内侧下方,第一、二掌骨间的血管上,刺入掌心浅静脉;左右肢各一穴	三棱针或小宽针顺血管刺入0.5～1cm,出血	腕关节肿痛,屈腱炎,指扭伤,风湿症,中暑,感冒,腹痛
涌泉(滴水)	第三、四掌(涌泉)/跖(滴水)骨间的血管上,刺入掌/跖背侧静脉;每肢各一穴	三棱针直刺1cm,出血	风湿症,感冒
指间(趾间)	足背指(指间)/趾(趾间)间,掌指/跖趾关节水平线上;每足三穴	毫针斜刺1～2cm,或三棱针点刺	指/趾扭伤或麻痹

四、后肢部穴位

名　称	位　置	针灸方法	主　治
环跳	股骨大转子前方,髋关节前缘的凹陷中,刺入臀中肌、股二头肌;左右侧各一穴	毫针直刺2～4cm;或艾灸	后肢风湿,腰胯疼痛

续表

名　称	位　置	针灸方法	主　治
肾堂	股内侧上部的血管上，刺入隐静脉；左右肢各一穴	三棱针或小宽针顺血管刺入0.5~1cm，出血	腰胯闪伤、疼痛
膝上	髌骨上缘外侧0.5cm处，刺入股四头肌；左右肢各一穴	毫针直刺0.5~1cm	膝关节炎
膝下	膝关节前外侧的凹陷中，刺入髌中直韧带、髌外侧直韧带之间；左右肢各一穴	毫针直刺1~2cm；或艾灸	膝关节炎，扭伤，神经痛
后三里	小腿外侧上1/4处的胫、腓骨间隙内，刺入胫骨前肌与趾长伸肌之间；左右肢各一穴	毫针直刺1~2cm；或艾灸	消化不良，腹痛，泄泻，胃肠炎，后肢疼痛、麻痹
阳辅	小腿外侧下1/4处的腓骨前缘，刺入趾长伸肌与腓骨长肌腱之间；左右肢各一穴	毫针直刺1cm；或艾灸	后肢疼痛、麻痹，发热，消化不良
解溪	跗关节背侧横纹中点、两筋之间，刺入胫骨前肌与趾长伸肌的肌腱之间；左右肢各一穴	毫针直刺1cm；或艾灸	后肢扭伤，跗关节炎，麻痹
后跟	跟骨与腓骨远端之间的凹陷中，刺入跟腱与趾深屈肌腱之间；左右肢各一穴	毫针直刺1cm；或艾灸	扭伤，后肢麻痹

犬的肌肉及穴位见图12-7，犬的骨骼及穴位见图12-8。

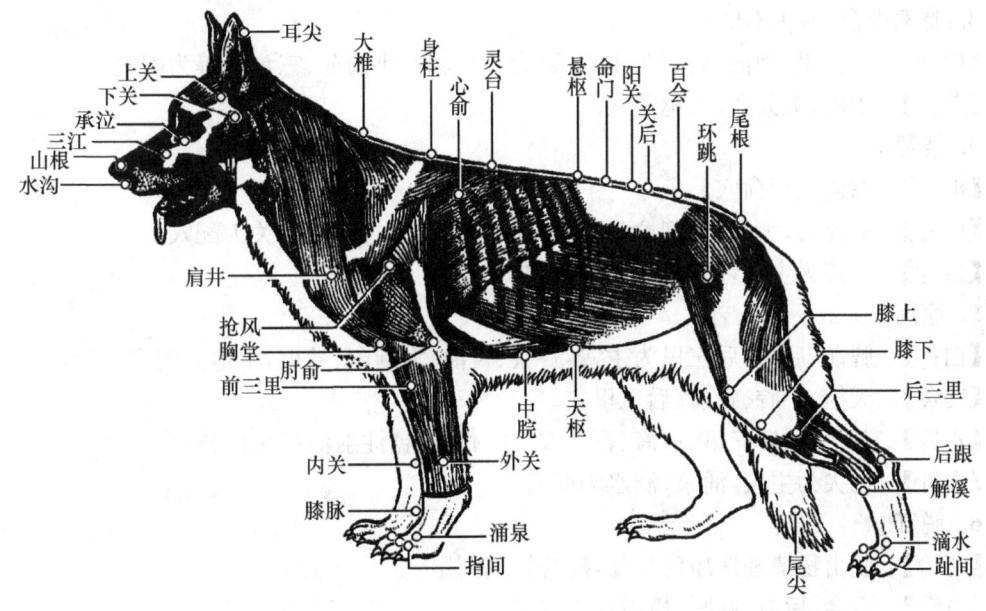

图12-7　犬的肌肉及穴位

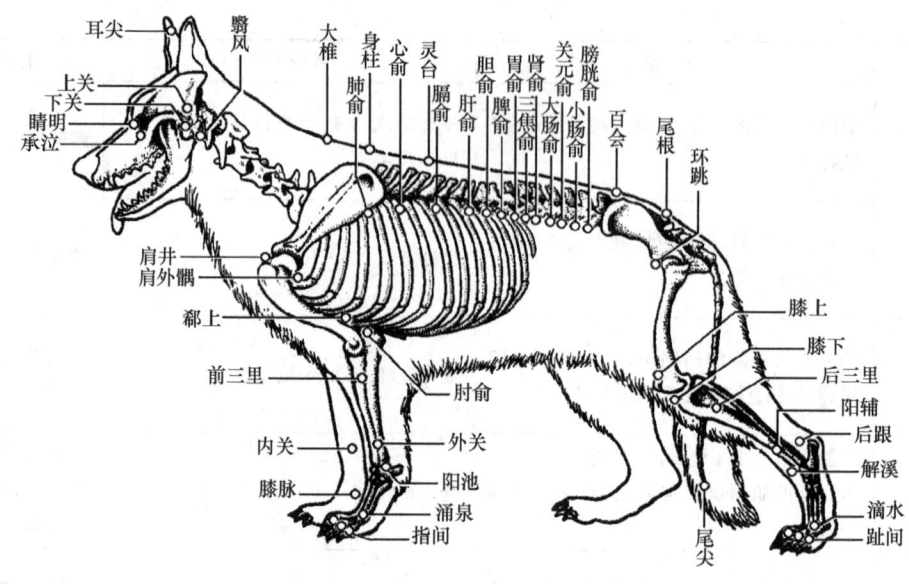

图 12-8 犬的骨骼及穴位

五、犬常发病证的针灸处方

1. 呕吐

【白针】 内关、外关、后三里为主穴,脾俞、三焦俞、中枢等为配穴。

【艾灸】 中脘、天枢穴。

2. 肚胀

【白针或电针】 后海、后三里为主穴,百会、大肠俞、外关、内关为配穴。

【艾灸】 中脘、天枢、后海、后三里穴。

3. 脾虚少食(消化不良)

【白针】 后三里、脾俞、后海为主穴,百会、大肠俞、小肠俞、三焦俞等为配穴。

【艾灸】 中脘、关元俞、天枢等穴。

4. 便秘

【电针】 双侧关元俞穴。

【白针】 关元俞、大肠俞、脾俞为主穴,后三里、后海、百会、外关为配穴。

【血针】 三江为主穴,尾尖、耳尖为配穴。

5. 腹泻

【白针】 脾俞、后海、后三里为主穴,百会、胃俞、大肠俞、悬枢、中枢为配穴。

【艾灸】 天枢、中脘、脾俞、后三里穴。

【水针】 关元俞、后三里、后海、百会穴,注射葡萄糖注射液或止泻药物。

【血针】 尾尖为主穴,涌泉、滴水为配穴。

6. 脱肛

【巧治】 脱出物清理洗净后整复,配合针刺固定。

【电针】 百会、后海、肛脱(模拟马取穴)等穴。

7. 感冒
【白针】 大椎为主穴,肺俞、百会、阳池、指间为配穴。
【血针】 山根、耳尖为主穴,膝脉、涌泉、滴水等为配穴。

8. 肺热咳喘
【白针】 肺俞、大椎为主穴,身柱、灵台、水沟为配穴。
【血针】 耳尖、尾尖为主穴,涌泉、滴水等配穴。

9. 中暑
【血针】 耳尖、尾尖为主穴,山根、胸堂、涌泉、滴水等为配穴。
【白针】 水沟、大椎为主穴,天门、指间、趾间为配穴。

10. 晕厥(休克)
【白针】 水沟为主穴,内关、后三里、指间、趾间为配穴。
【血针】 山根、耳尖为主穴,尾尖、胸堂为配穴。
【艾灸】 天枢穴。

11. 尿失禁(膀胱麻痹)
【白针】 百会、后海为主穴,命门、肾俞、关元俞、二眼、尾根等为配穴。
【电针】 双侧肾俞穴、双侧二眼穴、百会、后海穴。

12. 前肢麻木(桡神经麻痹)
【白针】 抢风、前三里、郄上、外关为主穴,肩井、肩外髃、肘俞、内关、曲池、阳池、指间等为配穴。
【电针】 抢风为主穴,阳池、外关、指间为配穴。
【水针】 抢风、前三里穴,注射维生素 B_1 注射液或当归注射液。

13. 椎间盘突出
【白针或电针】 胸腰椎发病,在邻近病变部位的背中线及其两侧的髂肋肌沟中取穴;颈椎发病,取天门、身柱穴。
【水针】 大椎、悬枢、百会穴,注射当归注射液或维生素 B_1 注射液。
【TDP】 患部照射。

14. 风湿症
【白针或电针】 颈部风湿,选大椎、灵台、身柱穴;腰背部风湿,选悬枢、命门、百会、肾俞、二眼、尾根、后海穴;前肢风湿,选肩井、肩外髃、抢风、肘俞、郄上、前三里、外关、内关、指间穴;后肢风湿,选百会、环跳、膝上、膝下、后三里、阳辅、解溪、后跟、趾间穴。

15. 犬瘟热后遗症抽搐
【白针或电针】 口唇抽搐者,选锁口、开关、上关、下关、翳风穴;头顶部肌肉及双耳抽搐者,选翳风、天门、上关、下关穴;前肢抽搐者,选抢风、肩井、郄上、前三里、外关、指间穴;后肢抽搐者,选百会、环跳、后三里、阳辅、解溪、后跟、趾间穴。

第四篇 临床诊疗

第十三章 诊 法

本章介绍了中兽医诊断方法，内容包括望诊、闻诊、问诊、切诊。要求学生了解四种诊法的概念，各诊法的检查指标，察口色的方法和部位，切脉的部位和方法；理解四诊合参的含义，各诊法项目的临床意义；掌握各诊法项目的正常指标，异常指标及主证，有病口色及其主证，反脉及其主证。重点掌握察口色和切脉。

诊法就是诊察动物疾病的方法，中兽医诊法包括望诊、闻诊、问诊、切诊，合称为四诊。传统的四诊是靠医生用眼、耳、鼻、手等感官和语言询问来完成。随着科学技术的发展，现代四诊已充分结合了诊疗仪器和实验室检查等技术方法。

四诊是从不同角度多方面诊察疾病，各有侧重，不能相互取代，正如《医门法律》说，"望闻问切，医之不可缺一"。在临床运用时，必须将它们有机地结合起来，做到"四诊合参"，才能全面地了解病情，作出正确判断。

第一节 望 诊

望诊，就是有目的地观察患畜的全身和局部及其分泌物、排泄物等的变化，以获得病情的诊断方法。望诊是"以常衡变"，因此必须熟悉动物的正常状态，才能发现异常情况。望诊时，应尽量使患畜保持自然姿态，医者站于距患畜适当的距离，先对患畜全身进行一般性观察，注意其精神、形体、被毛、动态、呼吸、腹围等有无异常，然后再仔细查看身体各个局部。

一、望 全 身

望全身包括望神、望形、望姿等方面。

（一）望神

神即精神，是动物体生命活动的外在表观。神的盛衰是动物体健康与否的重要标志之一。观察神的变化，可以初步判断动物脏腑、气血、阴阳的变化以及病情的轻重和预后。

神虽于全身均有体现，但却突出地表现在眼神上，前人认为"神藏于心，外候在目"。此外，动物耳朵对外界的反应能力也可显示神的好坏。健康动物目光有神，两耳灵敏，有人接近时马上就有反应。如健康犬、猫眼睛明亮，反应迅速，灵巧活泼，摇头摆尾；卧伏休息时，有陌生人接近，立即起立呈防御状或远避。此称之有神或得神，一般为无病状态，即使有病，也属正气未衰，病情轻，病期短，预后良好。反之，动物精神萎靡，双目无神，反应迟钝，头低耳耷，四肢倦怠，则称之无神或失神，表示正气已伤，病情较重，预后不良，这就是所谓的"得神者昌、失神者亡"。

精神失常主要表现为"狂"（兴奋）和"痹"（抑制）两种类型。《元亨疗马集》记载："邪入阳则兽生狂，邪入阴则兽生痹。"兴奋型表现狂躁不安，乱奔乱跑，转圈顶墙，狂吠尖叫，甚至攻击人畜，不能拘束，如狂犬病发作时。抑制型表现为无精打采，神情淡漠，行动缓慢，反应迟钝，或目暗神昏，站立痴呆，靠墙顶桩，驱牵不动，行如酒醉，或嗜睡不起，有时四肢划动，不知避让，多见于热性病后期或疾病的危重期。

(二)望形

望形即观察动物的外形、胖瘦、强弱、皮毛等。

1. 外形 动物的外形、体质与脏腑相应,一般来说,脏腑正常,形体强健;脏腑虚弱,形体衰弱。健康动物随种类不同而形体有所不同。如奶牛发育良好者给人以外貌清秀、结构匀称的感觉。发育不良者则体躯矮小,躯干与四肢失衡,关节粗大、变形。

2. 胖瘦 动物过度肥胖或消瘦均是不健康的表现。肥而能食,为形盛有余;肥而食少,是形盛气虚,多为脾虚有疾。形瘦食多,为中焦有火;形瘦食少,是中气虚弱。若骨瘦如柴,肌肉塌陷,肉消骨著者,为气液干枯,脏腑精气衰竭,是无神之恶候,多预后不良。

3. 强弱 形体强壮的动物,肌肉丰满,强健有力,骨骼结实,体型匀称,皮毛光润,说明内脏坚实,气血旺盛,一般不易患病,即使发病也多表现为实证和热证,预后良好。衰弱动物,见于脾胃虚弱或重病久病过程中,肌肉消瘦,倦怠无力,发育不良,骨骼细小,毛焦欣吊,说明内脏功能低下,正气不足,较易发病,常表现为虚证和寒证,预后较差。

4. 皮毛 皮毛为一身之表,内合于肺。外邪侵袭,皮表首当其冲,脏腑气血的病变,也可通过经络反映于肌表,因此,皮毛的变化可反映气血的盛衰以及肺气的强弱。望皮毛,即观察被毛的色泽、皮肤的弹性,及有无疮疡、黄肿、斑疹、痘疥、寄生虫和出汗等情况。

色泽及弹性:健康动物的皮肤柔软而有弹性,被毛平顺而有光泽,并随气候的变化一年换毛两次,除自然换毛期外,平时不脱毛。若皮肤焦枯,弹性降低,被毛粗乱无光甚至脱落,或不按时换毛,多为管理不善,气血虚弱,营养不良。如皮肤紧缩,被毛猬立,常见于风寒束肺;皮肤瘙痒,或起风疹块,多为肺经风热;浑身瘙痒,擦树揩桩,鬃尾脱落,甚至皮破成疮,则为肺风毛躁;被毛脱落,皮肤燥裂起痂,间有溃烂脓包,病势蔓延,日久不愈,为肺毒生疮。

疮疡:包括痈、疽、疔、疖。痈,红肿热痛,浅而高大,易溃易敛,为热毒熏蒸,气血壅滞所致;疽,漫肿无头,肤色不变,边界不清,无热少痛,为寒邪郁结,气血凝滞所致;疔,初起如粟,根深形小,其状如针,顶白而痛,或痒或麻或木,为邪毒侵袭,气血凝滞所致;疖,浅表局限,形小而圆,红肿热痛不甚,易溃易敛,但易反复发作,为湿热蕴结所致。

黄肿:若皮肤发热肿起,先硬后软,边缘明显(个别边缘不明显),移行较快,似水波动者,多为黄证(炎性水肿)。黄证有急性、慢性之分,急性者为热毒所引起,多见于喉下、胸前、腰胯等部,均属恶黄,如束颡黄、偏次黄、腰胯黄等。慢性者多为心肾阳虚引起,如肚底黄、袖口黄(包皮水肿)等。

斑疹:斑从肌肉而出,片状平摊于肌肤之上;疹从皮肤血络发出,粟米样高出皮肤。斑和疹都是全身性疾病反映于皮肤的一种表现,但也有一些疾病以斑疹为主要症状,如风疹等。斑疹多见于外感热病(如猪瘟、猪丹毒),因邪郁于肺卫不能外泄,内逼营卫所致。望斑疹应注意其色泽和形态。色红不深者,热毒轻浅;色红而深,为热毒炽盛;色紫黑,为热毒之极,病情危重;若色淡红或晦暗,并见四肢清冷,脉象细弱,为正气不足或阳气衰微之象。斑疹分布均匀而稀疏者,邪浅病轻;疏密不匀,或先后不齐,或现而即隐,多是邪气内陷之候。内伤杂病见斑疹,多属血热,斑点暗紫,较大,时出时陷,多为气虚不能摄血或夹有瘀血之候。

痘疥:痘是皮肤或黏膜上出现水疱及脓疱的病变。多为传染性疾病(如羊痘),与外感风热或湿热邪毒客于肌肤有关。疥癞和癣,多为寄生虫和真菌引起,是湿邪熏蒸,毒淫于内的虫食皮肤之症。疥癞表现瘙痒脱毛,并生疙瘩,日久而生脓巢,皮肤变厚有皱褶,痂皮甚多。癣常由小变大,逐渐扩展,患畜瘙痒揩擦。如揩擦毛落而起白屑者,多为干癣,若揩擦流出黏汁者,多为湿癣。

寄生虫:马患蛲虫时,由于肛门瘙痒,常因蹭擦而致尾毛脱落。牛背部皮肤有大小不等的肿块,患部脱毛(常在春末夏初时见到),用力挤压常有幼虫蹦出,则为蹦虫病(牛皮蝇幼虫病)。

出汗:汗孔布于皮肤,健康动物因气候炎热或较重的劳役、剧烈运动常有汗出,这是正常现象。如果轻微使役或运动就出汗,此为自汗,属气虚,常伴有乏力、气短等病状;夜间休息而出汗称盗汗,属阴虚,常伴有低热不退,舌红少苔,脉细数等症状。自汗、盗汗都称虚汗。剧烈疼痛(如腹痛、筋骨疼痛)、某些病证危重期也见出汗,如脏腑破裂时往往出现"汗出如油"的现象。若体躯一侧或某一部分出汗,多为风湿之邪阻滞经脉,营卫不和或气血不调所致。

（三）望姿

望姿即观察动物的动作和姿态。不同的动物,不同的病证,有不同的动态表现。当然也有不同的动物患同一疾病时,动态基本一致的情况,如破伤风,形如木马;风湿证,呈黏着步样;邪入心包,昏迷痴呆或狂奔乱走等;患一般性疾病时,急行好卧,反应迟钝;垂危重证时,步态蹒跚,倒地不起或四肢划动,头颈贴地等濒死动态。

1. 马 健康马喜长时间站立,昂头不动,轮歇后蹄,形态自然。有时卧地,人一接近即行站立,一旦患病则可表现出各种不同的姿势。

腹痛时,常表现起卧打滚,前肢刨地,后肢踢腹等动作。《元亨疗马集·七十二症》对马属动物腹痛证的动态表现有详细的记载:"冷痛者,寒伤所致也。其病有五,医家先令观其外形,分其内痛,施药加减灌之。形状:直尾行,大肠痛;卷尾行,小肠痛;蹲腰踏地,胞经痛;肠鸣泄泻,冷气痛;急起急卧,脾经痛。"这不仅说明冷痛是由于受寒所引起,并具体指出病变的部位及其症状。马患结症时也有起卧症状,但与冷痛有所不同。一般来说,冷痛初期肠鸣泄泻,连连起卧,回头顾腹,后则呈间歇性腹痛;结症时,肚腹胀痛,不时起卧,站立不安,摇头摆尾,回头顾腹,粪便难下。若起卧过程中突然腹痛停止,出现气促喘粗,鼻回粪水,浑身肉颤,汗出如浆,多为胃破裂或肠断。

四肢疼痛时,常表现出各种异常姿势和点头行步。《元亨疗马集·点痛论》对跛行诊断概括得十分简练,如昂头点,髆尖痛;平头点,下栏痛;偏头点,乘重痛;低头点,天臼痛;难移前脚抢风痛等,都是点痛动态的特点,并指出疼痛所在的部位。如耳紧尾直,闪骨外露,牙关紧闭,口内流涎,四肢僵硬,形如木马,则为破伤风。腰背板硬,四肢如柱,转弯不灵,常为风寒湿痹。伸头直项,回顾不灵,头项难低,多为颈风湿。膘肥体壮,束步难行,四肢如攒,多为五攒痛(蹄叶炎)。如突然停食,烦躁不安,伸头缩项,口鼻回涎,有的带有草料残渣,连声咳嗽,出气喘促,不断做呕吐和吞咽动作,常为草噎。

马属动物的外形动态表现在区别重症危症上很有参考价值。例如,精神萎靡,喘息低微者危;行走蹒跚,张口呼吸者危(濒死期);急起急卧,突然住卧者危(内脏破裂);汗出无休,心经危(虚脱、心衰、中毒);鼻回粪水,命须危(食滞性胃扩张及胃破裂前期)等。

2. 牛 健康牛在休息时,常半侧卧,鼻镜有汗,两耳前后扇动,或用舌舔鼻镜或被毛。人一接近即行起立,起立时前肢跪地,后肢先起,前肢再起。卧地或站立时,常间歇性地倒嚼。

牛患病后,首先表现精神倦怠,食欲不振,反刍减少或停止,行步迟缓,两耳不扇。若站立时前肢开张,频频换脚,下坡斜走,磨牙吭声,常为心经痛(多见于创伤性心包炎)。若站立无神,头低背弓,浑身冷战,多属脾胃虚寒。如四肢如竿,欲行难行,是风寒湿痹。若左侧腹胀如鼓,喘息气粗,摇尾踏地,则为肚胀(瘤胃臌气)。若弓腰吊尾,尿淋漓,点滴难下,多为膀胱湿热(常见于膀胱炎、尿道炎、结石)。若反刍停止,鼻镜干燥,牵行后鼻镜又有少量汗珠流出,排粪干小如算盘珠样,多为百叶干(瓣胃阻塞)。

观察牛的动态在判断预后上也有重要的参考价值。若长期卧地不起,不能动弹,则属气血俱败。卧地不起,头贴于地或弯抵于肷部,鼻镜龟裂,磨牙呻吟,常属危重之证。

3. 猪 健康猪性情活泼,不时拱地,被毛光润,鼻盘湿润,目光明亮有神,行走时尾巴不时摆动,贪食,当人呼唤叫食时,即应声而望或速向食槽跑来,饱后多睡卧。一旦患病,常表现精神不振,呆立一隅,或伏卧不起,常钻草堆。喂饲时也不想吃食,或走到食槽边闻一闻,又无精打采地离去。行走时,常躯体摇摆,四肢交叉。

若气粗喘急,颔下硬肿,咳嗽连声,口鼻流出黏液,步态不稳,甚至伸头低项,张口喘息,多为锁口风(猪肺疫)。如咳嗽缠绵不愈,且鼻咋喘粗,两肷扇动,严重者张口喘息,气如抽锯,或呈犬坐姿势,常为气喘病。若突然不吃,体表发热,呼吸喘促,眼红流泪,鼻流清涕,浑身寒战,多为外感热证。若站立时后肢张开,卷尾少动,弓腰努责,卧多立少,粪球干小或不见排粪,多为便秘。若食欲停止,喜立少卧,反胃呕吐,常为胃内宿食停滞。若四肢僵举,牙关紧闭,口流涎沫,耳紧尾直,发生在去势后或身有破伤,可能为破伤风。若卧地不起,声音嘶哑,四肢发凉等,多属危证。

4. 羊 羊,尤其是绵羊合群性强,不论采食或休息,常聚集在一起,休息时亦多呈半侧卧姿势,人一接近即行起立。发病后则食欲、反刍减损,出现各种异常姿势,其表现大致与牛相同,且有掉队现象。

5. 犬 健康犬姿势自然、动作灵活而协调。若站立姿势不自然,表现跛行及运动障碍时,则可能为骨骼、关节或肌肉有疼痛性疾病。四肢轻瘫或瘫痪,企图站立而反复挣扎,常见于后肢截瘫、腰扭伤及母犬产后风等。共济失调,盲目运动,多见于神经系统病患。

二、望 局 部

望局部主要观察五官九窍及其分泌物、排泄物和躯干、四肢、呼吸、饮食等的变化。

(一)望眼

眼为肝之外窍,五脏六腑之精气皆上注于目。因此,眼的变化不仅与肝有关,而且与五脏六腑都有密切的关系。望眼时,首先对双眼进行整体观察,然后检查单个眼睛。检查马时,术者一手握住笼头,另一手食指掀起上眼睑,拇指拨开下眼睑,眼结膜和瞬膜即可露出。检查牛时,则需用两手拇指同时用力,上下拨开眼睑,此时方可看到结膜、巩膜,若要观察瞬膜,则要两手握住牛角,将牛头扭向一侧,即可外露此膜。猪、羊、犬、猫则以拇指、食指直接翻开上下眼睑即可,或同牛结膜检查法。

健康动物眼结膜呈淡红色。若双目赤肿,结膜潮红,多为肝经风热或全身发热性疾病的表现,如犬瘟热、结膜炎等。若忽见单眼赤红暴肿,结膜潮红,常见于外伤或为局部炎症所致。结膜苍白,见于各种类型的贫血、寄生虫病、大失血或内出血。结膜黄染,是血液中胆红素增加的结果,见于肝炎、溶血性黄疸和阻塞性黄疸等。结膜发绀,是缺氧血中还原血红蛋白增多或变性血红蛋白增多的结果,见于呼吸困难性疾病、心力衰竭、亚硝酸中毒等。

患畜眼泡浮肿而不红者为气虚、水肿初起之征;眼窝下陷,多见于吐泻之后的伤津脱液。患犬瘟热时,除眼结膜发红外,还见眼睑肿胀,并有脓性分泌物。犬传染性肝炎的恢复期,约有

1/4 的病例可出现暂时性的单侧或双侧角膜混浊。第三眼睑外露,是破伤风的早期症状之一。猫出现第三眼睑,常为虚弱之证。

古人认为,眼内、外眦为血轮,内应于心;上、下眼睑为肉轮,内应于脾;白睛为气轮,内应于肺;黑睛为风轮,内应于肝;瞳仁为水轮,内应于肾。若目眦红赤多属心火;目眦淡白多属血虚。眼睑色红,甚则红肿湿烂为脾胃有热或脾胃湿热;白睛红,多是热证;白睛黄浊,多是有湿;黑睛内混浊昏黄,多为月盲。瞳面内眼白如絮,为白内障。瞳孔散大,多见于脱证、中毒或其他重危病证。

(二)望耳

耳为肾之外窍,"十二经脉皆连于耳",因此,耳的动态除与动物的精神好坏有关外,还与肾及其他脏腑的某些病证有关。查耳包括耳的轮廓、位置及皮肤变化等内容。对于犬、猫还应注意观察耳内清洁度、气味(耳内分泌物腐臭,显示有化脓性外耳炎)和软耳道的厚度及适应性,而后用耳镜彻底检查耳道和鼓膜。

健康动物两耳灵活,听觉正常,对触摸有所反应。若两耳下垂无力,多为肾气亏乏、心气不足、或劳伤过度;若单耳下垂,弛缓无力,兼有口眼歪斜,多为歪嘴风(面神经麻痹)。两耳热而竖立,有惊急状态者,多为热邪侵心。两耳背部血管暴起而延至耳尖者,多为表热证。两耳凉而背部血管缩小不见者,多为表寒证。对呼唤无反应者,多属耳聋。两耳歪斜,不时前后转动,多为失明患畜的警惕表现。

(三)望鼻

鼻为肺之外窍,故鼻的外观变化多与肺有关。望鼻主要应注意鼻孔的张缩、鼻涕的有无及鼻液的性质。在牛、猪、犬、猫还应注意观察鼻镜(鼻盘)。

健康动物鼻孔周围洁净而湿润,鼻孔微有张缩,呼吸均匀,能够分辨饲料和饮水的气味,如果发生疾病,必然出现异常表现。鼻孔的张缩主要反映呼吸的变化。鼻孔开张,鼻翼扇动,并兼有呼吸迫促者,多为肺经实热;鼻孔开张如喇叭状,并兼有呼吸极度困难者,为呼吸道狭窄或阻塞;若鼻翼扇动不明显,多为抽搐,见于破伤风等。

鼻涕的性状对判断病性病位有一定意义。鼻液清白滑利,多属寒证。鼻液黄稠黏滞,多为热证。鼻液灰白污秽,腥臭难闻,多为肺痈。若两侧鼻孔流脓性鼻液,下颌淋巴结肿大,常见于腺疫;一侧鼻孔流脓性鼻液,或团块状或豆腐渣样者,常见于脑颡(鼻窦炎)。此外,鼻浮面肿,松骨肿大,口吐混有涎沫的草团,多为反胃吐草(骨软症)。饮食难咽,饮水时常由鼻孔反流出来者,多为颡黄(咽炎)。

健康牛的鼻镜湿润,常有汗珠;健康犬、猫的鼻端一般凉而湿润。如鼻镜干燥无汗,多为热证。汗珠时有时无,多为风邪初犯,见于感冒及其他热性感染性疾病的初期。鼻镜湿润,汗水成片,多为寒湿伤肾,见于肾冷拖腰(腰胯风湿)。鼻镜干燥龟裂及鼻冷似铁者,多属重病危候。

(四)望口唇

口唇是脾之外应,脾为后天之本,气血生化之源,因此,口唇的变化不仅可以反映脾气的盛衰,而且可以反映出全身功能状态。望口唇,不仅要从外部观察唇的形态及运动,还要打开口腔,观察唇、颊、舌、齿、颚、咽等各部位的情况和变化。

健康动物口唇端正,运动灵活。如塞唇似笑(上唇揭举),为冷伤脾的表现,常见于痉挛疝的病程中；下唇不收，为脾虚的表现，常见于慢性消化不良。在病证垂危，气脱不收时，也可出现口唇松弛无力、下垂的现象。其他脏腑或经络的疾病也可在口唇上反映出来，如口禁难开，牙关紧闭，多为破伤风；口唇歪斜，咀嚼障碍，则为歪嘴风。

口内检查除观察口色之外，还应注意唇、舌、颊、颚有无疮肿、水泡、溃烂、斑疹和破伤，牙齿是否整齐以及牙关松紧。若口内生疮，口舌糜烂，多为心经有热。如上颚发红肿胀，多属胃热。舌体肿胀板硬，则为木舌症。犬、猫还应检查牙床、上腭的完整性以及是否有系带裂伤；压低舌基部可观察扁桃腺和软腭的变化和是否有吞咽或呕吐现象。

涎，也称口津，健康动物分泌正常，一般不流出口外。如涎呈泡沫状者，多属肺寒吐沫，见于唾液腺炎。口垂清涎，不思水草者，多属胃寒。突然口吐涎沫并夹杂饲料颗粒，患畜有伸头直项表现者，多为草噎。涎黏稠牵丝者，多属脾胃积热。此外，中毒也可引起流涎。口津减少，多是津液不足，见于久病或热性疾病。

（五）望躯干

望躯干主要观察胸背、腰、胠等部位的变化。除前述望皮毛的内容外，主要注意有无胀、缩、拱、陷等外形异常。健康动物的胸背端正，左右对称。若鬐甲及脊背两侧肿胀，破溃流血水、脓液，多为鞍伤。肋骨折伤时，胸部陷塌。腹部被牛顶伤时，呈现浮动性肿胀。"腰为肾之府"，腰部的病变多反映肾功能的变化。如腰部拱起，腰背紧硬，常为肾受寒湿；腰胯疼痛，难起难卧者，多为闪伤；腰背板硬，全身肌肉强直，牙关紧闭，瞬膜外露，则为破伤风。健康动物胠部稍凹而平整，随呼吸与胸腹部协调运动。胠部胀满，伴有腹痛，多为胀肚或结症。肚痛卷缩，伴有肢体瘦弱，多为消化不良或久病虚弱等。尾的检查应首先观察尾位置和摆动情况，观察有无肿块或毛发的缺损，同时向头部轻拉尾，检查有无腰骶疼痛。

（六）望四肢

望四肢，即观察患畜四肢站立和走动时的姿势和步态，以及四肢各部分的形状变化，可通过触摸、弯曲和拉伸每一个关节，看是否有渗出物、疼痛和发热等现象，从而确定患肢和具体部位。

健康动物站立时四肢平稳（马常轮歇后蹄），行走时步调均匀整齐、屈伸灵活有力，各部关节、筋腱和蹄爪的形态均无异常。在疾病情况下，四肢的异常表现多种多样。患肢有疼痛性疾病，在站立时表现不敢负重，经常伸向前方、后方、内方或外方，用蹄尖、蹄踵或蹄侧负重，有时患肢完全不负重而提举悬垂，有时则负重不实而体重偏向健侧。在运步时随着患肢及病变所在部位的不同，在点头及臀部升降、肢蹄负重、关节屈伸及步样等方面发生相应的变化。如病痛在肢的上部，行走时表现以抬举和迈步困难为主；如病痛在肢的下部，行走时，则表现为踏地小心和不能着地为主，即"敢踏不敢抬，病必在胸怀；敢抬不敢踏，病必在脚下"。

（七）望二阴

二阴即前阴和后阴。前阴，指阴茎、睾丸或阴门；后阴指肛门。

阴茎萎缩，交配时不能勃起，为阳痿，多属肝肾不足。阴茎勃起，未交即泄，为早泄；或不交即泄，为滑精，均属肾虚精关不固。阴茎长期垂脱于包皮之外，不能缩回，为垂缕不收，属肾经虚寒。病程中出现垂缕不收，常为气脱肌肉松弛，病情危重。阴囊或睾丸肿胀，为外肾黄，硬而凉者为阴肾黄，热而痛者为阳肾黄。但若肿大而柔软，时大时小，常伴有腹痛症状者，可能是肠入阴(阴囊疝)。

观察阴门应注意其形态、阴道黏膜色泽及分泌物有无异常。母畜发情时,阴门略红肿,并有少量黏性分泌物排出,俗称吊线。产后阴门经久排出紫红色或污黑液体,为恶露不尽。妊娠动物未到产期而阴户虚肿、外翻,有黄白色分泌物流出者,多为流产征兆。阴户一侧内陷,有腹痛表现者,见于子宫扭转。

望肛门,一般应注意其松紧、伸缩及周围的情况。若肛门松弛、内陷,多为气虚。肛门随呼吸而前后伸缩运动,常为劳伤气喘的症状之一。直肠脱出于肛门之外,为脱肛,因中气下陷所致。肛门、尾根及飞节有粪渣污染,则常见于泄泻。

(八)望呼吸

肺主气,司呼吸。呼吸异常往往与肺有关,多见于各种肺病的过程中,但发热、疼痛、气血瘀滞或不足,以及其他脏腑的功能失调等,均可影响气机,而造成呼吸功能的变化,因此,在临床上不论何种疾病都要对呼吸进行检查。

健康动物呼吸调匀,随呼吸动作而胸腹部微有起伏,在马鼻翼微有扇动。呼吸计数可观察动物胸廓及腹肌起伏动作,在冬季可观察呼出的气流。呼吸频率可随动物品种、年龄、运动、气候有一定的变动范围。一般幼龄动物呼吸数比成年稍多,外界气温过高、妊娠后期,呼吸数可生理性增多。

在疾病过程中,呼吸的次数及状态常发生变化。虚寒证,呼吸多慢;实热证,呼吸多快。呼吸时腹部起伏加快加深,多为胸内有病,如胸膜炎、胸痛、慢性肺泡气肿、肋骨骨折等。胸部起伏加快加深,多为肚腹内有病,常见于肚胀、胃扩张、腹膜炎、肠臌胀、横膈膜疾病等。若吸气时间延长、费力,说明上呼吸道狭窄。危重患畜出现呼吸哽噎,张口咽气,不相连接,往往是气机将绝的表现。

(九)望饮食

望饮食,包括观察饮食欲、饮食量、采食动作和咀嚼吞咽情况等。牛、羊、骆驼等反刍动物,还应注意观察反刍情况。

在正常情况下,动物脾胃功能良好,食欲旺盛,机体活动正常。草料减少或食欲亢绝,是最常见的症状之一,与脾胃功能有最直接的关系。但是五脏六腑及其他组织的病患也常常影响饮食而出现食欲改变。在各种疾病过程中,食欲的好坏,反映"胃气"的强弱,对判断病情和预后有重要意义。病情虽重若食欲尚好,胃气尚存,预后良好;反之,草料不进,胃气衰败,百药难施。所以《内经》说:"安谷则昌,绝谷则亡。"

疾病不同,食欲改变的程度也有所不同。食欲减退,见于各种疾病的初期或感冒和胃肠道疾病。患畜喜吃草而不吃料,多为料伤。食欲废绝,多由急性热性病引起。犬、猫患糖尿病、甲状腺功能亢进时食欲亢进。喜吃草料而不欲饮水,多为伤水停饮;见水急饮或喜食带水饲料,则为胃肠有热、重症腹泻等病;饮欲降低或消失,多属寒证;食欲时好时坏,多为消化不良。动物有异嗜癖,常见于矿物质、微量元素和维生素缺乏或某些寄生虫性病。如连续几天不思饮食,为病情严重,多预后不良;经过治疗,饮食逐渐增加,为疾病好转的表现。

观察饮食动作及咀嚼、吞咽情况,也有助于诊断。健康动物唇舌运动灵活,咀嚼有力,吞咽自如。采食动作异常,如牛不能用舌卷,马不能用唇摄而用牙啃,或欲食而口紧难开,多见于唇舌麻木肿痛或破伤风牙关紧闭。咀嚼缓慢无力,表现小心或疼痛,多为口腔或牙齿有病,如口疮,生长贼牙,牙齿磨缺不齐,或幼龄动物换牙时。

反刍,是牛、羊、驼等反刍动物的生理现象。正常情况下,反刍的次数、时间均有一定的规律。在感冒、发热、宿草不转(瘤胃积食)、百叶干、脾胃虚弱等,都可出现反刍减少或停止。

(十)望粪尿

粪尿的数量、颜色、气味、形态等,随动物品种、饲养管理情况的不同而有所差异,但总体来说,在正常情况下是比较恒定的,患病以后,则出现各种异常变化。

1. 粪 大便不出,为胃肠积食、肠梗阻、肠套叠;粪便干燥,多为实热或津液耗伤;粪便稀软带水或清稀如水,多属虚寒;粪渣粗糙,完谷不化,稀软带水,稍有酸臭,多见于脾胃虚弱;粪成糊状,腥臭难闻,或见脓血,则为大肠湿热。粪便带血,为便血。便血有远血、近血之分。近血,血色鲜红,先血后便,多为直肠、肛门出血,多见于牛的努伤便血;远血,血色深褐或暗黑,先便后血或粪血混杂,多见于胃肠前段出血;若粪球表面带有血块或血丝,多为直肠出血或肠壁损伤。犬细小病毒病时常排出番茄汁样血便。在严重的全身性虚弱、肛门括约肌松弛、脊髓麻痹和意识丧失时,见有不随意的排粪。阻塞性黄疸时,粪呈灰白的黏土色,质地坚硬等。

2. 尿 尿色深而少,多属热证;尿色淡而多,多属寒证。尿淋漓,点滴而下,或久时排不出尿,排尿时卷尾、蹲腰、踏地,有腹痛症状者,为淋证。临床有气淋、血淋、膏淋、劳淋、石淋等五淋之分,常见于膀胱积热(膀胱炎)、尿结石等证。尿液色红带血者,为血尿,其色鲜红或夹有凝血块者,多为外伤引起。血液寄生虫病及幼驹溶血性黄疸病时,也有严重的血尿,常呈红褐色。尿液完全不能排出,为尿闭,见于膀胱麻痹及膀胱括约肌痉挛。犬、猫尿液混浊、蛋白尿,提示有肾炎。排尿失禁或遗尿,见于脊髓挫伤及虚脱证。

三、察 口 色

察口色,就是观察口腔各部位的色泽,以及舌苔、舌形、舌态等的变化,以诊断脏腑病证的方法。口色是气血的外荣,是脏腑功能活动的外在表现,口色的变化反映着体内气血盛衰和脏腑虚实。因此,口色对病证诊断和预后具有重要意义。《元亨疗马集·脉色论》说:"口色,验疾之所也","伐柯者,匪斧而不能克;察病者,非脉色何能知之"。

(一)方法与部位

检查马属动物的方法是:检查者一手拉住笼头,另一手的食指和中指在近嘴角处拨开上下唇,观察唇内、口角、排齿(上下齿龈)的颜色,然后将两指从口角伸入口腔感觉其干湿温凉,再用二指撑开口腔,观察舌色、舌苔、舌形及卧蚕;最后再将舌拉出口外,仔细观察舌苔、舌体及卧蚕等的细微变化。

检查牛时,先看鼻镜,然后一手提住鼻环(或鼻孔),一手拨开嘴唇,观察颊部、舌底及仰池部的变化,若需详细观察,可以一手的食指与拇指握住鼻中隔向上提,另一手牵出舌并下压下颌,翻转舌体,即可较全面地观察。

检查猪、羊可用开口器或棍棒撬开口腔观察。对性情温顺的犬、猫,检查时令助手握紧前肢,检查者两手分别掐紧上、下唇两侧,翻开上、下唇并打开口腔。有咬癖的犬,以绷带圈绕于上、下腭,打开口腔,借助毛巾将舌拉出。必要时用开口器打开口腔。

动物种类不同,察口色的部位有所侧重。马属动物主要看唇、排齿、舌和卧蚕,以舌为主;牛、羊主要看颊部、舌底、卧蚕及仰池(卧蚕周围的凹陷部),以颊部、舌底最为重要;猪主要看舌;骆驼主要看上唇内侧正中两旁黏膜的颜色及仰池。犬、猫主要看颊部黏膜、牙床、上腭、舌及扁桃腺,还可通过轻按牙床观察毛细血管充盈时间。

(二)正常口色

各种动物的正常口色一般是舌质淡红,不胖不瘦,活动灵活自如,微有薄白的舌苔,稀疏均匀;干湿得中,不滑不燥。由于四季气候不同,气血盛衰在正常范围内也有一定差异,口色上就会有一些变化。如夏季炎热,气血旺盛趋外,口色偏红一些;冬季寒冷,气血运行衰退向内,口色偏淡一些,古人描述为"春如桃花夏似血,秋如莲花冬似雪"。

动物种类、品种、年龄不同,或一些其他因素的影响,口色也有差异和变化。猪的口色稍偏红,马、骡次之,反刍兽偏淡;幼龄动物偏红,老龄偏淡;有时,由于口腔黏膜的某种固有颜色(尤其是牛),或采食青绿饲料,或灌服中草药,或戴衔铁等引起的染色,应注意辨别。

(三)有病口色

有病口色应从舌色、舌苔、舌形、舌态等方面观察。

1. 舌色　常见的病色及主证有下述几种。

(1)白色　主虚证,为气血不足之兆。血虚不能营润,气虚则血液化生和运行力量不足,故显白色。淡白,为血虚,见于长期脾胃虚弱、贫血、虫积和内伤杂病等。苍白,是气血极度虚弱的反映,见于严重的虫积或大出血。

(2)赤色　主热证,为气血运行加速的反映。热盛则气血沸涌,血脉充盈,故显赤色。鲜红,多是热在卫分、气分,见于感染性疾病的初中期;赤紫或深绛,为热入营血、热极伤阴或气滞血瘀的反映,见于感染性疾病的后期及气喘病、肠扭转、肠臌气、结症后期等。此外,舌尖红,为心火上炎;舌边红,为肝胆有热。舌红而干,为热盛伤津。舌红无苔,为阴虚火旺。红而兼有深红的瘀点,为热毒炽盛、发斑的先兆。

(3)青色　主寒证、痛证、风证,为气血瘀阻的象征。寒盛,则气滞血瘀、经脉拘急、损伤阳气致使血液瘀阻;血液瘀阻不通,不通则痛;血滞不行,血不养筋,而见风动。青白,为脏腑虚寒,见于脾胃虚寒、外感风寒、冷痛等。青黄,为内寒挟湿,见于寒湿困脾、冷肠泄泻等。青紫,为寒极、肝风内动或气血瘀滞。

(4)黄色　主湿证,为湿蕴肝胆之征。黄色鲜明如橘者,为阳黄,因湿热熏蒸肝胆,致使胆汁横溢入血而发黄色,多见于肝炎急性发作、胆管阻塞及血液寄生虫病等。黄色晦暗如烟熏色,为阴黄,因寒湿郁阻肝胆,阻遏气机,胆汁排泄不利而溢于皮下,多见于慢性肝炎等。

(5)黑色　主寒极、热极。阴寒内盛,经脉拘急;或阳热炽盛,耗津伤气,血热搏结,使气滞血瘀至极,故显黑色。寒极黑而有津,热极黑而无津。

2. 舌苔　舌苔由胃气熏蒸而成。舌苔的变化可反映胃气的强弱、病邪的深浅、病性的寒热和病情的进退。健康动物舌苔薄白,稀疏均匀,干湿得中。有病舌苔,主要在苔色和苔质发生变化。

(1)苔色　常见的病色及主证有以下三种。

白苔:主表证、寒证。表证时外感邪气尚未传里,脾胃功能尚未受到影响,舌苔往往无明显变化;寒证时,由于寒性收引,使机体气化功能下降,无苔可生。故均显接近正常的薄白苔。

黄苔:主里证、热证。里证时,脾胃功能受到影响,易使胃气上逆;热证时,更使胃气上逆加剧,故舌苔由白转黄。苔生越多,颜色越黄,病情越重。

灰黑苔：主热证、寒湿证，病情危重。热越重，苔生越多、颜色越深，舌苔由黄转焦黄至灰黑。寒性收引，湿性黏滞，二者均使气机收敛，口腔清洁功能下降，加之寒性凝滞，气血不畅，故显灰黑苔。

在疾病过程中，苔色的变化可作为判断病情变化的标志之一。如苔色加重，则为疾病向深重发展；反之，则正胜邪退，疾病好转。

(2) **苔质** 指舌苔的有无、厚薄、润燥、腐腻等。

有无：舌苔的有无，表示病情的进退和胃气的复衰。一般来说，舌苔由无到有，表明胃气渐复，病情好转；舌苔由有到无，表明胃气虚衰，缺乏生发之机，病情欠佳。

厚薄：舌苔的厚薄，以"见底"和"不见底"为标准。透过舌苔能隐隐见到舌体的为薄苔，不能见到舌体的为厚苔。薄苔，表示病邪浅，病情轻；厚苔，表示病邪深，病情重。在疾病过程中，舌苔由薄变厚，表示病邪深入，病情加重；舌苔由厚变薄，表示病邪渐退，病情好转；如果苔退急骤，突然变为无苔，又是邪气内陷，正不胜邪的表现。

润燥：舌苔湿润，表示津液未伤。若苔面水分过多，多为水湿内停。舌苔干燥，说明津液已伤，因热盛伤津，久病阴液亏耗，或阳虚气化不行津不上承所致。在特殊情况下，也有湿邪苔反燥而热邪苔反润的。

腐腻：腐苔，苔质颗粒疏松，粗大而厚，如豆腐渣堆积于舌面，揩之可去，为胃肠宿食化腐的征象，说明内有积滞而胃气尚好。腻苔，苔质颗粒致密，细腻而薄，揩之不去，刮之不脱，上面罩有一层油腻状黏液，因湿浊内蕴，阳气被遏所致，见于湿浊、痰饮、食积、湿热等证。

3. 舌形 指舌体的形状，包括胖瘦、老嫩、舌面的荣枯。

(1) **胖瘦** 指舌体的大小。胖大舌（齿痕舌），舌体较正常舌为大，伸舌满口。胖大而色淡白，多为脾肾阳虚；胖大而色赤红，多属热毒亢盛；胖大而色暗紫，多为中毒血瘀。瘦薄舌，舌体瘦小而薄，见于气血阴液不足。瘦薄而色淡，多为气血两虚；瘦薄而色红干燥，多是阴虚火旺，津液耗伤。

(2) **老嫩** 老，指舌质纹理粗糙，形色坚敛苍老，属实证、热证。嫩，指舌质纹理细腻，形色浮胖娇嫩，属虚证、寒证。

(3) **荣枯** 裂纹舌，舌面有裂沟，多由于阴液亏损，不能荣润舌面所致。有裂纹且色红绛，为热盛津伤；有裂纹而色淡白，为血虚。芒刺舌，舌乳头高起如刺，摸之刺手，多为热邪亢盛之征。舌尖芒刺，为心火亢盛；舌边芒刺，为肝胆火盛；舌中芒刺，为胃肠热盛。

4. 舌态 指舌体运动变化。

强硬舌，舌体僵硬，运动不灵活，见于风证（热极生风、肝风内动）、木舌症（舌炎，放线菌肿）。痿软舌，绵软无弹性，运动无力，见于虚证。颤动舌，舌体颤动不定，不能自主，见于虚证、风证。吐舌，舌伸长吐露于口外，见于疫毒攻心（常伴有高热神昏）或正气已绝。弄舌，舌时时微露口外，立即收回，为风证先兆，如破伤风。歪斜舌，舌体偏于一侧，为中风或中风先兆。

(四) 绝色

绝色是危重症或濒死期的口色。一般认为，青黑或紫黑是绝色。如《司牧安骥集》说"大抵怕青黑"，《元亨疗马集》记载"青黑两兼，骐骥天年数尽"。但是，这里绝不是单纯指舌质的颜色，还包括了舌苔、舌形、舌态等各方面的光泽与枯夭程度。《元亨疗马集·脉色论》记载："青如翠者生，似靛染者死；赤如鸡冠者生，似衃血者死；白如豕膏者生，似枯骨者死；黑如乌羽者生，似炲煤者死；黄如蟹腹者生，似黄土者死。"翠、鸡冠、豕膏、乌羽、蟹腹代表青、赤、白、黑、黄五种颜色,表示光泽鲜明,正气未伤,生机尚存,预后良好;而靛染、衃血、枯骨、炲煤、黄土同样代表五种颜色,表示晦暗无光,正气已伤,生机全无,预后可疑,甚至是死候,故有"明泽则生,枯夭则死"的记载。

当然,不能仅凭口色来判断疾病的预后和生死,必须四诊合参,全面检查和分析。如《元亨疗马集·脉色论》中说"色脉相应者生,相反者死;阴病见阳色者生,阳病见阴色者死",在诊断上具有一定的意义。

第二节 闻 诊

闻诊是通过听觉和嗅觉了解病情的一种诊断方法。包括耳闻声音和鼻嗅气味两个方面。

一、闻 声 音

声音包括叫声、呼吸音、咳嗽声、咀嚼声及肠音等。

1. 叫声 健康动物在求偶、呼群、唤子、警告等情况下,往往发出洪亮明快而有节奏的各种叫声。疾病过程中,叫声的宏微高低、节奏、方式常有变化。叫声洪亮者,多为正气未衰,病情较轻;声音低微者,多为正气已衰,病情较重。叫声平起而后延长的,正气尚存,病虽严重,仍有救治希望;叫声怪猛而音短促的,多属毒邪攻心,病较难治。叫声清脆者,病轻好治;叫声嘶哑如破锣者,病重难医。动物在病情严重及异常痛苦时,常发出低微的呻吟声。应当注意,喉颡的局部疾患,往往影响叫声。

2. 呼吸音 健康动物呼吸平和,一般不易听到声音。但用听诊器在犬胸部听诊,整个肺部都可听到生理性肺泡音,声音明显高朗且强。支气管呼吸音则主要在肺前部明显。剧烈运动和劳役时,呼吸音变为粗大。

在患病过程中,如患畜气息平和,表示病情轻;气息不调的,则病情较重。若呼吸气粗,多属热属实;气息微弱者,多见于内伤劳损,属虚。呼吸时伴有痰声作响者,为痰饮壅聚之症。呼吸困难而促迫,甚则发出拉锯声,则为病重;呼吸鼻出哽气者,为病势重危。呼吸时气息急促称为喘,喘气声长,张口掀鼻者,为实喘;喘息声低,气短而不续者,为虚喘。

3. 咳嗽声 健康动物一般不咳嗽。咳嗽是肺经病的一个重要证候。由于疾病的性质和病程不同,咳嗽的声音、时间及伴随的症状也不相同。凡咳嗽声音洪大而有力的属实,多系暴发性新病,见于外感、喉头炎、气管炎等;咳嗽声音低弱而无力的属虚,多见于劳伤久病、胸膜炎、肺炎等。咳嗽有痰为湿咳,见于支气管炎的中、后期;咳嗽无痰为干咳,见于慢性支气管炎、胸膜肺炎等。大声咳嗽的,为肺气盛而病轻;半声咳嗽的,为肺气滞塞而病重。白天咳嗽频繁,为阳咳,多属肺经实热,易于治疗;夜间咳嗽频繁,为阴咳,多属肺经虚寒,治疗较难。咳嗽时伴有伸头直项、提举后蹄等表现,多为咳嗽困难或痛苦的征象。另外,其他脏腑有病也可影响到肺而致咳嗽,故《元亨疗马集·咳嗽论》中有"五脏六腑皆令兽咳,非独肺也"。

4. 咀嚼声 健康动物在采食时可听到清脆而有节奏的咀嚼声。患病过程中,如咀嚼缓慢小心,声音很低时,多为牙齿松动、疼痛。口内无食物而牙齿咬磨作响,称磨牙,多由疼痛引起,常常是病重病危的象征。

5. 肠音 肠蠕动时发出的鸣响音。健康动物小肠音如流水声,大肠音如远方雷声,有一定的节律。犬、猫的小肠不如其他动物发达。故胁部听诊难以区分大肠音或小肠音。

患畜肠音增强或亢进,肠鸣如雷,多属肠中有寒,如冷痛、冷肠泄泻等证。肠音减弱或寂然无声,多为胃肠滞塞不通,如胃肠积滞、便秘或结症等。肠臌气时,由于肠管充气紧张,可听到金属音。在疾病过程中,肠音的变化也可帮助诊断病势的进退。

对牛、羊等反刍兽,还应注意瘤胃蠕动音。正常时表现为捻发音,有一定的持续和间隔时间。瘤胃蠕动音减弱或停止,多见于脾胃虚弱、宿草不转、百叶干、网胃创伤等证。

二、嗅 气 味

气味包括口气、鼻气及脓、粪、尿、带等的气味。

1. 口气 健康动物口内无异臭,带有草料味。若口气秽臭,多为胃内有热;若口气酸臭多属胃内积滞、消化不良;口气腥臭、腐臭,多是口腔黏膜糜烂溃疡的表现。

2. 鼻气 健康动物鼻无特殊气味。若出现难闻的鼻臭,主要见于肺经疾患。若鼻流黄灰色脓涕,气味腥臭,多属肺痈。鼻流黄色或黄白色脓涕,气味尸臭,多属肺败,也见于异物呛肺后期、肺脓肿及鼻疽等。一侧鼻孔流出黏稠的灰白色或黄白色鼻液,气味恶臭,常见于鼻窦蓄脓。呼出的气体气味也可作为某些疾病的征兆,如尿毒症、士的宁(番木鳖碱)等的中毒、酮血症等。羊患鼻蝇幼虫病时,也有黏稠而腥臭的鼻液流出。

3. 粪 各种动物的粪便都有一定的臭味。在某些胃肠疾病过程中,粪便的气味会发生变化。如粪便稀薄带水,臭味不显者,多属脾虚泄泻。如粪便气味酸臭,多属伤食。如粪便腥臭难闻,多属湿热证,见于痢疾、犬细小病毒病、犬瘟热、犬传染性肝炎等。

4. 尿 马属动物的尿液有一定的刺鼻臭味,其他动物尿液的气味较小。若尿液浓稠短少,气味熏臭,多为实热;若尿液清长,无异常臭味,多属虚寒。如尿液短少,混浊而有恶臭者,多为膀胱积热;如尿色深褐而气味腥臭者,多为肾受损伤。

5. 带下 母畜带下的气味和性状对疾病诊断有一定意义。带下气味不重、清稀而色白者,多属脾肾虚寒。气味较重黏稠而色黄者,多属湿热下注。产后带下散发腐败臭味时,为恶露不尽。

6. 脓汁 脓汁的气味及性状对疮疡的鉴别有重要意义。脓汁恶臭、黄稠、混浊者,属实证、阳证,多为毒火内盛;脓汁腥臭、灰白、清稀者,属虚证、阴证,多为毒邪未尽,气血衰败。

第三节 问 诊

问诊,就是与畜主及有关人员有目的地交谈,对患畜进行调查了解的一种方法。通过问诊可以获得很多与疾病有关的材料。问诊的内容主要有下列几项。

一、问 发 病

主要询问发病的时间,起病时的主要症状和发展过程。从发病的时间可以了解病证处在初期、中期或后期,是急性病还是慢性病。如系突然发病,死亡头数多,症状基本相同,就应考虑急性时疫或中毒。了解疾病的发展情况,对于诊断也有意义。如病程长,饮食时好时坏,排粪时干时稀,日渐消瘦,则可能是脾胃虚弱。如病初排少量干小粪球,随之排粪停止,并腹痛也随之增重,多为结症。奶牛瘤胃缓慢臌气多是前胃弛缓所致,而急性臌气则由贪食豆科饲草引发。

二、问病因

通过了解病畜的来源、饲养管理、生产使役、疫病流行等情况,推断发病原因。

1. 动物来源 了解患病动物是自繁自养的,还是由外地引进的。如属引进不久,则应考虑原产地的疫病情况,引进后气候水土及饲养管理条件的改变等对动物发病的影响。如属自繁自养,还应了解是否因运输而外出某些地区,结合当时各地区的情况进行分析。

2. 饲养管理 询问饲料的种类、来源、品质、调制和饲喂方法等情况。如长期饲喂干草,饥饱不匀,空肠饮冷水,或突然改变饲料,或饲料霉败不洁等,容易引起腹痛、腹胀、腹泻等胃肠道疾病。询问有无圈舍,厩舍的保暖、通风、防暑、光照、卫生等情况。如寒夜拴系于外,厩舍寒冷、污秽、潮湿、泥泞,均易引起风寒感冒、风湿痹痛、蹄部疾患、肺经病及乳房炎等。饲槽不洁,常引起脾胃病。动物体卫生不良,常引起皮肤病。

3. 生产使役 从生产性能、使役种类、使役量、使役方法、鞍具、挽具、役畜搭配等方面了解。如使役过重,长途乘挽,容易发生心、肺经病证,四肢病和劳伤等。鞍挽具不良,容易发生鞍伤、背疮等。夏季烈日下使役,易引起中暑。奔驰跳跃,易致闪伤、骨折。奶牛挤奶过度易致气血两虚、生产瘫痪。

4. 疫病流行 对于突然发病,病势紧急,病情严重的病例,应询问同群或附近同类动物患类似疾病的数目和比例,其他种动物是否也有类似疾病发生。这对判断是否为时疫流行,并及时采取防治措施是很重要的。如同群或附近同类动物也有类似的疾病,发病急促,数目较多,并伴有高热,则可能为瘟疫流行。如无发热,且为误食某种饲料后发病者,可疑为中毒。如发病不甚急促,但数目很多,又无误食毒物的病史,应考虑某种营养物质缺乏。

三、问病史

问病史就是问病畜以往的发病、诊疗、生产等情况。

1. 既往病史 询问病畜以往的发病情况。如患过猪瘟、鸡瘟、羊痘等病或进行过免疫注射、驱虫时,一般不再复发此病。如曾发生过破伤,可能引起破伤风。眼病反复发作,可能是月盲。长期吐草、跛行,可能是翻胃吐草等。另外,久病多虚,病程较久的多为虚证或虚实错杂。对于这样的患病动物,在治疗上应以补为主,或攻补兼施。

2. 诊疗经过 包括是否进行过诊断治疗,曾诊断为何种病证?用过什么药?用药后有什么变化和反应与效果等。了解这些情况,对于疾病的确诊、合理用药、提高疗效、避免医疗事故的发生以及判断预后等方面,都是非常重要的。例如,患结症动物在短时期内已用过大量泻剂,而药效尚未完全发挥出来,如不询问清楚,盲目再用大量泻剂,必致过量,产生不良后果。

3. 生殖性能 配种、妊娠、产仔,与疾病的发生、诊断、治疗有密切关系。公畜配种过于频繁,往往导致性欲降低、滑精、阳痿等肾虚证。母畜在胎前产后容易发生某些胎产病,如产前不吃、难产、胎衣不下、子宫内膜炎等。所以在治疗用药方面,产前应避免使用妊娠禁忌药,在哺乳期,应注意药物对乳汁和哺育后代及人类的影响。

幼龄动物的某些疾病也与其父母的配种和胎产情况有密切关系,需要询问清楚,如幼驹溶血病、仔猪孱弱、犊牛龙凤胎等。

第四节 切 诊

切诊是医生用手指对畜体进行切、按、触、叩，从而获得辨证资料的一种诊察方法，包括切脉和触诊两部分。

一、切 脉

切脉又叫脉诊，是医生用手指切按患畜一定部位的动脉，根据脉象了解和推断病情的一种诊断方法。《元亨疗马集·脉色论》中说："脉色者，气血也。"脉象和口色一样，也能反映脏腑气血的盛衰。

(一) 切脉的部位和方法

1. 切脉部位 切脉一般选择浅表动脉，部位随动物的种类而异。马、骡，以往切双凫脉(颈动脉)，现在切颌外动脉；牛、骆驼，切尾动脉；猪、羊、犬、猫，切大腿内侧股动脉；犬、猫还可切前肢内侧的正中动脉。

2. 切脉方法 切马、骡的颌外动脉时，医生站在马头一侧，一手握住笼头，另一手拇指置于下颌骨外侧，食指、中指、无名指伸入下颌支内侧，前后、上下滑动寻找颌外动脉；切牛、驼的尾动脉时，医生站在牛、驼后方，一手将尾略向上举，另一手拇指置于尾背面，食指、中指、无名指按于尾腹面寻找尾动脉；切猪、羊、犬、猫的股动脉时，令畜主协助保定好患畜，医者蹲于患畜侧面，一手握住患畜后肢的下部，另一手拇指置于股外侧，食指、中指和无名指伸入大腿内侧寻找股动脉。摸到脉动后，三指布于寸、关、尺部位，先轻按(浮取)，再中度用力(中取)、重度用力(沉取)诊察脉象，此为"三部九候"。

诊脉时，首先应环境宁静。患畜如刚刚经过较大的劳役和运动，应先让其休息片刻，待停立安静、呼吸平稳、气血调匀后再行切脉。医生也要保持呼吸稳定，全神贯注，仔细体会。所以《素问·脉要精微论》曰"持脉有道，虚静为保"，《元亨疗马集·脉色论》也说"凡察脉色，必得从容，宁心静态，如执玉捧盈"。每次诊脉时间，一般不应少于3分钟。

(二) 脉象

脉象，就是脉动应指的征象，包括部位、速率、强度、节律、流利度及波幅等。脉象分健康无病之脉、反常有病之脉和病势垂危之脉三种，分别简称平脉、反脉、易脉(怪脉、绝脉)。

1. 平脉 具体表现为不浮不沉，不快不慢，至数一定，节律均匀，中和有力，连绵不断。正常脉象随机体内外因素的差异变化而稍有相应改变。

(1) 四季气候 受四季气候的影响，平脉有"春弦夏洪，秋毛冬石"的变化。这是因为春季虽然阳气已升，但寒未尽除，气机有约束之象，故脉偏弦。夏天阳气隆盛，脉气来势盛而去势衰，故脉偏洪。秋天阳气欲敛，脉象来势洪盛已减，轻而如毛，故脉偏浮。冬天阳气潜藏，脉气来势沉，故脉偏沉。

(2) 动物种类 马、骡一息三至(兽医一呼一吸之间，马、骡脉搏跳动三次)，牛一息四至，猪、羊一息五、六至。

(3) 性别 雌性动物较雄性动物濡弱而略快。怀孕后，脉多偏滑。

(4) 年龄 年龄越小，脉搏越快。

(5) 体格　　膘肥体壮动物脉多沉而有力,体瘦单薄动物脉多浮而无力。

2. 反脉　　是反常有病之脉。由于病证多样,故脉象的变化也就相应复杂,这里仅介绍临床上常见的几种病脉及其主证。

(1) 浮脉与沉脉　　是脉搏显现部位相反的两种脉象。

1) 浮脉。

脉象:轻按即得,重按反觉脉减,如触水中浮木。

主证:主表证。浮而有力为表实证,浮而无力为表虚证。

脉解:浮脉主表,反映病邪在肌表。外邪侵表,卫阳奋起抗邪而趋向于外,正邪相争在表,故脉浮。若内伤久病的虚证见于浮脉,是虚阳外浮的表现;体质虚弱而外感病邪,脉不见浮,是卫阳鼓动无力,不能外达体表之故。脉见浮大而空,按之如葱管样,称为芤脉,见于大失血者。

2) 沉脉。

脉象:轻取不应,重按始得,如触水中沉石。

主证:主里证。沉而有力为里实证,沉而无力为里虚证。

脉解:沉脉主里,为病在脏腑的反映。邪郁于里,气血内滞,正邪相争在里,故见脉沉。若表邪初感脉见沉者,为表邪外束,卫阳不能外达,被遏于里之故。

(2) 迟脉与数脉　　是脉搏快慢相反的两种脉象。

1) 迟脉。

脉象:脉来迟慢。马、骡一息不足三至,牛一息不足四至,猪、羊一息不足五、六至。

主证:主寒证。迟而有力为寒实证,迟而无力为虚寒证;浮迟是表寒,沉迟为里寒。

脉解:寒易伤阳,其性凝滞、收引,三者致使气滞血瘀,气血运行不畅,故脉见迟象。若热邪结聚,阻滞血脉流行,也可见迟脉。

2) 数脉。

脉象:脉来急促。马、骡一息四至以上,牛一息五至以上,猪、羊一息七、八至以上。

主证:主热证。数而有力为实热证,数而无力为虚热证;浮数是表热,沉数为里热。

脉解:邪热亢盛,鼓动血脉,脉行加速,故见数脉。若虚阳外越,也可见数脉,但数而无力,按之豁然而空。

(3) 虚脉与实脉　　是脉动力量相反的两种脉象。

1) 虚脉。

脉象:按之无力而空虚。

主证:主虚证。多为气血两虚及脏腑诸虚。

脉解:虚为气血不足的表现,气不足无以运其血,故脉来无力,血不足无以养其气、充其脉,故按之空虚。

2) 实脉。

脉象:按之有力而实满。

主证:主实证。

脉解:邪气亢盛,正气不衰,正邪相搏,气血壅盛,脉道实满,故应指有力。

(4) 滑脉与涩脉　　是脉动流利度相反的两种脉象。

1) 滑脉。

脉象:往来流利,应指圆滑,如盘走珠。

主证:主痰饮、食滞、实热。

脉解:实邪壅盛于内,气实血涌,故脉来往甚为流利,应指圆滑。母畜妊娠亦常见滑脉,是气血充盛而调和的表现。

2) 涩脉。

脉象:往来艰涩,欲来而未即来,欲去而未即去,如轻刀刮竹。

主证:精亏血少,气滞血瘀。

脉解:精亏血少,不能濡养经脉,血行不畅,脉气往来艰涩而无力;气滞血瘀,血行受阻,故脉见艰涩而有力。

(5) 洪脉与细脉　是脉搏幅度相反的两种脉象。

1) 洪脉。

脉象:脉来如波涛汹涌,触之满手,来盛去衰。特点是脉阔,且波动大而有力。

主证:热盛。

脉解:内热充斥,脉道扩大,气盛血涌,汹涌有余,滔滔满指。若热病伤阴,阴虚于内,阳盛于外,也可见洪脉,但按之无力。

2) 细脉。

脉象:脉窄幅小如细线,但应指明显,特点是脉窄,且波动小。

主证:诸虚劳损,以阴血虚为主。

脉解:阴血亏虚,脉道失充,故呈现细脉。

(6) 促、结、代脉　是脉动节律不整的脉象,又称歇止脉。

1) 促脉。

脉象:脉来急数,时而一止,止无定数,呈数而有不规则的间歇。

主证:阳盛实热,气滞血瘀。

脉解:阳盛实热,阴不和阳,脉气阻滞,故脉来急数而时有间歇。

2) 结脉。

脉象:脉来缓慢,时而一止,止无定数,呈缓而有不规则的间歇。

主证:阴盛气结,寒痰瘀血。

脉解:阴盛而阳不和,气机阻滞,血脉不畅,故见结脉。

3) 代脉。

脉象:脉来动而中止,不能自还,良久复动,止有定数,呈缓而有规律的间歇。

主证:脏气衰败,痛证,跌打损伤。

脉解:脏气衰败,气血亏损,元气不足,以致脉气不能衔接而止有定数。

因为疾病是复杂的,临证时,一种疾病并不是只出现一种单一的脉象,而常常出现两种或两种以上的相兼脉,即复合脉象。如表热证,脉见浮数;里寒证,脉见沉迟。心肌炎的初期、贫血、失血性疾病时,脉见细数;某些中毒、脑内压增高性疾病时,脉见迟缓。

3. 易脉　就是四时变易之脉,也称"怪脉"、"绝脉"。是疾病危重期出现的脉象,都是脉形大小不等、快慢不一、节律全无、散乱无序的脉象。表示生机已绝,疾病已到垂危阶段。据此可以判断病证的预后。易脉有雀啄、屋漏、虾游、解索、鱼翔、弹石、釜沸等。

雀啄脉:脉来甚数而急,连连凑指,来三四次又停一次,少息后复来,过而散乱,如雀啄食之状。

屋漏脉:脉来似停非停,不相接续,时久跳一次,跳时无力,如屋漏残滴,良久一滴。

虾游脉:脉在沉候搏动,忽然间又来一次浮脉,如虾游水,时而跃然而出,又杳然不见,不久来势又急,过后仍隐然不动。

解索脉:散乱无序,如解乱绳之状。

鱼翔脉:脉在浮候,如鱼翔时头不动而尾动。

弹石脉:脉在筋肉间,凑指促而坚硬,歇止不定,如指弹石。

釜沸脉:脉状有出无入,浮而无根,息数均无,如汤涌沸。

临床上,脉与证在多数情况下是相符的,如表证见浮脉,里证见沉脉,热证见数脉,寒证见迟脉等。但有时病情复杂,机体阴阳失调严重,脉与证也会相反。此时就需全面分析病情,排除假象,或舍脉从证,或舍证从脉,作出正确的诊断。

二、触　诊

触诊是对患畜各部位进行触摸按压,以探察冷热温凉、软硬虚实、局部形态及疼痛感觉等方面的变化,为辨证论治提供有关资料和依据。

（一）凉热

摸凉热,就是触摸耳、鼻、口、体表、四肢等部位的温度,以判断病证的寒热虚实。现代常与体温测定结合起来。体温升高,见于发热性疾病、流行性感冒、内科病等。体温低下,见于心力衰竭、贫血、某些中毒病、各种疾病的垂危期等。

1. 口温　　健康动物口温比较恒定,除口腔疾患时口温较高外,一般表现为温和而湿润。若口温偏凉,多属虚寒证;口温增高,多属实热证;口内冰凉,多属阳气衰竭或寒极,其病重危。口温高而干燥,则为里热化火,口舌燥热,干裂津枯多属热极,也是危重的象征。

2. 鼻温　　用手掌遮于患畜的鼻头（或鼻镜下方）,感觉鼻端和呼出气体的温度。健康动物则温和而有湿润感。若温度较高,多为热证。鼻冷气凉,则属虚寒阳气衰微。

3. 耳温　　健康动物耳根部较温,耳尖部较凉。若耳根、耳尖均热,常属热证;耳根、耳尖均凉,多属寒证。耳根、耳尖俱冷,表示阳气败绝,病多重危。

诊断牛、羊病时,常还触摸角的凉热。四指并拢,虎口向角尖,小指触角基部有毛与无毛交界处,握住牛角,若小指与无名指感热,体温一般正常;若中指也感热,则体温偏高;若食指也感热,则属发热无疑。全身热盛而角温冷者,多属危症。

4. 体表及四肢温凉　　健康动物体表和四肢不热不凉,温湿无汗。若体表和四肢偏热,病多属热;体表和四肢偏凉,病多属寒。健康动物四肢末端偏凉,但不冰冷,若四肢冰冷,称为厥冷,属寒极阳气将竭,病多重危。

（二）肿胀

摸肿胀,主要为了察明肿胀的性质、形状、大小及敏感度等方面的情况。肿胀坚硬如石,多为骨肿;肿胀坚韧,多为肌肿或筋胀;手压有痕,多为水肿;按压软而有波动感,则为脓肿、血肿或淋巴外渗。在犬还要注意触摸颌下淋巴结、耳下淋巴结、肩前淋巴结、乳房上淋巴结、腹股沟浅淋巴结等。淋巴结急性肿胀、有热痛感,提示周围组织、器官的急性感染。而犬患恶性淋巴瘤（淋巴性白血病）时,最突出的早期临床症状是全身体表淋巴结发生无热无痛的慢性肿胀。

（三）咽喉及槽口

触诊咽喉，主要注意有无温热、疼痛及肿胀等异常变化。常用两手同时由两侧耳根部向下逐渐滑行并轻轻按压以感知其周围组织的状态。如咽喉部触诊敏感，出现明显的肿胀和热感并有疼痛，多属嗓黄；触之喉部即发咳嗽者，多属肺经有病。必要时，可用开口器打开口腔，将舌向前拉出（犬还需压舌板压下舌根），观察咽喉。犬咽炎时，用指头触诊咽黏膜，无肌肉收缩及吞咽现象。

摸槽口（下颌间隙）多用于马、骡。健康马、骡槽口清利，皮肤柔软松弛而有弹性。若有肿胀疙瘩，甚则肿满槽口，触之热痛，常为槽结或肺败。

颈部食管可通过外部触诊，判断有无敏感疼痛或异物阻塞。胸部食管，需用胃管探诊。以探查食管有无阻塞、扩张及狭窄。必要时用 X 射线造影进行检查。

（四）胸腹

用手按压或叩打两侧胸壁时，患畜躲避或拒按，则多为胸内疼痛，常见于肺痈（胸膜肺炎）。触压牛的剑状软骨部如疼痛不安，站立时前肢开张，下坡斜走，胸前出现水肿等，多为心包-网胃炎。

按压腹部主要探察腹内的虚实。如牛、羊肚腹胀大（左侧尤为明显），用手叩击呈鼓响音者，则为肚胀（瘤胃臌气）；触诊左侧䏶部，瘤胃蠕动减弱，感觉内有宿食坚满而硬者，常为宿草不转（瘤胃积食）；触诊右侧䏶下腹壁，腹壁紧张下沉，撞击坚满而打手者，多为真胃阻塞；触诊两侧腹壁，腹肌紧张，腹部下沉，有拍水音和疼痛反应者，多为腹膜炎。

马、骡䏶部臌胀，叩击呈现鼓响音者为肠胀（肠臌气）。犬、猫腹部触摸往往可以确定胃肠异物、肠套叠等。具体方法是将犬、猫站立或躺卧保定，检查者站于动物后方，用双手（手指并拢并伸直）自两侧肋骨弓后方向后滑动，胃肠则从各指指端下滑过，从而感知其硬度、敏感性及内容物的多少。胃内食物过多，触压胃后方，有时可引起呕吐。若肠道有蓄粪或便秘，则可触到长短不一较粗硬的圆柱形物，用手指挤压可分节。肠套叠亦呈圆柱形硬物，但压之有剧痛，不能分为节段，呈肉质样的半圆形坚实物。

（五）谷道入手

谷道（直肠）入手是直肠检查和按压破结的手法，主要应用于马、牛等大动物，尤其对于马、骡的结症及奶牛妊娠的检查，具有重要的临床意义。

中兽医在直肠检查和按压破结方面，积累了丰富的经验。《元亨疗马集·起卧入手论》中对直肠检查的准备、方法步骤和破碎结粪的手法有较详细的记述，如"凡入手者，切须细意推详……先将右手指甲剪尽，于石上滑磨齐肉，不至绺破肠胃，以温暖油水三升，先灌于谷道之中，然后再将油水于臂膊上下润湿通滑，免教入手涩滞，徐徐用意向前，于大肠九褾之中，左右前后，穿肠慢慢寻取，如遇横弦立肚（肠系膜在腹痛时紧张成索），玉女关津，即须回避，勿令伤绺，再于别窍搜寻。凡有滑硬如球打手者，则为病之结粪也。得见病粪，休得卤莽慌忙……须当细意从容，以右手为度，就以大指虎口，或以四指尖梢，于腹中摸定硬粪，应对无偏，隔肠轻轻按切，以病粪破碎为验，但有一、二破碎者，便见其效，无不通利矣"，"打结之时靠外手"，"靠门结时燕口取"，"背手结时翻手转，合在手里恰一般"，"垂结之时靠梁打，虎口按破便能安"等。

直肠入手还可用以诊断其他疾患,如公畜的肠入阴,骨盆和腰椎骨折,肾脏、膀胱、子宫、卵巢等脏器疾病。

犬、猫的直肠检查,可用食指或小指(事先剪短指甲,涂润滑油或戴橡皮指套)轻轻伸入肛门,感知肛门收缩力以检查肛门括约肌有无麻痹,直肠内有无蓄粪,蓄粪软硬度,直肠壁的厚度、黏膜上有无息肉等。直肠触诊还能确定骨盆腔内的盆骨有无骨折、骨瘤,骨盆内的尿道和动脉,以及雄性的前列腺和雌性的阴道。探知荐骨的轮廓和有无疼痛。犬、猫有肛周腺和一对肛门腺,直肠触诊该处特别重要。腺体肿胀时,触诊有疼痛感,压迫肿胀部可见排出分泌物。

第十四章 辨　　证

本章介绍了中兽医辨证方法,内容包括八纲辨证、脏腑辨证、气血津液辨证、六经辨证和卫气营血辨证。要求学生了解辨证的概念,各种辨证方法适用的病证;理解各种辨证方法之间的关系,各类病证的辨证要点,病证的转化和相兼病证;掌握八纲病证、脏腑病证、气血津液病证、六经病证、卫气营血辨证的病证的种类、主要证候、治法和方药名称。重点掌握八纲辨证、脏腑辨证、六经辨证和卫气营血辨证。

辨证是中兽医分析和认识疾病的基本理论和方法,是在综合分析四诊材料的基础上,明确疾病的病因、病机、病位和病性,从而得出证型,为下一步论治奠定基础。

辨证的方法很多,有八纲辨证、脏腑辨证、气血津液辨证、六经辨证、卫气营血辨证等。其中,八纲辨证是总纲,用以归纳疾病的共性证候;脏腑辨证是基础,辨明发病的脏腑,多用于内伤杂病;气血津液辨证与脏腑辨证密切相关、互相补充;六经辨证和卫气营血辨证主要针对外感热病。这些辨证方法各有特点和侧重,既互相联系,又互相补充,临床上可以灵活选用。

第一节　八纲辨证

八纲,即表、里、寒、热、虚、实、阴、阳,是概括证候类型的纲领。八纲辨证,就是将四诊所搜集到的病情资料进行综合分析,对疾病的部位、性质、正邪盛衰、类别等加以概括,归纳为八类具有普遍性的证候类型。其中,表里辨证是辨别病位的深浅,寒热辨证是辨别疾病的性质,虚实辨证是辨别邪正的盛衰,阴阳辨证是概括病证的类别。阴阳为八纲的总纲,将表证、热证、实证归纳为阳证;里证、寒证、虚证归纳为阴证。

一、表里辨证

表里辨证是辨别病位深浅和病势进退的两个纲领。病邪侵犯肌表而病位浅者为表证,病邪深入脏腑而病位深者为里证。

（一）表证

表证是六淫邪气经口鼻、皮毛侵入机体时作用于体表所产生的证候。多见于外感病的初期阶段,常具有起病急、病程短、病位浅的特点。

【主证】　以发热、被毛逆立、寒战、舌苔薄白、脉浮等症状为主,并常伴有咳嗽、流涕等症状。

【治法】　汗法。又称解表法。根据表证的寒热虚实分别采用辛温解表、辛凉解表、扶正解表等法。

（二）里证

里证是病邪深入于里,病变部位深在脏腑的一类证候。多见于外感病的中、后期或内伤杂病。多因表邪不解,内传入里,如外感风寒不解而致肺热咳喘;或外邪直接侵犯脏腑,如暴饮冷水后寒邪直中胃肠;或脏腑功能失调,病从内生,如饥饱劳逸直接损伤脏腑,致使气血逆乱。

里证的证候和治法依侵犯的脏腑而异,具体见脏腑辨证。

（三）表证与里证的关系

1. 表里转化　包括表邪入里和里邪出表两个方面。

（1）表邪入里　即表邪不解,内传入里,由表证转化为里证。多因机体抵抗力下降,或邪气过盛,或护理不当,误治、失治等因素所致。如温病初期多为表热证,治疗无效则很快出现高热、粪干、尿短赤、舌红苔黄、脉洪数等里热证的症状。

（2）里邪出表　即某些病邪从里透达于外,由里证转化为表证。多因机体抵抗力增强,治疗及时、正确,护理得当,邪气衰退等。如某些痘疹类疾病,先有内热、喘促、烦躁等症,继而痘疹渐出,汗现热退喘平,则为里邪出表。

表里转化,反映了疾病发展的趋势。一般来说,表邪入里表示病情加重;里邪出表反映邪有去路,病情减轻。

2. 表里同病　即表证和里证在同一个病畜体上同时出现。例如,患病动物既有发热、寒战的临床表现,又有咳嗽、气喘、粪干、尿赤等症状。

表里同病的情况有以下几种:一是外感和内伤同时致病;二是外感表证未解而病邪入里;三是先有内伤而又感受外邪,或先有外感,又伤饮食之类。

表里同病的治疗原则,一般是先表后里,或表里同治,如里证紧急,也可先里后表。

（四）表里辨证要点

1）辨别表里要掌握证型特征,尤其应该掌握表证的特征。如发热寒战,被毛逆立,但舌质、舌苔无明显变化时属表证;若发热而没有寒战和被毛逆立,或仅有寒战和被毛逆立,舌质、舌苔有明显变化时多属里证。脉浮属表证,脉沉属里证。

2）在辨别表里的同时,还应注意是否有表里同病或寒热虚实兼证,如表里俱寒、表里俱热、表里俱虚、表里俱实,或表寒里热、表热里寒、表虚里实、表实里虚,或半表半里证等。

3）若表证、里证有先后出现的情况,则为表里转化。初病表证,继而若出现里证,就应辨明表证是否已经入里,表证是否已解。初病里证,继而出现表证,应辨明是属里证出表,还是又感表邪。

二、寒 热 辨 证

寒热辨证是辨别疾病性质的两个纲领。寒证与热证反映机体阴阳的偏盛与偏衰。《素问·阴阳应象大论》中说:"阳盛则热,阴盛则寒。"《素问·调经论》中说:"阳虚则外寒,阴虚则内热。"

（一）寒证

寒证是阴盛或阳虚或两者同时存在表现的证候。多因外感阴寒邪气,或内伤久病、阳气耗伤,机体的功能活动衰退;或在阳气内伤的同时又感受了阴寒邪气所致。

【主证】　恶寒喜暖,肢冷蜷卧,口润不渴,小便清长,大便稀溏,口色青,舌苔白,脉迟紧。

【治法】　温法或补法。根据证候的表里虚实,分别采用温中散寒、辛温解表,或温肾壮阳等法。

(二) 热证

热证是阳盛或阴虚或两者同时存在表现的证候。多因外感火热之邪，或机体的功能活动亢盛，或寒邪入里化热，或饮食不节、郁而化热，或久病耗伤阴液而致阴虚阳亢；或在阴虚的同时，又感受了热邪。

【主证】 恶热喜冷，耳鼻四肢温热或低热，口渴喜饮，小便短赤，大便干燥，舌红苔黄，脉数。

【治法】 清法或补法。根据证候的表里虚实，分别采用清热泻火、辛凉解表，或滋阴清热等。

(三) 寒证与热证的关系

1. 寒热转化 指在一定的条件下，寒证可以转化为热证，热证也可以转化为寒证。

(1) **寒证转为热证** 多因失治、误治，而使寒邪从阳化热。如外感风寒误治、失治，致使寒邪入里化热，出现不恶寒、反恶热，口渴贪饮，舌红苔黄，脉数等里热证。

(2) **热证转为寒证** 热证由于误治、失治，损伤了机体的阳气。如高热病畜，由于大汗不止，而使阳从汗泄；肠黄病畜，由于泄泻过度，而使阳随津脱，最后出现体温突然下降、四肢厥冷、脉微欲绝的虚寒证。

寒证、热证的互相转化，反映邪正盛衰的情况。由寒证转化为热证，表明机体正气尚盛；热证转化为寒证，多属邪盛正虚，正不胜邪。

2. 寒热错杂 在同一患畜身上既有寒证，又有热证。常见有两种情况。

(1) **单纯里证的寒热错杂** 即上寒下热和上热下寒。上寒下热，如患畜既有胃脘冷痛、草料迟细、口流清涎等胃寒证候，又有小便短赤、尿频尿痛等热积膀胱的证候。上热下寒，如患畜既有口舌生疮、牙龈溃烂等心热证候，又有腹痛起卧、粪便稀薄等小肠中寒证候。

(2) **表里同病的寒热错杂** 即表寒里热和表热里寒。表寒里热，常见于先有内热，又外感风寒；或外感风寒未解，部分入里化热。例如，患畜既有发热、恶寒、被毛逆立等表寒证候，又有气喘、口渴、粪干、尿少、舌红、苔黄等里热证候。表热里寒，多见于素有里寒而复感风热；或表热证未解，误用下法而致脾胃阳气损伤。例如，患畜既有草料迟细、口流清涎、粪便稀薄等胃寒证候，又有发热、咽喉肿痛、咳嗽等外感风热证候。

3. 寒热真假 一般情况下，疾病的本质与其所反映的征象是一致的，但当疾病发展到寒极或热极的时候，也就是在病情危重的阶段，有时会出现一些与疾病本质相反的假象。

(1) **真热假寒** 即内有真热而外见假寒，常见于某些急性病的危重阶段。如病畜证见四肢下部冰冷，口内凉滑，苔黑，脉沉等寒象，但四肢虽凉而体温高，口内凉滑而口渴贪饮，口臭，舌苔黑而干燥，脉沉却数而有力，更见尿短赤，粪燥结，舌色深红等热证特征。这是由于内热过盛，郁闭于内，不能布达四肢所致。是一种寒热格拒，阳盛于内、拒阴于外的现象。

(2) **真寒假热** 即内有真寒而外见假热，见于某些虚寒证的危重阶段。病畜表现是体表发热，色红，脉大等热象，但体表虽热而不烫手，色红而不鲜，脉虽大而按之无力，且见小便清长，大便稀薄，口不渴等寒证特征。是阴盛于内，逼阳于外的格拒现象。

(四) 寒热辨证要点

1) 辨寒热一般应根据病畜的饮欲、二便、四肢及耳鼻冷热，口色、脉象等表现综合判断，区分真假。一般来说，口渴贪冷饮、尿液短赤、粪便燥结或便脓血、四肢耳鼻温热、舌质红、苔黄燥、脉数滑等为热证；不喜饮水或喜饮温水、尿液清长、粪便稀薄、四肢耳鼻不温、舌质青、苔白滑、脉沉迟等为寒证。

2）辨明寒热的部位。如在表、在里、在上、在下、在脏、在腑、在气、在血等。同时注意寒热夹杂及虚实，如表热里寒，上寒下热，上下俱热，表里俱寒，虚寒，虚热，实寒，实热等。

3）注意寒证与热证在一定的条件下可以相互转化。

三、虚实辨证

虚实辨证是辨别邪正盛衰的两个纲领。《素问·通评虚实论》说："邪气盛则实，精气夺则虚。"邪盛、正不甚虚表现为实证，正虚表现为虚证。虚实辨证是确立扶正或祛邪治疗原则的依据。

（一）虚证

虚证是对机体正气虚弱时各种证候的概括。虚证形成的原因，有先天和后天两个方面，主要以后天失调为主，如饥饱劳逸，外感六淫误治、失治，久病，重病，失血等，均可使机体阴精亏虚，阳气受损，而出现虚证。

【主证】 体瘦毛焦，耳聋头低，精神倦怠，行走无力，多卧少立，自汗盗汗，大便稀薄，小便频数，舌淡无苔，脉象细弱。

【治法】 补法。根据气血阴阳分别采用补气、补血、滋阴、助阳，或气血双补，或阴阳并济等法。

（二）实证

实证是对机体感受外邪，或体内病理性产物蓄积而正气未衰时产生的各种临床表现的病理概括。实证的成因有两个方面：一是外邪侵入机体，如感受风寒而致的风寒束肺，或风寒入里化热而致的肺经实热等；二是内脏功能失调，如脾、肺、肾、三焦等脏腑气化功能失常，水液代谢发生障碍，形成痰饮、水湿等病理性产物，或腑气不通而引起的胃食滞、肠粪结等。

【主证】 实证包括的范围很广，所以证候多种多样。除了因痰饮、水湿、瘀血、食积、粪结等实邪引起特殊的证候外，常见高热，烦躁，喘粗，腹胀疼痛，拒按，小便短少，舌红苔黄，脉沉而有力等证候。

【治法】 根据实邪的种类分别采用泻下、消导、化痰、祛湿、祛瘀、清热等法。

（三）虚证与实证的关系

1. 虚实转化 疾病的过程是正邪斗争的过程，由于正邪斗争的复杂变化，在证候上可出现虚实的转化，即在一定的条件下，实证可转化为虚证，虚证可转化为实证。

（1）实证转为虚证 多因实证误治、失治，损伤正气而致。例如，动物结症本为实证，但由于治疗不当（泻下峻猛，如泻药用量过大或短时间频服），结去后泄泻不止，继而出现体瘦毛焦、倦怠肯卧、口色淡白、舌体如绵、脉细而无力，便由实证转化为虚证。

（2）虚证转为实证 临床上比较少见，多见的是先有虚证、后出现实证的虚实错杂证。例如，患病动物先有脾胃虚弱，此时又过食不易消化的草料，则可出现草料停滞胃肠，发展而形成结症，即虚中挟实证。

2. 虚实错杂 虚证与实证同在一个动物身上出现。一般有三方面的原因：一是体虚感受外邪，如素体气虚，复感风寒外邪；二是邪气亢盛，损伤机体正气，如结症未除，日久耗伤正气；三是脏腑功能虚衰，病理性产物聚成实邪，如肾虚水泛。

（1）**虚中挟实** 特点是正虚为主，邪实为辅。例如，肾虚而致水泛，水泛生痰，痰上渍于肺，所以临床表现除有耳鼻四肢俱冷、动则气喘等肾虚症状外，还有气喘、痰鸣、呼吸困难等痰实的证候。

（2）**实中挟虚** 特点是邪实为主，正虚为辅。例如，动物因暴饮暴食，或草料突然更换而发结症，结症日久不除，脾胃损伤加剧，脾胃运化功能下降，气血生化不足，所以临床上在有粪便不通、肚腹胀满疼痛、起卧打滚等实证表现，还有因久病所致形寒肢冷、体瘦毛焦、痿弱无力的虚损表现，即实中挟虚证。

（3）**虚实并重** 特点是正虚与邪实均十分明显。此症多见于以下两种情况：一是原为严重的实证，日久则正气大伤，而实邪未减；二是原来正气就虚，又感受了较重的邪气。

虚实错杂证的治疗，宜攻补兼施。但因其中有虚多实少或实多虚少的变化，所以要分清主次和轻重缓急，分别采取先补后攻，或先攻后补，或攻补兼施等方法。

3. 虚实真假 即真实假虚或真虚假实。

（1）**真实假虚** 本质为实，现象属虚。例如，伤食动物常表现精神倦怠、食欲减退、泄泻等似脾虚泄泻，若用健脾利湿药物治疗，病情反重。此证食滞是真实，泄泻是假虚。

（2）**真虚假实** 本质为虚，现象属实。例如，脾虚动物出现间歇性肚胀，反而喜按，若行穿刺放气时，仅能放出少量气体，此证脾虚是真，腹胀是假实。

辨别虚实真假，一般应从体质的强弱、叫声的高低、脉象的虚实、舌质老嫩以及病的新旧等方面综合分析。

（四）虚实辨证要点

1）一般来说，外感初病，证多属实；内伤久病，证多属虚。临床表现为有余、亢盛的属实；表现为不足、衰弱的属虚。声音气息的强弱、痛处的喜按与拒按、舌质的苍老与胖嫩、脉象的有力或无力等对虚实证的鉴别有重要的临床意义。病程短、声高气粗、痛处拒按、舌质苍老、脉实有力的属实证；病程长、声低气短、痛处喜按、舌质胖嫩、脉虚无力的属虚证。

2）分析虚实的真假，不要被表面现象所迷惑。有时会出现"大实有羸状，至虚有盛候"的特殊情况。

3）辨明病位和虚实错杂的情况，病位是在上还是在下，在表还是在里，在气还是在血，是独见还是夹杂互见，是脏实腑虚还是脏虚腑实等。同时注意是否有寒热变化。

四、阴阳辨证

阴阳辨证是概括病证类别的两个纲领。一切疾病均可分为阴证和阳证两类。《素问·阴阳应象大论》也说："善诊者，察色按脉，先别阴阳。"

（一）阴证

阴证作为八纲辨证的总纲，指里证、虚证、寒证。主要由于阳虚阴盛，身体功能衰退，脏腑功能下降所致。

【主证】体瘦毛焦，倦怠肯卧，体寒肉颤，怕冷喜暖，口流清涎，肠鸣腹泻，尿液清长，舌淡苔白,脉沉迟无力。疮黄不红、不热、不痛,脓液稀薄、不臭。

【治法】 根据主证分别采用攻里、补养、温里等法。

(二)阳证

阳证作为八纲辨证的总纲,指表证、热证、实证。主要由于邪气盛而正气未衰,正邪斗争剧烈所致。

【主证】 精神兴奋,狂躁不安,口渴贪饮,耳鼻肢热,口舌生疮,尿液短赤,舌红苔黄,脉象洪数有力,腹痛起卧,气急喘粗,粪便秘结。疮痈红、肿、热、痛明显,脓液黏稠,恶臭。

【治法】 根据主证分别采用解表、清热、泻实等法。

(三)阴阳的病变

临床上,阴阳的病变有阴虚和阳虚、亡阴和亡阳、阴闭和阳闭等。

1. 阴虚和阳虚 指阴阳亏损出现的证候。

阴虚证,指阴液亏损出现的证候,实际为虚热证。治宜滋阴清热。

阳虚证,指阳气不足出现的证候,实际为虚寒证。治宜壮阳祛寒。

2. 亡阴与亡阳 指阴阳衰竭出现的证候。

亡阴,是阴津衰竭的一系列证候,除原发病的症状外,尚有汗热而黏,身热,口渴贪饮,脉细数无力等症状。治宜益气救阴。

亡阳,是阳气将脱的一系列证候,除原发病症状外,尚有大汗淋漓,汗清稀而凉,形寒肢冷,精神委靡,面色苍白,脉微欲绝等阳气虚脱症状。治宜回阳救逆。

亡阴亡阳证的形成,一般见于大热、大汗、大吐、大泻、大失血情况下出现,常常是先亡阴,后亡阳。由于阴阳互根,阴液耗亡,则阳无所依附亦亡,所以亡阴和亡阳难以截然割裂,分类只为救治方便而已。

3. 阴闭和阳闭 闭,是闭塞不通的意思。闭证是脏腑气机闭塞出现的证候。多见于急重病过程中。

阳闭,指热入心包或热痰阻遏心窍出现的证候,相当于败血症的休克期。表现高热神昏,痉挛抽搐,口色深红,舌苔黄腻,脉弦滑数。治宜清热化痰开窍。

阴闭,指寒痰、湿痰蒙蔽清窍出现的证候。相当于脑水肿。表现神昏嗜睡,喉中痰鸣,口色淡白,舌苔白滑,脉沉滑等。治宜温里化痰开窍。

五、八 证 论

在中兽医学文献中还有八证论的辨证方法,与八纲辨证的区别是,将动物的健康状态和疾病状态归纳为正证和邪证,其余六证与八纲辨证完全相同。

正证:是动物健康无病的状态。《元亨疗马集·八证论》说,"夫正者,端正也,无偏无倚,无太过、无不及也","马牛有此精神爽,尿清粪润口中红,脉平色正无疴瘵,气血调和脏腑宁"。

邪证:与正证相对而言,泛指动物体的疾病状态。《元亨疗马集·八证论》说,"夫邪者,所偏之谓也,太过不及也。真元散乱,邪疫相侵,故为邪","外感风寒暑湿,内伤饥饱劳役,邪疫相侵,致成其患也"。既说明了邪证是指动物体的一切疾病状态,同时也指出了疾病的发生,是由于正气不足,并受到邪气的侵袭所致。

八证论用正证和邪证作为辨别动物的健康和疾病状态的两个纲领,是因为动物不同于人,不能用语言表述有病无病、真病假病,必须靠兽医从各个方面的体征和表现来鉴别和判断。兽医只有熟知正证,才能辨别出邪证。《论马无疾》说,"马之无疾者,精神加倍也,草料增进也,皮毛光润也,呼吸平顺也,四肢轻健也,尿清粪润也,头尾不动,轮歇后蹄也","凡马有病者,精神倦怠也,头低耳耷也,毛焦欣吊也,草料迟细也"。

在中兽医辨证中,八纲辨证和八证论可以相互补充、结合运用。即先以正证和邪证辨别动物无病或有病,如果有病,再以阴证和阳证辨别证候的类别,进而以表证和里证、寒证和热证、虚证和实证辨别病变的部位、性质和邪正盛衰。实际上,中兽医也把阴阳作为辨证的总纲。如"双凫者……能和脏腑,善识阴阳","阴阳盛虚者,气血流行不齐也。太过者,阳盛也;不及者,阴盛也"。《活兽慈舟》说:"用药治病,不知表里,虚实,内外,阴阳,何以见效。"

第二节 脏腑辨证

脏腑辨证是运用脏腑学说关于脏腑的生理和病理的理论,对四诊搜集的病情资料进行分析归纳,辨明疾病所在的脏腑及其性质的一种辨证方法。

八纲辨证将疾病部位、性质、正邪盛衰概括归纳为具有普遍性的证候类型,如果要分析疾病的具体病位和病理变化,就必须落实到具体脏腑上来,用脏腑辨证的方法加以辨别。进行脏腑辨证时,还须与八纲辨证、气血津液辨证等方法结合起来,才能对脏腑气血阴阳、寒热虚实的变化作出较全面地概括,为施治提供依据。

一、心与小肠的病证

心的主要功能是主血脉、藏神,所以病变多为血液运行障碍和精神活动异常。小肠的功能是受盛化物、泌别清浊,所以病变多为消化障碍和清浊不分。

(一) 心的病证

1. 心气虚 多因久病体虚,暴病伤正误治、失治,老龄脏气亏虚等因素引起,或其他脏腑疾病传变而来。

【主证】 心悸,气短乏力,运动后尤甚,自汗,舌淡,脉虚。

【治法】 养心益气,安神定悸。

【方药】 养心汤(党参、黄芪、炙甘草、茯苓、茯神、川芎、当归、半夏、柏子仁、酸枣仁、远志、五味子、生姜、大枣、肉桂,《证治准绳》)加减。

2. 心阳虚 病因同心气虚,是在心气虚的基础上发展转变而来。

【主证】 具有心气虚的症状,但程度更重,并兼有形寒肢冷,耳鼻四肢不温,舌淡或紫暗,脉细弱或结代。

【治法】 温心阳,安心神。

【方药】 保元汤(党参、黄芪、肉桂、甘草,《博爱心鉴》)加减。

3. 心血虚 常因久病体虚,或失血过多,或血的生化不足,或劳伤过度,损伤心血所致。

【主证】 心悸,躁动,易惊,口色淡白,脉细。

【治法】 补血养心,镇惊安神。

【方药】 归脾汤加减。

4. 心阴虚 除引起心血虚的病因之外,热证损伤阴津,腹泻日久等均可致病。

【主证】 除有心血虚的主证外,尚兼有午后潮热,低热不退,盗汗,舌红少津,脉细数。
【治法】 养心阴,安心神。
【方药】 补心丹(党参、生地、玄参、丹参、天冬、麦冬、当归、五味子、茯神、桔梗、远志、酸枣仁、柏子仁、朱砂,《世医得效方》)加减。

5. 心热内盛 多因感受暑热之邪或其他淫邪内郁化热,或过服温补药而致。
【主证】 高热,大汗,精神沉郁,气促喘粗,粪干尿少,口渴,舌红,脉象洪数。
【治法】 清心泻火,养阴安神。
【方药】 白虎汤或香薷散加减。

6. 痰火扰心 多因六淫或疫疠之邪入里化热,或气郁化火,炼液为痰,痰火内盛,上扰心神所致。
【主证】 发热、气粗、眼急、惊狂、登槽越桩,狂躁奔走、咬物伤人,苔黄腻,脉滑数。
【治法】 清心祛痰,镇惊安神。
【方药】 镇心散或朱砂散加减。

7. 痰迷心窍 多因感受疫疠之气,湿浊生痰,或气郁化痰,痰浊阻闭心窍所致。
【主证】 神志痴呆,行如酒醉,或昏迷嗜睡,口流痰涎或喉中痰鸣,色暗唇紫,苔腻,脉滑。
【治法】 涤痰开窍。
【方药】 寒痰可用导痰汤(胆南星、枳实、陈皮、半夏、茯苓、炙甘草,《济生方》)加减;热痰可用涤痰汤(石菖蒲、半夏、竹茹、陈皮、茯苓、枳实、甘草、党参、胆南星、生姜、大枣,《济生方》)加减。配合外用通关散吹鼻治疗。

8. 心火上炎 多因六淫内郁化火而致。
【主证】 口舌肿胀,舌尖红,舌体糜烂或溃疡,口流黏涎,口内恶臭,耳鼻温热,躁动不安,口渴喜饮,尿短赤,苔黄,脉数。
【治法】 清心泻火,解毒消肿。
【方药】 泻心汤(大黄、黄连、黄芩,《金匮要略》)或洗心散(天花粉、黄芩、黄连、连翘、茯神、黄柏、桔梗、栀子、牛蒡子、木通、白芷,《元亨疗马集》)加减;或口衔青黛散。

(二)小肠的病证

1. 小肠实热 多由六淫内郁化热或心热下移所致。
【主证】 小便赤涩,尿道灼痛,尿血,身热粪干,舌红,苔黄,脉数,以及心火热炽的某些症状。
【治法】 清利小肠。
【方药】 导赤散(生地、木通、甘草梢、竹叶,《小儿药证直诀》)加减。

2. 小肠中寒 多因外感寒邪或内伤阴冷所致。
【主证】 鼻寒耳冷,腹痛起卧,肠鸣,粪便稀薄,口内湿滑,口流清涎,口色青白,脉象沉迟。
【治法】 温阳散寒,行气止痛。
【方药】 橘皮散加减。

3. 小肠虚寒 多因脾胃素虚,饮食生冷或劳倦内伤所致。
【主证】 腹中绵绵作痛,喜按,肠鸣溏泄,小便频数不爽或清长,舌淡,苔薄白,脉细缓。
【治法】 温阳祛寒,益气健脾。
【方药】 附子理中汤加减。

（三）心与小肠病辨证要点

1）心血虚和心气虚都有心悸动的症状，但心血虚者心悸动而伴有躁动易惊的症状；心气虚者心悸动伴有自汗，精神倦怠的症状。

心阴虚和心阳虚均为虚证，但阴虚则热，心阴虚有午后发热或低热不退，夜间多汗，口红舌燥等症状；阳虚则外寒，心阳虚有形寒，怕冷，耳鼻四肢不温等症状。

心气虚者宜补心气，心阳虚者宜温心阳，心血虚者宜补心血，心阴虚者宜养心阴，若阴虚有火者，再加滋阴清热药。因四者均能影响心神，所以均需配合应用安神药。

心阴与心阳，二者相互依存又相互制约，其中某一方面发生了变化都会影响到另一方面，即"阴损及阳，阳损及阴"。如临床上遇有阴阳两虚，气血俱亏者，应二者兼治，用炙甘草汤阴阳并调，或十全大补汤气血双补。

2）心热内盛则以高热、大汗、躁动不安为其主要症状，而心火上炎则以舌体病变为主，二者易于鉴别。前者治宜清热宣窍，后者治宜清热泻火。

3）痰火扰心在临床上出现狂躁不安症状，而痰迷心窍则出现昏迷症状，为二者之鉴别要点。热痰宜清，寒痰宜温，同属于痰证，寒热不同，治法则异。

4）心与小肠相表里，故小肠热证多与心火共存，证见躁动不安，口舌生疮，尿液短赤或血尿，治宜清火，通利二便。如因寒邪入侵小肠，可见肠鸣泄泻，尿少，治宜散寒行气。

二、肝与胆的病证

肝的主要功能是主疏泄、藏血、主筋，所以病变主要为疏泄失常、血不归藏、筋脉不利等。胆的主要功能是贮藏和排泄胆汁。胆汁来源于肝，排泄又依赖于肝，故肝胆多同病。

（一）肝的病证

1. 肝火上炎　　多因外感六淫（风热）之邪或疫疠之邪入里而化热，或因暑月炎天，奔走过急，或因过食浓厚饲料，使肝气郁结而化火所致。

【主证】　发热，骚动，两目红肿热痛，羞明流泪，睛生翳障，视力障碍，或有鼻血，粪便干燥，尿浓赤黄，口色鲜红，苔黄，脉象洪或弦数。

【治法】　清肝泻火，明目退翳。

【方药】　决明散加减。

2. 寒滞肝脉　　多由外寒客于后肢厥阴肝经，使气血凝滞所致而成。

【主证】　形寒肢冷，耳鼻发凉，外肾硬肿如石如冰，后肢运步困难，口色青，舌苔白滑，脉沉弦或迟。

【治法】　温肝暖经，行气破滞。

【方药】　茴香散加减。

3. 热极生风　　多由见于温热病的极期阶段，火盛生风所致。

【主证】　高热，四肢痉挛抽搐，项强，甚则角弓反张，神志不清，撞壁冲墙，转圈运动，舌质红绛，脉弦数。

【治法】　清热，熄风，镇痉。

【方药】　羚羊钩藤汤（羚羊片、霜桑叶、川贝母、鲜生地、钩藤、菊花、茯神、生白芍、生甘草、竹茹，《通俗伤寒论》）加减。

4. 肝血虚　　多因脾肾亏虚，生化之源不足，或慢性病耗伤肝血，或失血过多所致。

【主证】　眼干，视力减退，甚至出现夜盲、内障，或倦怠肯卧，蹄壳干枯皴裂，或眩晕站立不稳，时欲倒地，或见肢体麻木，震颤，四肢拘挛抽搐，口色淡白，脉弦细。

【治法】　滋阴养血，平肝明目。

【方药】　四物汤加减。

5. 阴虚生风　　多因外感热病后期阴液耗损，或内伤久病，阴液亏虚而发病。

【主证】　形体消瘦，四肢蠕动，午后潮热，口咽干燥，舌红少津，脉弦细数。

【治法】　滋阴定风。

【方药】　大定风珠（生白芍、阿胶、生龟板、干地黄、麻仁、五味子、生牡蛎、麦冬、炙甘草、鸡子黄、鳖甲，《温病条辨》）加减。

6. 血虚生风　　多由急慢性出血过多，或久病血虚，或温热病后期阴血耗损所引起。

【主证】　除血虚所致的眩晕站立不稳，时欲倒地，蹄壳干枯皴裂，口色淡白，脉细之外，尚有肢体麻木，震颤，四肢拘挛抽搐等突出表现。

【治法】　养血熄风。

【方药】　加减复脉汤（炙甘草、生地黄、生白芍、麦冬、阿胶、麻仁，《温病条辨》）加减。

7. 肝阳化风　　多因肝肾之阴久亏，肝阳失潜而暴发。

【主证】　神昏似醉，站立不稳，时欲倒地或头向左或向右盘旋不停，偏头直颈，歪唇斜眼，肢体麻木，拘挛抽搐，舌质红，脉弦数有力。

【治法】　平肝熄风。

【方药】　镇肝熄风汤加减。

（二）胆的病证

1. 肝胆湿热（阳黄）　　多因外感湿热之邪入里，或脾胃运化失常，湿邪内生，郁而化热致使肝脏疏泄失常，胆汁不循常道外溢而发本证。

【主证】　黄疸鲜明如橘色，食欲减退，尿液短赤或黄而浑浊。母畜带下黄臭，外阴瘙痒，公畜睾丸肿胀热痛，阴囊湿疹，舌苔黄腻，脉弦数。

【治法】　清利肝胆湿热。

【方药】　茵陈蒿汤加减。

2. 肝胆寒湿（阴黄）　　多因夜卧寒湿之地，寒湿之邪内侵，或因脾不健运，水湿内生，又感寒邪，内外合邪，致使寒湿侵入肝胆所致。

【主证】　黄疸晦暗如烟熏，食少便溏，舌苔滑腻，脉沉迟。

【治法】　祛寒利湿退黄。

【方药】　茵陈四逆汤加减。

（三）肝与胆病辨证要点

1）肝性刚强，体阴用阳，故肝病初期，多见实证和热证。肝之寒证，仅见于厥阴经脉所属的部位，如睾丸硬肿如石如冰。

2）肝火上炎与热极生风均为肝气有余，导致肝火上升，甚则火盛动风。临床应分别主次，确定用清肝泻火还是清热熄风法。实证不愈，伤及肝肾之阴，形成本虚标实，肝阳上亢，最后导致阴亏风动。必须分别轻重，确定滋阴平肝还是救阴熄风法。肝火上炎之目疾与肝阴血虚不养肝之目疾,病机、病证、治法不同。前者为肝经实证,治宜清泻肝火、明目退翳;后者为肝经虚证,治宜滋肾养肝、明目去翳。

3) 热极生风与阴虚生风、血虚生风和肝阳化风的病因、病机和证候不同。热极生风为外感温热暑火传里所致,属实证,证见四肢抽搐有力,并伴有高热;阴虚生风、血虚生风为内发,属虚证,四肢抽搐无力,也没有高热,更有肢体麻木,潮热盗汗,脉象细数等表现。肝阳化风属虚中夹实之证,由于肝阳过于亢盛而化风。热极生风与热入心包的证候有别,热动肝风以四肢拘挛抽搐为主,而热入心包以神志障碍为主。

4) 肝胆相表里,肝胆多同病,如肝胆湿热,以肝病为主,多从肝论治。阳黄与阴黄都与湿邪有关,阳黄易治,阴黄难医。

三、脾与胃的病证

脾的主要功能有主运化、统血,所以病变主要是脾失健运和脾失统摄。胃的生理功能是主受纳和腐熟水谷,以降为顺,所以病变主要是受纳和腐熟无权、和降失常。

(一) 脾的病证

1. 脾气虚 多由畜体久病素虚,劳役过度,或饮喂失调,内伤脾气所致。临床上脾气虚可分为三种证候。

(1) 脾不健运 多因饮食失调,劳役过度,以及其他疾患耗伤脾气所致,见于慢性消化不良的病程中。

【主证】 草料迟细,体瘦毛焦,倦怠肯卧,肚腹虚胀,肢体浮肿,小便短少,大便稀溏,完谷不化,口色淡黄,舌苔白,脉缓弱。

【治法】 益气健脾。

【方药】 参苓白术散,或香砂六君子汤加减。

(2) 脾气下陷 多由脾不健运进一步发展所致,见于久泻久痢,直肠脱,阴道脱,子宫脱等证。

【主证】 久泻不止,甚至脱肛,或子宫脱、阴道脱,尿淋漓,并伴有体瘦毛焦,倦怠肯卧,多卧少立,草料迟细,口色淡白,苔白,脉虚等。

【治法】 益气升阳。

【方药】 补中益气汤加减。

(3) 脾不统血 多因久病体虚,脾气衰虚,不能统摄血液所致。见于某些慢性出血病的病程中。

【主证】 便血、尿血、皮下出血等慢性出血,并伴有体瘦毛焦,倦怠肯卧,口色淡白,脉细弱。

【治法】 益气摄血,引血归经。

【方药】 归脾汤加减。

2. 脾阳虚 多因脾气虚病程较长发展而来,或因过食冰冻草料、暴饮冷水、损伤脾阳所致,见于急、慢性消化不良过程中。

【主证】 在脾不健运之症状的基础上,同时出现形寒怕冷,耳鼻四肢不温,肠鸣腹痛,泄泻,口色青白,舌苔白,口腔滑利,脉象沉迟。

【治法】 温中散寒。
【方药】 理中汤加减。

3. 脾虚水泛 多因久病虚损,长期休闲,或饲料粗硬,营养缺乏等损伤脾阳引起。

【主证】 腹下及四肢下端浮肿,下唇弛缓下垂而浮肿,触之无热无痛,指压留痕,少食纳呆,大便溏稀,小便不利,形寒肢冷,舌淡,苔白滑,脉弱。

【治法】 健脾利水。

【方药】 实脾饮(茯苓、白术、木瓜、木香、大腹皮、草豆蔻、干姜、厚朴、附子、生姜、大枣、炙甘草,《世医得效方》)加减。

4. 寒湿困脾 多因长期过食冰冻草料,暴饮冷水,使寒湿停于中焦,或久卧寒湿之地,或阴雨苦淋,导致寒湿之邪侵害脾胃所致。见于消化不良、水肿、妊娠浮肿、慢性阴道炎及子宫炎的病程中。

【主证】 耳耷头低,四肢沉重,运步不灵,黏着步样,嗜卧,草料迟细,粪便稀薄,小便不利,或见浮肿,口黏不渴,舌苔白腻,脉象迟缓而濡。

【治法】 温中化湿。

【方药】 胃苓散(厚朴、苍术、陈皮、桂枝、白术、猪苓、泽泻、茯苓、甘草,《丹溪心法》)加减。

5. 湿热困脾 多因湿邪郁久化热,湿热互结,困阻中焦而成。

【主证】 食欲大减,耳鼻温热,粪便粗糙带水,尿少色浓,可视黏膜红黄,口色微红带黄,舌苔黄腻,脉滑数。

【治法】 清热健脾利湿。

【方药】 茵陈平胃散(茵陈蒿汤去大黄,合平胃散加茯苓组成)。

(二) 胃的病证

1. 胃阴虚 多见于热性病后期,由于高热伤阴,津液亏耗所致。

【主证】 体瘦毛焦,皮肤松弛,弹性减退,食欲减退,口干舌燥,粪球干小,尿少色浓,低烧不退,口色红,苔少或无苔,脉细数。

【治法】 滋养胃阴。

【方药】 养胃汤(沙参、玉竹、麦冬、生扁豆、桑叶、甘草,《临证指南》)加减。

2. 胃寒 多由外感风寒,或饮喂失调,如长期过食冰冻草料,暴饮冷水所致。见于消化不良病程中。

【主证】 形寒怕冷,耳鼻发凉,食欲减退,粪便稀软,尿液清长,口腔湿滑或口流清涎,口色淡或青白,苔白而滑,脉象沉迟。

【治法】 温胃散寒。

【方药】 桂心散加减。

3. 胃热 多由胃阳素强,或外感邪热犯胃,或外邪传内化热,或急性高热病中热邪波及胃脘所致。

【主证】 耳鼻温热,草料迟细,粪球干小而尿少,口干舌燥,口渴贪饮,口腔腐臭,齿龈肿痛,口色鲜红,舌苔黄厚,脉象洪数。

【治法】 清热泻火,止渴生津。

【方药】 清胃解热散(知母、石膏、玄参、黄芩、大黄、枳壳、陈皮、六曲、连翘、地骨皮、甘草,《中兽医治疗学》)加减。

4. 胃食滞 多因暴饮暴食,伤及脾胃,食滞不化,或草料不易消化,停滞于胃所致。

【主证】 不食,肚腹胀满,嗳气酸臭,气促喘粗,腹痛起卧,粪干或泄泻,矢气酸臭,口色深红而燥,苔厚腻,脉滑实。

【治法】 消食导滞。

【方药】 病情轻者,用曲蘗散加减;病情重者,用调气攻坚散(醋香附、三棱、莪术、木香、藿香、沉香、枳壳、莱菔子、槟榔、青皮、郁李仁、麻油、醋,《中兽医治疗学》)加减。

(三)脾与胃病辨证要点

1)病后失养,或劳伤过度,易致脾胃气虚,证见倦怠肯卧,草料迟细,粪便稀薄,治宜益气健脾;若致中气不足,或兼脱肛,子宫脱,阴道脱,治宜补中益气。如病久不愈,脾阳衰弱,证见形寒怕冷,耳鼻四肢不温,肠鸣腹痛,粪便稀薄,治宜温中健脾。

2)脾病多挟湿,无论虚实寒热,均可出现湿之兼证;淋雨受寒,或暴饮冷水,中阳被困,湿从内生。寒湿困脾,治宜温中燥湿;湿热困脾,治宜清热利湿,湿去则脾运自复。

3)胃喜润恶燥,胃气宜降,所以胃病以食滞和热证为多。食滞宜消,热证宜清。胃热证又分实热和虚热两种,前者为胃热炽盛,后者为胃阴不足,在治疗上,实者宜清泻,虚者宜滋补。

4)脾与胃相表里,是完成消化的主要脏器,因此常相提并论。胃病多实,脾病多虚,故有"实则阳明,虚则太阴"之说。脾与胃的病证又可相互传变。胃实攻下太过,脾阳受损,可转为脾虚寒;脾虚渐愈时暴食,又能转为胃实。

5)脾胃为气血生化之源。如脾病日久不愈,势必影响其他脏腑;而其他脏有病,亦多传于脾胃。因此在治疗内伤疾病的过程中,必须时时兼顾脾胃,扶持正气,使病体逐渐复原。

四、肺与大肠的病证

肺的主要功能是主气、司呼吸、主宣发与肃降、通调水道,所以病变主要在呼吸功能异常和水液代谢失调方面。大肠的主要功能是传导糟粕,所以病变主要在传导失常。

(一)肺的病证

1. 肺气虚 多因久病咳喘伤及肺气,或由于其他脏器病变影响,使肺气逐渐虚弱。

【主证】 久咳气喘,且咳喘无力,动则喘甚,鼻流清涕,畏寒喜暖,易于感冒,容易出汗,日渐消瘦,皮燥毛焦,倦怠肯卧,口色淡白,脉象细弱。

【治法】 补肺益气,止咳定喘。

【方药】 补肺散(党参、黄芪、紫菀、五味子、熟地、桑白皮,《永类钤方》)加减。

2. 肺阴虚 多因久病体弱,或邪热久恋于肺,损伤肺阴所致,或由于发汗太过伤及肺阴。见于慢性支气管炎及肺结核过程中。

【主证】 干咳连声,昼轻夜重,甚则气喘,鼻液黏稠,低热不退,或午后潮热,盗汗,口干舌燥,粪球干小,尿少色浓,口色红,舌无苔,脉细数。

【治法】 滋阴润肺,降逆平喘。

【方药】 百合固金汤加减或补肺汤(党参、黄芪、熟地黄、五味子、紫菀、桑白皮,《永类钤方》)加减。痰多,加制半夏、陈皮;喘重,加苏子、葶苈子;汗多,加麻黄根、浮小麦。

3. 痰饮阻肺 因脾失健运,湿聚为痰饮,上壅于肺,使肺气不得宣降。

【主证】 咳嗽,气喘,鼻液量多、色白而黏稠,苔白腻,脉滑。

【治法】 燥湿化痰。
【方药】 二陈汤加减。

4. 风寒束肺 风寒之邪侵袭肺脏,肺气闭郁而不得宣降。见于感冒,急慢性支气管炎过程中。

【主证】 以咳嗽,气喘为主,兼有发热轻、恶寒重、无汗、鼻流清涕,口色青白,舌苔薄白,脉浮紧。

【治法】 宣肺散寒,止咳平喘。

【方药】 紫苏散(紫苏、荆芥、前胡、姜半夏、陈皮、防风、茯苓、麻黄、甘草、桔梗,《中兽医治疗学》)加减。

5. 风热犯肺 多因外感风热之邪使肺气宣降失常所致。见于风热感冒,急性支气管炎、咽喉炎等病程中。

【主证】 咳嗽,鼻流黄涕,咽喉肿痛,触之敏感,耳鼻温热,身热,口干贪饮,口色偏红,舌苔薄白或黄白相兼,脉浮数。

【治法】 清宣肺热。

【方药】 银翘散或桑菊饮(桑叶、菊花、杏仁、甘草、薄荷、连翘、芦根、桔梗,《温病条辨》)加减。

6. 肺热咳嗽(肺火) 多因风寒之邪入里化热,或邪热入里所致。

【主证】 发热,喉痛,咳重于喘,鼻流黄白色黏稠鼻液,舌红,脉数。

【治法】 清肺泻火,祛痰止咳。

【方药】 款冬花散加减。

7. 肺热气喘(肺黄) 多因肺热咳嗽发展而来。

【主证】 高热,喘重于咳,鼻流黄色脓性鼻液,脉洪数有力。

【治法】 清肺化痰,下气平喘。

【方药】 麻杏石甘汤加减。

8. 肺壅喘咳(肺痈) 多因肺热气喘发展而来,也可因异物入肺所致。

【主证】 高热,咳喘并重,鼻液为腐败脓性或带脓血,恶臭,舌深红或青紫,脉滑数。

【治法】 清肺化痰,消痈排脓。

【方药】 苇茎汤加减。

9. 肺热胸痛(肺痛) 外感疫疠之邪,由表入里波及胸膈,或由肺黄、肺痈蔓延到胸膈所致。

【主证】 发热,咳嗽带痛,腹式呼吸、浅表急促,胸部肌肤颤抖,叩打胸壁疼痛,口红脉数;继则肘头外展,极度痛苦,不敢卧地,口色暗红,脉沉滑。

【治法】 清肺祛痰,渗湿利水。

【方药】 归芍散(当归、白芍、白及、黄芩、贝母、桔梗、百合、麦门冬、天花粉、滑石、木通,《中兽医学》)加减。

10. 燥热伤肺 由于感受燥热之邪,在表未解,入里伤及肺所致。

【主证】 干咳无痰,咳而不爽,被毛焦枯,唇焦鼻燥,口色红而干,苔薄黄少津,脉浮细而数。常伴有发热微恶寒。

【治法】 清肺润燥养阴。

【方药】 清燥救肺汤加减。

(二) 大肠的病证

1. 大肠液亏　　内有燥热,使大肠津液亏损;或胃阴不足,不能下滋大肠,使大肠液亏。多见于老畜、母畜产后和热病后期等病程中。

【主证】　粪球干小而硬,或粪便秘结干燥,努责难以排下,舌红少津,苔黄燥,脉细数。

【治法】　润肠通便。

【方药】　当归苁蓉汤加减。

2. 粪结大肠　　多因饲养管理不当,过饥暴食,或草料突换,或久渴失饮,或劳逸失度,或老畜咀嚼不全,致使草料停于肠中所致。见于结症。

【主证】　粪便不通,肚腹胀满,回头观腹,不时起卧,饮食欲废绝,口腔干燥酸臭,尿少色浓,口色赤红,舌苔黄厚,脉象沉而有力。

【治法】　通便攻下,行气止痛。

【方药】　大承气汤加减。

3. 大肠湿热　　外感暑湿或染疫疠之气,或喂霉败秽浊的或有毒的草料,以致湿热或疫毒蕴结,下注于肠,损伤气血而发病;或继发于粪结大肠。见于急性胃肠炎,菌痢等的病程中。

【主证】　发热,腹痛起卧,泻痢腥臭,甚则脓血混杂,口干舌燥,口渴贪饮,尿液短赤,口色红黄,舌苔黄腻或黄干,脉象滑数。

【治法】　清热利湿,调气和血。

【方药】　白头翁汤或郁金散加减。

4. 大肠冷泻　　多由外感风寒,或内伤阴冷(如喂冰冻草料、暴饮冷水)所致。

【主证】　耳鼻寒凉,肠鸣如雷,泻粪如水,或腹痛,尿少而清,口色青黄,舌苔白滑,脉象沉迟。

【治法】　温中散寒,渗湿利水。

【方药】　加味猪苓散(砂仁、车前子、酒大黄、乌梅、白芍、猪苓、泽泻、白术、陈皮、青皮、官桂,《中兽医治疗学》)加减。

(三) 肺与大肠病辨证要点

1) 肺病的病因分为外感与内伤,病证不外乎虚实两类。肺气虚者多有阳虚卫外不固症状,肺阴虚者有阴虚内热症状,痰饮阻肺的特点是鼻流大量白黏鼻涕、舌胖、苔白腻,三者可资鉴别。风寒束肺,风热犯肺,燥热伤肺,肺热咳嗽,均为外感新病,属实证,咳喘为共有证候,可兼或不兼有表证。风寒束肺咳喘时鼻涕稀薄,风热犯肺咳喘时鼻涕黄稠,燥邪伤肺咳喘时干咳无涕,肺热咳喘时鼻流腥臭浓涕,四者可兹区别。

2) 肺主肃降,肺病的治疗以清肃肺气为主,包括宣肺、肃肺、温肺、清肺、润肺等法。但肺气不足或肺气大虚时,又当升提补气。肺主气,可用辛苦温药开泄肺气,辛酸药敛肺益气,除非必要,一般不用血分药。肺清肃而处高位,选方宜清轻,不宜重浊,这就是所谓的"治上焦如羽,非轻不举"。肺不耐寒热,辛甘平润药最为适宜。治肺如不效,可通过与其他脏的关系间接治疗,如健脾、益肾等法。

3) 大肠主传导糟粕,所以其病理主要反映在粪便方面。大肠有热则津少肠枯而生燥粪,大肠有湿则湿盛作泻。津亏便秘的治疗,需滋养阴液配合攻下法,才不致下后复发燥结。湿热泄泻治疗,需利湿配合清热之法,方不致泻止而热毒内蕴。

4）肺与大肠互为表里，所以肺经实证、热证可泻大肠，使肺热从大肠下泄而气得肃降。因肺气虚导致大肠津液不布而便秘者，可用滋养肺气之法，以通润大肠。

五、肾与膀胱的病证

肾的主要功能是藏精、主生长、发育、生殖、主水、主纳气，所以病变主要在生殖发育功能障碍、水液代谢失调和气不摄纳等方面。膀胱的主要功能是贮藏和排泄尿液，所以病变主要在排尿异常。

（一）肾的病证

1. 肾阳虚　　根据临床症状及病理变化特点可分为以下四种类型。

（1）肾阳虚衰　　多因素体阳虚，或久病伤肾，或劳损过度，下元亏损，或因年老体弱，肾阳不足，均可导致肾阳虚衰。

【主证】　形寒肢冷，耳鼻四肢不温，易汗，腰痿，腰腿不灵，难起难卧，四肢末端浮肿，粪便稀软或泄泻，小便减少，公畜性欲减退、阳痿不举、垂缕不收，母畜宫寒不孕，口色淡，舌苔白，脉沉迟无力。

【治法】　温补肾阳。

【方药】　肾气丸加减。

（2）肾气不固　　多由肾阳素亏，劳损过度，或久病失养，肾气亏耗，封藏固摄失职所致。

【主证】　小便频数而清，或尿后余沥不尽，或遗尿，或小便失禁，或夜尿频多，腰腿不灵，难起难卧，公畜滑精早泄，母畜带下清稀、胎动不安，舌淡苔白，脉沉弱。

【治法】　固摄肾气。

【方药】　缩泉丸（乌药、益智仁、山药，《妇人良方》）或固精散加减。

（3）肾不纳气　　由于劳役过度，伤及肾气，或久病咳喘，肺虚及肾引起。见于慢性支气管炎、慢性肺泡气肿等的病程中。

【主证】　咳嗽，气喘，呼多吸少，动则喘甚，重则咳而遗尿，咳声低微，形寒肢冷，易汗出，口色淡白，脉沉而无力。

【治法】　补肾纳气。

【方药】　人参蛤蚧散（人参、蛤蚧、杏仁、甘草、茯苓、贝母、桑白皮、知母，《卫生宝鉴》）加减。

（4）肾虚水泛　　多由素体虚弱，或久病失调，损伤肾阳，肾阳虚衰不能温化水液，致水邪泛滥而上逆，外溢肌肤。见于慢性肾炎，心衰，胸腹下水肿，阴囊水肿等病程中。

【主证】　体虚无力，腰脊板硬，耳鼻四肢不温，尿量减少，四肢腹下浮肿，尤以两后肢浮肿较为多见，重者肚腹胀满，宿水停脐，或阴囊水肿，或心悸，喘咳痰鸣，舌质淡胖，苔白，脉沉而无力。

【治法】　温阳利水。

【方药】　济生肾气丸（熟地、山药、山茱萸、茯苓、泽泻、牡丹皮、官桂、炮附子、牛膝、车前子，《济生方》）加减。

2. 肾阴虚　　因伤精、失血、耗液而成；或急性热病耗伤肾阴，或久病耗伤肾阴，或其他脏腑阴虚而伤及于肾，或因过服温燥劫阴之药所致。见于久病体弱，慢性贫血，或某些慢性传染病过程中。

【主证】 形体瘦弱,腰胯无力,低热不退或午后潮热,盗汗,粪球干小,公畜举阳滑精或精少不育,母畜不孕,视力减退,口干、色红、少苔、脉细数。

【治法】 滋阴补肾。

【方药】 六味地黄汤加减。

（二）膀胱的病证

1. 膀胱湿热 由湿热下注膀胱,气化功能受阻所致。

【主证】 尿频而急,尿液排出困难,常作排尿姿势,痛苦不安,或尿淋漓,尿色浑浊,或有脓血,或有砂石,或为血尿,口色红,苔黄腻,脉滑数。

【治法】 清利湿热。

【方药】 八正散加减。

2. 膀胱虚寒 由于膀胱和肾的阳气亏虚,寒从内生,致膀胱贮存和排泄尿液的功能减退或丧失。

【主证】 小便频数而清长,或余沥不尽,排出无力,或不能控制排尿,溢尿,腰胯无力,形寒肢冷,舌淡苔白,脉沉弱。

【治法】 温阳补肾。

【方药】 缩泉丸《妇人良方》加味（益智仁、乌药、山药、桑螵蛸、菟丝子、肉苁蓉、煅牡蛎、巴戟天）。配合艾灸膀胱俞、关元俞和百会穴,效果更好。

（三）肾与膀胱病辨证要点

1) 一般来说,肾无表证与实证。肾之热,属于阴虚之变；肾之寒,属阳虚之变。

2) 肾阳虚与肾阴虚均可出现腰脊板硬、疼痛,腰胯软弱。但肾阳虚兼见外寒、阳痿、滑精等症状；肾阴虚兼见阴虚内热、举阳、遗精等症状。应须注意鉴别。

3) 补虚的原则是"培其不足,不可伐其有余"。阴虚者火旺,治宜甘润养阴,使阴液渐复则虚火自降。阳虚者寒胜,治宜辛温助阳,使阳气渐复则阴寒易散。至于阴阳两虚,宜用阴阳并补之法。

4) 肾与其他脏腑有密切关系,如肾阴不足,不能养肝,引起肝阳上亢,治宜滋阴以潜阳；肾阴不能上承,心火偏旺,治宜滋阴以降火；久咳不愈,上损及下,肺肾阴亏,治宜滋肾以养肺；脾肾阳衰,治宜益火而健脾。病久正虚,通过治肾而兼理他脏,对久病不愈有一定作用。

5) 肾与膀胱相表里,膀胱的病症与肾密切相关,如肾不化气,可直接影响到膀胱气化,而发生排尿异常。一般来说,虚证多属于肾,实证多属于膀胱。膀胱湿热可清利膀胱。膀胱虚寒,实际上是肾阳虚衰或肾气不固的表现,应从肾论治。

六、脏腑相兼病证

动物体是一个有机的整体,在生理情况下,脏腑通过经络的联系和气血的贯注,彼此相互依存、相互制约、分工合作、相辅相成,从而保证畜体正常的生命活动。在病理情况下,脏腑同样通过经络和气血而彼此相互影响,一脏有病,常常波及他脏。两个或两个以上脏腑同时出现病理变化的,称之为脏腑兼病。

1. 心脾两虚 多因饲养管理不当,草料粗硬质劣,缺乏营养,长期使役过度,或久病、失血等原因,引起脾气虚兼心血虚的心脾两虚证。

【主证】 病畜既有心悸动,易惊恐,频换前肢等心血虚的症状,又有草料迟细,肚腹虚胀,大便稀薄,完谷不化,四肢无力,倦怠肯卧,下唇弛缓等脾气虚的症状;口色淡黄,舌质胖嫩,舌下有出血点,脉细弱。

【治法】 补益心脾(益火补土)。

【方药】 归脾汤加减。

2. 肺脾气虚 肺气虚与脾气虚常常互相波及。肺虚及脾虚,如久咳而使肺气不足,宣发肃降无能,痰湿留积,困扰耗伤肺气,而致脾气虚。脾虚及肺虚,如饮喂失调,劳倦及脾,脾虚胃弱,运化无力,气血生化无源,不能输精于肺,而致肺虚。临床上以先脾虚后见肺虚者为多。

【主证】 病畜既有久咳不止,咳喘无力,鼻液清稀等肺气虚的症状;同时又有倦怠肯卧,草料迟细,肚腹虚胀,粪便稀薄,甚或胸腹下浮肿,口色淡白,脉弱等脾气虚的症状。

【治法】 补脾益肺(培土生金)。

【方药】 参苓白术散或六君子汤加减。

3. 心肾不交 为心阴不足和肾精匮乏兼见的病证。多因久病伤阴,或劳损过度致使肾水亏虚,不能上济于心,心火亢于上,不能下交于肾;或因外感热病,致使心阴耗损,心阳亢盛,心火不能下交于肾,心火不降,肾水不升,水火不相济,而形成病变。但临床常见的是肾精不足、尤其是肾水不足为主。不论是心阴亏损还是肾精耗伤,进一步发展均可导致心肾不交。

【主证】 心悸,躁动,易惊,腰胯无力,难起难卧,低热不退,午后潮热,盗汗,公畜举阳滑精,精少不育,母畜不孕,口腔干燥,粪球干小,舌红,少苔,脉细数。

【治法】 滋补肾精,清心安神。

【方药】 六味地黄丸与朱砂安神丸(朱砂、黄连、炙甘草、生地、当归,《内外伤辨感论》)合方加减。

4. 肺肾阴虚 因久咳耗伤肺阴,阴液不足,进而耗损肾阴,或由于肾阴亏损,不能滋养肺阴,加之虚火上炎,灼伤肺阴,最终导致肺肾阴虚。

【主证】 咳喘无力,干咳连声,日轻夜重,腰拖胯軃,低热不退,午后潮热,盗汗,公畜举阳滑精,精少不育,母畜不孕,口色红,少苔,脉细数。

【治法】 滋补肺肾。

【方药】 六味地黄丸加减。

5. 肝脾不调 有两种类型,即肝木乘土和土壅侮木。

(1) **肝木乘土** 因捕捉,失群,离仔,惊恐等使肝气郁结,疏泄失常,影响到脾的功能,致脾不健运,而成为肝脾不调证。

【主证】 躁动不安,草料迟细,粪便稀薄,完谷不化,肠鸣矢气,腹痛泄泻,泻必痛,泻后疼痛不减,耳鼻温热,口色稍红带黄,口腔干,苔薄黄,脉弦数。

【治法】 泻肝补脾。

【方药】 痛泻要方加减。

(2) **土壅侮木** 脾失健运,气滞于中焦,湿阻于内,影响肝气疏泄,造成肝脾不调。

【主证】 情志抑郁,草料迟细,便溏不爽,肠鸣矢气,腹痛欲泻,泻后痛减,口色稍红而干,苔腻,脉弦数。

【治法】 健脾疏肝。

【方药】 逍遥散加减。

6. 脾肾阳虚 多由于肾阳虚衰,不能温煦脾阳,导致脾阳亦虚;或由于脾阳久虚,不能运化水谷之精气以充养肾,遂致肾阳亦虚。

【主证】 形寒肢冷,背腰僵硬,耳鼻不温,倦怠肯卧,食欲减退,大便溏稀或鸡鸣泻,四肢腹下浮肿,重者宿水停脐或阴囊水肿,舌质淡,苔白滑,脉沉弱。

【治法】 温补脾肾。

【方药】 理中汤合四神丸加减。

7. 肝肾阴虚 肝血不足、经久不愈,引起肾阴虚,或肾精亏损迁延日久,致肝血不足。

【主证】 眩晕,站立不稳,时欲倒地,两眼干涩,夜盲内障,视力减退,腰胯软弱,后躯无力,重者难起难卧或卧地不起,公畜频频举阳、滑精,母畜发情周期异常,低热不退,午后潮热,盗汗,口色红,舌无苔,脉细数。

【治法】 滋补肝肾。

【方药】 以眩晕、夜盲为主者,用杞菊地黄丸加减;以腰胯无力或卧地不起为主者,用虎潜丸(黄柏、知母、龟板、熟地、陈皮、白芍、锁阳、虎骨、干姜、当归、牛膝,《医方集解》)加减。

以上所举五脏之间兼证的例子,临床上还有脏与腑、腑与腑之间的兼证,也有三个或三个以上的脏腑同时兼证的情况。对此,应当根据脏腑的生理、病理联系,细心辨识。

第三节 气血津液辨证

气血津液辨证,是应用气血津液的理论,分析临床上所见的一系列证候,以辨别气、血、津液的病理变化的一种辨证方法。

气血津液与脏腑之间的关系密切,气血津液是脏腑功能活动的物质基础,其生成及运行又有赖于脏腑的功能活动。因此,气血津液的病变,可影响到脏腑,脏腑的病变也可以影响到气血津液。在辨证时,两者应互相参照。

一、气的病证

气的病证很多,《素问·举痛论篇》说"百病生于气也",指出了气病的广泛性。总地可概括为气虚、气陷、气滞、气逆四种。

1. 气虚证 是指全身或某一脏腑组织功能减退所表现的证候。常见于某些慢性病,急性病的恢复期,或年老体弱动物。多因久病耗伤正气,或饲养管理不当,营养缺乏,劳役过度,脏腑功能衰退所致。

【主证】 耳耷头低,被毛粗乱,役时多汗,四肢无力,气短而促,叫声低微,运动时诸症加剧,舌淡无苔,脉虚弱。

【治法】 补气。

【方药】 四君子汤加减。

2. 气陷证 是气虚无力升举反而下陷的证候。多是气虚证的进一步发展。因劳役过度而营养又不足,或因久病虚损,或因用药不当,攻伐太过,损伤某一脏气而致,主要是中气下陷。

【主证】 少气倦怠,内脏下垂,脱肛,或阴道、子宫脱出,久泄久痢,口唇不收、弛缓下垂,舌淡、无苔,脉虚弱。

【治法】 升举中气。

【方药】 补中益气汤加减。

3. 气滞证 是指机体某一部位或某一脏腑的气机阻滞,运行不畅所表现的证候。引起气滞的原因很多,如饲养管理不当,饮喂失时、失量,或感受外邪,跌打损伤,或痰饮、瘀血、粪积、虫积等病理产物的阻塞,均可使气的运行障碍而发病。此外,气虚运行无力,也可发生气滞。

【主证】 胀满,疼痛。

【治法】 行气。

【方药】 越鞠丸或橘皮散加减。

4. 气逆证 是气的下降受阻、上逆不顺所表现的证候。一般多指肺、胃之气上逆。

【主证】 肺气上逆,见咳嗽、喘息;胃气上逆,见嗳气、呕吐,甚至鼻回粪水。

【治法】 降气镇逆。

【方药】 肺气上逆者,用苏子降气汤加减;胃气上逆者,用旋复代赭汤(旋复花、党参、生姜、代赭石、半夏、甘草、大枣,《伤寒论》)加减。

二、血的病证

血运行于脉中,对全身组织脏器起着营养和滋润的作用。若外邪干扰,脏腑失调,则使血的化生和运行失常而发病,临床上常见的有血虚、血瘀、血热、血寒四种证候。

1. 血虚证 是血液亏虚,脏腑失养出现的证候。因先天不足,或脾胃虚弱,血液化生减少,或各种急、慢性出血,或久病不愈,瘀血不去,新血不生,或肠道寄生虫等所致。

【主证】 可视黏膜淡白、苍白或黄白,四肢麻痹,甚至抽搐,心悸,舌质淡,脉细无力。血虚常会引起全身功能衰退,因此常伴有气短,不耐使役等气虚现象。

【治法】 补血。

【方药】 当归补血汤或四物汤加减。

2. 血瘀证 是全身或局部血液运行受阻,或存在离经之血出现的证候。常见的原因有寒凝、气滞、气虚、外伤、邪热与血互结等。

【主证】 局部见肿块,疼痛拒按,痛处固定不移,夜间痛甚,皮肤粗糙起鳞,出血,舌有瘀点、瘀斑,脉细涩。

【治法】 活血祛瘀。

【方药】 桃红四物汤加减。

3. 血热证 是热邪侵犯血分而引起的病证。多因外感热邪深入血分所致。

【主证】 躁动不安或昏迷,口干津少但不贪饮,舌质红绛,脉细数,并有各种出血。

【治法】 清热凉血。

【方药】 犀角地黄汤加减。

4. 血寒证 是指局部脉络寒凝气滞,血行不畅所表现的证候,常由感受寒邪引起。

【主证】 形寒肢冷,喜暖恶寒,四肢疼痛,得温痛减,口色紫暗,舌淡苔白,脉沉迟。

【治法】 温经散寒。

【方药】 四逆汤或参附汤加减。

三、津液的病证

津液有滋养脏腑,润滑关节,濡养肌肤等作用。津液的病变,一般可概括为津液不足和水液停聚两个方面。

1. 津液不足证 又称津亏、津伤,是指由于津液亏少,全身或某些脏腑组织器官失其濡润滋养而出现的证候。津液不足的原因,有生成不足与丧失过多两个方面。脾胃虚弱,运化无权,或长期饮水不足,津液化生之源匮乏,均可导致生成不足;热盛耗伤,或大汗、吐、泻、失血、多尿等均可导致丧失过多,轻者伤津,重者伤阴。

【主证】 口渴咽干,唇燥舌干甚至鼻镜龟裂、无汗,皮毛干枯无光泽,小便短少,大便干硬,甚至粪结,舌红,脉细数。

【治法】 增津补液。

【方药】 增液汤(玄参、生地、麦冬,《温病条辨》)加减。

2. 水湿内停证 指全身或局部停积过量水液出现的证候。由于外感、内伤等因素影响脾、肺、肾等脏腑对津液的输布、排泄功能,皆可引发本病。多兼见水肿、痰饮。

【主证】 咳嗽痰多,呼吸有痰声,肚腹臌大下垂,小便短少,大便溏稀,少食纳呆,胸腹下、四肢末端浮肿,苔腻,脉濡。

【治法】 利水胜湿。

【方药】 五苓散加减。

第四节 六经辨证

六经辨证是东汉著名医家张仲景在《素问·热论》六经分证的基础上,结合外感伤寒病证的特点而创立的一种辨证方法,主要用于外感病的辨证。

六经辨证是把外感热病(主要由寒邪和风邪引起的,又称伤寒)所出现的许多普遍症状,以阴阳为纲分为两大类,并根据其阶段特点,沿用《内经》中六经的名称归纳成六类证候,即太阳、少阳、阳明三阳病证,太阴、少阴、厥阴三阴病证。以此说明病位的深浅、病证的性质、正邪的盛衰、病势的进退,以及病证之间的传变关系。

六经病证是经络、脏腑病理变化的反映,其中三阳病证以六腑的病变为基础,三阴病证则以五脏的病变为基础。所以六经病证实际上基本概括了脏腑、十二经的病变,也用于内伤杂病的辨证。但由于六经辨证的重点在于分析外感风寒所引起的一系列病理变化及其传变规律,因而不能等同于内伤杂病的脏腑辨证。

一般说来,凡是抗病力强,病势亢盛的,为三阳病证;抗病力弱,病势衰退的,为三阴病证。以病变部位分,三阳病证属表,三阴病证属里,在属表的三阳病证中,太阳病证属表,少阳病证属半表半里,阳明病证属里。以病变的性质分,三阳病证多热,三阴病证多寒。以正邪的盛衰分,三阳病证多实,三阴病证多虚。在治疗上,三阳病证重在祛邪,三阴病证重在扶正;太阳病证宜用汗法,少阳病证宜用和法,阳明病证宜用清法、下法,太阴病证、少阴病证宜用温补法;厥阴病证的证候错综复杂,治法应随之变化。

由于畜体是一个有机的整体,故某一经的病变,很可能影响到另一经,所以六经病可相互传变。一般情况下,阳证多从太阳开始,然后传入少阳、阳明,如正气不足,也可传及三阴;阴证多从太阴开始,然后传入少阴、厥阴,但也有邪气直中三阴的。影响传变的因素有三个,一是正气的强弱,二是病邪的轻重;三是治疗得当与否。如患畜体质衰弱,或医治不当,阳证也可转入三阴;反之,如医治适宜,护理得当,阴证也可转出三阳。所以六经病证的传变没有固定的形式。根据临床观察,主要有以下三种传变方式。

1. 循经传 就是按照六经的次序依次相传。如太阳病证不愈,依次传入少阳、阳明、太阴、少阴、厥阴等。

2. 越经传 不按六经的次序依次传变,而是隔一经或隔数经相传。如太阳病证不愈,越过少阳传入阳明,或越过少阳、阳明、太阴而传入少阴。

3. 表里传 即是互为表里的两经相传。例如,太阳病证传入少阴,阳明病证传入太阴等(图14-1)。

此外,也有起病不见三阳证而直接出现三阴证的情况,如疾病一开始就出现太阴、少阴或厥阴的证候,称为直中。

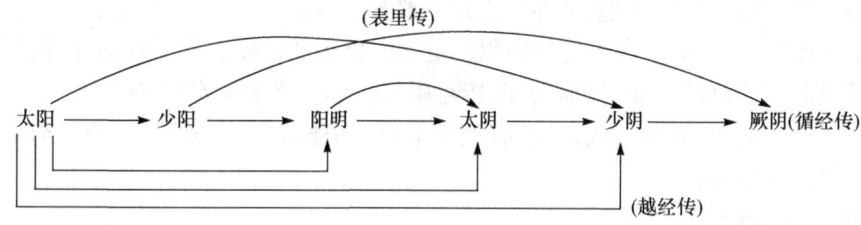

图14-1 六经传变示意图

一、太阳病证

太阳为机体之藩篱,主肌表。外邪侵袭,大多从太阳而入,正气奋起抗邪,正邪交争于肤表,故太阳病的病位在表,为表证,是外邪初客于体表的反映。多见于外感病的初期阶段。

太阳病证的发生,多因早春、晚秋、冬季气候突变,畜体感受风寒之邪而发;畜体遭到雨淋、露宿遭受风雪雨霜的侵袭,也可致病。对于年老、体弱、长期消化不良的动物,因正气虚弱更易发病。

太阳病证的共同症状是恶寒(腰拱、身颤、皮紧、猪喜钻草堆),关节肿痛,跛行,脉浮。兼有发热,沉郁,耳鼻或冷或热,鼻流清涕,咳嗽,马属动物喷鼻,牛流眼泪,猪鼻塞发鼾声,食欲降低,舌苔薄白等。由于病邪和体质的差异,太阳病证又有伤寒和中风的区别。太阳伤寒为表实证,太阳中风为表虚证。

1. 太阳伤寒证 是指以寒邪为主的风寒之邪侵犯太阳经脉,致卫阳被遏,营阴郁滞所表现的证候。

【主证】 恶寒,发热,关节肿痛,跛行,无汗,咳嗽,气喘,脉浮紧。

【治法】 发汗解表,宣肺平喘。

【方药】 麻黄汤加减。

2. 太阳中风证 是指以风邪为主的风寒之邪侵犯太阳经脉,使卫强营弱所表现的证候。

【主证】 发热,恶风,汗自出,脉浮缓。

【治法】 解肌祛风,调和营卫。

【方药】 桂枝汤加减。

二、少阳病证

少阳病证是外邪由表入里过程中出现正邪相持,病邪既未完全入里,正气又不能完全驱邪出表,而介于表里之间的证候。既不属于表证,也不属于里证,而属于半表半里证。

少阳病证多因太阳病失治、误治,病邪传入少阳;或由于体质素虚,病邪亢盛直入少阳而发病;也可由厥阴病证转出少阳而成。若与脏腑联系,则少阳病证是邪犯胆腑,致使枢机不运、经气不利所表现的证候。

【主证】 微热不退,寒热往来,精神时好时坏,寒战时有时无,皮温时高时低,耳鼻温凉交替,不欲饮食,脉弦。

【治法】 和解少阳。

【方药】 小柴胡汤加减。

三、阳明病证

阳明病证是指外感病发展过程中,阳热亢盛,胃肠燥热所表现的证候。见于邪正斗争的极期阶段。阳明病证病位在里,病性实热,为里热实证。

阳明病证的成因有三:一是太阳病证未愈,病邪逐渐亢盛,内传阳明化热;二是少阳病证失治,邪热传入阳明,或误用发汗、利小便等法,致津伤化热而成;三是燥热之邪直犯阳明。阳明病证也偶见寒湿郁久化热而成者。

阳明病证的共同症状是身热,不恶寒,反恶热,汗自出,脉大。根据邪热是否与肠中糟粕互结,可分为经证和腑证。

1. 阳明经证 是指邪热亢盛,弥漫全身,充斥阳明之经,但肠道尚无燥屎内结形成的证候。

【主证】 大热,大汗,大渴喜饮,躁动不安,呼吸喘促,口色红,苔黄燥,脉洪大。

【治法】 清热生津。

【方药】 白虎汤加减。

2. 阳明腑证 是指邪热内盛阳明之里,与肠中糟粕内结成燥屎出现的证候。

【主证】 身热,呈日晡热,汗出,肚腹胀满,疼痛拒按,粪便燥结,粪球干小,甚至闭结不通,尿短赤,舌苔多厚黄干燥,脉沉而有力。

【治法】 清热泻下。

【方药】 大承气汤加减。阴亏严重者用增液承气汤(大黄、芒硝、麦冬、生地、元参,《温病条辨》)加减。

四、太阴病证

太阴为三阴之首,病入三阴,太阴首先受邪。太阴与阳明相表里,所以两经病证可以相互传变。太阴病证为三阴病证之轻浅阶段,多由三阳病证失治、误治传变而来,或因畜体素虚、寒邪直中所致。病位在里,病性属脾虚寒证。

【主证】 腹胀,腹痛,食欲减退,粪便清稀,舌苔白腻,脉沉缓而弱。

【治法】 温中散寒,健脾燥湿。

【方药】 理中汤加减。

五、少阴病证

少阴经属心肾,心肾是机体的根本,故少阴病证是心肾功能衰退的病证,实为全身性虚弱证。

少阴病证的形成,可因三阳病证、太阴病证误治、失治传来,也可因营养不良,劳役过重,病邪直中所致而来。因心肾为水火之脏,故少阴病证既可以从阴化寒,又可以从阳化热,因而少阴病有寒化、热化的两种不同证候。

1. 少阴寒化证　　是少阴病证过程中比较多见的一种证候,多为阳气不足,病邪内入,从阴化寒,阴寒独盛,呈现全身性虚寒的证候,又称少阴虚寒证。

【主证】　恶寒,嗜睡,立少喜卧,耳鼻发凉,四肢厥冷,下利清谷,脉微沉细。

【治法】　回阳救逆。

【方药】　四逆汤加减。

2. 少阴热化证　　为阴虚阳亢,从阳化热所表现的虚热证候,又称少阴虚热证。

【主证】　口燥,咽痛,烦躁不安,舌红绛,脉细数。

【治法】　滋阴泻火。

【方药】　黄连阿胶汤(黄连、黄芩、芍药、鸡子黄、阿胶,《伤寒论》)加减。

六、厥阴病证

厥阴病证为外感疾病发展到最后的阶段,正气已衰,阴阳调节错乱,病的发展多趋于极期,不是寒极,就是热极,寒极生热,热极生寒,故临床上多表现为寒热错杂的证候。兽医临床上可见到以下三类病证。

1. 寒厥

【主证】　四肢厥冷,无热恶寒,体温偏低,口色淡白,脉细微。

【治法】　回阳救逆。

【方药】　四逆汤加减。

2. 热厥

【主证】　四肢厥冷,恶热,口腔干燥,口色红,尿短赤。

【治法】　清热和阴。

【方药】　白虎汤加减。

3. 蛔厥

【主证】　寒热交错,四肢厥冷和四肢温热交替出现,口渴欲饮,呕吐或吐蛔虫,黏膜黄染。

【治法】　调理寒热,和胃驱虫。

【方药】　乌梅丸加减。

七、六经兼证

六经病证既可以单独出现,也可以两经或三经病证同时出现或先后出现。同时出现者,称为"合病";先后出现者,称为"并病"。虽然合病、并病之证候出现的时间有差异,但证候表现和治疗原则基本相同。临床上多见以下三种。

1. 太阳阳明合病　　多因太阳表邪乘胃中之热传入阳明,或劳役过重,汗出,加之久渴失饮,致胃肠积热后又感受寒邪而得。

【主证】　恶寒,发热,咳嗽,肠音低弱,粪便干燥,口腔干燥,舌苔厚。

【治法】　表里双解。

【方药】　防风通圣散加减。

2. 太阳少阳并病　　由于太阳表证未愈、病邪又传入少阳引起。

【主证】　既有太阳表证的咳嗽,鼻喷,精神倦怠,四肢关节肿痛等症状,又有少阳证的寒热往来,呕吐等半表半里的症状。

【治法】 双解太阳少阳。

【方药】 柴胡桂枝干姜汤(柴胡、桂枝、干姜、天花粉、黄芩、牡蛎、甘草,《伤寒论》)加减。

3. 少阳阳明并病 由于少阳病未愈,病邪有传里引起。

【主证】 寒热往来,寒战时有时无,耳鼻时冷时热,皮温不正;兼有肠音低弱,粪便干小。

【治法】 双解少阳阳明。

【方药】 大柴胡汤(柴胡、黄芩、半夏、生姜、白芍、大黄、芒硝,《伤寒论》)加减。

第五节 卫气营血辨证

卫气营血辨证是清代医家叶天士所创立的一种用于外感温热(主要由温热之邪引起)病的辨证方法。叶天士根据《内经》有关营卫气血部位划分的理论,全面吸收《伤寒论》的精华,在六经辨证的启迪下,汲取历代医家病从卫气营血分治的学术观点,结合温病发生发展及传变规律,参以平生治疗温病的丰富经验,创造性地总结出卫气营血辨证。

卫气营血辨证是以卫气营血为纲,将温病的各种证候概括为卫、气、营、血分证四大类型,用以说明病位的深浅、病情的轻重和传变的规律。就病变部位来说,卫分主表,病在肺与皮毛;气分主里,病在肺、肠、胃等脏腑;营分是邪热入于心营,病在心与心包;血分是邪热已深入肝、肾,重在动血耗血。

就病情轻重和传变规律来说,温热病邪侵入机体,必先犯及卫分;邪在卫分郁而不解,必向里传入气分;气分病邪不解,则入营分;营分不解,则入血分。《叶香岩外感温热篇》说,"大凡看法,卫之后方言气,营之后方言血","温邪上受,首先犯肺,逆传心包,肺主气属卫,心主血属营"。所以,随着病邪的侵犯步步深入,病情逐渐加重。

外感温热病的发展过程,一般按照卫、气、营、血顺序传变。然而,这种传变规律并不是固定不变的。由于季节气候、病邪盛衰、患畜体质强弱的不同,也有起病不经卫分开始、越经而传的。因此,在临床辨证时,应根据疾病的不同情况,具体分析,不得生搬硬套。

卫、气、营、血病证的治法,一般是病在卫分宜辛凉解表,病在气分宜清热生津,病在营分宜清营透热,病在血分宜清热凉血。

一、卫 分 病 证

卫分病证是温热病邪侵犯肌表,卫分功能失常所表现出的证候。一般见于外感温热病的初期,属于表热证。因肺外合皮毛,主一身之表,故卫分病证常伴有肺经病变。

【主证】 发热重,恶寒轻,咳嗽,咽喉肿痛,口干微红,舌苔薄黄,脉浮数。

【治法】 辛凉解表。

【方药】 银翘散加减。

二、气 分 病 证

气分病证是温热病邪内入脏腑,正盛邪实,正邪相争剧烈,阳热亢盛的里热实证。多由卫分病证传来,或温热之邪直入气分引起。气分病证的共同特点是,发热不恶寒而反恶热,舌红苔黄,脉数有力。但因邪入气分所侵袭的脏腑和部位不同,又有不同的证候。临床多见以下三种证型。

1. 温热在肺

【主证】 发热,呼吸喘粗,咳嗽,鼻液黄稠,口色鲜红,舌苔黄燥,脉洪数。

【治法】 清热宣肺,止咳平喘。

【方药】 麻杏石甘汤加减。

2. 热入阳明

【主证】 身热,大汗,口渴喜饮,口津干燥,口色鲜红,舌苔黄燥,脉洪大。

【治法】 清热生津。

【方药】 白虎汤加减。

3. 热结肠道

【主证】 发热,肠燥便干,粪结不通或稀粪旁流,腹痛,尿短赤,口津干燥,口色深红,舌苔黄厚,脉沉实有力。

【治法】 滋阴,清热,通便。

【方药】 增液承气汤(玄参、生地、麦冬、大黄、芒硝,《温病条辨》)加减。

三、营分病证

营分病证是温热病邪入血的轻浅阶段。营行脉中,内通于心,故营分病证以营阴受损,心神被扰为特点。证见高热,神昏或躁动不安,斑疹隐隐,舌质红绛,脉细数。

营分病证的形成,一是由卫分传入,即温热病邪不经气分越经传入,称为"逆传心包";二是由气分传来;三是温热之邪直入营分。

营分病证介于气分病证和血分病证之间,若疾病由营转气,是病情好转的表现;若由营入血,则病情更加深重。营分病证一般有两种证型。

1. 热伤营阴

【主证】 高热不退,夜甚,躁动不安,呼吸喘促,舌质红绛,斑疹隐隐,脉细数。

【治法】 清营解毒,透热养阴。

【方药】 清营汤加减。

2. 热入心包

【主证】 高热,神昏,四肢厥冷或抽搐,舌绛,脉数。

【治法】 清心开窍。

【方药】 清宫汤(玄参、莲子、竹叶心、麦冬、连翘、犀角,《温病条辨》)加减。

四、血分病证

血分病证是温热病发展过程中最为深重的阶段。可由营分传来,也可由气分越经传来,或素体阴亏,已有伏热内蕴,温热病邪直入血分而成。

心主血而肝藏血,故邪热入血分势必影响心肝二脏;而肝藏血,肾藏精,精血同源,邪热日久必致真阴耗伤,病又多及于肾,所以血分病证以心、肝、肾病变为主。临床表现除了具有较重的营分证候外,还有耗血、动血、伤阴、动风的病理变化。临床常见四种类型。

1. 血热妄行

【主证】 身热,神昏,黏膜、皮肤发斑,尿血,便血,口色深绛,脉数。

【治法】 清热解毒,凉血散瘀。

【方药】 犀角地黄汤加减。

2. 气血两燔
【主证】 身大热,口渴喜饮,口燥苔焦,舌质红绛,发斑,衄血,便血,脉数。
【治法】 清气分热,解血分毒。
【方药】 清瘟败毒饮加减。

3. 肝热动风
【主证】 高热,项背强直,阵阵抽搐,口色深绛,脉弦数。
【治法】 清热平肝熄风。
【方药】 羚羊勾藤汤(羚羊片、霜桑叶、川贝、生地、钩藤、菊花、茯神、白芍、生草、竹茹,《通俗伤寒论》)加减。

4. 血热伤阴
【主证】 低热不退,精神倦怠,口干舌燥,舌红无苔,尿赤,粪干,脉细数无力。
【治法】 清热养阴。
【方药】 青蒿鳖甲汤加减。

第十五章 防治法则

本章介绍了动物病证的预防法则、治疗法则和治疗方法。要求学生了解各种预防法则、治疗法则、内治法、外治法的概念；理解治则和治法的关系，各预防法则、治疗法则的相互关系和临床意义，八法中各法的应用注意事项；掌握未病先防、既病防变的具体措施，扶正与祛邪、治标与治本、正治与反治、同治与异治、治常与治变、治疗与护养、内治八法的含义和临床应用，常用外治法的操作和适应证。重点掌握主要治则和内治八法。

防治法则，是预防和治疗动物疾病的基本原则与方法，包括预防、治则和治法三部分。预防，是中兽医学防控动物疾病的总体思想；治则，是治疗动物疾病的基本原则，它是在整体观念和辨证论治理论指导下制定的，对临床治疗、处方、用药具有普遍的指导意义；治法，是在治则的指导下制定的治疗疾病的具体方法。治则和治法的关系，就如战略与战术的关系，治则是治法的前提依据，治法是治则的具体体现。

第一节 预 防

预防，就是预先采取一定的措施，防止动物疾病的发生和发展。前人称其为"治未病"。中兽医学历来重视对疾病的预防，早在《黄帝内经》中就有记载。如《素问·四时调神大论》中指出："是故圣人不治已病，治未病；不治已乱，治未乱。夫病已成而后药之，乱已成而后治之，譬犹渴而穿井，斗而铸锥，不亦晚乎！"这种以预防为主的思想，在指导后世医疗实践中，起着极为重要的作用。"治未病"包括未病先防和既病防变两方面的内容。

一、未病先防

未病先防，就是在动物未发病之前，采取各种有效措施，预防疾病的发生。疾病的发生，关系到邪正两个方面。邪气侵犯是导致疾病发生的重要条件，而正气不足是疾病发生的内在原因和根据，外邪通过内因而起作用。所以，未病先防，重在维护机体的正气，增强其抗邪能力，主要注意以下三个方面。

（一）加强饲养管理

加强饲养管理，合理使役是预防动物疾病发生的关键。正如《元亨疗马集》所说："冬暖，夏凉，春牧，秋厩，节刍水，知劳役，使寒暑无侵，则马骡无疴瘵也。"另在《三饮三喂刍水论》也指出，过于饥渴时不能暴食暴饮，劳役前后不能饮喂过饱，饮水和草料必须清洁，不能混有杂物；使役或骑乘后不能立即饲喂，饮水后要缓慢运行数步，有汗和料后不能立即饮水；厩舍要冬暖夏凉，经常打扫干净；使役时先慢步，后快步，快慢要交替使用，使役后不可立即卸掉鞍具，以防风邪乘隙侵袭等。这些经验至今仍有重要的参考价值。

（二）针药调理

根据地区、气候，以及动物体质的情况，采用针刺六脉血和灌四季药的方法来预防疾病。

1. 针刺六脉血 六脉指胸堂、眼脉、带脉、肾堂、鹘脉、尾本六个血针穴位。古代兽医认识到，对膘肥体壮的马，通过放六脉血，能调理气血阴阳，疏通经络，并能泻热和增强对一些热性病的抵抗力，从而可以预防疾病。如《蕃牧纂验方》记载："春季放大血，则夏无热痈之病。"放血时要考虑季节气候的变化，并结合动物机体的强弱，一般选 1~2 个穴位，放血 50~100ml。北方有些地区在春天针刺马的玉堂穴，南方一些地区定期给耕牛"洗口开针"、针通关穴预防脾胃病证。

2. 灌四季药 在不同的季节，给动物灌服调理阴阳、扶正祛邪的中药，能预防疾病的发生。《元亨疗马集·四时调理》记载："春灌茵陈与木通，消黄三伏有奇功，理肺散宜秋季灌，茴香冬月莫叫空。"意指春季天气由寒变暖，肝火易动，影响脾胃受纳和运化，预防可灌服清心、疏肝、开胃的"茵陈散"；夏季动物易受暑热二邪侵犯而患热证，预防可灌服清热解毒的"消黄散"；秋季气候由热转凉，由湿转燥，燥邪易犯机体而伤肺阴，预防药可灌服清热润肺、止咳化痰的"理肺散"；冬季气候由凉转寒，动物易受风、寒、湿邪侵袭，预防可灌服温里散寒、祛风除湿的"茴香散"。

（三）预防疫病

中兽医很早就对疫病及其预防的重要性有一定的认识，如《元亨疗马集》说"都中战马，遍染瘟疫……癖瘟癖瘴，不可不御也"，《三农记·卷八》说"人疫传人，畜疫传畜，染其形似者；豕疫可传牛，牛疫可传豕，当知避焉"。并对疫病预防采取了一些力所能及的预防办法，如隔离、预防性给药。《陈敷农书》说"已死之肉，经过村里，其气尚能相染也。欲病之不相染，勿令与不病者相近"；《齐民要术》记载了羊的疫病并提出了群体别病法，"羊有病，辄相污，欲令别病，法当栏前作溲，深二尺，广四尺"；《三农记》说"倘逢天时行灾，重加利剂，宜避疫之药常熏栏中"。后来，对免疫接种预防疫病也有了朴素的认识，如《肘后备急方》记载应用类似狂犬病疫苗以防治狂犬病的疗猘犬咬人方，公元十六世纪人痘苗的发明。

二、既病防变

既病防变，就是说如果动物已经发病，应及早诊断和治疗，预防疾病的进一步发展与传变。既病防变也是"治未病"的重要内容。

（一）早期诊治

一般来说，疾病之初，病位较浅，病情多轻，病邪伤正程度轻浅，正气抗邪、抗损害和康复能力均较强，因而早期诊治有利于疾病的早日痊愈，防止因病邪深入而加重病情。《素问·阴阳应象大论》说："邪风之至，疾如风雨，故善治者治皮毛，其次治肌肤，其次治筋脉，其次治六腑，其次治五脏，治五脏者，半死半生也。"说明外邪侵入机体后，如果不作及时处理，病邪就有可能逐步深入，由表入里，侵犯脏腑，使病情越来越复杂，治疗也越来越困难，由此可见早期诊治的重要性。《元亨疗马集》中也有"每遇饮马，就便看验有无病患，交点匹数，每三日一次……令兽医遍看口色，有病者灌咱，甚者别槽医治"的记载，说明古代兽医就非常重视对病畜的早期发现，及早诊治，防止疾病进一步的发展与恶化。

（二）防止传变

动物体的各脏腑之间密切相关，某一脏腑有病，可以影响其他脏腑。因此，治疗时要掌握疾病传变的规律,先安未受邪之地,治其未病之脏腑,以防止疾病的传变。如《难经·七十七难》说,"上工治未病,中工治已病者,何谓也? 然:所谓治未病者,见肝之病,则知肝当传之于脾,故先实其脾气,无令得受肝之邪,故曰治未病也。中工治已病,见肝之病,不晓相传,但一心治肝,故曰治已病也"。肝属木,脾属土,肝木亢盛,易发生肝木乘脾土的证候,因此,在治疗肝病时应注意调补脾脏,使脾气充实,防止肝病向脾的传变,此为既病防变法则的具体体现。又如温热病伤及胃阴,若病势进一步发展多耗及肾阴,故应在甘寒养胃的方药中加入某些咸寒滋肾之品,以达"先安未受邪之地"的目的。

第二节 治 则

治则,就是治疗动物疾病的法则。它是以四诊所收集的客观资料为依据,在对疾病综合分析和判断的基础上提出的临证治疗规律,是各种证候具体治疗方法的指导原则。包括扶正与祛邪、治标与治本、正治与反治、同治与异治、三因制宜和治疗与护养等方面的内容,对于临床具体立法和处方用药具有重要的指导意义。

一、扶正与祛邪

扶正与祛邪,是针对正邪盛衰采取的一对治疗法则。疾病的过程,是正气与邪气双方相互斗争的过程。正邪斗争的胜负,决定着疾病的进退,正胜于邪则病退,邪胜于正则病进。因此,在治疗法就离不开"扶正"和"祛邪"两个方面。只有恰当、灵活地运用,才能取得理想的效果。因此,扶正与祛邪是指导临床治疗的重要原则。

(一) 扶正

扶正,就是使用补益正气的方药及加强病畜护养等方法,以扶助机体正气,提高机体抵抗力,达到祛除邪气,战胜疾病,恢复健康的目的。即"扶正以祛邪",适用于以正气虚为主要矛盾的虚证。具体方法有益气、养血、滋阴、助阳等,属于八法中的补法。

(二) 祛邪

祛邪,就是使用祛除邪气的方药,或采用针灸、手术等方法,以祛除病邪,达到邪去正复的目的。"祛邪以复正",适用于邪盛为主要矛盾而正不甚虚的实证。具体方法有发汗、攻下、清解、消导等,分别属于八法中的汗、下、清、消法。

扶正与祛邪的关系密切,相辅相成。扶正使正气加强,有助于机体抗御和祛除病邪,也就是说扶正是为了更好地祛邪;祛邪能够排除病邪的侵害和干扰,有助于正气的恢复,也就是说祛邪是为了更好地扶正。疾病过程中,正气是矛盾的主要方面,任何治疗措施都是通过畜体的生理功能而起作用的,因此中兽医学非常重视机体的内在因素,尤其强调扶助正气。但是,扶正和祛邪必须运用适当,做到扶正又不留邪,祛邪而不伤正。

(三) 扶正与祛邪的运用

当病情比较简单时,扶正或祛邪单独应用即可达到治疗目的。但在很多疾病过程中,邪正虚实往往混杂出现,所以必须结合邪正盛衰消长的具体情况,区别扶正和祛邪的主次、先后,灵活运用。分别采用"扶正兼祛邪"、"祛邪兼扶正"、"先扶正后祛邪"、"先祛邪后扶正"等方法,才能收到预期的效果。

1. 扶正兼祛邪 适用于正虚为主、兼有留邪的病证。处方用药时,在补养的方剂中稍加一些祛邪药。如治疗奶牛前胃弛缓而有食滞时就应采用此法。

2. 祛邪兼扶正 适用于邪盛为主、兼有正衰的病证。处方用药时,在祛邪的方剂中稍加一些补益药。如治年老体虚、久病或产后津枯肠燥便秘的当归苁蓉汤就是一个实例。

3. 先扶正后祛邪 适用于正虚、邪不盛,或正虚邪盛的病证。如先祛邪,反而更伤正气,只有先扶正,待正气增强后再祛邪。如治疗虫积时,先以八珍汤扶正,再用驱虫方驱虫。

4. 先祛邪后扶正 适用于邪盛正不太虚的病证。如先扶正,反而会有留邪的弊端,故只能先祛邪,然后再扶正。如阳明腑证之热结肠腑,便秘不通,导致化燥化热而阴伤,则须急下存阴,以免热结甚而阴津更伤,故应先施以大承气汤泻下热结,待结去后再以养阴生津药物进行调理。

二、治标与治本

治标与治本,是针对疾病的本质和现象采取的一对治疗法则。标与本是一组相对的概念,用来概括疾病过程中矛盾的主次关系。就正邪关系而言,正气为本,邪气为标;就病因与症状而言,病因为本,症状为标;就病之先后而言,先病为本,后病为标;原发病为本,继发病为标;就病位表里而言,脏腑病为本,肌表经络病为标。一般情况下,本起决定的作用,标起次要作用,治疗应针对疾病的本质。疾病过程中矛盾的复杂性,以及主次关系在一定条件下可以转化,因此,标和本常有主次轻重的不同,治疗也就相应地有了先后缓急的区分。概括为急则治其标,缓则治其本。这是治病求本的灵活应用。

(一)急则治其标

疾病过程中标症紧急,若不及时治疗就会危及患畜生命或影响本病治疗时所采取的一种急救方法。例如,马患十二指肠阻塞继发胃扩张时,十二指肠阻塞是本,胃扩张是标,但胃扩张紧急,如不能快速解除,就会危及患畜的生命,同时也影响了直肠入手破结,此时的当务之急就应是采取导胃等措施解除胃扩张以治标,待胃扩张缓解后再破结通肠以治本。由此可见,急则治其标仅为权宜急救之法,待危象消除,病势缓解后还必须治本。

(二)缓则治其本

一般情况下,凡病势缓而不急的,皆需从本论治,《素问·阴阳应象大论》说"治病必求于本",它对指导慢性病的治疗更有意义。如脾虚泄泻之证,若泄泻不甚,无伤津脱液的严重症状,只需健脾补虚,使脾虚之本得治,则泄泻之标自除。

(三)标本兼治

当标本俱重或俱急,在时间或条件上又不允许单独治标或单独治本时,应采取标本同治的方法。当然,标本同治,也不是治标与治本不分主次地平均对待,仍然要分清主次,有所侧重。例如,气虚感冒时,先病正气虚为本,后感外邪为标,单纯益气则表邪难去,仅用发汗解表则更伤正气,所以常采用益气为主兼以解表、标本同治的原则。

在临床应用时,不能将急则治其标、缓则治其本的原则绝对化,标症急的时候不是不可治本。如亡阳虚脱时,急用回阳救逆就是治本;大出血后,气随血脱之时,急用益气固脱也是治本。同样,病势缓的时候也不是不可以治标,有时治标反更有利于治本。如脾肾虚寒泄泻,止泻就是治标。

三、正治与反治

正治与反治,是根据疾病的本质与表征是否一致采取的一对治疗原则,是治病求本的具体应用。

(一)正治

正治,就是正常的治疗方法,适用于标本一致的病证。正治是逆着疾病的征象而治,即热者寒之、寒者热之,所以又称逆治。《素问·至真要大论》说:"逆者正治。"例如,热证表现为热象,用寒凉药清热;寒证表现为寒象,用温热药祛寒;虚证表现为虚象,用补益药补虚;实证表现为实象,用泻下药泻实。

(二)反治

反治,就是反常的治疗方法,适用于标本不一致的病证。反治是顺从疾病征象而治,所以又称从治。《素问·至真要大论》说:"从者反治。"例如,寒证出现热象,热证出现寒象,就不能机械地见寒治寒,见热治热,而应透过现象,治其本质。临床常用的有以下几种。

1. 热因热用　指用温热性药物治疗具有热象的病证。适用于阴寒内盛、格阳于外的真寒假热证。如有些亡阳虚脱病畜,呈现体表温热、苔黑舌红热象是假,而阳虚寒盛才是其本质,仍应以温热性药物进行治疗。

2. 寒因寒用　指用寒凉性药物治疗具有寒象的病证。适用于里热极盛、格阴于外的真热假寒证。如热厥证,呈现四肢厥冷的寒象是假,而壮热、口渴贪饮、小便短赤的热盛才是其本质,仍须用寒凉性药物进行治疗。

3. 塞因塞用　指用补塞药物治疗具有闭塞症状的病证。适用于因虚而闭塞的真虚假实证。如因脾虚不运所致的便秘,仍用健脾止泻药进行治疗。

4. 通因通用　指用通泄的方法治疗通泄症状的病证。适用于真实假虚证。如由于食积所致的腹泻,仍用消导泻下药排除积滞。

此外,还有一种反佐法也属反治法之范畴。当疾病发展到阴阳格拒的严重阶段而出现假象,或对大寒证、大热证进行治疗时,若单纯以热治寒,或以寒治热,往往会发生药物下咽即吐的格拒现象而影响治疗效果。此时,就要用反佐法起诱导作用,防止疾病对药物的格拒、对抗作用。具体运用有两种,一种是药物反佐,即在大寒剂中佐以少许温热药,或在大热剂中佐以少许寒凉药。如用左金丸治疗肝热犯胃,重用苦寒性黄连以泻火,并佐以少许辛热性吴茱萸,既能疏肝解郁,又能制黄连过于寒凉。吴茱萸的药性与黄连相反,故为反佐药。另一种是服法反佐,就是热证用寒凉药采取温服法,寒证用温热药采取冷服法。

四、同治与异治

同治与异治,是针对同一疾病或不同疾病在发病过程中的病机和证候特点而采取的一对治疗法则,也是治病求本的具体应用。包括异病同治和同病异治。

（一）异病同治

不同的疾病，由于病机相同或处于同一性质的病变阶段，表现类似的证候，可以采用相同的治疗方法。例如，久泄、久痢、脱肛、阴道脱和子宫脱等病证，属中气不足或气虚下陷者，均可用相同的补中益气法治疗。又如，在许多不同的传染病过程中，只要出现气分热证，即大热、大汗、大渴、脉象洪大等，都可以用清热生津法治疗。

（二）同病异治

同一种疾病，由于病因、病机以及发展阶段的不同，而采用不同的治疗方法。例如，同为感冒，由于有风寒和风热的不同病因和病机，治疗就有辛温解表和辛凉解表之分。又如，同属外感温热病，由于有卫、气、营、血四个病变阶段，即证候不同，治疗也相应地有解表、清气、清营和凉血的不同治法。

五、治常与治变

治常与治变，是正确处理治疗病证的原则性和灵活性的关系的一对治疗法则。实际上是整体观念的运用。疾病的发生，除了与动物体本身的因素有关外，也与外界环境之间有着密切的关系，因此在治疗疾病时，除掌握一般的治疗原则和方法外，还必须根据环境因素采取相应的治疗措施。

（一）治常

治常就是治疗病证的常规法则。主要根据患病动物的正邪盛衰、阴阳失调、升降失常等状态而采取的治疗法则，如热者寒之，寒者热之，虚者补之，实者泻之等。

（二）治变

治变就是治疗法则的灵活变通。主要根据环境因素，具体病情具体分析，随证施治。概括为"三因治宜"。

1. 因时制宜 就是根据季节的气候特点考虑治疗用药。如春夏季节，动物腠理疏松开泄，即使是患外感风寒，也不宜过用辛温发散之品，以免开泄太过，耗气伤津；秋冬季节，动物腠理致密，阳气内敛，此时若非大热之证，就当慎用寒凉之品，以防苦寒伤阳。《素问·六气正纪大论篇》说："用热远热，用温远温，用寒远寒，用凉远凉。"再如，暑邪致病多挟湿，故暑天治病，应注意清暑化湿。

2. 因地制宜 就是根据地区的环境特点考虑治疗用药。如南方气候炎热而潮湿，病多湿热或温热，多用清热化湿之品，针灸多用血针；北方气候寒冷而干燥，病多风寒或燥证，多用温热润燥之剂，针灸多用火针、温熨。即使是同一种疾病，地域不同，治法也可能有差异，如同为感冒，在东南地区以风热为多，常用辛凉解表之法；而在西北地区以风寒居多，常用辛温发汗之法。同为外感风寒证，在严寒地区，药量可大，而在温热地区，药量宜小。

3. 因畜制宜 就是根据患病动物的年龄、性别、体质等差异来考虑治疗用药。

（1）年龄　成年动物正气旺盛，体质强健，病多实证，治宜攻邪泻实，药量亦可稍重。老龄动物生机减退，脏腑气血已衰，病多虚证或虚中挟实，治疗时要注意扶正补虚。幼龄动物生机旺盛，但脏腑娇嫩，气血未充，治疗忌用峻剂，药量宜轻。

（2）性别　　动物性别不同，生理、病理特点各异，治疗用药有所不同。母畜有经产、妊娠、分娩等特点，治疗应注意安胎，通经下乳，妊娠禁忌等；公畜易发精室及性功能障碍病证，治疗多补肾滋阴。

（3）体质　　动物体质不同，病证性质有别，治法方药也当有所不同。一般说来，体质强壮者，其病多为实证、热证，机体耐受攻伐，药量可重；体质瘦弱者，其病多为虚证、寒证或虚中挟实，机体不耐克伐，药量宜轻，注意补虚。

六、治疗与护养

针药治疗与护理调养，是医治动物疾病不可分割的两个方面。俗话说"三分治病，七分护养"，足见护理工作的重要。实践证明，护养的好坏直接影响治疗效果。如《三农记》说："人但知药能治病，而不知调护，无药而治也。"《元亨疗马集·七十二症》对病证多设有调理一项。如寒病忌凉，不可寒夜外拴，宜养于暖厩之中；热病忌热，棚内不可过温，宜拴于阴凉之处；伤食者少喂，伤水者少饮，伤热者宜饮凉水，伤冷者宜饮温水；表散之病忌风，勿拴巷道檐下；四肢拘挛，步行艰难之病，则昼夜放纵；低头难者宜用高槽；肩膊痛者宜用低槽；破伤风患畜，背上宜搭毡毯，养于安静光暗之厩舍，时时给以粒状饲料；患腰瘫腿痪者，必须在卧地多垫软草，不可卧于潮湿之处；患肚痛起卧者，必须专人照料，防止跌滚。

第三节　治　　法

治法，即治疗疾病的方法，从属于一定治则，是治则在临床实践中的具体运用，主要包括内治法和外治法两大类。

一、内　治　法

内治法是通过内服药物来治疗疾病的方法，多用于脏腑病证的治疗。内治法的内容非常丰富，清代程钟龄根据历代医家对于治法的归类，总结出八法。

（一）八法

八法，即汗法、吐法、下法、和法、温法、清法、补法、消法。《医学心悟》说："论治病之方，则以汗、吐、下、和、温、清、补、消八法尽之。盖一法之中，八法备焉，八法之中，百法备焉。"

1. 汗法　　又称解表法，是运用具有解表发汗作用的药物，以开泄腠理，驱邪外出，解除表证的一种治疗方法。主要用于治疗表证。外邪致病，大多先侵犯肌表，继则由表及里，当病邪在肌表，尚未传里时，应采取发汗解表法，使表邪从汗而解。由于表证有表寒、表热之分，汗法又分为辛温解表和辛凉解表两种。

（1）辛温解表　　主要由味辛性温的解表药如麻黄、桂枝、紫苏、生姜等组成方剂，适用于表寒证，代表方为麻黄汤、桂枝汤等。

（2）辛凉解表　　主要由味辛性凉的解表药如薄荷、柴胡、桑叶、菊花等组成方剂，适用于表热证，代表方为银翘散、桑菊饮等。

根据兼证的不同，汗法又有加减之变通。如阳虚者，宜补阳发汗；阴虚者，宜滋阴发汗；兼有湿邪在表的，如风湿证，则应于发汗药中配以祛风除湿药。

使用汗法时，应注意以下几点：①体质虚弱、下痢、失血、剧烈呕吐、热证后期等津亏液少时，原则上禁用汗法。若确有表邪存在，必须用汗法时，应配伍益气、养阴药物。②发汗应以汗出邪去为度，不可发汗太过，以防耗散津液，损伤正气。③夏季或平素表虚多汗者，应慎用辛温发汗之剂。④发汗后，应系于暖厩之中，忌受寒凉。

2. 吐法　　又称涌吐法或催吐法，是运用具有涌吐性能的药物，使病邪或有毒物质从口中吐出的一种治疗方法。主要适用于误食毒物和药物、痰涎壅盛、食积胃脘等证。代表方为瓜蒂散、盐汤探吐方等。

吐法是一种急救方法，用之不当，易损伤胃脘。因此，如非急证，一般不用。吐法可用于猪、犬和猫，牛少用，马属动物禁用。目前可用洗胃疗法。

使用吐法时，应注意以下两点：①心衰体弱的病畜不可用吐法。②怀孕或产后、失血过多的动物，应慎用吐法。

3. 下法　　又称攻下法或泻下法，是运用具有泻下通便作用的药物，以攻逐邪实，达到排除胃肠积滞和体内积水，以及解除实热壅结的一种治疗方法。主要适用于里实证，通常分为攻下、润下和逐水法三类。

（1）**攻下法**　　也称泻下法，是使用泻下作用较强的药物以攻逐胃肠积滞的一种治疗方法。适用于膘肥体壮，粪便秘结，腹痛起卧，脉洪大有力的病畜。代表方为大承气汤。

（2）**润下法**　　也称缓下法，是使用泻下作用较缓和的药物治疗年老、体弱、久病、产后气血双亏所致津枯肠燥便秘的一种治疗方法。代表方为当归苁蓉汤。

（3）**逐水法**　　也称峻泻法，是使用攻逐水湿作用猛烈的药物治疗水饮聚积的一种治疗方法。常用于胸水、腹水等实证。代表方为大戟散。

使用下法时，应注意以下几点：①表邪未解不可用下法，以防引邪内陷。②病在胃脘而有呕吐现象者不可用下法，以防造成胃破裂。③体质虚弱，津液枯竭的便秘不可峻下。④怀孕或产后体弱母畜的便秘不可峻下。⑤攻下法和逐水法，易伤气血，应用时必须根据病情和体质，掌握适当剂量，一般以邪去为度，不可过量或长期使用。

4. 和法　　又称和解法，是运用具有疏通、和解作用的药物，以祛除病邪，扶助正气和调整脏腑间协调关系的一种治疗方法。主要用于和解少阳、调整脏腑关系失调（如肝脾不和或肝胃不和）。

（1）**和解少阳**　　适用于病邪既不在表，又未入里的半表半里证。表现为寒热往来，反胃呕吐，不欲饮食，口苦脉弦。代表方为小柴胡汤。

（2）**调和肝脾**　　适用于食欲不振、肠鸣粪稀、脉弦细的肝气郁结、肝脾不和之证。代表方为逍遥散。

（3）**调和肝胃**　　适用于精神烦躁、嗳气、减食、缩腹为主的肝胃不和之证。代表方为柴胡疏肝散。

使用和法时，应注意以下几点：①病邪在表，未入少阳经者，禁用和法。②病邪已入里的实证，不宜用和法。③病属阴寒，证见耳鼻俱凉，四肢厥逆者，禁用和法。

5. 温法　　又称祛寒法或温里法，是运用温热性药物，以祛除体内寒邪、补益阳气的一种治疗方法。主要适用于里寒证。根据寒邪所在的部位及其程度，可分为温中散寒、回阳救逆和温经散寒三种。

（1）**温中散寒**　　适用于脾胃阳虚所致的中焦虚寒证。代表方为理中汤。

（2）**回阳救逆**　　适于肾阳虚衰、阴寒内盛、阳虚欲脱的病证。代表方为四逆汤。

（3）**温经散寒**　　适用于寒气偏盛、气血凝滞、经络不通、关节活动不利的痹证。代表方为黄芪桂枝五物汤。

使用温法时,应注意以下几点:①温法所用药物性多燥热,易伤津耗阴,不可过用、久用。②素体阴虚、体瘦毛焦、阴液将脱者不用温法。③热伏于内、格阴于外的真热假寒证禁用温法。④某些大辛大热药物如附子、肉桂等,妊娠动物慎用。

6. 清法 又称清热法,是运用具有寒凉性药物,清解体内热邪的一种治疗方法。主要适用于里热证。因热证的程度、所在部位不同分为五种。

(1) 清热泻火　用于热在气分的里热证。由于热邪所在部位和脏腑可选用不同的方剂。如热在气分用白虎汤,热在肺经用麻杏石甘汤,热在肝经用龙胆泻肝汤,热在心经用洗心散等。

(2) 清热解毒　适用于热毒亢盛所致疮黄肿毒等证。代表方有消黄散、黄连解毒汤、真人活命饮等。

(3) 清热凉血　适用于温热病邪已入于营分、血分的病证。代表方有清营汤、犀角地黄汤等。

(4) 清热燥湿　适用于湿热证。根据湿热所在的脏腑可选用不同的方剂。如肝胆湿热用茵陈蒿汤,大肠湿热用白头翁汤,膀胱湿热用八正散等。

(5) 清热解暑　适用于暑热证。代表方为香薷散。

使用清法时,应注意以下几点:①表邪未解、阳气被郁而发热者禁用清法。②体质素虚、脏腑本寒、胃火不足、粪便稀薄者禁用清法。③过劳及血虚引起的虚热证禁用清法。④阴盛于内、格阳于外的真寒假热证禁用清法。

7. 补法 又称补虚法或补益法,是运用具有营养作用的药物,对畜体阴阳气血不足进行补益的一种治疗方法。适用于一切虚证。根据虚证的性质不同主要分为四种。

(1) 补气　适用于气虚证,是运用补气的药物以增强脏腑功能的方法。代表方有四君子汤、参苓白术散、补中益气汤等。

(2) 补血　适用于血虚证,是运用补血的药物以促进血液化生的方法。代表方为四物汤、当归补血汤等。临证上血虚多与气虚同时存在,可用气血双补法,代表方为八珍汤。

(3) 滋阴　适用于阴虚证,是运用补阴的药物以补阴精或增津液的方法。代表方为六味地黄丸。

(4) 助阳　适用于阳虚证,是运用壮阳的药物以壮脾肾之阳的方法。代表方为肾气丸。

脾胃乃后天之本,水谷之海,气血生化之源,所以补气血应以补中焦脾胃为主;肾与命门为水火之脏,是真阴真阳化生之源,所以补阴阳应以补下焦肾与命门为主。

使用补法时,应注意以下几点:①气血阴阳是相互联系的,气虚常兼血虚,血虚常导致阴虚,气虚亦常导致阳虚,所以在使用补法时,必须针对病情,全面考虑,灵活运用,才能取得较好的疗效。②使用补法切忌单纯用补药"纯补",应于补药之中配合少量疏肝健脾之药,达到补而不腻的目的。否则,易造成脾胃气滞,不仅妨碍食欲,而且影响药物的吸收,降低疗效。③通常情况下,补不宜急,"虚则缓补"。但在特殊情况下,如大出血引起的虚脱证,必须用急补法。④在邪盛正虚或外邪尚未完全消除的情况下,忌用纯补法,以防"闭门留寇"而致留邪之弊。辨清虚实的真假,注意"大实有虚象",避免"误补益疾"。

8. 消法 又称消导法或消散法,是运用具有消散破积作用的药物,以达到消散体内气滞、血瘀、食积等病证的一种治疗方法。临床上常用的有行气解郁、活血化瘀、消食导滞三种。

(1) 行气解郁　适用于气滞证。证见气结胀满、嗳气呕吐、腹内疼痛等。代表方为越鞠丸。

（2）**活血化瘀**　　适用于瘀血证。证见刺痛拒按，痛有定处，口色青紫，脉象细涩等。代表方为桃红四物汤。

（3）**消食导滞**　　适用于胃肠食积，脾胃不磨之证。证见肚腹胀满，食欲减退，腹痛腹泻等证。代表方为曲蘖散。

使用消法时，应注意以下几点：①消法与下法相似，都能驱除有形之实邪，但下法着重解除粪便燥结，猛攻逐下，作用较强，适应急性病证；而消法着重消积运化，渐消缓散，作用缓和，适应慢性病证。②消法虽较下法作用缓和，但过度使用也可使患畜气血损耗，因此，当孕畜和虚弱动物患有积食、气滞、瘀血等证时，应配合补气养血药，并掌握好剂量。③消法还可用于痰饮、内外痈肿等病证。如痰积于胸膈，可用化痰止咳法，方用二陈汤、止嗽散等；水气外溢，四肢浮肿，可用利水消肿法，方用五皮饮等。

（二）八法并用

八法各有其适用范围，但疾病往往是错综复杂的，有时单用一种方法难以达到治疗目的，必须将八法配合使用，才能提高疗效。

1. 下补并用　　下法和补法是互相对立的两种治疗方法，一般不同用。但对正虚邪实的病常结合应用。如年老体弱或久病、产后体虚动物继发结症，若单纯用补法，会使邪气更加固结；单纯用攻法，又恐正气不支，造成虚脱。此时必须采取攻补并用的治疗方法，扶正兼祛邪。常用当归苁蓉汤，以当归、黄芪等补气血，大黄、芒硝等药攻结粪。

2. 温清并用　　温法和清法是两种互相对抗的疗法，原则上不能并用。但对上寒下热、上热下寒的寒热错杂证，可温清并用。例如，肺热肾寒证，表现气促喘粗，流涕，鼻液黏稠，口色鲜红；同时见尿液清长，肠鸣便稀，舌滑流涎，为上热下寒的表现，治宜温清并用。常用温清汤（知母、贝母、苏叶、桔梗、桑枝、郁李仁、白芷、官桂、二丑、小茴香、猪苓、泽泻）。

3. 消补并用　　对正气虚弱，复有积滞，或积滞日久，正气虚弱，而不能急攻的病证，皆可采取消补并用的方法。如脾胃虚弱所致宿草不转证，单用消导药效果不够显著，最好配合补养药，如用党参、白术以补脾胃，枳实、厚朴以宣气滞，神曲、麦芽、山楂以导积滞。

4. 汗下清并用　　邪在表宜用汗法，邪在里宜用下法，有热邪时宜用清法，如果既有表证，又有里证，表里俱急且又寒热错杂之时，可汗、下、清三法并用。例如，在夏季，动物先有实火，证见口腔干燥、粪干尿赤、苔黄厚、脉洪数，后遭雨淋，复患风寒感冒，兼见发热、恶寒、精神沉郁、食欲不振等表证，可用防风通圣散治疗，方中麻黄、防风等发汗疏散表邪，大黄、芒硝泻下通大肠，栀子、黄芩等清除里热。

除上述八法之外，还有固涩法、开窍法、安神镇静法、镇惊熄风法和驱虫法等。

二、外 治 法

外治法是通过外用药物、手术、针灸或配合一定器械直接作用于患病部位来治疗疾病的方法。包括药物外治法、针灸疗法等。

（一）药物外治法

药物外治法是将药物作用于病变部位的一种治疗方法。临床常用贴敷、掺药、点眼、吹鼻、熏烟、洗涤、口噙等方法。

1. 贴敷法　　是将药物碾成细粉，加酒或醋、鸡蛋清、蜂蜜、植物油等液体调和后敷于患部，或将新鲜药物洗净后捣烂外敷，来治疗疾病的方法。常用于疮疡初起、肿毒、四肢关节和筋骨肿痛以及体外寄生虫等病证。

2. 掺药法　　是将药物研成极细粉，撒布在清理过的疮面上，或掺在膏药上贴敷，或制成引流条插入疮口或瘘管来治疗疮疡的方法。使用消肿散瘀、提脓祛腐、生肌收口、止血敛伤等药物可治疗心火舌疮、疮疡多脓、腐肉难脱、久不收口或创伤出血等病证。

3. 点眼法　　是将极细药面或制成药液滴入眼内，以治疗眼科病证的方法。如拨云散点眼。

4. 吹鼻法　　是将药物研成极细粉，吹入鼻内，使患畜打喷嚏，以达到理气辟秽、通关利窍作用的方法。如用通关散吹鼻治疗冷痛及高热神昏、痰迷心窍等。

5. 熏烟法　　是将药物点燃后用烟熏治疗某些疾病的方法。如用硫黄熏治羊疥癣，用艾叶熏治袖口黄等。

6. 洗涤法　　是将药物煎熬成汤，趁热擦洗患部或药浴，以达活血止痛、消肿解毒、杀虫灭疥作用的方法。常用于治疗跌打损伤、疥癣、脱肛等证。如防风汤洗涤直肠脱出部。

7. 口噙法　　是将药面装入长条形纱布袋内，两端系绳噙于口内，以达清热解毒、消肿止痛作用的方法。如用将青黛散口噙治疗心热舌疮。

（二）针灸

针灸是中兽医治疗疾病最重要的方法之一，包括针术和灸术。详见"第三篇　针灸"。

此外，其他外治法还有巧治、手术、掏结、正骨、接骨等方法。

第十六章 病证防治

本章介绍了兽医临床常见的22类证候的病因、病机、病位、主要证候、治法、方例和针灸疗法。要求学生了解各病证的概念和病位，理解各病证的病因、病机，掌握各病证的主要证候、治法、方例和针灸选穴。重点掌握发热、咳嗽、喘证、腹痛、泄泻、黄疸、淋证、血虚、不孕、疮黄疔毒的病因、病机和辨证施治。

病证防治是中兽医学的核心内容，是研究和运用中药、针灸等手段预防和治疗动物疾病以及提高其生产性能的科学，是中兽医学理法方药的综合应用，也是学习和研究中兽医学的最终目标。由于临床上病证多种多样，防治千差万别，难以一一介绍，本章选择临床最常见的22类证候，按照主要病位和证候分为四节，分别介绍各病证的辨证施治。由于一些病证的防治在辨证一章已有介绍，内容相同者不再重复，请参见相关内容。

第一节 脾胃病证

一、慢草与不食

慢草与不食是以食欲减退或食欲废绝为主要症状的一类病证，是多种疾病的症状之一。这里主要讨论因脾胃功能失调而引起的证候，根据病因可分为五种类型。

1. 脾胃虚弱 临床常见脾虚和胃阴虚两种类型。

（1）脾虚 多因劳役过度，耗伤气血；或草料质劣，肠道寄生虫侵袭，营养不足；或时饥时饱，损伤脾胃，致脾阳不振，运化失常，引起慢草或不食。

【主证】【治法】【方例】 见脏腑辨证中"脾不健运"证。

【针灸】 针脾俞、后三里等穴。

（2）胃阴虚 多因气候干燥或炎热，渴不得饮；或温病后期，耗伤胃阴所致。

【主证】【治法】【方例】 见脏腑辨证中"胃阴虚"证。

2. 寒伤脾胃 多因久渴饮冷水太过太急，采食冰冻饲料，寒邪直中；或阴雨苦淋，久卧湿地，夜露风霜，寒湿损伤脾胃，使受纳运化功能失常，从而出现慢草或不食。

【主证】【治法】【方例】 见脏腑辨证中"胃寒"和"脾阳虚"证。

【针灸】 针脾俞、后三里、后海等穴；猪还可以针三脘穴。

3. 热积胃腑 多因天气炎热，劳役过重，乘饥饲喂谷料过多，饮水不足；或饲养太盛，谷料浓厚，聚而生热，热伤胃津，受纳失职，而致慢草或不食。

【主证】【治法】【方例】 见脏腑辨证中"胃热"证。

【针灸】 针玉堂、通关、唇内等穴。

4. 食滞胃腑 多因长期饲喂过多精料或难消化的饲料；或偷吃精料，草料停滞不化，损伤脾胃，而致慢草或不食。

【主证】【治法】【方例】 见脏腑辨证中"胃食滞"证。

【针灸】 针后海、玉堂、关元俞等穴。

5. 肝气犯胃 多因情志不畅或其他应激因素，使肝气郁滞而失于疏泄，横逆犯胃，肝胃不和,升降失常,导致慢草或不食。

【主证】 神疲乏力,食欲减退或不食,间歇性腹痛,肠音亢进,频排稀软粪便,口腔干燥,耳鼻温热,或寒热往来,口色红黄,苔薄黄,脉弦。

【治法】 疏肝益胃。

【方例】 逍遥散(见和解方);痛泻重者,用痛泻要方(见和解方)。

二、呕　　吐

呕吐是食物由胃吐出的一种病证,为胃失和降,胃气上逆所致。以猪、犬、猫多见,牛、羊次之,马属动物一般难以发生呕吐。临床常见三种类型。

1. 胃热呕吐　　多因感受暑湿或疫疠之邪,过食草料;或食入难消化的或霉败的饲料或有毒的物质,使胃失和降,胃气上逆而呕吐。

【主证】 身热喜凉,口渴喜冷饮,食欲大减或不食,食而呕吐,遇热即吐,吐势剧烈,吐出物清稀色黄,有腐臭味,吐后稍安,反复发作,粪干尿短,口色红黄,少津,舌苔黄腻,脉洪数或滑数。

【治法】 清热养阴,降逆止呕。

【方例】 白虎汤(见清热方)加味。呕吐重者,加竹茹、半夏、藿香;热甚者,加黄连;粪干者,加大黄、芒硝;伤津者,加沙参、麦冬、石斛。

【针灸】 针脾俞、后三里、耳尖、尾尖、八字穴。猪还可针三脘穴。

2. 胃寒呕吐　　由于劳役过重,饲喂不当,致使脾胃运动功能失职;再遇久渴失饮,突然饮冷水过多,寒凝胃脘,胃气不降,上逆而为呕吐。常见于瘦弱的耕牛和犬、猫。

【主证】 消瘦,慢草,耳鼻俱凉,时有寒战,常在吃后呕吐,吐出物无明显气味,吐后口内多涎,口色淡白、口津滑利,脉象沉迟或弦而无力。

【治法】 温中降逆,和胃止呕。

【方例】 理中汤(见温里方)加减。呕吐重者,加半夏、陈皮;寒甚者,加小茴香、肉桂。

【针灸】 针脾俞、后三里、中脘等穴。

3. 伤食呕吐　　由于过食草料,停于胃中,滞而不化,致使胃气不能下行,上逆而呕吐。

【主证】 精神不振,间有不安,食欲废绝,腹部胀满,嗳气,呕吐,呕吐物酸臭,口色稍红,苔厚腻,脉象沉而有力。

【治法】 消食导滞,降气止呕。

【方例】 曲蘖散(见消导方)加减。食滞重者加大黄。

【针灸】 针脾俞、后三里、耳尖、尾尖、八字穴,猪还可针三脘穴。

三、腹　　痛

腹痛是多种原因导致胃肠、膀胱及胞宫等脏腑气滞血瘀,经络不通而发生的起卧不安、腹中作痛的证候。各种动物均可发生,尤其马、骡更为多见。临床常见七种类型。

1. 阴寒腹痛　　多因气候突变,阴雨苦淋,夜露风霜,寒邪传于胃肠;或劳役之后乘热饮冷水过多,过食冰冻饲料,阴冷直中胃肠使寒凝气滞,气机阻塞,不通则痛。

【主证】 鼻寒耳冷,寒战,阵发性起卧,刨地蹴腹,肠鸣如雷,夹有金属音,少数病例在腹痛间歇期肠音减弱;粪稀带水,饮食欲减退或废绝,口内湿滑或流清涎,口温低,口色青,脉沉紧。

【治法】 温中散寒,和血顺气。

【方例】 橘皮散(见理气方)加减。
【针灸】 针刺姜芽、分水、三江等穴。

2. 湿热腹痛 多因暑月炎天,劳役过重,奔走太急,乘饥饲喂谷料,谷料霉烂;或喂后立即使役,料毒凝于肠中,郁而化热,损伤胃肠,使肠中血瘀气滞而致腹痛。

【主证】 体温升高,耳鼻发热,腹痛不安,回头顾腹,精神不振,食欲减退,口渴喜饮,粪便稀溏,或荡泻无度,粪色深,恶臭,混有黏液,尿短赤,口色红黄,苔黄腻,脉滑数。
【治法】 清热利湿,活血止痛。
【方例】 郁金散(见清热方)加减。
【针灸】 针刺后海、后三里、尾根、大椎、带脉及尾本等穴。

3. 血瘀腹痛 母畜多因产前营养不良,生产过程耗气伤血,气血虚弱,运行不畅,致使宫内瘀血排泄不尽;或产后失于护理,风寒乘虚侵袭;或产后过饮冷水,过食冰冻饲料,寒凝气血,而致产后腹痛。马骡可因前肠系膜根处动脉瘤致气血瘀滞,发生腹痛。

【主证】 产后腹痛者,肚腹疼痛,蹲腰踏地,回头顾腹,不时起卧,食欲减少,阴门流出带紫黑色血块的恶露,口色发青,脉象沉紧或沉涩。若兼气血虚,又见神疲力乏,舌质淡红,脉虚细。肿瘤性腹痛者,常于使役中突然发生,起卧不安,时痛时停,问诊有习惯性腹痛史,谷道入手,肠中无粪结,在前肠系膜根处可触及拇指头甚或鸡蛋大肿瘤。
【治法】 产后腹痛宜补血活血,化瘀止痛;肿瘤性腹痛宜活血祛瘀,行气止痛。
【方例】 产后腹痛用生化汤(见理血方);肿瘤性腹痛用血府逐瘀汤(见理血方)。

4. 食滞腹痛 多因乘饥饲喂过饱,食后立即劳役,草料难于消化;偷吃或过食精料,食后饮水过多,胃过度充满,阻碍气机,引起腹痛。气候突变和过食易发酵膨胀的豆料,是主要诱因。

【主证】【治法】【方例】 见脏腑辨证中"胃食滞"证。
【针灸】 针三江、姜芽、分水、蹄头等穴。
【巧治】 一般先用胃管导胃。

5. 粪结腹痛 多因长期饲喂难消化饲料,或突然更换草料;饲喂不定时,饥饱不均,使役后立即饲喂或喂后立即使役;老龄齿病咀嚼不全;加之脾胃虚弱,天气骤变等,使脾胃功能障碍,聚粪成结,而致腹痛。

【主证】 食欲减退或废绝,腹痛起卧,回头顾腹,后肢蹴腹;排粪减少或粪便不通,粪球干小,肠音不整,继则肠音沉衰或废绝;口内干燥,舌苔黄厚,脉象沉实。由于结粪的部位不同,其临床症状各有特点。

前结(小肠便秘):一般在采食后数小时内突然发病,腹痛剧烈,继发大肚结(胃扩张)时,则呼吸迫促,颈部见逆蠕动波甚至鼻流粪水,导胃可排出多量黄褐色液体。初期可排少量粪便,肠音微弱,口色赤紫,少津,脉沉细而数。谷道入手常在右肾前方或右下方摸到结粪。

中结(小结肠或骨盆曲便秘):发病较突然。初期起卧不甚剧烈,站立不安,回头顾腹,继则起卧连连,肚胀,排粪停止。初期口色赤红而干,脉象沉涩,后期舌苔黄厚,舌有皱纹,口臭,脉沉细。谷道入手可摸到拳头大或小臂粗、能移动的结粪。

板肠结(大结肠或盲肠便秘):一般发病缓慢,腹痛症状较轻,较少滚转,站立时前肢向前伸,后肢向后伸,呈"拉肚腰"的姿势,肚胀不明显。初期可能排少量粪便,甚至排粪水,腹痛暂停时尚有食欲。后期口干少津,舌苔黄厚,口臭。谷道入手可在左腹下方、右前方或左后方摸到粗大而不易移动的、充满粪便的肠管。

后结(直肠便秘)：间歇性腹痛，一般无起卧表现，频频举尾呈现排粪姿势，蹲腰努责，四肢张开，但排不出粪便，肚腹稍胀。谷道入手即可摸到积聚在直肠中的粪便。

【治法】 破结通肠。

【方例】 大承气汤或当归苁蓉汤(均见泻下方)加减。

【针灸】 针三江、姜牙、分水、蹄头、后海等穴，或电针关元俞。

【巧治】 掏结术。

6. 尿结腹痛 多因湿热下注膀胱，膀胱气化不利，或心肺热盛，灼伤津液，气化失常，水道不通，小便不利而致腹痛。

【主证】 蹲腰努责，常作排尿姿势，但欲尿不尿或点滴而下，肚腹疼痛，欲卧不卧，舌红苔黄，脉数。

【治法】 清热利湿。

【方例】 滑石散(见利湿方)加减。

7. 气胀腹痛 多因过食易发酵饲料，如新鲜苜蓿等豆类饲料、地瓜秧、花生秧、豆荚皮等，发酵产气，致肚腹胀满大，气滞不通，而致疼痛。有咽气恶癖之马，由于吞咽大量气体，或患结证、肠扭转、肠阻塞，也常继发气胀腹痛。

【主证】 腹围显著增大，起卧不安，呼吸急促，精神不振，排粪迟滞或量少，口色青紫，舌苔薄白或黄腻，脉象洪数。谷道入手摸到肠管充满气体，无结粪。

【治法】 破气消胀。

【方例】 三香散(见理气方)加减。

【巧治】 气胀严重者，"急则治其标"，先穿肠(胈俞穴)放气急救。

四、泄　泻

泄泻是指排粪次数增多，粪便稀薄，甚至拉稀，泻粪如水样的一类证候。泄泻的主要病变部位在脾胃及大小肠。临床常见四种类型。

1. 寒泻(冷肠泄泻) 多因饮冷水太过，过食冷冻草料；或风寒外袭，夜露风霜，久卧湿地，阴雨苦淋，寒湿之邪传于胃肠，水谷不化，使小肠清浊不分，大肠水湿不能吸收而作泻。常见于马、骡和猪。

【主证】【治法】【方例】 见脏腑辨证中"大肠冷泻"证。

【针灸】 针刺后海、后三里、百会等穴。

2. 热泻 多因暑赤热炎天，劳役过重，乘饥食料过多；或草料霉，谷气料毒积于肠中，郁而化热，湿热下注，而成泄泻。

【主证】【治法】【方例】 见脏腑辨证中"大肠湿热"证。

【针灸】 针刺带脉、尾本、后三里、大肠俞等穴。

3. 伤食泻 常见于猪、犬和猫。多因采食过量，或过食难以消化的饲料，或偷吃精料、补饲精料过量，损伤脾胃，不能运化水谷精微，并走大肠而发伤食泻。

【主证】 证见肚腹胀满，隐隐作痛，粪稀黏稠，粪中夹有未消化的谷料，粪酸臭或恶臭，嗳气吐酸，不时放臭屁，或屁粪并下，痛即泻，泻后痛减，常伴呕吐，吐后痛减；口色红，苔厚腻，脉滑数。

【治法】 消积导滞，调和脾胃。

【方例】 保和丸(见消导方)加减。

【针灸】 针刺蹄头、脾俞、后三里、关元俞等穴。

4. 虚泻 临床常见脾虚泻和肾虚泻。

（1）**脾虚泻** 多因老龄体衰，久病失治，胃肠虫积，脾阳不振，致脾胃运化功能失职，无力腐熟水谷，精微不能化导，水湿内生，清浊不分，小肠吸收津液的能力减退或丧失，水分随大便泻出。

【主证】 发病缓慢，病程较长，身形羸瘦，毛焦欣吊，病初食欲减少，饮水增多，鼻寒耳冷，腹内肠鸣，不时作泻。粪中带水，粪渣粗大，或完谷不化，舌色淡白，舌面无苔，脉象迟缓。后期，水湿下注，四肢浮肿。

【治法】 补脾益气，健脾运湿。

【方例】 参苓白术散或补中益气汤（均见补气方）加减。

【针灸】 针刺百会、脾俞、关元俞等穴。

（2）**肾虚泻** 多因配种过度；或经产母畜，命门火衰，不能助脾运化而作泻。

【主证】 精神沉郁，头低耳聋，毛焦欣吊，腰胯无力，卧多立少，四肢厥逆，久泻不愈，夜间泻重。治愈后，如遇气候突变或使役过重即可复发，严重时肛门失禁，粪水外溢，腹下或后肢浮肿，口色如绵，脉象徐缓。

【治法】 补肾壮阳，健脾固涩。

【方例】 四神丸（见收涩方）合四君子汤（见补气方）加减。

【针灸】 针刺后海、后三里、尾根、百会、脾俞等穴。

五、便　　秘

便秘是肠内津液匮乏、粪便干燥、坚涩难下甚至秘结不通的病证。马骡结症也属便秘范畴，已在腹痛中论述，这里主要论述腹痛起卧不甚显著的便秘。临床常见三种类型。

1. 热秘 因夏日过度劳役，长途运输，久渴失饮；或精料偏多，聚而化热；或外感六淫入里，郁而化热，热邪蕴结胃肠，损伤津液，而致粪便干燥难于传送。

【主证】【治法】【方例】 见六经辨证中"阳明腑证"。

【针灸】 针后海、关元俞、脾俞、带脉、尾本等穴。

2. 寒秘 多因饲喂霜冻草料，或气温骤降，脾阳受损；或老龄体弱，正气不足，真阳亏损，寒从内生，致使运化无力，粪便难下。

【主证】 形寒肢冷，耳鼻俱凉，四肢欠温，排粪艰涩，小便清长，腹痛，口色青，苔薄白，脉沉涩。

【治法】 温通开秘。

【方例】 大承气汤（见泻下方）加附子、细辛、肉桂、干姜。腹痛甚加白芍、桂枝；积滞重加神曲、麦芽。

【针灸】 针后海、关元俞、百会等穴。

3. 虚秘 多因老龄或产后正气亏损，或长期饲喂难于消化的饲料，劳役过度，中气不足，气血生化无源，肠失濡润，传送无力，以致粪便坚涩难下。

【主证】 神倦乏力，体虚毛焦，多卧少立，大便排出困难，粪球不太干硬，口色淡白，脉弱。

【治法】 益气健脾，润肠通便。

【方例】 当归苁蓉汤（见润下方）加减。倦怠无力者加黄芪、党参；粪干津枯者加玄参、麦门冬。

【针灸】 针脾俞、关元俞、后三里、后海等穴。

六、垂　脱

垂脱是由于中气下陷所致的内脏器官相对位置下垂,甚至部分或全部脱出体外的病证,动物常见直肠脱、阴道脱和子宫脱。

1. 直肠脱(脱肛)　　主因血气不足,中气下陷,不能固摄;或久泄、久咳,粪便迟滞,或分娩时努责过度;或负载奔驰,用力过度。多发于老弱牲畜。

【主证】 直肠翻出肛门外,形如螺旋,呈圆柱状,初期色淡红,时久变暗红色,水肿,黏膜变硬甚至腐烂破溃;排粪困难,食欲减少,口色微黄,脉迟细。

【治法】 巧治整复,补中益气。

【巧治】 妥善保定,温水灌肠后,用温开水洗净脱出肠头,再用"防风汤"或3%温明矾水冲洗,清除坏死风膜,慢慢送入肛门内。复又脱出的病例,可整复后行荷包缝合固定。

【方例】 补中益气汤(见补气方)。整复后灌服。

【针灸】 整复后针后海、阴俞、肛脱穴。

2. 阴道脱　　除中气下陷为主要原因外,运动不足,阴道及子宫周围组织迟缓,分娩或胎衣不下时努责过度,难产时助产强拉硬拽也可引起。

【主证】 阴道部分或全部脱出阴门之外,部分脱出者呈半圆形,完全脱出者如排球大。

【治法】 巧治整复,补中益气。

【巧治】【方例】 同直肠脱。

【针灸】 整复后针阴俞、阴脱、后海穴。

3. 子宫脱　　病因同阴道脱。

【主证】 子宫部分或全部脱出到阴户外,完全脱出时多和阴道一起脱出,牛为筒状,马为袋状,在猪为两个分叉很长的袋状。脱出部分日久呈暗红色,水肿,坏死,患畜强烈努责,口色淡白,脉迟细。

【治法】【巧治】【方例】【针灸】 同阴道脱。

七、虫　积

虫积是指寄生虫寄生于家畜胃肠道引起的病证,各种动物均可发生,常见的有瘦虫(马胃蝇幼虫)、蛔虫、蛲虫、绦虫等。

1. 瘦虫　　马胃蝇将虫卵排在马皮肤上,当孵化出幼虫后,因幼虫移行,引发瘙痒。马在啃痒时将大量幼虫带入口腔,由口腔进入胃肠,从而引发本病。

【主证】 精神倦怠,毛焦肷吊,食欲减少,时有喷嚏,或喷出幼虫,肛门上或粪便中可见到红色蜂蛹样幼虫,常有泄泻、浮肿,口色淡白,脉象沉细。

【治法】 驱虫,兼顾扶正。

【方例】 贯众散(见驱虫方)。

2. 蛔虫　　动物吃进污染有蛔虫虫卵或幼虫的生水、草料、泥浆等物,将虫卵带入体内,孵化出成虫,吸收动物的津、血生长繁育,从而使动物发病。

【主证】 精神倦怠,毛焦肷吊,食欲减少,泄泻或便秘,偶见咳嗽或腹痛,口色淡白,脉象沉细。小动物有时因虫体过多,缠绕成团,阻塞肠管,引起剧烈腹痛,甚至引起肠破裂。如上行胆道,还可引起黄疸。

【治法】 驱虫为主,兼顾扶正。
【方例】 驱虫散(见驱虫方)加减。

3. 蛲虫 动物吃进污染有蛲虫虫卵或幼虫的生水、草料、泥秽等物,使虫邪进入体内而致病。

【主证】 精神倦怠,毛焦肷吊,食欲减少,肛门奇痒,常在墙壁与树桩上擦痒,尾根部被毛脱落,肛门和会阴周围有时可见到黄白色小虫体,口色淡白,脉象沉细。

【治法】 驱虫为主,兼顾扶正。

【方例】 驱虫散(见驱虫方)加减。或雷丸、使君子各60g,槟榔30g,共研为末,冲服。

4. 绦虫 动物吃进污染有绦虫虫卵或幼虫的生水、草料、泥秽等物,使虫邪进入体内而致病。

【主证】 精神倦怠,毛焦肷吊,食欲减少,腹泻与便秘交替,粪便中混有虫体节片,口色淡白,脉象沉细。

【治法】 驱虫,兼顾扶正。

【方例】 万应散(见驱虫方)。

第二节 心肺病证

一、汗 证

汗证是由于营卫气血的运行异常引起病理性出汗的一种证候,见于汗腺比较发达的牛、马等家畜。心主汗,肺主气、肾主水,出汗与心、肺、肾的关系密切。汗证常见四种类型。

1. 气虚自汗 多因劳役过度,或久病体虚,致心、肺气虚,营卫气血运行失调,卫阳不固,津液外泄而自汗。阳气虚衰,腠理不固,津液外泄,故汗自出;劳役后,阳气更虚,故出汗更剧,甚至大汗淋漓;阳虚不能温煦,故耳鼻四肢发凉,阳虚,气血不能充于口舌,故口色淡白;脉浮而无力,为阳虚之象。

【主证】 休闲时出汗,轻役即大汗,耳根、肘后、股内及阴囊附近被毛湿润或汗液淋漓;虚弱无力,呼吸气短,耳鼻及四肢末端发凉,口色淡白,脉无力。

【治法】 益气固表。

【方例】 玉屏风散合牡蛎散(均见收涩方)。

2. 阴虚盗汗 是由于阴液不足而导致的病理性出汗。多因营养不良,精血亏损,或久病伤阴,造成心、肺阴虚,营阴不能内守而出汗。由于患病动物素体阴虚,入夜则更需阴液输布全身以敛阳,卫阳失敛则无以固表,加之"阴虚则热",热迫津外泄,故汗外出;白天阳气复归于表,则其汗自止,阴虚生内热,虚热内蒸,故长期低烧不退,或午后发热,热耗阴液,故口渴、口津少,舌红无苔,脉象细数,均为阴虚内热之象。

【主证】 夜间休息时出汗,白天则汗止,有时在冬季清晨可见被毛上因出汗结成的一层白霜,舌红,少津,少脉象细。

【治法】 滋阴降火,固表止汗。

【方例】 六味地黄汤(见补虚方)加浮小麦、龙骨、牡蛎、麻黄根等;或用当归六黄汤(当归、生地黄、熟地黄、黄芩、黄柏、黄连、黄芪,《兰室秘藏》)。

3. 亡阴热汗 由于感受火热之邪,或寒邪入里化热,里热炽盛,迫津外泄,阴液将脱,而出现亡阴热汗。

【主证】 烦躁不安,汗出如油,耳鼻四肢温热,口渴喜饮,气促喘粗,口干舌红,脉数无力或脉大而虚。

【治法】 急救养阴。

【方例】 生脉散(见补虚方)加减。热重者,加生地、丹皮;气虚脉弱者,加石斛、阿胶、炙甘草。

4. 亡阳冷汗 由于卫阳不固,阳气欲脱,阳脱则阴无所附,心液随阳外泄,故见亡阳冷汗。

【主证】 精神极度沉郁,或神志呆痴,肌肉颤抖,汗出如水,耳鼻四肢发凉,气息微弱,口色淡白或青紫,脉微欲绝。

【治法】 回阳救逆。

【方例】 参附汤或四逆汤(均见温里方)加减。

二、流涎与吐沫

流涎,指口中流出水样或黏液状液体;吐沫,指从口中吐出呈泡沫状的液体。二者均是唾涎增多,从口中流出的病证。中兽医古籍中有"心热生涎"、"肺寒吐沫"等记载。临床常见四种类型。

1. 心热流涎 多由于心经积热过甚,其原因多因感受暑热之邪或其他淫邪郁而入里化热,充于上焦,热积于心,上炎于舌;或心热波及于脾,逼脾液外出而致。草料中尖锐异物刺伤口舌也可引起。

【主证】【治法】【方例】 见脏腑辨证中"心火上炎"证。

【针灸】 针刺玉堂、通关、颈脉等。

2. 肺寒吐沫 多由于外寒侵袭,急饮冷水,寒邪伤肺,致肺失宣降,津液输布障碍,化为涎沫,逆于口内而吐出。

【主证】 频频磨牙锉齿,连连口吐白沫,唇沥清涎,沫多涎少,如雪似棉,洒落槽边桩下,唇舌无疮,兼见头低耳耷,水草迟细,毛焦欣吊,耳鼻俱凉,偶有咳嗽,口色淡白或青白,舌质绵软,脉象沉细。

【治法】 温化寒痰。

【方例】 半夏散(见化痰方)加减。食少欣吊者,加苍术、焦山楂、砂仁;沫多湿盛者,加茯苓、牵牛子。

【针灸】 针刺鼻前、风门、玉堂穴。

3. 胃冷流涎 多因外感风寒,或食冰冻饲料,或过饮冷水,寒邪侵犯肌肤腠理,传入脾胃;或脾胃阳气素虚,复感寒邪等,津液不化,而致口吐清涎。

【主证】 口流大量清涎或黏涎,汗颤,毛焦欣吊,慢草,耳鼻俱凉,口腔湿润,口色青黄,舌津滑利,舌苔薄白,脉象沉迟。

【治法】 健脾暖胃,摄涎。

【方例】 健脾散加减(当归、白术、厚朴、官桂、陈皮、干姜、茯苓、菖蒲、泽泻、青皮、五味子、甘草、炒盐、酒120ml,《元亨疗马集》)。

【针灸】 火针脾俞穴。

4. 恶癖吐水 主要见于马、驴、骡,是由于条件反射而形成的一种恶癖。

【主证】 歇息时,嘴唇触及外物(如缰绳、饲槽、柱桩等)时,即不断活动,随之流出大量涎唾,经久不止,至采食或劳动时才停止。病程可达数年之久。

【治法】 理肺、除癖、摄津。

【方例】 加味半夏散(制半夏、防风、升麻、枯矾、橘红、茯苓、苍术、柴胡、二丑、焦山楂、砂仁、甘草,共为细末,开水冲,引用生姜适量,同调候温灌服,《中兽医治疗学》)。

【针灸】 用95%的乙醇10ml肌内注射或注于下唇两侧的下唇掣肌肉内。一次不愈,可隔2～3天再重复1次。

三、咳 嗽

咳嗽是肺经疾病的一种主要证候。外感、内伤的多种因素都可使肺气壅塞,宣降失常而发生咳嗽。临床上常见以下证型。

1. 外感咳嗽 因外感风寒、风热引起的咳嗽,临床上常见三种证型。

(1) 风寒咳嗽 由于风寒之邪侵袭肌表,卫阳被束,肺气郁闭,宣降失常,而致咳嗽。

【主证】【治法】【方例】 见脏腑辨证中"风寒束肺"证。

【针灸】 针肺俞、苏气、山根、耳尖、尾尖、大椎等穴。

(2) 风热咳嗽 由于感受风热邪气,肺失清肃,宣降失常,而致咳嗽。

【主证】【治法】【方例】 见脏腑辨证中"风热犯肺"证。

【针灸】 针玉堂、通关、苏气、山根、尾尖、大椎、耳尖等穴。

(3) 肺热咳嗽 多因外感火热或风寒之邪,郁而化热,肺气宣降失常所致。

【主证】【治法】【方例】 见脏腑辨证中"肺热咳嗽"证。

【针灸】 针胸堂、颈脉、苏气、百会等穴。

2. 内伤咳嗽 主要有两种类型。

(1) 肺气虚咳嗽 多因久病体虚,或劳役过重,耗伤肺气,致使肺宣肃无力而发咳嗽。

【主证】【治法】【方例】 见脏腑辨证中"肺气虚"证。

【针灸】 针肺俞、脾俞、百会等穴。

(2) 肺阴虚咳嗽 多因久病体弱,或邪热久恋于肺,损伤肺阴所致。

【主证】【治法】【方例】 见脏腑辨证中"肺阴虚"证。

【针灸】 针肺俞、脾俞、百会等穴。

四、喘 证

喘证是肺气升降失常,呈现以呼吸喘促、胶肋扇动为特征的证候。根据正邪消长可分为实喘和虚喘。实喘发病急骤,病程短,喘而有力;虚喘发病较缓,病程长,喘而无力。

1. 实喘 多因外感寒热所致。

(1) 热喘 多因暑月炎天,劳役过重,风热之邪由口鼻入肺,或风寒之邪郁而化热,热壅于肺,肺失清肃,肺气上逆而为喘。

【主证】【治法】【方例】 见脏腑辨证中"肺热气喘"证。

【针灸】 针鼻俞、玉堂等穴。

(2) 寒喘 多因外感风寒,腠理郁闭,肺气壅塞,宣降失常,上逆为喘。

【主证】【治法】【方例】 见脏腑辨证中"风寒束肺"证。

【针灸】 针肺俞穴。

2. 虚喘 多因长期劳役过度,如饱后重役,日久伤肺;或久咳失治,咳伤肺气,肺气亏虚；或肾元损伤，下元不固，肾不纳气而作喘。

(1) **肺虚喘** 由于肺阴亏耗，肺气虚弱，肺失清肃，而致肺气上逆而喘。病势缓慢，病程较长，多有久咳病史。

【主证】【治法】【方例】 见脏腑辨证中"肺阴虚"证。

【针灸】 针肺俞穴。

(2) **肾虚喘** 由于久病及肾，肾气亏损，下元不固，不能纳气，肺气上逆而作喘。病情较肺虚喘深重。

【主证】 倦怠神疲，食少毛焦，易出汗，呼多吸少，二段式呼气，肷肋扇动和息劳沟很明显，甚或张口呼吸，全身震动，肛门随呼吸而伸缩；或有痰鸣，出气如拉锯，静则喘轻，动则喘重。咳嗽连声，声音低弱，日轻夜重，口色淡白，脉沉细无力。

【治法】 补肾纳气，下气定喘。

【方例】 蛤蚧散加味（蛤蚧、百合、天门冬、秦艽、贝母、杏仁、玄参、阿胶、月石、白芍、枳壳、蜂蜜）。

【针灸】 针肺俞、百会等穴。

第三节 肝肾病证

一、黄 疸

黄疸，是以可视黏膜黄染为主要症状的一类病证，是肝胆湿热和肝胆寒湿的主要证候，因此有阳黄和阴黄之分。

1. 阳黄 多因外感湿热、疫毒之邪入里，或脾胃运化失常，湿邪内生，郁而化热，湿热交蒸，不得外泄，熏于肝胆，以致肝失疏泄，胆汁外溢，浸渍皮肤，而发为黄疸。

【主证】【治法】【方例】 见脏腑辨证中"肝胆湿热"证。

【针灸】 针肝俞、胆俞、太阳、眼脉、玉堂、尾尖、耳尖等穴。

2. 阴黄 多因夜卧寒湿之地，寒湿之邪内侵，或因脾不健运，水湿内生，又感寒邪，内外合邪，郁滞肝胆，胆汁不得疏泄，溢于血脉所致。阳黄迁延日久，也可转化为阴黄。

【主证】【治法】【方例】 见脏腑辨证中"肝胆寒湿"证。

【针灸】 针肝俞、胆俞、脾俞等穴。

二、水 肿

水肿是由于水代谢障碍引起体内水湿潴留、泛溢于肌肤之间的一种证候。临床常见四种类型。

1. 风水相搏 多因风寒外袭，肺失宣降，不能通调水道，风水泛滥，流溢肌肤，发为水肿。相当于现代兽医学中的由感冒引起的急性肾炎初期。

【主证】 初起毛乍腰弓，畏寒发热，随之出现眼睑及全身浮肿。腰脊僵硬，肾区触压敏感，尿短少，舌苔薄白，脉浮数。

【治法】 宣肺利水。

【方例】 越婢加术汤（麻黄、石膏、甘草、大枣、白术、生姜，《金匮要略》）。表证明显者，加防风、羌活；咽喉肿痛者，加板蓝根、桔梗、连翘、射干等。

2. 水湿积聚 多因圈舍潮湿，或被雨淋，或暴饮冷水，或长期饲喂冰冻饲料，脾阳为寒湿所困,运化失职,水湿停聚,溢于肌肤,发为水肿。

【主证】 精神委靡,草料迟细,耳耷头低,四肢沉重,胸前、腹下、肉垂、四肢、阴囊等处水肿,以后肢最为严重,行动强拘,腰腿僵硬。小便短少,大便稀薄。脉象迟缓,舌苔白腻。

【治法】 通阳利水。

【方例】 五苓散合五皮饮(均见祛湿方)加减。

3. 脾虚水肿 多因劳役过度,草料不足,脾气受损,运化失职,以致水液停聚,发为水肿。

【主证】 毛焦欣吊,精神短少,食欲减退,反刍无力。四肢、腹下水肿,按之凹陷。尿少、粪稀,舌软如绵。脉象沉细无力。

【治法】 健脾利水。

【方例】 参苓白术散(见补虚方)加桑白皮、生姜皮、大腹皮等。

4. 肾虚水肿 多因体质素虚,或劳役过度,或配种过频,或久病失养,以致脾肾阳虚,水液不能正常蒸化,泛滥周身肌肤而为水肿。

【主证】【治法】【方例】 见脏腑辨证中"肾虚水泛"证。

三、淋 证

淋证是排尿困难而疼痛,欲尿不尿或排尿淋沥的一种证候。根据病因及主证分为热淋、血淋、砂淋、膏淋和劳淋,合称为五淋。

1. 热淋 由于湿热蕴结于下焦,膀胱气化失利,以致排尿淋漓涩痛,而发热淋。

【主证】 排尿时拱腰努责,淋沥不畅,表现疼痛,尿量少但频频排尿,尿色赤黄。口色红,苔黄腻,脉滑数。

【治法】 清热降火,利湿通淋。

【方例】 八正散(见祛湿方)加减。内热盛者,加蒲公英、金银花等。

2. 血淋 由于湿热蕴结膀胱,伤及脉络,血随尿排出,遂成血淋。血淋与尿血,均可见尿中带血,血淋特点是排尿涩痛、淋漓不尽,而尿血则无排尿涩痛、尿淋漓。

【主证】 排尿困难,疼痛不安,尿中带血,尿色鲜红。舌色红,苔黄,脉数。兼血瘀者,血色暗紫有血块。

【治法】 清热利湿,凉血止血。

【方例】 小蓟饮子(生地黄、小蓟、滑石、炒蒲黄、淡竹叶、藕节、通草、栀子、炙甘草、当归,《重订严氏济生方》)。湿热盛者,加知母、黄柏。

3. 砂淋 由于湿热蕴结膀胱,煎熬尿液成石所致,常发于公畜。

【主证】 尿道不完全堵塞时,尿频,排尿困难,疼痛不安,淋漓不尽,有时排尿中断,尿液混浊,混有大小不等的砂石,或带血丝。尿道完全堵塞时,常作排尿姿势,但无尿排出,动物痛苦不安。犬、猫等小动物触诊腹部,马、牛等大动物谷道入手,可感知膀胱充盈。口色、脉象通常无明显变化,或口色微红而干,脉滑数。严重者,因久不排尿,致包皮、会阴水肿,同时伴有全身症状。

【治法】 清热利湿,消石通淋。

【方例】 八正散(见祛湿方)加金钱草、海金沙、鸡内金。兼有血尿加大蓟、小蓟、藕节、丹皮。

4. 膏淋 湿热蕴结于膀胱,气化不利,清浊相混,脂液失约,遂成膏淋。

【主证】 身热,排尿涩痛、频数,尿液混浊不清,色如米泔,稠如膏糊,口色红,苔黄腻,脉滑数。

【治法】 清热利湿,分清化浊。

【方例】 萆薢分清饮(川萆薢、石菖蒲、黄柏、白术、莲子心、丹参、车前子,《医学心悟》)。

5. 劳淋 多因体质素虚,劳役过度,或淋证失治、误治,耗伤正气,致使脾肾俱虚,膀胱气化不利而发为劳淋。

【主证】 精神倦怠,四肢无力,卧多立少,体瘦毛焦,甚或耳鼻发凉,四肢不温;排尿频数,淋漓不尽,但疼痛不显,遇劳则淋重;口色淡白,舌质如绵,舌苔薄白或无苔,脉沉细无力。

【治法】 补益脾肾,利尿通淋。

【方例】 肾虚者,用六味地黄汤(见补虚方)加菟丝子、五味子、枸杞子;脾虚者,用补中益气汤(见补虚方)加菟丝子、五味子、枸杞子;排尿困难者,加猪苓、泽泻、车前子。

四、滑 精

滑精是肾失封藏,精关不固,不交配即精液外泄,或交配时早泄的病证,又称流精、泄精、遗精。仅见于公畜,临床上分为肾虚不固和阴虚阳亢两种。

1. 肾虚不固 多因公畜配种过多,精窍屡开;或因营养不足,劳役过度,致使肾气亏损,下元虚衰,不能封藏所致。

【主证】 形体瘦弱,倦怠无力,常出虚汗,动则尤甚,形寒肢冷,喜卧暖处,小便频数,粪便溏泻;阴茎常伸出,软而不举,精液自流,口色淡白,舌体绵软,舌津清稀,脉细弱。

【治法】 温肾壮阳,涩精固本。

【方例】 金锁固精汤(见收涩方),加减,或右归饮(熟地、山药、山萸肉、枸杞子、杜仲、菟丝子、附子、当归、鹿角胶,《景岳全书》)加龙骨、牡蛎、五味子等。

【针灸】 针肾俞、命门、百会、后海、阴俞等穴。

2. 阴虚阳亢 多因配种过度,损伤肾精,或劳役过度,气血亏耗,致使心肾阴虚,相火偏胜,虚火妄动,干扰精室,封藏失职所致。

【主证】 阴茎频频勃起,流出精液,遇见母畜加重,配种时尚未交配,精液早泄;重者拱腰,举尾,或有躁动不安,口色淡红,苔少或无,舌干少津,脉细数。

【治法】 滋阴降火,补肾涩精。

【方例】 六味地黄汤(见补虚方)加知母、黄柏。

【针灸】 同肾虚不固。

五、不 孕

不孕是指适龄母畜屡经健康公畜交配而不受孕的病证,可分为先天性不孕和后天性不孕两类。先天性不孕,多因生殖器官的先天性缺陷引起,难以医治;后天性不孕,多因生殖器官功能障碍引起,故此处仅讨论后天性不孕。根据病因病机可分为四种类型。

1. 虚弱不孕 多因饲养管理不当,如饲料品质不良,长期过劳,挤奶期过度等,均可引起肾气虚损,命门火衰,冲任空虚,不能摄精成孕。

【主证】 发情不正常,或沉默发情,屡配不孕,形体消瘦,精神倦怠,或见阴门松弛,口色淡白,脉象沉细无力。

【治法】 益气补血,健脾温肾。

【方例】 复方仙阳汤（淫羊藿、补骨脂、阳起石、枸杞子、当归、菟丝子、赤芍、熟地、益母草，江苏验方）。

【针灸】 针雁翅、百后、后海、肾俞、阴俞、关元俞等穴。

2. 宫寒不孕 多因畜体素虚，或受风寒，阴雨苦淋，久卧湿地，饮喂冰冻水草，寒湿注于胞中；或劳役过度，伤精耗血，损伤肾阳，失于温煦，冲任气衰，胞脉失养，不能摄精成孕。见于慢性子宫内膜炎、慢性子宫颈炎、慢性阴道炎等过程中。

【主证】 不发情，或发情周期不正常，发情不明显，屡配不孕，形寒肢冷，带下清稀，大便溏泻，小便清长，口色青白，脉象沉迟。

【治法】 暖宫散寒，温肾壮阳。

【方例】 艾附暖宫丸（艾叶、吴茱萸、川芎、肉桂、醋香附、当归、续断、白芍药、生地、炙黄芪）。

【针灸】 同虚弱不孕。

3. 肥胖不孕 多因营养过剩，运动不足，痰湿内生，气机不畅，影响发情；或脂液丰满，阻塞胞宫，不能摄精成孕。

【主证】 发情不正常或发情不明显，屡配不孕，体肥膘满，动则易喘，不耐劳役，带下黏稠量多，口色淡白，脉滑。

【治法】 燥湿化痰，催情促孕。

【方例】 苍术散加减（炒苍术、滑石、制香附、制半夏、茯苓、神曲、陈皮、炒枳壳、白术、当归、莪术、三棱、甘草、升麻、柴胡）。

【针灸】 同虚弱不孕。

4. 血瘀不孕 多因舍饲期间，运动不足，或长期发情不配，或胞宫有痼疾，致使胞宫气滞，不能摄精成孕。见于卵巢囊肿、持久黄体等过程中。

【主证】 发情周期反常或长期不发情，过多爬跨，有"慕雄狂"之状，直肠检查，可发现卵巢囊肿或持久黄体。

【治法】 活血化瘀。

【方例】 促孕灌注液子宫内灌注，或生化汤（见理血方）加减。

【针灸】 电针雁翅、百会、后海、肾俞等穴，氦氖激光照射阴蒂及交巢穴。

第四节 其他病证

一、发 热

发热是临床常见的症状之一，可以在许多疾病中出现。引起发热的原因有外感和内伤两大类，外感发热多表现为实证，内伤发热则为虚证，因此治法各不相同。

（一）外感发热

多因气候骤变，劳役出汗，畜体腠理开泄，六淫外邪乘虚侵入所致。根据病位的深浅，可分为表证发热、半表半里发热和里证发热。

1. 表证发热 六淫之邪，特别是风寒、风热、暑湿等淫邪，客于肌表，肺卫失宣，则引起表证发热。常见三种证型。

（1）外感风寒 风寒之邪侵袭肌表，卫气被郁所致。见于外感病的初起阶段。

【主证】 发热,恶寒,且恶寒重、发热轻,无汗,皮紧毛乍,鼻流清涕,口色青白,舌苔薄白,脉浮紧,有时咳嗽,咳声洪亮。

【治法】 辛温解表,疏风散寒。

【方例】 麻黄汤(见解表方)加减。咳喘甚者,加桔梗、冬花;兼有表虚(太阳中风证,见六经辨证)者,方用桂枝汤(见解表方)加减;兼有气血虚者,用发汗散(《元亨疗马集》)加减(麻黄、升麻、当归、川芎、葛根、白芍、党参、紫荆皮、香附);挟湿者,用荆防败毒散(见解表方)加减。

【针灸】 针鼻前、大椎、苏气、肺俞等穴。

(2) 外感风热 感受风热邪气而发病,多见于风热感冒或温热病的初期。

【主证】 发热重,微恶寒,耳鼻俱温,微汗,口鼻咽干,咳嗽,鼻流黄色或白色黏稠脓涕,尿短赤,舌稍红,苔薄白或薄黄,脉浮数。

【治法】 辛凉解表,宣肺清热。

【方例】 银翘散(见解表方)加减。热重者,加黄芩、石膏、知母、花粉;挟湿者,去荆芥、加佩兰、厚朴、石菖蒲等。

【针灸】 针鼻前、大椎、鼻俞、耳尖、太阳、尾尖、苏气等穴。

(3) 外感暑湿 由于夏季炎热,且气候潮湿,暑、湿合邪而致发热。

【主证】 发热,或高热,汗出身热不解,食欲不振,口渴,肢体沉重,运步不灵,便溏,尿黄赤,舌红,苔黄腻,脉濡数。

【治法】 清暑化湿。

【方例】 新加香薷饮(《温病条辨》)加味(香薷、厚朴、连翘、金银花、鲜扁豆花、青蒿、鲜荷叶、西瓜皮)。内伤饮食重者,用藿香正气散(见祛湿方)。

【针灸】 同外感风热。

2. 半表半里发热 由于风寒之邪侵犯机体,邪不太盛不能直入于里,正气不强又不能祛邪外出,正邪交争半表半里之间(少阳病证),而致发热。

【主证】【治法】【方例】 见六经辨证中"少阳病证"。

3. 里证发热 多因六淫之邪不解,入里化热,或邪热直中脏腑,而致里证发热。

里热证的证型众多,包括气分热、卫分热、营分热、血分热、热结或湿热蕴结各脏腑引起的里证发热,分别参见卫气营血辨证、六经辨证和脏腑辨证相关章节。

(二) 内伤发热

多由体质素虚,阴血不足,或血瘀化热等原因所致。临床常见三种类型。

1. 阴虚发热 多因体质素虚,阴血不足,或热病经久不愈,或失血过多,或汗、吐、下太过,导致机体阴血亏虚,热从内生。

【主证】 低热不退,午后热甚,身热,耳鼻微热,易惊或烦躁不安,皮肤弹性降低,唇干口燥,粪球干小,尿少色黄,口色红或淡红,少苔或无苔,脉细数。

【治法】 滋阴清热。

【方例】 青蒿鳖甲汤(见清热方)加减。热重者,加地骨皮、黄连、玄参等;盗汗者,加龙骨、牡蛎、浮小麦;粪球干小者,加当归(油炒)、肉苁蓉(油炒)等;尿短赤者,加泽泻、木通、猪苓等。

2. 气虚发热 多由劳役过度,饲养不当,饥饱不均,损伤脾胃,气血不足引起。

【主证】 多在劳役过度之后发热,耳鼻稍热,神倦乏力,易出汗,食欲减少,有时泄泻,舌质淡红,脉细弱。

【治法】 健脾益气。
【方例】 补中益气汤(见补虚方)加减。

3. 血瘀发热 多由跌打损伤,瘀血积聚,或产后血瘀等引起。

【主证】 外伤引起者,局部瘀血肿胀,疼痛,有时体温升高;产后瘀血未尽者,除有发热之外,常有腹痛及恶露不尽等表现,口色红而带紫,脉弦数。

【治法】 活血化瘀。

【方例】 外伤瘀血者用桃红四物汤(见理血方)加减,产后瘀血者用生化汤(见理血方)。

二、虚 劳

虚劳是气血阴阳、脏腑亏损而发生的多种证候,既见于多种慢性、虚损性病证的过程中,又可单独成为一种病证。临床常见四类证型。

1. 气虚 是脏腑功能活动能力降低或不足的表现,多因久病耗伤正气,或饲养管理不当,营养缺乏,劳役过度,脏腑功能衰退所致。与肺、脾、肾的关系最为密切,临床常见肺气虚与脾气虚。

(1) 肺气虚 见脏腑辨证中"肺气虚"证。

(2) 脾气虚 见脏腑辨证中"脾气虚"证。

2. 血虚 是血液亏损、脏腑失养出现的证候。多因先天不足,或脾胃虚弱、血液化生减少,或各种急慢性出血,或肠道寄生虫等所致。与心、肝两脏关系最为密切,临床常见心血虚与肝血虚。

(1) 心血虚 见脏腑辨证中"心血虚"证。

(2) 肝血虚 见脏腑辨证中"肝血虚"证。

3. 阴虚 是阴精受损或阴液不足出现的证候。多因营养不足,饮水缺乏,或久病体虚,或泄泻、大汗、失血以及高热伤津所致。临床常见肺阴虚和肾阴虚。

(1) 肺阴虚 见脏腑辨证中"肺阴虚"证。

(2) 肾阴虚 见脏腑辨证中"肾阴虚"证。

4. 阳虚 是阳气或脏腑功能受损出现的证候。多因素体阳虚,或老龄体弱,久病不愈,或劳损过度,感受寒邪,阳气受损所致。临床常见脾阳虚和肾阳虚。

(1) 脾阳虚 见脏腑辨证中"脾阳虚"证。

(2) 肾阳虚 见脏腑辨证中"肾阳虚"证。

三、血 证

凡血不循经、溢于脉管外的病证,称为血证,现代医学称为出血。血证涉及的范围较广,这里仅介绍鼻衄、尿血、便血三种血证。

1. 鼻衄 多由外感热邪或外伤引起。

【主证】 一侧或两侧鼻孔突然流血,血色鲜红,舌色红,脉数。

【治法】 外感热邪出血者,清热止血;外伤出血者,收敛止血。

【方药】 外感热邪出血,用十黑散(见理血方)加减;外伤出血用吹鼻散(冰片、血余炭,《中兽医治疗学》)。

2. 尿血 尿中混有血液或血块。临床常见湿热蕴结和脾不统血两种。

(1) 湿热蕴结 多因热邪侵袭,湿热蕴结膀胱膀胱,损伤脉络所致。尿道结石、弩伤、跌打损伤等也可引起。

【主证】 精神倦怠,食欲减少,发热,小便短赤,尿中混有血液,或伴有血块,色鲜红或暗紫,口色红,脉细数。因弩伤或跌打损伤所致者,行走吊腰,触诊腰部疼痛敏感,尿中常有血凝块。

【治法】 清热凉血,散瘀止血。

【方例】 八正散(见祛湿方)加白茅根、大蓟、小蓟、生地;或秦艽散(见理血方)加减。

【针灸】 针断血穴。

(2) 脾虚尿血　　多因劳役过度,饮喂失调,伤及脾胃;或体质素弱,脾胃气虚,致使气虚不能统血,血溢脉外,而成尿血。

【主证】 精神不振,耳耷头低,四肢无力,食欲减少,尿中带血,尿色淡红,口色淡白,脉象虚弱。

【治法】 健脾益气,摄血止血。

【方例】 归脾汤或补中益气汤(均见补虚方)加减。

【针灸】 针脾俞、断血等穴。

3. 便血　　指排粪时粪中带血,或便前便后下血。临床常见湿热便血和气虚便血。

(1) 湿热便血　　多因暑月炎天,使役过重,或久渴失饮,饮水秽浊不清,或乘热饲喂草料,草料腐败霉烂,以致湿热蕴结胃肠,灼伤脉络,血溢肠道所致。

【主证】 发病较急,精神沉郁,食欲、反刍减少或停止,耳鼻俱热,口渴喜饮,鼻镜、鼻盘干燥,排粪带痛,病初粪便干硬,附有血丝或黏液,继而粪便稀薄带血,气味腥臭,甚至全为血水,血色鲜红,小便短赤。口色鲜红,口温高,苔黄腻,脉滑数。

【治法】 清热利湿,凉血解毒。

【方例】 黄连解毒汤(见清热方)合槐花散(见理血方)加减。口渴热盛下鲜血者,加赤芍、丹皮、生地黄、金银花、连翘;腹泻重者,加茵陈、木通、车前子、茯苓、桔梗;气滞腹痛者,加木香、枳壳、厚朴。

【针灸】 针脾俞、后海、百会、断血等穴。

(2) 气虚便血　　多因久病体虚,老龄瘦弱,或长期饲养失宜,劳役过度,致使脾胃虚弱,中气下陷,以致气不摄血,血溢肠而致。

【主证】 发病较缓,精神倦怠,鼻寒耳冷,毛焦肷吊,食欲、反刍日渐减少,粪便溏稀带血,多先便后血或血粪混下,重者纯下血水,血色暗红,口色灰白,脉象迟细。日久气虚下陷者,可见脱肛或肛门松弛。

【治法】 健脾益气,引血归经。

【方例】 四君子汤(见补虚方)加减;或补中益气汤(见补虚方)加棕榈炭、阿胶、灶心土等。

【针灸】 针脾俞、后三里、百会、断血、后丹田、百会等穴。

四、痹　证

痹是闭塞不通的意思,痹证是由于动物体遭受风寒湿邪侵袭,致使经络阻塞、气血凝滞,引起肌肉、关节肿胀疼痛,屈伸不利,甚至麻木、关节变形的一类证候,相当于现代医学的风湿病。临床上常见两种类型。

1. 风寒湿痹　　多因气候突变、夜露风霜、阴雨苦淋、久卧湿地、穿堂贼风、劳役过重、乘热渡河、带汗揭鞍等,风寒湿邪伤于皮肤,流窜经络,侵害肌肉、关节、筋骨,引起经络阻塞,气血凝滞,而成痹证。

【主证】 肌肉或关节肿痛,皮紧肉硬,四肢跛行,屈伸不利,跛行随运动而减轻。重则关节肿大,肌肉萎缩,甚或卧地不起。风邪偏盛者(行痹),疼痛游走不定,常累及多个关节,脉缓;寒邪偏盛者(痛痹),疼痛剧烈,痛处固定,得热痛减,遇冷痛重,脉弦紧;湿邪偏盛者(着痹),疼痛较轻,痛处固定,肿胀麻木,缠绵难愈,易复发,脉沉缓。

【治法】 祛风散寒,除湿通络。

【方例】 风邪偏盛者,用防风散(见祛湿方)加减;寒邪偏盛者,用独活寄生汤(见祛湿方)减熟地、党参,加川乌;湿邪偏盛者,用薏苡仁汤(薏苡仁、防己、苍术、独活、羌活、防风、桂枝、川乌、豨莶草、川芎、当归、威灵仙、生姜、甘草,《类证治裁》)加减。前肢痹证,加瓜蒌、枳壳等;后肢及腰部痹证,加肉桂、茴香等。

【针灸】 根据患病的具体部位进行选穴,如颈部风湿针九委穴,肩部风湿针抢风、冲天、膊尖、肺门等穴,腰背部风湿针百会、肾俞、肾棚、肾角、腰前、腰中、腰后等穴,后肢风湿针巴山、路股、大胯、小胯、邪气等穴。可酌情选用白针、水针、电针、火针、醋酒灸和软烧等不同方法。

2. 风湿热痹 多因动物阳气偏胜,内有蕴热,又感风寒湿邪,里热为外邪所郁,湿热壅滞,气血不宣;或痹证迁延,风寒湿邪久留,郁而化热,壅阻经络关节,而致风湿热痹。

【主证】 发病较急,患部肌肉关节肿胀、温热、疼痛,常呈游走性,伴有发热出汗、口干、色红、脉数等症状。

【治法】 清热疏风化湿。

【方例】 独活散(见祛湿方)加减。

【针灸】 同风寒湿痹。

五、跛　行

跛行是四肢活动功能障碍的一种临床表现,又称为拐症。跛行的病因主要是四肢疾病,有时也与脏腑相关。如肺把胸膊痛、肾冷拖腰等皆可引起跛行。根据其病因病机可分为闪伤跛行、寒伤跛行及热伤跛行。

1. 闪伤跛行 由于跌打损伤,或滑伸扭闪挫伤或扭伤关节及其周围软组织(肌肉、肌腱、韧带等),致使血瘀气滞,而成肿痛、跛行。

【主证】 突然发病,跛行随运动而加剧。四肢闪伤时,患肢疼痛,负重和屈伸困难。腰部闪伤时,拱腰低头,行走困难,后腿难移,起卧艰难,甚至卧地不起。

【治法】 行气活血,散瘀止痛。

【方例】 跛行镇痛散(见理血方)加减。

【针灸】 选取患部的穴位,急性者用血针或白针,慢性者用白针或火针。

2. 寒伤跛行 多因感受风寒湿邪,侵于皮肤,传入肌肉经络,引起气血凝滞,而成跛行。也属痹证的范畴。

【主证】【治法】【方例】【针灸】 见痹证中"风寒湿痹"。

3. 热伤跛行 多因感受风寒湿邪,郁久化热,或跌打损伤,筋脉受损,气滞血瘀,瘀而化热,或感受热毒之邪等,导致关节肿痛,引起跛行。

【主证】 除有跛行症状外,患部红肿热痛,触诊局部灼热而敏感,严重者,全身发热,精神沉郁,食欲减退,舌红脉数。

【治法】 活血化瘀,清热止痛。

【方例】　定痛散(见理血方)加丹皮、丹参、赤芍、桑枝等。
【针灸】　在阿是穴(肿痛处)拔火罐，或针罐并用。

六、疮黄疔毒

疮黄疔毒是皮肤肌肉发生肿胀和化脓性感染的一类证候，简称疮黄。疮，是局部化脓性感染的总称；黄，是皮肤完整性未被破坏的软组织肿胀，以刺之流出黄水为特征；疔，是鞍、挽具伤引起的皮肤破溃化脓，以病变深在如钉为特征；毒，是脏腑毒邪外传体表形成的肿毒。

1. 疮　多由六淫邪气侵入经络，气血运行受阻；或长期劳役过度，饮喂失调，畜体衰弱，营卫不和，气血凝滞而成。

【主证】　初期患部肿胀，灼热疼痛，严重者伴有发热、精神不振、食欲减退、脉象洪数等全身症状；脓成后局部按之柔软；后期皮肤破溃，流出黄色或绿色脓汁，带恶臭味，或夹杂有血丝或血块，疮面赤红色，或结痂。

【治法】　祛除毒邪，疏通气血。可采用内治、外治相结合的方法。初起尚未成脓者，用消法，以散风清热、行瘀活血；成脓迟缓者，用托法，以托里透脓；溃脓后若无全身症状，只用外治法即可；因气血虚弱久不收口者，用补法，以补气养血。

【方例】　初期脓未成者，内服真人活命饮或黄连解毒汤(均见清热方)，外敷如意金黄散或雄黄散(均见外用方)；成脓迟缓者，内服透脓散(见补虚方)；脓成未溃者，切开排脓，外用防腐生肌散(见外用方)；疮毒内陷者，用清营汤(见清热方)；溃后久不收口者，内服八珍汤(见补虚方)，外敷防腐生肌散或冰硼散(均见外用方)。

2. 黄　黄的含义广泛，涉及内科、外科和某些传染病，这里仅叙述外科性黄肿。多因劳役过度，饮喂失调；或外感风邪，正邪相搏于肌肤，卫气受阻，经络郁塞，气血凝滞而成。《元亨疗马集·疮黄论》说："黄者，气之壮也，气壮使血离经络，血离经络溢于肤腠，肤腠郁结而血瘀，血瘀者，而化为黄水，故曰黄也。"黄常以发病部位命名，如锁口黄、鼻黄、颊黄、耳黄、腮黄、背黄、胸黄、肘黄、腕黄。

【主证】　共同症状是初起患部肿硬，间有疼痛或局部发热，继则肿胀扩大而变软，有的出现波动，刺之流出黄水。因发病部位及其对功能的影响而兼有特征性症状。

【治法】　清热解毒，消肿散瘀。

【方例】　消黄散(见清热方)加减。

【针灸】　大宽针散刺，以排出黄水。

3. 疔　主要发于役用动物，多见于腰、背、鬐甲、肩膊等处。多因负重远行或骑乘急骤，时间过久，鞍、挽具失于解卸，淤汗沉于毛窍，败血凝注皮肤；或鞍、挽具不当，磨伤体表，邪毒气入侵所致。根据证候特点分为黑疔、筋疔、气疔、水疔、血疔五种。

【主证】　黑疔：皮肤浅层组织受伤，疮面覆盖有血样分泌物，后则变干，形成黑色痂皮，形似钉帽，坚硬，无血无脓。《元亨疗马集》："干壳而不肿者伤其皮，曰黑疔也。"

筋疔：脊间皮肤组织破溃，疮面溃烂无痂，显露出灰白色而略带黄色的肌膜，流出淡黄色水。

气疔：疮面溃烂，色白，因坏死组织分解流出带有泡沫的脓汁，或流出黄白色的渗出物。

水疔：患部红肿疼痛，渗出物清稀如水，严重者伴有全身症状，见于损伤较浅的感染初期。

血疔：皮肤破溃，久不结痂，常流脓血，疮面色赤。

【治法】　以外治为主。未溃者，可针其周围，以防走窜；已溃者，用防风汤(见外用方)洗，然后根据情况用药,干则润之,湿则燥之,肿则消之,腐则脱之,毒则解之。如形成瘘管,则以拔毒去腐之药腐蚀之。

【方例】 黑疗:先揭去盖,以防风汤(见外用方)清洗,外敷防腐生肌散(见外用方)。筋疗:外用丹矾散(诃子、黄丹、枯矾,《元亨疗马集》)。气疗:按疮治疗,外敷防腐生肌散(见外用方),必要时内服真人活命饮(见清热方)。水疗:外敷雄黄拔毒散(雄黄、龙骨、大黄、白矾、黄柏、透骨草、樟脑,河北验方),必要时内服消黄散(见清热方)。血疗:外敷葶苈散(草乌、穿山甲、葶苈子、龙骨,《元亨疗马集》)。瘘管:撒布五五丹(石膏、升丹各等份),或以纱布条裹药塞入瘘管。

4. 毒 由于脏腑热毒、痰饮外传体表或九窍所致。如脾毒上传于口,唇角及口腔破裂而出血。根据病邪性质、发病部位及证候特点的阴阳属性分为阴毒和阳毒。例如,胸腹下及后胯生瘰疬,称为阴毒;前膊及脊背生毒肿,称为阳毒。

(1) 阴毒 由于痰饮等阴毒邪气积聚,外传于前胸、腹底及四肢内侧之体表,而成肿毒。如《元亨疗马集》中说:"阴毒浑身生瘰疬。"

【主证】 前胸、腹底或四肢内侧发生瘰疬痰核,累累相连,肿硬如石,不发热,不易化脓,难溃,难敛,或敛后复溃。

【治法】 消肿解毒,软坚散结。

【方例】 土茯苓散(土茯苓、白藓皮、川草薢、海桐皮、茵陈、蒲公英、金银花、苦参、昆布、海藻、苍术、荆芥、防风、花椒,验方)。慢性虚弱性阴毒,用阳和汤(见温里方)加黄芪、忍冬藤、苍术;外用斑蝥酒(斑蝥10个,研末,加白酒30ml)涂擦。

(2) 阳毒 多由于膘肥体壮,热毒内盛,加之鞍具不适,劳役出汗;或气候骤变,雨淋,湿热交结,郁伏于前膊、梁头、脊背及四肢外侧之肤腠,而成肿毒。

【主证】 两前膊、梁头、脊背及四肢外侧出现大小不等肿块,热痛,脓成易溃,溃后易敛。

【治法】 清热解毒,软坚散结;溃后排脓生肌。

【方例】 昆海汤(昆布、海藻、酒炒黄芩、金银花、连翘、酒炒黄连、蒲公英、酒知母、酒黄柏、酒栀子、桔梗、木通、荆芥、防风、薄荷、大黄、芒硝、甘草,验方),外敷雄黄散(见外用方)。